52
Weeks
of
Shawls
52주의 숄

지은이 레인(Laine)

핀란드에 기반을 두고 북유럽 스타일의 뜨개와 라이프스타일을 다루는 매거진으로 친환경 소재. 느리게 살기. 지역의 수공예 기술. 삶에서 만나는 아름답고 단순한 것들에 가치를 둔다. 가깝거나 먼 곳에 살고 있는 전 세계의 뜨개인과 창작자들이 레인을 통해 서로의 영감을 공유하고. 함께 공감할 수 있는 콘텐츠를 만들고자 한다.

옮긴이 조진경

건국대학교를 졸업한 후 다양한 분야의 책들을 우리말로 옮겨왔다. 현재 번역 에이전시 엔터스코리아에서 번역가로 활동하고 있다. 옮긴 책으로는 『해리 포터 영화 속 뜨개질 마법』, 『부쿠의 펀치 니들 소품: 인스타 20만 팔로워가 열광한』, 『피카파우 동물친구들 : 알록달록 귀여운 손뜨개 인형 캐릭터 20선』, 『피카파우 동물친구들 2: 아기자기 코바늘인형 아미구루미 캐릭터 20선』, 핸드메이드 월간지 『몰리 메이크스』가 있다.

CONCEPT
Jonna Hietala & Sini Kramer

PHOTOGRAPHY
Jonna Hietala & Sini Kramer

EDITORS
Jonna Hietala, Sini Kramer
& Pauliina Karru

LAYOUT
Päivi Häikiö

ILLUSTRATIONS
Hannamari Kovanen

PUBLISHER
Laine Publishing Oy

52 Weeks of Shawls

52주의 숄

사계절 내내 즐기는 아름다운 손뜨개 스카프

레인(Laine) 지음 | 조진경 옮김

hansmedia

차례

7 서문	148 추억은 방울방울 – 마리 토비타
8 손뜨개 약어	152 묘목 – 파울리나 카루
16 비너스 – 마리온 엠	156 사슴 스카프 – 마리아 마트비에타
20 페스테 – 한느 카에르 페데르센	160 코스트너 – 에린 젠슨
24 라임라이트 – 안나 요한나	163 바람의 들판 – 마르유 룬드 라흐콜라
28 알로프트 – 레베카 베르콤파스	166 이끼 카울 – 스베이나 비요르크 요하네스도티르
32 실타 – 티프 네일란	170 에브리데이 칼라 – 안드레아 아호
36 할리스테 – 알렉스 버드	174 플로렌스 – 미리엄 월치쇼슬
42 마리예 – 지네트 슬로안	182 이네이 – 나탈리아 시넬슈치코바
46 프루 알스타드 – 안나 스트란드베르그	190 무이 – 니나 탄스카넨
52 러프 – 오드 마틴	196 윈드게이트 – 피오나 알리스
56 히라에스 – 클레어 월즈	200 크로스 해치 – 레이첼 브록만
60 소타보스크 – 엘레나 솔리에 얀사	204 스카른 – 에브제니야 두플리
66 그라나다 – 클라우디아 퀸타닐라	212 술리나 – 스테파니 어프
72 쿠프카 – 화이자 메바자	216 루브두 – 수잔나 카르티넨
84 알프 – 레르케 비숍 라르센	220 홈스테드 – 나탈리아 베레진스카
90 체리 트위스트 – 헬렌 모즐리	224 본질, 두 가지 방법 – 수잔 친
94 향수 – 프리다 프랭키	230 프로스트 – 발렌티나 코스치아니 티비세이
98 바다 풍경 – 캐스린 메릭	234 무지개길 – 스티븐 웨스트
104 야생화 – 카티야 고르바셰바	240 루이스카우노키 – 사라 하이만
108 턴로우 – 말리아 마에 조지프	244 스티퍼스톤 – 조안나 헤리엇
112 후기 – 파울라 페레이라	248 크랙사이드 – 스텔라 애크로이드
116 조리개 – 로렌 윌리스	252 세트레리아 – 린다 렌코빅
122 코르상 – 로타 뢰트그렌	256 바르데 – 에브제니야 듀플리
128 레베자 – 파울라 페레이라	260 퀵샌드 – 한나 마시에제브스카
132 솔라리 – 사만타 구에린	266 한키 – 욘나 히에타라
136 가을 느낌 – 루치아 루이스 데 아기레	
140 계단 – 주자네 조머	

서문

이 글을 쓰는 지금. 봄햇살이 들어오는 창문에 겨울 동안 찍힌 여섯 살 아이의 손자국들이 보인다. 봄이 되어 지붕의 홈통을 타고 똑똑 떨어지는 물소리와 함께 귀에 익은 박새 우는 소리도 들린다. 지금 내 마음은 근래 몇 달 중에 그 어느 때보다 가볍다. 일 년 중 어둑어둑한 사 분의 일은 또다시 하나의 추억이 되어가고 있어서다.

하지만 그런 명랑함은 절반의 진실에 불과하다. 2021년 코로나19가 세계를 강타하고 있는 가운데 내일은 좀 더 안전할 것이라는 희망의 징후가 보이긴 했지만. 상황은 여전히 좋지 않았다. 앞날의 계획을 세우기가 어려웠고, 이탈리아의 작은 마을에서 조용한 휴가를 보낸다든지 가족과 생일 파티를 하거나 친구와 다정하게 포옹하는 걸 꿈꿔본 지도 꽤 오래된 것 같았다. 그래서 하루하루를 버티고, "모든 게 불분명한데, 바로 그 사실 때문에 차분해진다"라는 투티키(《무민》에서 무민 가족에게 현명한 조언을 해주는 소중한 친구)의 명언에서 위안을 찾으려고 한다.

일할 때 내 머릿속은 눈에 보이지 않는 생각과 이해할 수 없는 전자 펄스에 의해 오는 이메일로 가득 차 있다. 그래서인지 사람과의 접촉은 물론이고 무언가 구체적인 모양이 있는 것. 눈에 보이고 손으로 만질 수 있는 게 그립다. 손뜨개의 인기가 점점 높아진 걸 보면 다른 사람들도 많이 그런 것 같다. 잠시 그 모든 것에서 벗어나 내 손으로 무언가를 만들 수 있다는 느낌은 참 매력적이다.

뜨개실은 또 어떤가! 보물처럼 모아놓은 뜨개실을 보며 이런저런 생각을 한다. 색색의 실타래를 보며 이스트 런던, 로어 맨해튼의 좁은 뒷골목. 이탈리아의 작은 마을을 떠올리곤 한다. 언젠가는 이 세상에서 모습을 감추고 그곳에서 책을 쓰고 손뜨개를 할 것이다. 어쩌면 여러분도 이 책에 실린 숄 하나를 보고 심장이 더 빨리 뛰면서 내일은 더 좋아질 거라고 기대하는 장소로 떠날 수 있을지도 모르겠다.

이 책은 《52주의 뜨개 양말》의 후속편이다. 이제는 여러분이 구글을 통해 새로운 대바늘뜨기 테크닉을 배우고. 암호 같은 손뜨개 약어를 이해할 수 있다는 사실을 꼭 말하고 싶다. 52개의 패턴을 한 권의 책에 넣으면서 사진을 전부 넣다가는 책이 너무 두꺼워지게 되므로 어쩔 수 없이 타협해야 했다. 어떤 숄은 특정 각도에서 찍은 사진이 빠져 있지만 lainemagazine.com에 접속하면 만나볼 수 있다. 웹사이트에는 숄 디자이너와 책에 담지 못한 사진. 손뜨개 테크닉에 대한 정보가 있다. 어렵게 느끼지 말고 잠깐 시간을 내어 클릭 한 번만 해보기 바란다.

《52주의 뜨개 양말》은 일 년 동안 한 주에 하나씩 52개의 양말을 뜨는 프로젝트였다. 이제 여러분의 손가락과 어깨를 위해 52개의 숄은 일 년에 하나씩 52년 동안 떠도 된다. 마음에 드는 패턴을 펼쳐놓고 다양한 색과 실로 숄을 떠보자. 믿을지 모르겠지만 나는 벌써 다섯 번째 숄을 손에서 놀리고 있다.

욘나 히에타라

손뜨개 약어

영문 약어	우리말 풀이
APPROX	Approximately. 약.
BEG	Begin(ning). 시작.
BO	Bind off. 코막음하기.
BOR	Beginning of round. 원형단 시작.
C(X)	Colour. 색(어떤 색인지 표시).
CC(X)	Contrast(ing) colour. 배색(어떤 색인지 표시).
CDD	Central double decrease. 중심 3코 모아뜨기. 2코를 겉뜨기 방향으로 한 번에 걸러뜨기. 다음 코 겉뜨기. 걸러뜬 2코를 겉뜨기한 코 덮어씌우기. (-2코)
CN	Cable needle. 꽈배기바늘.
CO	Cast on. 코잡기.
CONT	Continue(s)/continuing. 계속하기.
DEC('D)	Decreased/decreasing. 줄이기(감소).
DPN(S)	Double-pointed needle(s). 장갑바늘.
DS	Double stitch. 더블스티치. 실을 앞에 두고 다음 코 걸러뜨기. 실을 오른바늘 위로 넘겨 뒤로 가져와 바짝 잡아당겨서 2개 다리를 2코처럼 보이게 만든다.
EOR	End of round. 원형단 끝.
EST	Establish(ed). 기존.
FOLL	Following/follows. 따라 하기.
INC('D)	Increase(d)/increasing. 늘리기(증가).
K	Knit. 겉뜨기.
K2TOG	Knit 2 stitches together. 겉뜨기로 2코 모아뜨기. 뒷고리로 2코를 한 번에 겉뜨기. (-1코).
K2TOG TBL	Knit 2 stitches together through back loops. 겉뜨기로 2코 모아 꼬아뜨기. (-1코).
KFB	Knit into the front, back of the same stitch. 겉뜨기로 코 늘리기. 한 코에서 앞으로, 뒤로 겉뜨기. (+1코).
KFBF	Knit into the front, back and then again into the front of the same stitch. 겉뜨기로 2코 늘리기. 한 코에서 앞으로, 뒤로, 앞으로 겉뜨기. (+2코).
KTBL/K TBL/K1 TBL	Knit through back loop of the stitch. 겉뜨기로 꼬아뜨기. 뒷고리로 겉뜨기.
KWISE	Knitwise. 겉뜨기 방향으로.
LH	Left hand. 왼손.
LHN	Left-hand needle. 왼바늘.
M(X)	Marker. 마커(어떤 마커인지 표시).
M1L(P)	Make 1 left. 왼코 만들기. 겉뜨기(또는 안뜨기)한 마지막 코와 왼바늘에 걸린 그다음 코 사이의 가로줄을 왼바늘로 들어 올리고. 방금 들어 올린 코의 뒷고리에서 겉뜨기(또는 안뜨기). (+1코).
M1R(P)	Make 1 right. 오른코 만들기. 겉뜨기(또는 안뜨기)한 마지막 코와 왼바늘에 걸린 그다음 코 사이의 가로줄을 왼바늘로 들어 올리고. 방금 들어 올린 코의 앞고리에서 겉뜨기(또는 안뜨기). (+1코).
MC	Main colour. 바탕색
N(X)	Needle. 바늘(어떤 바늘인지 표시).
P	Purl. 안뜨기.
P2TOG	Purl 2 stitches together. 안뜨기로 2코 모아뜨기. (-1코).
P2TOG TBL	Purl 2 stitches together through back loops. 안뜨기로 2코 모아 꼬아뜨기. (-1코).
P3TOG	Purl 3 stitches together. 안뜨기로 3코 모아뜨기. (-2코).
PATT	Pattern. 패턴.
PFB	Purl into the front and back of the same stitch. 안뜨기로 코 늘리기. 한 코에서 앞으로, 뒤로 안뜨기. (+1코).
PL	Place. 끼우기.
PM(X)	Place marker. 마커 끼우기(어떤 마커인지 표시).

손뜨개 약어

영문 약어	우리말 풀이
PSSO	Pass slipped stitch over. 걸러뜬 코로 덮어씌우기. (-1코).
PTBL/P TBL/P1TBL	Purl through back loop of the stitch. 안뜨기로 꼬아뜨기. 뒷고리로 안뜨기.
PWISE	Purlwise. 안뜨기 방향으로.
REM	Remain(ing). 남아 있는.
REP	Repeat. 반복.
RH	Right hand. 오른손.
RHN	Right-hand needle. 오른바늘.
RIB	Ribbing. rib. 고무뜨기.
RM	Remove marker. 마커 빼기.
RND(S)	Round(s). 원형단.
RS	Right side of fabric. 뜨개바탕 겉면.
SL	Slip. 걸러뜨기. 별도의 설명이 없으면 겉면에서는 실을 뒤에 두고, 안면에서는 실을 앞에 두고 안뜨기 방향으로 걸러뜬다.
SM(X)	Slip marker. 마커 걸러뜨기(어떤 마커인지 표시).
SSK	Slip, slip, knit. 오른코 2코 모아뜨기. 걸러뜨기, 걸러뜨기, 겉뜨기. 겉뜨기하는 것처럼 2코를 한 번에 걸러뜨고, 걸러뜬 2코를 왼바늘로 옮긴 후 2코의 뒷고리에서 한 번에 겉뜨기. (-1코).
SSP	Slip, slip, purl. 오른코 2코 모아 안뜨기. 걸러뜨기, 걸러뜨기, 안뜨기. 겉뜨기하는 것처럼 2코를 한 번에 걸러뜨고, 걸러뜬 2코를 왼바늘로 옮긴 후 2코의 뒷고리에서 한 번에 안뜨기. (-1코).
ST(S)	Stitch(es). 코.
ST ST	Stockinette stitch. 메리야스뜨기.
TBL	Through back loop. 꼬아뜨기. 뒷고리에서 뜨기.
TN	Top needle. 윗바늘.
TOG	Together. 함께(한 번에).
TW	Turn work. 뜨개바탕 돌리기.
WS	Wrong side of fabric. 뜨개바탕 안면.
WYIB	With yarn in back. 실 뒤. 실을 뒤에 두고.
WYIF	With yarn in front. 실 앞. 실을 앞에 두고.
W&T	Wrap&turn. 되돌아뜨기. 왼바늘의 다음 코를 오른바늘로 걸러뜨기. 겉뜨기단이라면 실을 뒤에서 앞으로, 안뜨기단이라면 실을 앞에서 뒤로 가져간다. 걸러뜬 코를 다시 왼바늘로 걸러떠서 그 코를 실로 '감싼' 뒤 뜨개바탕의 방향을 돌려서 반대 면을 앞에 둔다.
YDS	Yards. 야드.
YO	Yarn over. 바늘비우기. 실을 두 바늘 사이의 앞으로 가져온 뒤 다음 코를 겉뜨기할 수 있도록 다시 오른바늘 위로 넘긴다. (+1코).
[ ]	괄호 안의 내용을 반복한다.
-	*부터 *까지 반복한다.

일러두기

- 이 책에 실린 작품의 게이지(10×10cm)는 블로킹한 상태에서 잰 것입니다. 숄을 블로킹할 때는 블로킹 와이어, T핀 또는 블로커 핀을 사용해보세요. 이 도구들을 사용하면 가장자리를 고르게 만들 수 있고, 패턴을 레이스처럼 예쁘게 펼칠 수 있습니다.
- 도안은 일반적으로 아래에서 위로 읽습니다. 평면뜨기의 겉뜨기단은 오른쪽에서 왼쪽으로, 안뜨기단은 왼쪽에서 오른쪽으로. 원형뜨기는 무조건 오른쪽에서 왼쪽으로 읽습니다.
- 패턴에 특정 코잡기나 코막음 방법을 제시해놓았지만, 작업하는 사람이 선호하는 방법으로 대체할 수 있습니다. 패턴에 제시한 실이 없거나 다른 실을 사용하고 싶다면 비슷한 실을 골라서 사용해도 괜찮습니다.
- 숄을 만들려면 실 끝 정리를 위한 돗바늘, 실 전용 가위, 게이지자 또는 줄자가 필요합니다. 줄바늘은 커다란 숄의 모든 코가 고르게 자리할 수 있도록 길이 80~120cm를 권장합니다. 특정 길이의 꽈배기바늘이 필요하다면 패턴에 제시한 바늘의 권장 길이를 참고해보세요.
- 이 책에 사용한 뜨개 테크닉에 대해 좀 더 알고 싶다면 lainemagazine.com의 동영상과 링크를 참고하세요.

1

13

마리온 엠 ― 한느 카에르 페데르센 ― 안나 요한나 ― 레베카 베르콤파스 ― 티프 네일란 ― 알렉스 버드 ― 지네트 슬로안 ― 안나 스트란드베르그 ― 오드 마틴 ― 클레어 윌즈 ― 엘레나 솔리에 얀사 ― 클라우디아 퀸타닐라 ― 화이자 메바자

01 비너스 VENUS

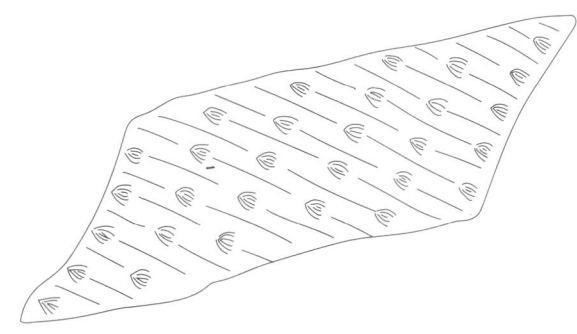

완성 치수
길이 … 240cm
폭 … 60cm

재료
실 … 라비앙 에메 메리노 싱글Merino Singles by La Bien Aimée (메리노 100%. 366m/100g) Sansa 4볼
실 … 라비앙 에메 모헤어 실크Mohair Silk by La bien Aimée(모헤어 70%. 멀베리 실크 30%. 500m/50g) Sansa 3볼
실(대체) … 핑거링 얀+레이스 얀 약 1300m
바늘 … 4.5mm(US 7) 줄바늘
도구 … 마커 또는 스티치 홀더. 자투리실Waste yarn

게이지
가터뜨기 19코×34단(가터뜨기의 산 17개)

손뜨개 약어
17코 만들기M17 : 1코에서 17코를 만든다. 같은 코에서 [겉뜨기1. 바늘비우기] 8회. 겉뜨기1. (+16코).
[-] : 조개 모양.
※ 뜨는 법을 참고하세요.
겉뜨기로 2코 모아 꼬아뜨기K2TOG TWISTED : 겉뜨기 방향으로 1코 걸러뜨기. 다음 코를 왼바늘에서 뺐다가 다시 왼바늘로 옮기기. 처음 걸러뜬 코를 다시 왼바늘로 옮기기. 겉뜨기로 2코 모아뜨기. (-1코).

패턴 뜨기
걸러뜨기 선 패턴
1단(겉면) : 겉뜨기.
2단(안면) : *겉뜨기13. 걸러뜨기1(실 앞)*. *-*을 반복해 패턴 만들기.
1·2단을 반복한다.

조개 모양 [-]
1단(겉면) : [17코 만들기].
2단(안면) : [[-]에서 1코 남을 때까지 *안뜨기로 꼬아뜨기1. 겉뜨기1*. 안뜨기로 꼬아뜨기1].
3단(겉면) : [-] 1코 전에서 시작. [겉뜨기로 2코 모아 꼬아뜨기. [-]에서 2코 남을 때까지 *안뜨기. 겉뜨기로 꼬아뜨기1*. 안뜨기1. [-] 후 첫 코와 겉뜨기로 2코 모아 꼬아뜨기]. (-2코).
4단(안면) : 2단을 반복한다.
3·4단을 총 7회 반복 후 3단을 한 번 더 뜬다.
18단(안면) : [겉뜨기2. [-]에서 3코 남을 때까지 *안뜨기로 꼬아뜨기1. 겉뜨기1*. 안뜨기로 꼬아뜨기1. 겉뜨기2].
19단(겉면) : [겉뜨기2. [-]에서 3코 남을 때까지 *겉뜨기로 꼬아뜨기1. 안뜨기1*. 겉뜨기로 꼬아뜨기1. 겉뜨기2].
20단(안면) : [겉뜨기4. [-]에서 5코 남을 때까지 *안뜨기로 꼬아뜨기1. 겉뜨기1*. 안뜨기로 꼬아뜨기1. 겉뜨기4].
21단(겉면) : [겉뜨기4. [-]에서 5코 남을 때까지 *겉뜨기로 꼬아뜨기1. 안뜨기1*. 겉뜨기로 꼬아뜨기1. 겉뜨기4].
22단(안면) : [겉뜨기6. [-]에서 7코 남을 때까지 *안뜨기로 꼬아뜨기1. 겉뜨기1*. 안뜨기로 꼬아뜨기1. 겉뜨기6].
23단(겉면) : [겉뜨기6. [-]에서 7코 남을 때까지 *겉뜨기로 꼬아뜨기1. 안뜨기1*. 겉뜨기로 꼬아뜨기1. 겉뜨기6].
24단(안면) : [겉뜨기8. 안뜨기로 꼬아뜨기1. 겉뜨기8].
이제 걸러뜨기 선들 사이에 가터뜨기 13코가 있다.

POINT
마커나 나중에 제거할 수 있는 별실로 조개 모양[-]의 시작과 끝을 표시합니다.
걸러뜨기 선과 조개 모양이 서로 엇갈리게 들어가서 조개 모양은 갈지자로 배열됩니다. 조개 모양의 첫 단에서, 걸러뜨기 1번째 선에서 조개를 시작하기 전에 가장자리부터 걸러뜨기 1번째 선 사이에 적어도 13코가 있는지 확인하세요. 숄의 오른쪽 가장자리에서 코가 줄어들므로 13코가 안 되면 조개 모양을 만들지 마세요. 하지만 걸러뜨기 선은 계속 떠서 마지막에는 겉뜨기로 2코 모아뜨기를 합니다.

뜨는 법
아이코드뜨기
별실로 3코를 잡아 만들고 다음과 같이 아이코드뜨기를 한다.
겉뜨기3, 코들을 왼바늘로 걸러뜬다.
이 단을 총 182회 반복한다.
다음 단: 겉뜨기3, 아이코드를 따라 182코 줍기, 별실로 잡은 코를 풀고 왼바늘로 3코 걸러뜨기, 겉뜨기2, 걸러뜨기1(실 앞). 188코.

본체
시작단(안면): 겉뜨기3, [겉뜨기13, 걸러뜨기1(실 앞)] 12회, 겉뜨기14, 겉뜨기2, 걸러뜨기1(실 앞).
1단(겉면): 겉뜨기3, 겉뜨기로 2코 모아뜨기, 4코 남을 때까지 걸러뜨기 선 패턴 뜨기, KFB, 겉뜨기2, 걸러뜨기1(실 앞).
2단(안면): 겉뜨기3, 3코 남을 때까지 패턴대로 뜨기, 겉뜨기2, 걸러뜨기1(실 앞).
이 패턴대로 끝까지 뜬다. 모든 겉면단을 뜰 때 오른쪽 가장자리에서 1코 줄이기, 왼쪽 가장자리에서 1코 늘리기를 해 숄의 모양을 만든다. 겉면에서 뜰 때 걸러뜨기 선 패턴에서 새로운 코를 뜨면 안면에서 모든 14번째 새로운 코가 걸러뜨기 선이 된다.
1·2단을 총 6회 반복해 조개 모양의 1번째 부분을 뜬다.
조개 모양 1단(겉면): 겉뜨기3, 겉뜨기로 2코 모아뜨기, 다음 걸러뜨기 선까지 패턴대로 뜨기, *겉뜨기1, 다음 걸러뜨기 선까지 패턴대로 뜨기, [-], 다음 걸러뜨기 선까지 겉뜨기*, 다음 걸러뜨기 선까지 *-* 반복, 겉뜨기1, 4코 남을 때까지 겉뜨기, KFB, 겉뜨기2, 걸러뜨기1(실 앞).
조개 모양 2단(안면): 겉뜨기3, 3코 남을 때까지 (필요시 걸러뜨기1 또는 [-]를 주의해 뜨면서) 패턴대로 뜨기, 겉뜨기2, 걸러뜨기1(실 앞).
조개 모양을 완성할 때까지 조개 모양 1·2단을 반복한다. 본체 뜨기의 1·2단을 총 24회 반복하고 조개 모양의 2번째 부분을 뜬다.
패턴대로 계속 뜨는데, 조개 모양이 서로 엇갈리게 배열되도록 주의하면서 숄의 본체 뜨기와 조개 부분의 1·2단을 번갈아가며 24회 반복한다. 엇갈린 조개 부분이 6개가 되면, 본체 뜨기의 1·2단을 6회 반복하고, 모든 코에 대해 다음과 같이 아이코드 코막음을 한다.
코막음(겉면): 겉뜨기3, 왼바늘로 3코 걸러뜨기, *겉뜨기2, 겉뜨기로 2코 모아 꼬아뜨기, 왼바늘로 3코 걸러뜨기*, 3코 남을 때까지 *-*을 반복한다. 코막음 가장자리의 시작 부분에 있는 남은 3코에 대해 메리야스 잇기 Kitchener stitch Grafting(돗바늘을 써서 뜨개바탕 두 조각을 메리야스뜨기 모양으로 잇는 방법)를 한다.

마무리하기
실 끝을 정리하고, 치수에 맞춰 블로킹한다.

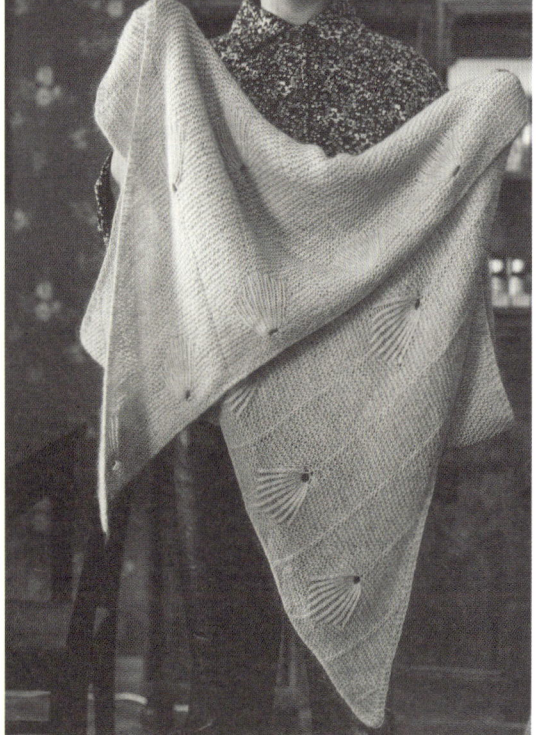

02 페스테 FESTE

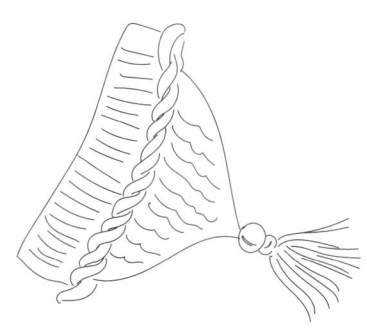

완성 치수
둘레 … 74cm
높이(반으로 접었을 때. 태슬 제외) … 23cm

재료
실 … 지 울드 메리노 80/20 Merino 80/20 by G-Uld(메리노 80%. 나일론 20%. 210m/50g) Heather Speckles on Madder (바탕색). Heather(배색 1) 1볼. Heather Speckles on Cochenille(배색 2) 1볼. Walnut(배색 3) 1볼
실 … 이사거 실크 모헤어 Silk Mohair by Isager(키드 모헤어 70%. 실크 30%. 212m/25g) color 62(바탕색) 1볼. color 63(배색 1+2+3) 1볼
실(대체) … 핑거링 얀(바탕색) 168m. 핑거링 얀(배색 1·2) 각 20m. 핑거링 얀(배색 3) 34m/레이스 얀(바탕색) 168m. 레이스 얀(배색 1·2) 각 20m. 레이스 얀(배색 3) 34m
바늘 … 3.75mm(US 5) 줄바늘(60cm)
도구 … 마커 1개. 꽈배기바늘 또는 장갑바늘
※실을 함께 잡고 뜹니다.

게이지
메인 패턴 27코×24단

손뜨개 약어
오른코 위 1코와 2코 교차뜨기 C3F. Cable 3 front : 꽈배기바늘(또는 장갑바늘)로 1코를 걸러떠서 뜨개바탕 앞에 놓고. 겉뜨기2. 걸러뜬 1코 겉뜨기.
왼코 위 5코 교차뜨기 C10B. Cable 10 back : 꽈배기바늘(또는 장갑바늘)로 5코를 걸러떠서 뜨개바탕 뒤에 놓고. 겉뜨기5. 걸러뜬 5코 겉뜨기.

뜨는 법
섹션 1
바탕실을 이용해 롱테일 코잡기 Long tail Cast-on(가장 일반적인 코잡기 방법)로 7코를 만든다. 뜨개바탕을 돌린다.
시작 1단(안면) : 겉뜨기1. 바늘비우기. 겉뜨기로 코 늘리기. 안뜨기2. 겉뜨기2. 걸러뜨기1(실앞). 뜨개바탕 돌리기. (9코).
시작 2단(겉면) : 겉뜨기1. 바늘비우기. 겉뜨기로 코 늘리기. 안뜨기1. 겉뜨기3. 안뜨기2. 걸러뜨기1(실앞). 뜨개바탕 돌리기. (11코).
시작 3단 : 겉뜨기1. 바늘비우기. 겉뜨기로 코 늘리기. 겉뜨기1. 안뜨기3. 겉뜨기3. 안뜨기1. 걸러뜨기1(실 앞). 뜨개바탕 돌리기. (13코).
1단(겉면) : 겉뜨기1. 바늘비우기. 겉뜨기로 코 늘리기. 1코 남을 때까지 기존의 3×3 고무뜨기. 걸러뜨기1(실앞). 뜨개바탕 돌리기. (15코).
2단(안면) : 겉뜨기1. 바늘비우기. 겉뜨기로 코 늘리기. 1코 남을 때까지 기존의 3×3 고무뜨기. 걸러뜨기1(실앞). 뜨개바탕 돌리기. (17코).
3단 : 겉뜨기1. 바늘비우기. 겉뜨기로 코 늘리기. 겉뜨기2. 1코 남을 때까지 오른코 위 1코와 2코 교차뜨기를 뜨면서 기존의 3×3 고무뜨기. 걸러뜨기1(실앞). 뜨개바탕 돌리기. (19코).
4단 : 겉뜨기1. 바늘비우기. 겉뜨기로 코 늘리기. 안뜨기2. 1코 남을 때까지 오른코 위 1코와 2코 교차뜨기를 뜨면서 기존의 3×3 고무뜨기. 걸러뜨기1(실앞). 뜨개바탕 돌리기. (21코).
1~4단을 17회 이상 반복해 앞면에 교차무늬(꽈배기무늬)를 세로로 18개 만든다. 그러면 교차무늬가 삼각형의 중심을 따라 자리한다. 겉면에서 끝나야 하며. 뜨개바탕을 돌리지 않는다. (157코).

섹션 2
마지막 코와 첫 코를 함께 떠서 원형단으로 연결한다. (156코).

꼬아 고무뜨기 시작단 : 2코 남을 때까지 [안뜨기로 꼬아뜨기1, 겉뜨기로 꼬아뜨기1]. 마커를 끼워서 원형단의 시작을 표시한다.

※뜨지 않고 남겨둔 첫 코는 다음 단의 첫 코가 됩니다.

원형 2~4단(바탕색) : 끝까지 [겉뜨기로 꼬아뜨기1, 안뜨기로 꼬아뜨기1].

원형 5·6단(배색 1) : 끝까지 [겉뜨기로 꼬아뜨기1, 안뜨기로 꼬아뜨기1].

원형 7·8단(바탕색) : 끝까지 [겉뜨기로 꼬아뜨기1, 안뜨기로 꼬아뜨기1].

원형 9·10단(배색 2) : 끝까지 [겉뜨기로 꼬아뜨기1, 안뜨기로 꼬아뜨기1].

원형 11단 : 겉뜨기로 꼬아뜨기1, *안뜨기로 꼬아뜨기1, 겉뜨기로 꼬아뜨기1, 안뜨기로 꼬아뜨기1, 이 3코를 꽈배기바늘로 옮기고 뜨는 실로 이 코들을 시계 반대 방향으로 3회 감는다. 실로 감은 3코를 오른바늘로 옮기고, 겉뜨기로 꼬아뜨기1, 안뜨기로 꼬아뜨기1, 겉뜨기로 꼬아뜨기1*, 5코 남을 때까지 *-*을 반복한다. 안뜨기로 꼬아뜨기1, 겉뜨기로 꼬아뜨기1, 안뜨기로 꼬아뜨기1, 이 3코를 꽈배기바늘로 옮기고 뜨는 실로 이 코들을 시계 반대 방향으로 3회 감는다. 실로 감은 3코를 오른바늘로 옮기고, 겉뜨기로 꼬아뜨기1, 안뜨기로 꼬아뜨기1.

원형 12단 : 끝까지 [겉뜨기로 꼬아뜨기1, 안뜨기로 꼬아뜨기1].

원형 13~16단(바탕색) : 끝까지 [겉뜨기로 꼬아뜨기1, 안뜨기로 꼬아뜨기1].

섹션 3

1단(겉면) : 안뜨기9, 안뜨기로 2코 모아뜨기, 뜨개바탕 돌리기.

2단(안면) : 걸러뜨기1, 겉뜨기9, 뜨개바탕 돌리기.

3단 : 걸러뜨기1, 안뜨기8, 안뜨기로 2코 모아뜨기, 뜨개바탕 돌리기.

4~9단 : 2·3단을 3회 반복한다.

10단 : 왼코 위 5코 교차뜨기.

원형단의 시작까지 1~10단을 반복한다.

11단 : 겉뜨기10.

12단 : 안뜨기10.

느슨하게 코막음을 하고 실을 자른다.

마무리하기

교차무늬의 끝단을 안면에 꿰매어 붙인다. 실 끝을 보이지 않게 정리한다. 남은 실로 태슬(길이 약 15cm)을 만들어 뾰족한 끝(가장 긴 교차무늬의 끝)에 꿰매어 붙인다. 치수에 맞춰 블로킹한다.

03 라임라이트 LIMELIGHT

완성 치수
너비 … 192cm
높이 … 42cm

재료
바탕실 … 블랙 엘레펀트 메리노 싱글 핑거링 Merino Singles Fingering by Black Elephant(SW 메리노 100%, 360m/100g) Nostalgia 1볼
배색실 … 트리스켈리온 브란벤 4-ply Branwen 4-ply by Triskelion(포클랜드 메리노 50%, 실크 50%, 495m/100g) Frea 1볼
실(대체) … 핑거링 얀(바탕색) 360m, 핑거링 얀(배색) 360m
바늘 … 3.75mm(US 5) 줄바늘

게이지
가터뜨기 19코×43단

신축성 있는 코막음 Stretchy bind-off
왼바늘의 첫 2코를 겉뜨기한 뒤 다시 왼바늘로 걸러뜨고, 뒷고리에서 겉뜨기로 2코 모아뜨기를 한다. 오른바늘에 1코 남을 때까지 (겉뜨기1, 2코를 다시 왼바늘로 걸러뜨고, 뒷고리에서 겉뜨기로 2코 모아뜨기) 반복한다. 기본 코막음할 때처럼 오른바늘의 코를 매듭짓는다.

뜨는 법
섹션 1
바탕실을 이용해 롱테일 코잡기로 3코를 만든다.
12단 겉뜨기. 다음 단은 뜨개바탕의 방향을 바꾸지 않고 90도 돌려서 가터뜨기 탭의 긴 가장자리를 따라 6코를 주워 겉뜨기한다. 다시 90도 돌려 코잡기단에서 3코를 주워 겉뜨기한다. (12코).
1단(겉면) : 겉뜨기2, 바늘비우기, 겉뜨기1, 왼코 만들기, 겉뜨기1, 왼코 만들기, 4코 남을 때까지 겉뜨기, 오른코 만들기, 겉뜨기1, 오른코 만들기, 겉뜨기1, 바늘비우기, 겉뜨기2. (+6코).
2단(안면) : 겉뜨기2, 바늘비우기코 빼기, 겉뜨기1, 오른코 만들기, 4코 남을 때까지 겉뜨기, 오른코 만들기, 겉뜨기1, 바늘비우기코 빼기, 겉뜨기2.
3단 : 겉뜨기2, 바늘비우기, 겉뜨기1, 왼코 만들기, 3코 남을 때까지 겉뜨기, 오른코 만들기, 겉뜨기1, 바늘비우기, 겉뜨기2. (+4코).
4단 : 2단을 반복한다.
1~4단을 10회 더 반복한다. (122코).

섹션 2
1단(겉면, 배색) : 겉뜨기2, 바늘비우기, 겉뜨기1, 왼코 만들기, 겉뜨기1, 왼코 만들기, 겉뜨기98, 되돌아뜨기. (125코).
2단(안면) : 4코 남을 때까지 겉뜨기, 오른코 만들기, 겉뜨기1, 바늘비우기코 빼기, 겉뜨기2.
3단(바탕색) : 겉뜨기2, 바늘비우기, 겉뜨기1, 왼코 만들기, 3코 남을 때까지 겉뜨기, 오른코 만들기, 겉뜨기1, 바늘비우기, 겉뜨기2. (129코).
4단 : 겉뜨기2, 바늘비우기코 빼기, 겉뜨기1, 왼코 만들기, 4코 남을 때까지 겉뜨기, 오른코 만들기, 겉뜨기1, 바늘비우기코 빼기, 겉뜨기2.
5단(배색) : 겉뜨기2, 바늘비우기, 겉뜨기1, 왼코 만들기, 겉뜨기1, 왼코 만들기, 겉뜨기74, 되돌아뜨기. (132코).
6단 : 2단을 반복한다.
7단 : 3단을 반복한다. (136코).
8단 : 4단을 반복한다.
9단(배색) : 겉뜨기2, 바늘비우기, 겉뜨기1, 왼코 만들기, 겉뜨기1, 왼코 만들기, 겉뜨기50, 되돌아뜨기. (139코).
10단 : 2단을 반복한다.
11단 : 3단을 반복한다. (143코).
12단 : 4단을 반복한다.
13단(배색) : 겉뜨기2, 바늘비우기, 겉뜨기1, 왼코 만들기, 겉뜨기1, 왼코 만들기, 겉뜨기26, 되돌아뜨기. (146코).
14단 : 2단을 반복한다.

15단 : 3단을 반복한다. (150코).
16단 : 4단을 반복한다.
실을 자르는 것은 섹션과 섹션 사이에 해도 되고, 뜨지 않는 실을 이용해 두 실로 가장자리의 3코를 겉뜨기해도 된다.

섹션 3
섹션 3은 배색실로 뜬다. 레이스 A 도안을 1회 뜨고, 1~8단을 1회 더 반복한다. (200코).

섹션 4
섹션 4는 바탕실로 뜬다.
1단(겉면, 바탕색) : 겉뜨기2, 바늘비우기, 겉뜨기1, 왼코 만들기, 겉뜨기1, 왼코 만들기, 4코 남을 때까지 겉뜨기, 오른코 만들기, 겉뜨기1, 오른코 만들기, 겉뜨기1, 바늘비우기, 겉뜨기2. (+6코).
2단(안면) : 겉뜨기2, 바늘비우기코 빼기, 겉뜨기1, 왼코 만들기, 4코 남을 때까지 겉뜨기, 오른코 만들기, 겉뜨기1, 바늘비우기코 빼기, 겉뜨기2.
3단 : 겉뜨기2, 바늘비우기, 겉뜨기1, 왼코 만들기, 3코 남을 때까지 겉뜨기, 오른코 만들기, 겉뜨기1, 바늘비우기, 겉뜨기2. (+4코).
4단 : 2단을 반복한다.
1~4단을 10회 더 반복한다. (310코).

섹션 5
1단(겉면, 배색) : 겉뜨기2, 바늘비우기, 겉뜨기1, 왼코 만들기, 겉뜨기1, 왼코 만들기, 겉뜨기271, 되돌아뜨기. (313코).
2단(안면) : 4코 남을 때까지 겉뜨기, 오른코 만들기, 겉뜨기1, 바늘비우기코 빼기, 겉뜨기2.
3단(바탕색) : 겉뜨기2, 바늘비우기, 겉뜨기1, 왼코 만들기, 3코 남을 때까지 겉뜨기, 오른코 만들기, 겉뜨기1, 바늘비우기, 겉뜨기2. (317코).
4단 : 겉뜨기2, 바늘비우기코 빼기, 겉뜨기1, 왼코 만들기, 4코 남을 때까지 겉뜨기, 오른코 만들기, 겉뜨기1, 바늘비우기코 빼기, 겉뜨기2.
5단(배색) : 겉뜨기2, 바늘비우기, 겉뜨기1, 왼코 만들기, 겉뜨기1, 왼코 만들기, 겉뜨기232, 되돌아뜨기. (320코).
6단 : 2단을 반복한다.
7단 : 3단을 반복한다. (324코).
8단 : 4단을 반복한다.
9단(배색) : 겉뜨기2, 바늘비우기, 겉뜨기1, 왼코 만들기, 겉뜨기1, 왼코 만들기, 겉뜨기193, 되돌아뜨기. (327코).
10단 : 2단을 반복한다.
11단 : 3단을 반복한다. (331코).
12단 : 4단을 반복한다.
13단(배색) : 겉뜨기2, 바늘비우기, 겉뜨기1, 왼코 만들기, 겉뜨기1, 왼코 만들기, 겉뜨기154, 되돌아뜨기. (334코).
14단 : 2단을 반복한다.
15단 : 3단을 반복한다. (338코).
16단 : 4단을 반복한다.
17단(배색) : 겉뜨기2, 바늘비우기, 겉뜨기1, 왼코 만들기, 겉뜨기1, 왼코 만들기, 겉뜨기115, 되돌아뜨기. (341코).
18단 : 2단을 반복한다.
19단 : 3단을 반복한다. (345코).
20단 : 4단을 반복한다.
21단(배색) : 겉뜨기2, 바늘비우기, 겉뜨기1, 왼코 만들기, 겉뜨기1, 왼코 만들기, 겉뜨기76, 되돌아뜨기. (348코).
22단 : 2단을 반복한다.
23단 : 3단을 반복한다. (352코).
24단 : 4단을 반복한다.
25단(배색) : 겉뜨기2, 바늘비우기, 겉뜨기1, 왼코 만들기, 겉뜨기1, 왼코 만들기, 겉뜨기37, 되돌아뜨기. (355코).
26단 : 2단을 반복한다.
27단 : 3단을 반복한다. (359코).
28단 : 4단을 반복한다.
바탕실을 자른다.

섹션 6
섹션 6은 배색실로 뜬다. 레이스 도안 B를 2회 뜬다. (419코).

섹션 7
섹션 7은 배색실로 뜬다.
1단(겉면, 배색) : 겉뜨기2, 바늘비우기, 겉뜨기1, 왼코 만들기, 겉뜨기1, 왼코 만들기, 4코 남을 때까지 겉뜨기, 오른코 만들기, 겉뜨기1, 오른코 만들기, 겉뜨기1, 바늘비우기, 겉뜨기2. (+6코).
2단(안면) : 겉뜨기2, 바늘비우기코 빼기, 겉뜨기1, 왼코 만들기, 4코 남을 때까지 겉뜨기, 오른코 만들기, 겉뜨기1, 바늘비우기코 빼기, 겉뜨기2.
3단 : 겉뜨기2, 바늘비우기, 겉뜨기1, 왼코 만들기, 3코 남을 때까지 겉뜨기, 오른코 만들기, 겉뜨기1, 바늘비우기, 겉뜨기2. (+4코).
4단 : 2단을 반복한다.
1~4단을 2회 더 반복한다. (449코).
신축성 있는 코막음으로 코막음한다.

마무리하기
실 끝을 보이지 않게 정리한 다음 치수에 맞춰 블로킹한다.

안나 요한나

레이스 A

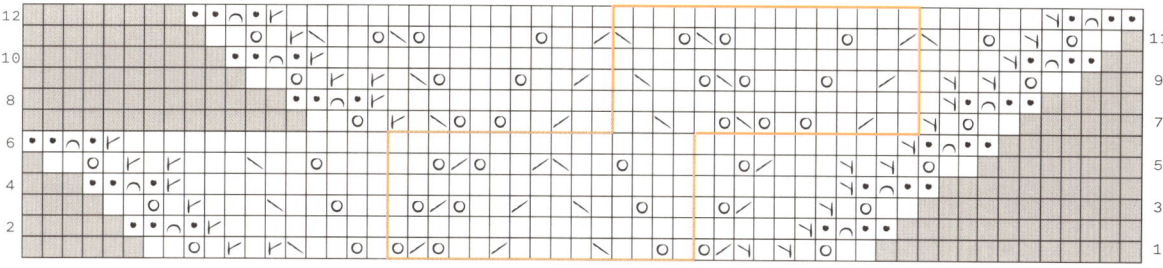

레이스 B

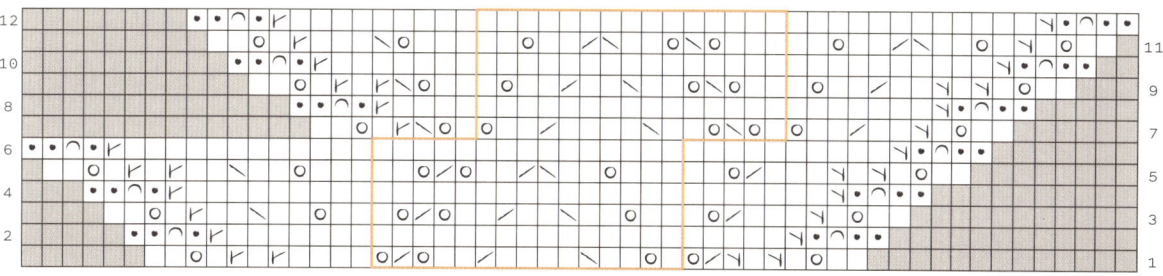

	겉면 : 겉뜨기 / 안면 : 안뜨기
•	겉면 : 안뜨기 / 안면 : 겉뜨기
↘	겉면 : M1L / 안면 : M1R
↙	겉면 : M1R / 안면 : M1L
∕	K2TOG
∖	SSK
O	바늘비우기
⌒	바늘비우기코 빼기
▭	반복
▓	코 없음

04 알로프트 ALOFT

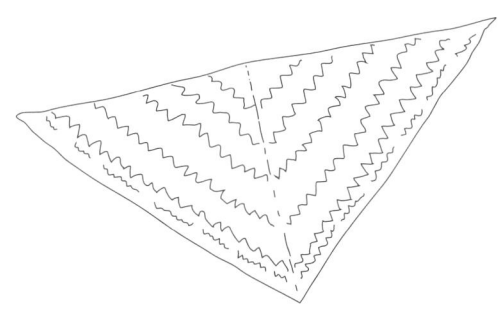

사이즈
1(2. 3)
P.28 → 사이즈 3

완성 치수
너비 … 132(165. 198)cm
높이 … 66(81. 99)cm

재료
실 … 티티티 투쿠울 핑거링Tukuwool Fingering by Titityy(핀란드 울 100%. 200m/50g) Auri 5(6. 7)볼
실(대체) … 핑거링 얀 약 1000(1200. 1400)m
바늘 … 3.5mm(US 4) 줄바늘
도구 … 마커

게이지
메리야스뜨기 22코×34단

손뜨개 약어
오른코 겹쳐 3코 모아뜨기SK2PO : 겉뜨기 방향으로 1코 걸러뜨기. 겉뜨기로 2코 모아뜨기. 걸러뜬 코로 덮어씌우기. (-2코).

아이코드 엣징I-Cord edging
모든 단에서 첫 3코와 마지막 3코로 뜬다. 모든 겉면단은 첫 3코를 겉뜨기하고 마지막 3코는 실을 뒤에 놓고 걸러뜬다. 또 모든 안면단은 첫 3코를 안뜨기하고 마지막 3코는 실을 앞에 놓고 걸러뜬다.

패턴 뜨기
구슬뜨기Bobble Stitch : 구슬뜨기를 해야 할 코에 이르면 코의 앞뒤로 두 번씩 겉뜨기해 4코로 늘린다(KFBFB). 뜨개바탕의 방향을 바꾸고. 안뜨기4. 뜨개바탕의 방향을 바꾸고 겉뜨기

4. 계속 겉면을 앞에 놓고. *오른바늘의 2번째 코로 1번째 코 덮어씌우기(-1코)*. *-*를 2회 더 반복한다. (-3코).

POINT
도안의 1단과 21단을 뜰 때. 반복할 때마다 10번째 코에 마커를 끼웁니다.

뜨는 법
아이코드 탭 코잡기I-Cord Tab Cast-on
(1) 롱테일 코잡기로 3코를 만든다. 3코를 왼바늘로 걸러뜬다. 겉뜨기3. 다시 3코를 왼바늘로 걸러뜬다.
(2) 겉뜨기2. 겉뜨기로 코 늘리기(+1코. 4코). 왼바늘로 4코 걸러뜨기.
(3) 겉뜨기2. 겉뜨기로 코 늘리기(+1코. 1코는 뜨지 않고 왼바늘에 둔다. 5코). 왼바늘로 4코 걸러뜨기.
(4) 겉뜨기2. 겉뜨기로 코 늘리기(+1코. 2코는 뜨지 않고 왼바늘에 둔다. 6코). 왼바늘로 4코 걸러뜨기.
(5) 겉뜨기 6. 코잡기단을 따라 3코를 더 줍는다. (9코).

본체 시작하기
다음 안면단 : 안뜨기4. 마커 끼우기. 안뜨기1. 마커 끼우기. 안뜨기1. 걸러뜨기3.
1단(겉면) : 겉뜨기3. 바늘비우기. 마커까지 겉뜨기. 바늘비우기. 마커 걸러뜨기. 겉뜨기1. 마커 걸러뜨기. 바늘비우기. 3코 남을 때까지 겉뜨기. 걸러뜨기3. (+3코).
2단(안면) : 안뜨기3. 바늘비우기. 3코 남을 때까지 안뜨기. 걸러뜨기3. (+1코).
1·2단을 총 5회 뜨고 안면단으로 끝낸다. (29코).

숄 본체
본체 도안 1~40단을 3(4, 5)회 뜬다.
1회 후 109코, 2회 후 189코, 3회 후 269코(사이즈 1), 4회 후 349코(사이즈 2), 5회 후 429코(사이즈 3). 269(349, 429)코.

숄 마무리하기
마무리 도안 1~20단을 2회 뜬다. 1회 후 309(389, 469)코, 2회 후 349(429, 509)코.

아이코드 코막음하기
겉뜨기2, 겉뜨기로 2코 모아 꼬아뜨기, 왼바늘로 걸러뜨기3. 6코 남을 때까지 *-*을 반복한다. 3코씩 있는 바늘 2개를 안면끼리 맞닿도록 나란히 놓는다. 메리야스 잇기를 한다.

마무리하기
실 끝을 보이지 않게 정리한 다음 치수에 맞춰 블로킹한다.

숄 본체 도안

숄 마무리 도안

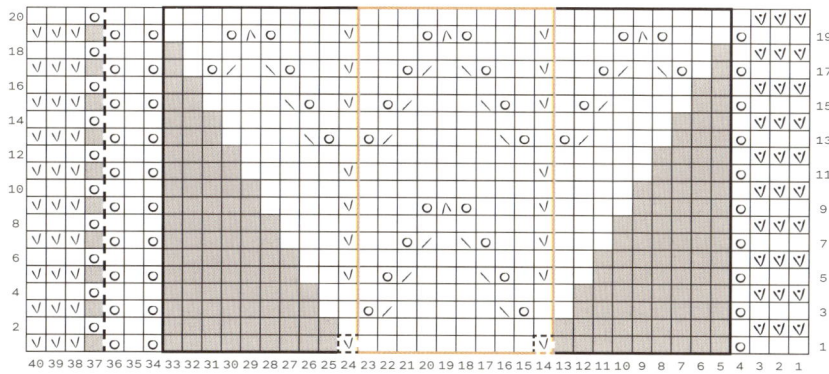

	겉면 : 겉뜨기 / 안면 : 안뜨기	\	SSK		10코 반복
∨	걸러뜨기(실 앞)	◉	구슬뜨기		걸러뜨기(다음이 바늘비우기가 아니면 겉뜨기1)
V	걸러뜨기(실 뒤)	∧	SK2PO		코 없음
O	바늘비우기		반복		
/	K2TOG	┊	도안 반복		

05 실타 SILTA

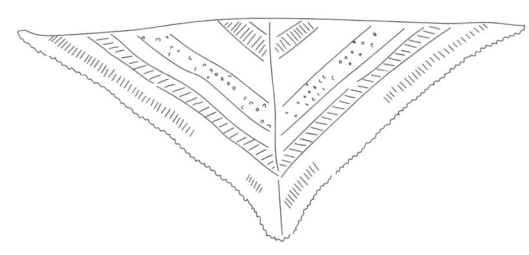

완성 치수
너비 … 198cm
높이 … 81cm

재료
바탕실 … 네이처스 럭셔리 온 스테이지 쇼트 스토리즈 On Stage-Short Stories by Nature's Luxury(울 50%, 실크 30%, 낙타털 20%, 200m/100g) The Laughing Hippopotamus 2볼
배색실 … 네이처스 럭셔리 온 스테이지 쇼트 스토리즈(울 50%, 실크 30%, 낙타털 20%, 200m/100g) Night Shift 2볼
실(대체) … DK 얀(바탕색) 391m, DK 얀(배색) 385m
바늘 … 6mm(US 10) 줄바늘
도구 … 마커 2개, 겉면 표시를 위해 뺄 수 있는 마커, 라이프 라인용 자투리실(옵션)
※자투리실은 임시로 코 걸어두기용입니다.

게이지
가터뜨기 16코×28단

손뜨개 약어
오른코 겹쳐 2코 모아뜨기 SKP : 겉뜨기 방향으로 걸러뜨기1, 겉뜨기1, 걸러든 코로 덮어씌우기. (-1코).
오른쪽 꼬아뜨기 Right twist stitch : *겉뜨기로 2코 모아뜨기를 하되 왼바늘에서 코를 떨어뜨리지 않는다. 첫 코에서 겉뜨기하고 바늘에서 두 코를 떨어뜨린다*. *-*을 반복한다.
왼쪽 꼬아뜨기 Left twist stitch : *왼바늘의 첫 코를 지나 2번째 코의 뒷고리에서 겉뜨기를 하되 왼바늘에서 코를 떨어뜨리지 않는다. 뒷고리에서 겉뜨기로 2코 모아뜨기를 하고 바늘에서 두 코를 떨어뜨린다*. *-*을 반복한다.
피코뜨기 코막음 Picot bind-off
겉뜨기 방향으로 2코 코막음한 뒤 오른바늘의 코를 왼바늘로 옮긴다. 케이블 코잡기로 2코를 만들고 5코 코막음한다. 오른바늘의 코를 왼바늘로 옮기고, 계속 다음 단계들을 반복한다. *케이블 코잡기로 2코 만들고 5코 코막음한다. 오른바늘의 코를 왼바늘로 옮긴다*. 단 끝까지 *-*을 반복한다. 단 끝에서(5코 코막음을 더는 할 수 없으면), 남은 코를 모두 겉뜨기 방향으로 코막음한다.

케이블 코잡기 Cable Cast-on
왼바늘의 1번째 코와 2번째 코 사이에 오른바늘을 넣고 겉뜨기를 하는 것처럼 바늘에 실 감기. 실 고리를 앞으로 끌어와서 왼바늘의 기존 첫 코 앞에 넣어 코 만들기. *-* 반복. 왼바늘의 방금 만든 코와 그다음 코 사이에 오른바늘을 넣는다. (+2코).

뜨는 법

가터뜨기 탭 코잡기 Garter tab Cast-on
바탕실을 이용해 롱테일 코잡기로 3코를 만든다. 6단을 겉뜨기한다.
다음 단(겉면): 겉뜨기3, 왼쪽 가장자리가 위로 가도록 뜨개바탕을 돌리고, 이 가장자리를 따라 3코 줍기. 코잡기단이 위로 가도록 뜨개바탕을 돌리고, 이 가장자리를 따라 3코 줍기. (+6코, 총 9코).

섹션 1 가터뜨기
시작단(안면): 겉뜨기3, 마커 끼우기, 안뜨기3, 마커 끼우기, 겉뜨기3.
1단(겉면): 안뜨기 방향으로 걸러뜨기1(실 앞), KTBL, YO, 마커까지 겉뜨기, M1R, 마커 걸러뜨기, 겉뜨기3, 마커 걸러뜨기, M1L, 2코 남을 때까지 겉뜨기, YO, 겉뜨기2. (+4코).
2단: 안뜨기 방향으로 걸러뜨기1(실 앞), KTBL, 마커까지 겉뜨기, 마커 걸러뜨기, 겉뜨기1, 안뜨기1, 겉뜨기1, 마커 걸러뜨기, 끝까지 겉뜨기. 1·2단을 총 8회 뜬다. (+32코, 총 41코).

섹션 2 가터·걸러뜨기 고무뜨기
1단(겉면): 안뜨기 방향으로 걸러뜨기1(실 앞), KTBL, YO, 마커까지 겉뜨기, M1R, 마커 걸러뜨기, 겉뜨기3, 마커 걸러뜨기, M1L, 2코 남을 때까지 겉뜨기, YO, 겉뜨기2. (+4코).
2단(안면): 안뜨기 방향으로 걸러뜨기1(실 앞), KTBL, *겉뜨기1, 안뜨기 방향으로 걸러뜨기1(실앞)*, 마커 1코 전까지 *-* 반복, 겉뜨기1, 마커 걸러뜨기, 겉뜨기1, 안뜨기1, 겉뜨기1, 마커 걸러뜨기, 겉뜨기1, *안뜨기 방향으로 걸러뜨기1(실 앞), 겉뜨기1*, 2코 남을 때까지 *-* 반복, 겉뜨기2.
3단: 안뜨기 방향으로 걸러뜨기1(실 앞), KTBL, YO, 마커까지 겉뜨기, M1R, 마커 걸러뜨기, 겉뜨기3, 마커 걸러뜨기, M1L, 2코 남을 때까지 겉뜨기, YO, 겉뜨기2. (+4코).

4단 : 안뜨기 방향으로 걸러뜨기1(실 앞), KTBL, 겉뜨기1, *겉뜨기1, 안뜨기 방향으로 걸러뜨기1(실 앞)*, 마커까지 *-* 반복, 마커 걸러뜨기, 겉뜨기1, 안뜨기1, 겉뜨기1, 마커 걸러뜨기, *안뜨기 방향으로 걸러뜨기1(실 앞), 겉뜨기1*, 3코 남을 때까지 *-* 반복, 겉뜨기3.
1~4단을 총 6회 뜬다. (+48코. 총 89코).

섹션 3 가터뜨기
1단(겉면) : 안뜨기 방향으로 걸러뜨기1(실 앞), KTBL, YO, 마커까지 겉뜨기, M1R, 마커 걸러뜨기, 겉뜨기3, 마커 걸러뜨기, M1L, 2코 남을 때까지 겉뜨기, YO, 겉뜨기2. (+4코).
2단(안면) : 안뜨기 방향으로 걸러뜨기1(실 앞), KTBL, 마커까지 겉뜨기, 마커 걸러뜨기, 겉뜨기1, 안뜨기1, 겉뜨기1, 마커 걸러뜨기, 끝까지 겉뜨기. 1·2단을 총 16회 뜬다. (+64코. 총 153코).

섹션 4 아일릿
1단(겉면) : 안뜨기 방향으로 걸러뜨기1(실 앞), KTBL, YO, 마커까지 겉뜨기, M1R, 마커 걸러뜨기, 겉뜨기3, 마커 걸러뜨기, M1L, 2코 남을 때까지 겉뜨기, YO, 겉뜨기2. (+4코).
2단+짝수단(안면) : 안뜨기 방향으로 걸러뜨기1(실 앞), KTBL, 마커까지 안뜨기, 마커 걸러뜨기, 겉뜨기1, 안뜨기1, 겉뜨기1, 마커 걸러뜨기, 2코 남을 때까지 안뜨기, 겉뜨기2.
3단 : 안뜨기 방향으로 걸러뜨기1(실 앞), KTBL, YO, 마커까지 겉뜨기, *겉뜨기1, YO, 겉뜨기1, 오른코 겹쳐 2코 모아뜨기*, 마커 2코 전까지 *-* 반복, 겉뜨기2, M1R, 마커 걸러뜨기, 겉뜨기3, 마커 걸러뜨기, M1L, 겉뜨기2, *오른코 겹쳐 2코 모아뜨기, 겉뜨기1, YO, 겉뜨기1*, 3코 남을 때까지 *-* 반복, 겉뜨기1, YO, 겉뜨기2. (+4코).
5·7단 : 안뜨기 방향으로 걸러뜨기1(실 앞), KTBL, YO, 마커까지 겉뜨기, M1R, 마커 걸러뜨기, 겉뜨기3, 마커 걸러뜨기, M1L, 2코 남을 때까지 겉뜨기, YO, 겉뜨기2. (+4코).
9단 : 안뜨기 방향으로 걸러뜨기1(실 앞), KTBL, YO, 마커까지 겉뜨기2, *겉뜨기1, YO, 겉뜨기1, 오른코 겹쳐 2코 모아뜨기*, 마커 3코 전까지 *-* 반복, 겉뜨기3, M1R, 마커 걸러뜨기, 겉뜨기3, 마커 걸러뜨기, M1L, 겉뜨기3, *오른코 겹쳐 2코 모아뜨기, 겉뜨기1, YO, 겉뜨기1*, 4코 남을 때까지 *-* 반복, 겉뜨기2, YO, 겉뜨기2. (+4코).
11·13단 : 안뜨기 방향으로 걸러뜨기1(실 앞), KTBL, YO, 마커까지 겉뜨기, M1R, 마커 걸러뜨기, 겉뜨기3, 마커 걸러뜨기, M1L, 2코 남을 때까지 겉뜨기, YO, 겉뜨기2. (+4코).
15단 : 안뜨기 방향으로 걸러뜨기1(실 앞), KTBL, YO, 겉뜨기3, *겉뜨기1, YO, 겉뜨기1, 오른코 겹쳐 2코 모아뜨기*, 마커까지 *-* 반복, M1R, 마커 걸러뜨기, 겉뜨기3, 마커 걸러뜨기, M1L, *오른코 겹쳐 2코 모아뜨기, 겉뜨기1, YO, 겉뜨기1*, 5코 남을 때까지 *-* 반복, 겉뜨기3, YO, 겉뜨기2. (+4코).
17단 : 안뜨기 방향으로 걸러뜨기1(실 앞), KTBL, YO, 마커까지 겉뜨기, M1R, 마커 걸러뜨기, 겉뜨기3, 마커 걸러뜨기, M1L, 2코 남을 때까지 겉뜨기, YO, 겉뜨기2. (+4코).
18단 : 안뜨기 방향으로 걸러뜨기1(실 앞), KTBL, 마커까지 안뜨기, 마커 걸러뜨기, 겉뜨기1, 안뜨기1, 겉뜨기1, 마커 걸러뜨기, 2코 남을 때까지 안뜨기, 겉뜨기2.
1~18단을 1회 뜬다. (+36코. 총 189코).

섹션 5 가터뜨기
1단(겉면) : 안뜨기 방향으로 걸러뜨기1(실 앞), KTBL, YO, 마커까지 겉뜨기, M1R, 마커 걸러뜨기, 겉뜨기3, 마커 걸러뜨기, M1L, 2코 남을 때까지 겉뜨기, YO, 겉뜨기2. (+4코).
2단(안면) : 안뜨기 방향으로 걸러뜨기1(실 앞), KTBL, 마커까지 겉뜨기, 마커 걸러뜨기, 겉뜨기1, 안뜨기1, 겉뜨기1, 마커 걸러뜨기, 끝까지 겉뜨기. 1·2단을 총 8회 뜬다. (+32코. 총 221코).

섹션 6 꼬아뜨기
1단(겉면) : 안뜨기 방향으로 걸러뜨기1(실 앞), KTBL, YO, *오른쪽 꼬아뜨기, 겉뜨기2*, 마커 3코 전까지 *-* 반복, 오른쪽 꼬아뜨기, 겉뜨기1, M1R, 마커 걸러뜨기, 겉뜨기3, 마커 걸러뜨기, M1L, 겉뜨기1, *왼쪽 꼬아뜨기, 겉뜨기2*, 4코 남을 때까지 *-* 반복, 왼쪽 꼬아뜨기, YO, 겉뜨기2. (+4코).
2단(안면) : 안뜨기 방향으로 걸러뜨기1(실 앞), KTBL, 마커까지 안뜨기, 마커 걸러뜨기, 겉뜨기1, 안뜨기1, 겉뜨기1, 마커 걸러뜨기, 2코 남을 때까지 안뜨기, 겉뜨기1.
3단 : 안뜨기 방향으로 걸러뜨기1(실 앞), KTBL, YO, *오른쪽 꼬아뜨기, 겉뜨기2*, 마커 1코 전까지 *-* 반복, 겉뜨기1, M1R, 마커 걸러뜨기, 겉뜨기3, 마커 걸러뜨기, M1L, 겉뜨기1, *겉뜨기2, 왼쪽 꼬아뜨기*, 2코 남을 때까지 *-* 반복, YO, 겉뜨기2. (+4코).
4단 : 안뜨기 방향으로 걸러뜨기1(실 앞), KTBL, 마커까지 안뜨기, 마커 걸러뜨기, 겉뜨기1, 안뜨기1, 겉뜨기1, 마커 걸러뜨기, 2코 남을 때까지 안뜨기, 겉뜨기2.
1~4단을 총 3회 뜬다. (+24코. 총 245코).

섹션 7 가터뜨기
바탕실을 자르고, 배색실을 연결한다.

1단(겉면) : 안뜨기 방향으로 걸러뜨기1(실 앞), KTBL, YO, 마커까지 겉뜨기, M1R, 마커 걸러뜨기, 겉뜨기3, 마커 걸러뜨기, M1L, 2코 남을 때까지 겉뜨기, YO, 겉뜨기2. (+4코).
2단(안면) : 안뜨기 방향으로 걸러뜨기1(실 앞), KTBL, 마커까지 겉뜨기, 마커 걸러뜨기, 겉뜨기1, 안뜨기1, 겉뜨기1, 마커 걸러뜨기, 끝까지 겉뜨기.
1·2단을 총 8회 뜬다. (+32코. 총 277코).

섹션 8 가터-걸러뜨기 고무뜨기
1단(겉면) : 안뜨기 방향으로 걸러뜨기1(실 앞), KTBL, YO, 마커까지 겉뜨기, M1R, 마커 걸러뜨기, 겉뜨기3, 마커 걸러뜨기, M1L, 2코 남을 때까지 겉뜨기, YO, 겉뜨기2. (+4코).
2단(안면) : 안뜨기 방향으로 걸러뜨기1(실 앞), KTBL, *겉뜨기1, 안뜨기 방향으로 걸러뜨기1(실 앞)*, 마커 1코 전까지 *-* 반복, 겉뜨기1, 마커 걸러뜨기, 겉뜨기1, 안뜨기1, 겉뜨기1, 마커 걸러뜨기, *안뜨기 방향으로 걸러뜨기1(실 앞), 겉뜨기1*, 2코 남을 때까지 *-* 반복, 겉뜨기2.
3단 : 안뜨기 방향으로 걸러뜨기1(실 앞), KTBL, YO, 마커까지 겉뜨기, M1R, 마커 걸러뜨기, 겉뜨기3, 마커 걸러뜨기, M1L, 2코 남을 때까지 겉뜨기, YO, 겉뜨기2. (+4코).
4단 : 안뜨기 방향으로 걸러뜨기1(실 앞), KTBL, 겉뜨기1, *겉뜨기1, 안뜨기 방향으로 걸러뜨기1(실 앞)*, 마커까지 *-* 반복, 마커 걸러뜨기, 겉뜨기1, 안뜨기1, 겉뜨기1, 마커 걸러뜨기, *안뜨기 방향으로 걸러뜨기1(실 앞), 겉뜨기1*, 3코 남을 때까지 *-* 반복, 겉뜨기3.
1~4단을 총 3회 뜬다. (+24코. 총 301코).

섹션 9 가터뜨기
1단(겉면) : 안뜨기 방향으로 걸러뜨기1(실 앞), KTBL, YO, 마커까지 겉뜨기, M1R, 마커 걸러뜨기, 겉뜨기3, 마커 걸러뜨기, M1L, 2코 남을 때까지 겉뜨기, YO, 겉뜨기2. (+4코).
2단(안면) : 안뜨기 방향으로 걸러뜨기1(실 앞), KTBL, 마커까지 겉뜨기, 마커 걸러뜨기, 겉뜨기1, 안뜨기1, 겉뜨기1, 마커 걸러뜨기, 끝까지 겉뜨기.
1·2단을 총 8회 뜬다. 마지막 단에서는 뜨다가 마커가 나오면 뺀다. (+32코. 총 333코).
모든 코를 겉뜨기 방향으로 코막음하거나 장식적인 가장자리를 원하면 피코뜨기 코막음한다.

마무리하기
실 끝을 보이지 않게 정리한 다음 치수에 맞춰 블로킹한다.

티프 네일란

06 할리스테 HALLISTE

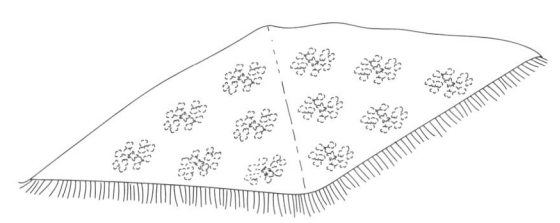

완성 치수
너비 ⋯ 212cm
높이 ⋯ 57cm

재료
바탕실 ⋯ 로사 포마르 몬딤Mondim by Rosa Pomar(포르투갈 울 100%, 385m/100g) 300 3볼
배색실 ⋯ 로사 포마르 몬딤(포르투갈 울 100%, 385m/100g) 111(배색 1) 1볼, 113(배색 2) 1볼
실(대체) ⋯ 핑거링 얀(바탕색) 963m, 핑거링 얀(배색 1) 105m, 핑거링 얀(배색 2) 37m
바늘 ⋯ 3.25mm(US 3) 줄바늘(40cm, 60cm, 100cm)
도구 ⋯ 마커, 돗바늘, 실패 24개
※콧수의 증가에 따라 더 긴 바늘로 바꾸세요.

게이지
원형뜨기로 메리야스뜨기 24코×32단

손뜨개 약어
RSM(s) Roosimine : 로지미나(인레이 니팅Inlay knitting) 섹션 표시용 마커.
독일식 경사뜨기 겉면RS GSR, Right side German short row : 실이 뜨개바탕 뒤에 있는 상태에서 안뜨기하는 것처럼 걸러뜨기 1. 걸러뜬 코의 두 다리가 오른바늘에서 보이도록 실을 바늘 위로 넘겨 앞으로 바짝 당기기. 실을 두 바늘 사이로 넘겨 뜨개바탕 뒤에 놓는다.
독일식 경사뜨기 안면WS GSR, Wrong side German short row : 실이 뜨개바탕 앞에 있는 상태에서 안뜨기하는 것처럼 걸러뜨기1. 걸러뜬 코의 두 다리가 오른바늘에서 보이도록 실을 바늘 위로 넘겨 뒤로 바짝 당기기. 실을 두 바늘 사이로 넘겨 뜨개바탕 앞에 놓는다.

로지미나
에스토니아의 무늬 넣기 기법인 로지미나Roosimine는 배색실로 뜨는 것이 아니라 바탕실로 뜨는 동안 뜨개바탕의 겉면에 배색실을 엮어 자수 모양을 만든다. 도안에는 무늬를 넣을 코 위에 배색실을 엮어 넣는 길이가 표시되어 있다. 로지미나를 하는 동안 배색실은 두 겹으로 한다.

두 겹의 배색실을 잡고 장식 무늬를 시작하는 곳에서 코와 코 사이에 넣는데, 마무리용 실 끝을 뜨개바탕 뒤에 길게 남겨놓는다. 장식 무늬에 필요한 콧수만큼 바탕실로 겉뜨기한다. 배색실을 코와 코 사이로 넘겨 뒤로 가져오고, 바탕실로 다음 코를 겉뜨기한다. 그러면 뒤로 당겨진 배색실 위로 바탕실이 넘어가. 배색실이 바탕실 가닥, 즉 '가로줄'에 걸린다. 다음 무늬를 시작할 때 배색실을 코와 코 사이로 넘겨 앞으로 가져오고. 무늬의 콧수만큼 바탕실로 겉뜨기한 뒤 배색실을 뒤로 가져와 당기고 다음 코를 바탕실로 겉뜨기한다. 이렇게 도안의 단 끝까지 배색실로 장식 무늬를 넣는다.

다음 단을 시작할 때는 배색실이 뜨개바탕 왼쪽에 있게 된다. 처음 무늬를 시작하는 곳까지 겉뜨기하고 배색실을 왼바늘 위로 넘겨 겉면 쪽(앞)으로 가져와 큰 루프를 만들면서 이번 단의 처음 무늬를 시작하는 코와 코 사이로 넘겨 뒤로 보낸다. 이때 뜨개바탕 앞에서 배색 루프를 크게 만든다. 이번 단에서는 이 배색 루프를 이용해 이번 단의 장식 무늬를 만들고 최종적으로 다음 단을 위해 뒷면으로 보내는 것이다. 이제 바탕실로 첫 무늬에 필요한 콧수만큼 겉뜨기한 뒤 배색 루프를 코와 코 사이로 넘겨 뒤로 보낸다. 계속 배색 루프를 앞뒤로 보내면서 장식 무늬를 만들고, 각 무늬를 끝낼 때마다 바탕실로 겉뜨기하고 배색실을 고정한다. 단을 마치면, 뒤에서 배색실을 바싹 당겨 고리를 없앤다.

정리하면 오른쪽 배색실은 왼쪽으로 보내면서 뜨고. 왼쪽 배색실은 큰 루프를 만들어 오른쪽으로 보낸 뒤에 뜬다.

알렉스 버드 / 할리스테

POINT
로지미나의 배색실(1·2)은 두 겹으로 합니다. 두 겹의 배색실(1·2)을 실패에 감거나 작은 뭉치(약 3g)로 감습니다. 적어도 배색 1은 18개, 배색 2는 6개의 뭉치가 필요합니다. 배색2의 'X' 모티브 주변의 점 3개 그룹 1개당 실뭉치 1개를 사용합니다. 도안은 아래에서 위로, 오른쪽에서 왼쪽으로 읽습니다. 도안에는 바탕색으로 뜬 콧수에 넣어야 하는 배색 1과 배색 2의 무늬 길이가 나와 있습니다. 스틱 섹션은 15코로 이뤄집니다. 원형단을 시작하면서 스틱 섹션의 코를 반으로, 즉 원형단의 시작 부분 8코, 끝부분 7코로 나눕니다. 각 원형단의 첫 코는 안뜨기 코로, 나중에 자를 코라는 표시입니다.
이 숄은 숄의 양쪽과 중심 코의 양옆에서 코가 증가합니다. 경사뜨기 섹션은 고무뜨기 가장자리를 뜨기 전에 떠서 너비(날개폭) 가장자리를 직선으로 만듭니다. 경사뜨기 섹션에서는 숄의 가장자리에서 코가 증가합니다.

뜨는 법
바탕실로 18코를 만들고 원형단으로 연결한다. 원형단의 시작 부분에 마커를 끼운다. 실 끝을 최소 10cm 남긴다.
원형 1단 : 안뜨기1, 겉뜨기7, 마커 끼우기(스틱 섹션 표시), 겉뜨기3, 마커 끼우기(스틱 섹션 표시), 끝까지 겉뜨기.
원형 2단(늘리기) : 안뜨기1, 마커까지 겉뜨기, 마커 걸러뜨기, 겉뜨기1, M1R, 겉뜨기1, M1L, 겉뜨기1, 마커 걸러뜨기, 끝까지 겉뜨기. (20코).
원형 3단 : 안뜨기1, 마커까지 겉뜨기, 마커 걸러뜨기, 마커까지 겉뜨기, 마커 걸러뜨기, 끝까지 겉뜨기.
원형 4단(늘리기) : 안뜨기1, 마커까지 겉뜨기, 마커 걸러뜨기, 겉뜨기1, M1R, 겉뜨기1, M1R, 마커 끼우기, 겉뜨기1, 마커 끼우기, M1L, 겉뜨기1, M1L, 겉뜨기1, 마커 걸러뜨기, 끝까지 겉뜨기. (24코).
원형 5단 : 안뜨기1, 마커까지 겉뜨기, 마커 걸러뜨기, 겉뜨기1, 안뜨기1, 마커까지 겉뜨기, 마커 걸러뜨기, 겉뜨기1, 마커 걸러뜨기, 겉뜨기2, 안뜨기1, 겉뜨기1, 마커 걸러뜨기, 끝까지 겉뜨기.
원형 6단(늘리기) : 안뜨기1, 마커까지 겉뜨기, 마커 걸러뜨기, 겉뜨기1, 안뜨기1, 겉뜨기1, M1R, 겉뜨기1, M1R, 마커 걸러뜨기, 겉뜨기1, 마커 걸러뜨기, M1L, 겉뜨기1, M1L, 겉뜨기1, 안뜨기1, 겉뜨기1, 마커 걸러뜨기, 끝까지 겉뜨기. (28코).
원형 7단 : 안뜨기1, 마커까지 겉뜨기, 마커 걸러뜨기, 겉뜨기1, 안뜨기1, 마커까지 겉뜨기, 마커 걸러뜨기, 겉뜨기1, 마커 걸러뜨기, 마커 2코 전까지 겉뜨기, 안뜨기1, 겉뜨기1, 마커 걸러뜨기, 끝까지 겉뜨기.
원형 8단(늘리기) : 안뜨기1, 마커까지 겉뜨기, 마커 걸러뜨기, 겉뜨기1, 안뜨기1, 겉뜨기1, M1R, 마커까지 겉뜨기, M1R, 마커 걸러뜨기, 겉뜨기1, 마커 걸러뜨기, M1L, 겉뜨기, 마커 3코 전까지 겉뜨기, M1L, 겉뜨기1, 안뜨기1, 겉뜨기1, 마커 걸러뜨기, 끝까지 겉뜨기. (32코).
원형 9단 : 안뜨기1, 마커까지 겉뜨기, 마커 걸러뜨기, 겉뜨기1, 안뜨기1, 마커까지 겉뜨기, 마커 걸러뜨기, 겉뜨기1, 마커 걸러뜨기, 마커 2코 전까지 겉뜨기, 안뜨기1, 겉뜨기1, 마커 걸러뜨기, 끝까지 겉뜨기.
원형 8·9단을 20회 더 반복한다.
112코.

로지미나 섹션 1
원형 1단(시작단, 늘리기) : 안뜨기1, 마커까지 겉뜨기, 마커 걸러뜨기, 겉뜨기1, 안뜨기1, M1R, 겉뜨기2, RSM, 도안 뜨기, RSM, 마커까지 겉뜨기, M1R, 마커 걸러뜨기, 겉뜨기1, 마커 걸러뜨기, M1L, 겉뜨기4, RSM, 도안 뜨기, RSM, 마커 3코 전까지 겉뜨기, M1L, 겉뜨기1, 안뜨기1, 겉뜨기1, 마커 걸러뜨기, 끝까지 겉뜨기. (116코).
원형 2단 : 안뜨기1, 마커까지 겉뜨기, 마커 걸러뜨기, 겉뜨기1, 안뜨기1, RSM까지 겉뜨기, RSM 걸러뜨기, 도안 뜨기, RSM 걸러뜨기, 마커까지 겉뜨기, 마커 걸러뜨기, 겉뜨기1, 마커 걸러뜨기, RSM까지 겉뜨기, RSM 걸러뜨기, 도안 뜨기, RSM 걸러뜨기, 마커 2코 전까지 겉뜨기, 안뜨기1, 겉뜨기1, 마커 걸러뜨기, 끝까지 겉뜨기.
원형 3단(늘리기) : 안뜨기1, 마커까지 겉뜨기, 마커 걸러뜨기, 겉뜨기1, 안뜨기1, 겉뜨기1, M1R, RSM까지 겉뜨기, RSM 걸러뜨기, 도안 뜨기, RSM 걸러뜨기, 마커까지 겉뜨기, M1R, 마커 걸러뜨기, 겉뜨기1, 마커 걸러뜨기, M1L, RSM까지 겉뜨기, RSM 걸러뜨기, 도안 뜨기, RSM 걸러뜨기, 마커 3코 전까지 겉뜨기, M1L, 겉뜨기1, 안뜨기1, 겉뜨기1, 마커 걸러뜨기, 끝까지 겉뜨기. (120코).
도안의 27단을 모두 뜰 때까지 원형 2·3단을 반복한다. 168코.

메리야스뜨기 섹션 1
원형 1단 : 안뜨기1, 마커까지 겉뜨기, 마커 걸러뜨기, 겉뜨기1, 안뜨기1, RSM까지 겉뜨기, RSM 빼기, RSM까지 겉뜨기, RSM 빼기, 마커까지 겉뜨기, 마커 걸러뜨기, 겉뜨기1, 마커 걸러뜨기, RSM까지 겉뜨기, RSM 빼기, RSM까지 겉뜨기, RSM 빼기, 마커 2코 전까지 겉뜨기, 안뜨기1, 겉뜨기1, 마커 걸러뜨기, 끝까지 겉뜨기.
원형 2단(늘리기) : 안뜨기1, 마커까지 겉뜨기, 마커 걸러뜨기, 겉뜨기1, 안뜨기1, 겉뜨기1, M1R, 마커까지 겉뜨기, M1R, 마커 걸러뜨기, 겉뜨기1, 마커 걸러뜨기, M1L, 마커 3코 전까지 겉뜨기, M1L, 겉뜨기1, 안뜨기1, 겉뜨기1, 마커 걸러뜨기, 끝까지 겉뜨기. (172코).
원형 3단 : 안뜨기1, 마커까지 겉뜨기, 마커 걸러뜨기, 겉뜨기1, 안뜨기1, 마커까지 겉뜨기, 마커 걸러뜨기, 겉뜨기1, 마커 걸러뜨기, 마커 2코 전까지 겉뜨기, 안뜨기1, 겉뜨기1, 마커 걸러뜨기, 끝까지 겉뜨기.
원형 2·3단을 12회 더 반복한다.
220코.

로지미나 섹션 2
원형 1단(시작단, 늘리기) : 안뜨기1, 마커까지 겉뜨기, 마커 걸러뜨기, 겉뜨기1, 안뜨기1, 겉뜨기1, M1R, 겉뜨기1, RSM, 도안 뜨기, RSM, 겉뜨기17, RSM, 도안 뜨기, RSM, 마커까지 겉뜨기, M1R, 마커 걸러뜨기, 겉뜨기1, 마커 걸러뜨기, M1L, 겉뜨기3, RSM, 도안 뜨기, RSM, 겉뜨기17, RSM, 도안 뜨기, RSM, 마커까지 겉뜨기, 마커 걸러뜨기1, M1L, 겉뜨기1, 안뜨기1, 겉뜨기1, 마커 걸러뜨기, 끝까지 겉뜨기. (224코).
원형 2단 : 안뜨기1, 마커까지 겉뜨기, 마커 걸러뜨기, 겉뜨기1, 안뜨기1, *RSM까지 겉뜨기, RSM 걸러뜨기, 도안 뜨기, RSM 걸러뜨기*, *-* 1회 더 반복, 마커까지 겉뜨기, 마커 걸러뜨기, 겉뜨기1, 마커 걸러뜨기, *RSM까지 겉뜨기, RSM 걸러뜨기, 도안 뜨기, RSM 걸러뜨기*, *-* 1회 더 반복, 마커 2코 전까지 겉뜨기, 안뜨기1, 겉뜨기1, 마커 걸러뜨기, 끝까지 겉뜨기.
원형 3단(늘리기) : 안뜨기1, 마커까지 겉뜨기, 마커 걸러뜨기, 겉뜨기1, 안뜨기1, 겉뜨기1, M1R, *RSM까지 겉뜨기, RSM 걸러뜨기, 도안 뜨기, RSM 걸러뜨기*, *-* 1회 더 반복, 마커까지 겉뜨기, M1R, 마커 걸러뜨기, 겉뜨기1, 마커 걸러뜨기, M1L, *RSM까지 겉뜨기, RSM 걸러뜨기, 도안 뜨기, RSM 걸러뜨기*, *-* 1회 더 반복, 마커 3코 전까지 겉뜨기, M1L, 겉뜨기1, 안뜨기1, 겉뜨기1, 마커 걸러뜨기, 끝까지 겉뜨기. (228코).
도안의 27단을 모두 뜰 때까지 원형 2·3단을 반복한다.
276코.

메리야스뜨기 섹션 2
원형 1단 : 안뜨기1, 마커까지 겉뜨기, 마커 걸러뜨기, 겉뜨기1, 안뜨기1, *RSM까지 겉뜨기, RSM 빼기*, *-* 3회 더 반복, 마커까지 겉뜨기, 마커 걸러뜨기, 겉뜨기1, 마커 걸러뜨기, *RSM까지 겉뜨기, RSM 빼기*, *-* 3회 더 반복, 마커 2코 전까지 겉뜨기, 안뜨기1, 겉뜨기1, 마커 걸러뜨기, 끝까지 겉뜨기.

원형 2단(늘리기) : 안뜨기1, 마커까지 겉뜨기, 마커 걸러뜨기, 겉뜨기1, 안뜨기1, 겉뜨기1, M1R, 마커까지 겉뜨기, M1R, 마커 걸러뜨기, 겉뜨기1, 마커 걸러뜨기, M1L, 마커 3코 전까지 겉뜨기, M1L, 겉뜨기1, 안뜨기1, 겉뜨기1, 마커 걸러뜨기, 끝까지 겉뜨기. (280코).

원형 3단 : 안뜨기1, 마커까지 겉뜨기, 마커 걸러뜨기, 겉뜨기1, 안뜨기1, 마커까지 겉뜨기, 마커 걸러뜨기, 겉뜨기1, 마커 걸러뜨기, 마커 2코 전까지 겉뜨기, 안뜨기1, 겉뜨기1, 마커 걸러뜨기, 끝까지 겉뜨기.
원형 2·3단을 12회 더 반복한다.
328코.

로지미나 섹션 3
원형 1단(시작단, 늘리기) : 안뜨기1, 마커까지 겉뜨기, 마커 걸러뜨기, 겉뜨기1, 안뜨기1, 겉뜨기1, M1R, *RSM, 도안 뜨기, RSM, 겉뜨기17*, *-* 1회 더 반복, RSM, 도안 뜨기, RSM, 마커까지 겉뜨기, M1R, 마커 걸러뜨기, 겉뜨기1, 마커 걸러뜨기, M1L, 겉뜨기2, RSM, 도안 뜨기, RSM, *겉뜨기17, RSM, 도안 뜨기, RSM*, *-* 1회 더 반복, M1L, 겉뜨기1, 안뜨기1, 겉뜨기1, 마커 걸러뜨기, 끝까지 겉뜨기. (332코).

원형 2단 : 안뜨기1, 마커까지 겉뜨기, 마커 걸러뜨기, 겉뜨기1, 안뜨기1, *RSM까지 겉뜨기, RSM 걸러뜨기, 도안 뜨기, RSM 걸러뜨기*, *-* 2회 더 반복, 마커까지 겉뜨기, 마커 걸러뜨기, 겉뜨기1, 마커 걸러뜨기, *RSM까지 겉뜨기, RSM 걸러뜨기, 도안 뜨기, RSM 걸러뜨기*, *-* 2회 더 반복, 마커 2코 전까지 겉뜨기, 안뜨기1, 겉뜨기1, 마커 걸러뜨기, 끝까지 겉뜨기.

원형 3단(늘리기) : 안뜨기1, 마커까지 겉뜨기, 마커 걸러뜨기, 겉뜨기1, 안뜨기1, 겉뜨기1, M1R, *RSM까지 겉뜨기, RSM 걸러뜨기, 도안 뜨기, RSM 걸러뜨기*, *-* 2회 더 반복, 마커까지 겉뜨기, M1R, 마커 걸러뜨기, 겉뜨기1, 마커 걸러뜨기, M1L, *RSM까지 겉뜨기, RSM 걸러뜨기, 도안 뜨기, RSM 걸러뜨기*, *-* 2회 더 반복, 마커 3코 전까지 겉뜨기, M1L, 겉뜨기1, 안뜨기1, 겉뜨기1, 마커 걸러뜨기, 끝까지 겉뜨기.

(336코).
도안의 27단을 완성할 때까지 원형 2·3단을 반복한다.
384코.

메리야스뜨기 섹션 3
원형 1단 : 안뜨기1, 마커까지 겉뜨기, 마커 걸러뜨기, 겉뜨기1, 안뜨기1, *RSM까지 겉뜨기, RSM 빼기*, *-* 5회 더 반복, 마커까지 겉뜨기, 마커 걸러뜨기, 겉뜨기1, 마커 걸러뜨기, *RSM까지 겉뜨기, RSM 빼기*, *-* 5회 더 반복, 마커 2코 전까지 겉뜨기, 안뜨기1, 겉뜨기1, 마커 걸러뜨기, 끝까지 겉뜨기.

원형 2단(늘리기) : 안뜨기1, 마커까지 겉뜨기, 마커 걸러뜨기, 겉뜨기1, 안뜨기1, 겉뜨기1, M1R, 마커까지 겉뜨기, M1R, 마커 걸러뜨기, 겉뜨기1, 마커 걸러뜨기, M1L, 마커 3코 전까지 겉뜨기, M1L, 겉뜨기1, 안뜨기1, 겉뜨기1, 마커 걸러뜨기, 끝까지 겉뜨기. (388코).

원형 3단 : 안뜨기1, 마커까지 겉뜨기, 마커 걸러뜨기, 겉뜨기1, 안뜨기1, 마커까지 겉뜨기, 마커 걸러뜨기, 겉뜨기1, 마커 걸러뜨기, 마커 2코 전까지 겉뜨기, 안뜨기1, 겉뜨기1, 마커 걸러뜨기, 끝까지 겉뜨기.
원형 2·3단을 11회 더 반복한다.
432코.

경사뜨기 섹션
원형 1단 : 안뜨기1, 마커까지 겉뜨기, 마커 걸러뜨기, 겉뜨기1, 안뜨기1, 겉뜨기1, M1R, 마커까지 겉뜨기, 마커 빼기, 겉뜨기1, 마커 빼기, 마커 16코 전까지 겉뜨기, 뜨개바탕 돌리기.

원형 2단(안면) : WS GSR, 마커 2코 전까지 안뜨기, 겉뜨기1, 안뜨기1, 겉뜨기1, 안뜨기7, 겉뜨기1, 마커 걸러뜨기, 마커까지 안뜨기, 마커 걸러뜨기, 안뜨기1, 겉뜨기1, 안뜨기1, 안뜨기로 M1R, 마커 16코 전까지 안뜨기, 뜨개바탕 돌리기.

원형 3단(겉면) : RS GSR, 마커 2코 전까지 겉뜨기, 안뜨기1, 겉뜨기1, 마커 걸러뜨기, 마커까지 겉뜨기, 마커 걸러뜨기, 안뜨기1, 겉뜨기1, 안뜨기1, 겉뜨기1, M1R, 이전 뜨개바탕 돌리기 앞에 16코 남을 때까지 겉뜨기, 뜨개바탕 돌리기.

원형 4단(안면) : WS GSR, 마커 2코 전까지 안뜨기, 겉뜨기1, 안뜨기1, 겉뜨기1, 안뜨기7, 겉뜨기1, 마커 걸러뜨기, 마커까지 안뜨기, 마커 걸러뜨기, 안뜨기1, 겉뜨기1, 안뜨기1, 안뜨기로 오른코 만들기, 이전 뜨개바탕 돌리기 앞에 16코 남을 때까지 안뜨기, 뜨개바탕 돌리기.

원형 5단(겉면) : RS GSR, 마커 2코 전까지 겉뜨기, 안뜨기1, 겉뜨기1, 마커 걸러뜨기, 마커까지 겉뜨기, 마커 걸러뜨기, 안뜨기1, 겉뜨기1, 안뜨기1, 겉뜨기1, M1R, 이전 뜨개바탕 돌리기 앞에 20코 남을 때까지 겉뜨기, 뜨개바탕 돌리기.

원형 6단(안면) : WS GSR, 마커 2코 전까지 안뜨기, 겉뜨기1, 안뜨기1, 겉뜨기1, 마커 걸러뜨기, 안뜨기7, 겉뜨기1, 마커 걸러뜨기, 마커까지 안뜨기, 마커 걸러뜨기, 안뜨기1, 겉뜨기1, 안뜨기1, 안뜨기로 오른코 만들기, 이전 뜨개바탕 돌리기 앞에 20코 남을 때까지 안뜨기, 뜨개바탕 돌리기.
원형 5·6단을 7회 더 반복한다.

원형 21단(겉면) : RS GSR, 마커 2코 전까지 겉뜨기, 안뜨기1, 겉뜨기1, 마커 걸러뜨기, 마커까지 겉뜨기.

원형 22단(안면) : 안뜨기1, 마커까지 겉뜨기, 마커 걸러뜨기, 겉뜨기1, 안뜨기1, 겉뜨기1, M1R, 독일식 경사뜨기 뜨개바탕 돌리기의 더블스티치를 K2TOG로 뜨면서 마커까지 겉뜨기, 마커 빼기, 겉뜨기1, 마커 빼기, 독일식 경사뜨기 뜨개바탕 돌리기의 더블스티치를 K2TOG로 뜨면서 마커 3코 전까지 겉뜨기, M1L, 겉뜨기1, 안뜨기1, 겉뜨기1, 마커 걸러뜨기, 마커까지 겉뜨기. (454코).

고무뜨기
원형 1단 : 안뜨기1, 마커까지 겉뜨기, 마커 걸러뜨기, 마커 1코 전까지 [겉뜨기1, 안뜨기1], 겉뜨기1, 마커 걸러뜨기, 끝까지 겉뜨기.

원형 2단(늘리기) : 안뜨기1, 마커까지 겉뜨기, 마커 걸러뜨기, 겉뜨기1, 안뜨기1, 겉뜨기1, M1R, 마커 3코 전까지 [안뜨기1, 겉뜨기1], M1L, 겉뜨기1, 안뜨기1, 겉뜨기1, 마커 걸러뜨기, 끝까지 겉뜨기. (456코).

원형 3단 : 안뜨기1, 마커까지 겉뜨기, 마커 걸러뜨기, 겉뜨기1, 안뜨기1, 겉뜨기2, 마커 3코 전까지 [안뜨기1, 겉뜨기1], 겉뜨기1, 안뜨기1, 겉뜨기1, 마커 걸러뜨기, 끝까지 겉뜨기.

원형 4단 : 안뜨기1, 마커까지 겉뜨기, 마커 걸러뜨기, 마커까지 기존 고무뜨기 패턴으로 코막음하기(441코). 최소 10cm 정도 남기고 실을 자른 후 마커 앞의 마지막 코 사이에 잡아 뺀다. 마커 후의 남은 7코는 그대로 둔다.

스틱 자르기
바늘에 남아 있는 15코를 바늘에서 뺀다. 끝이 뾰족한 가위로 안뜨기 코의 세로줄을 자른다.

이때 안면에 있는 배색실(1·2)의 끝을 자르지 않도록 주의한다.

스틱 가장자리 매듭짓기

코가 남아 있는 숄의 상단이나 너비(날개폭)에서 시작하는 스틱 코들을 풀기 시작한다. 실을 풀다가 숄의 가장자리에서 멈춘다. 실 끝을 서로 묶고, 그 매듭을 가장자리로 잡아당긴다. 계속 숄의 양쪽 가장자리를 따라 실 끝을 묶어 프린지를 만든다.

마무리하기
로지미나 끝단

가까이 있는 코 주변의 실 끝을 묶어서 끝단을 고정한다. 묶은 매듭을 너무 세게 당기면 로지미나 장식 무늬와 뜨개바탕의 장력이 망가지므로 주의한다. 그다음에는 남아 있는 실 끝의 일부를 안면에서 같은 색의 장식 무늬에 보이지 않게 엮어 넣어 정리한다.

블로킹하기

숄을 블로킹하는 방법은 다음과 같다. 너비(날개폭)가 직선이 되고 완성 치수에 맞도록 핀을 꽂는다. 프린지도 펼쳐서 빗질하고 직선으로 블로킹한다.
숄이 마르면 프린지를 원하는 길이로 고르게 다듬는다. 가장 긴 프린지의 길이는 약 10cm다.

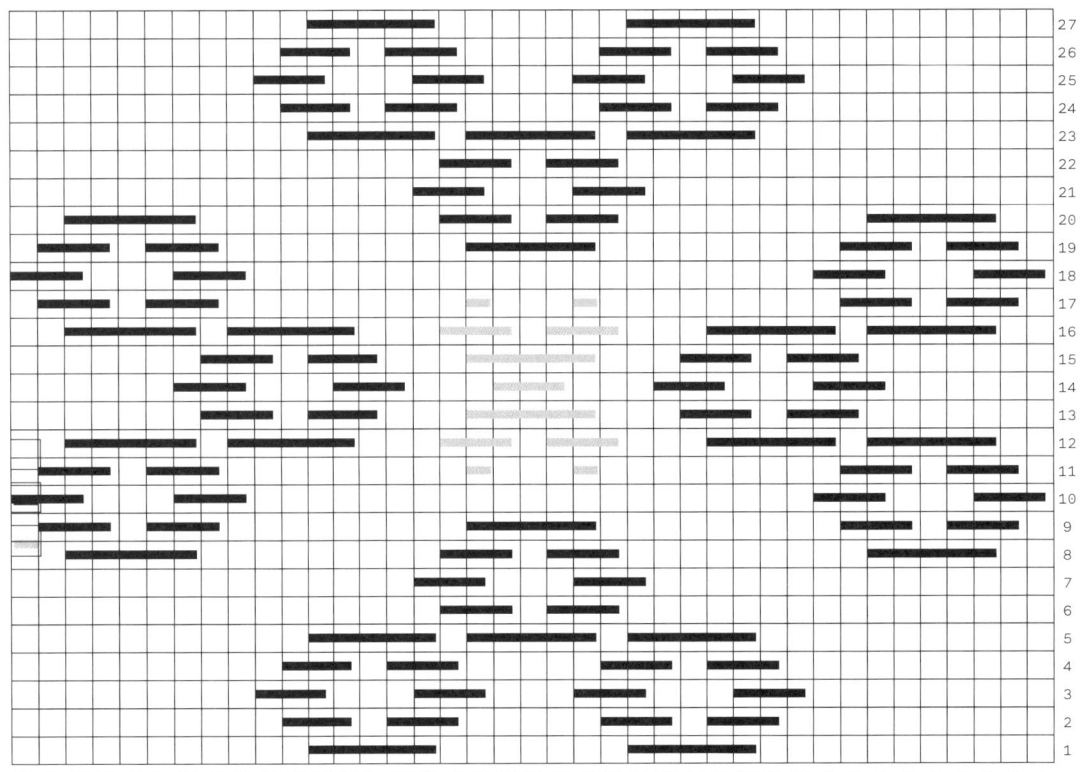

- □ 겉뜨기(바탕색)
- ▬ 겉뜨기(바탕색), 로지미나(배색 1)
- ░ 겉뜨기(바탕색), 로지미나(배색 2)

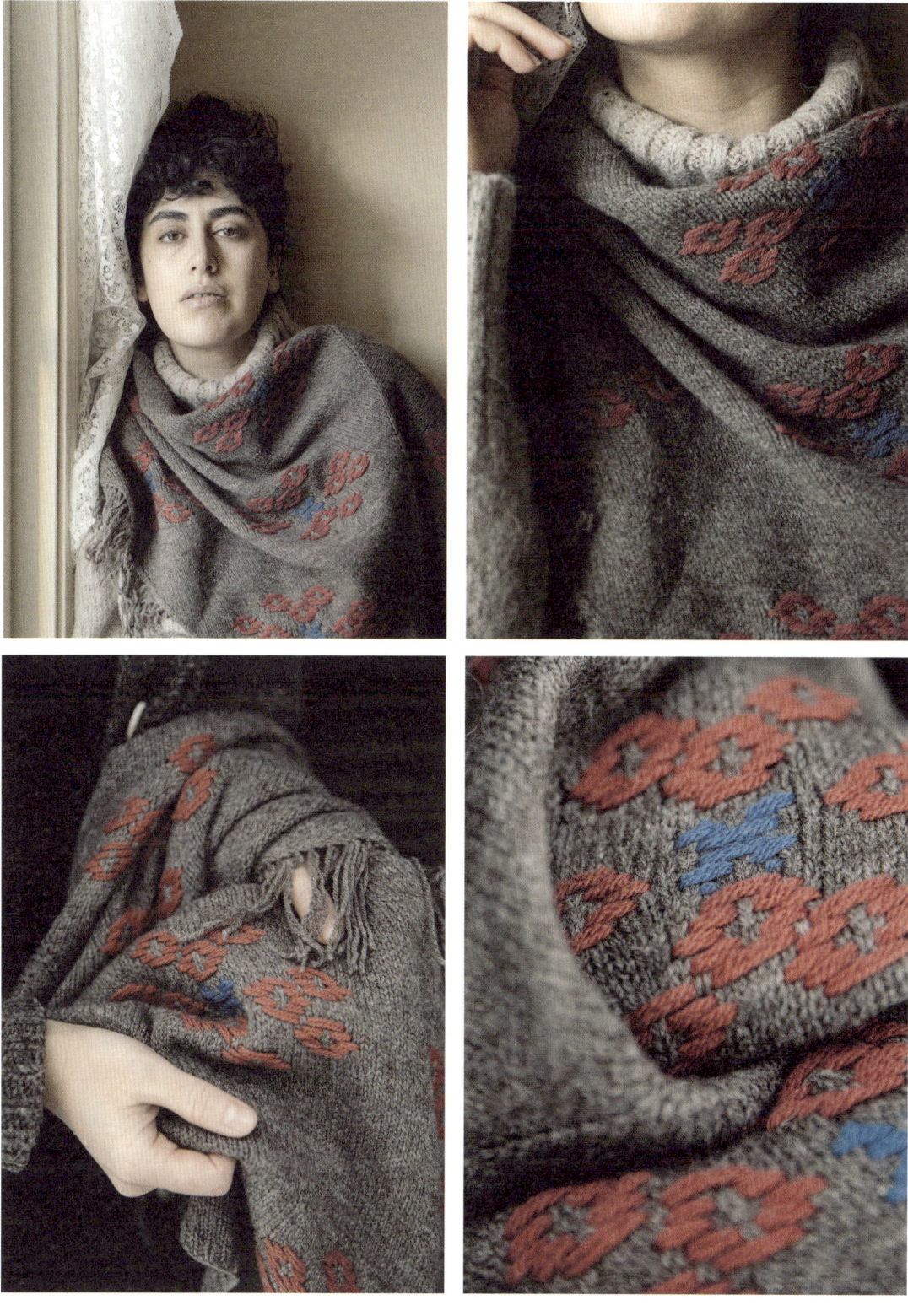

07 마리예 MARJIE

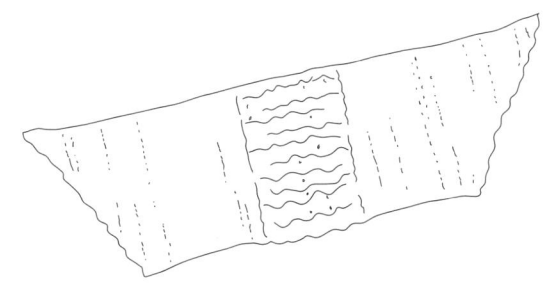

완성 치수
코잡기단 너비 … 115cm
코막음단 너비 … 170cm
중앙 레이스의 높이 … 51cm
양쪽 날개 레이스의 높이(코잡기단~코막음단) … 49cm

재료
실 … 미모 얀 Co. DK 삭DK Sock by The Mimo Yarn Co.(메리노 울 75%, 나일론 25%, 225m/100g) Sloan 4볼
실(대체) … DK 얀 약 870m
바늘 … 4.5mm(US 7) 줄바늘
도구 … 마커

※실을 여러 번 길게 끌어올려뜨는 8코 4단 끌어올려뜨기는 일반 레이스 코보다 실을 많이 사용하므로 익숙해지는 데 시간이 걸릴 수 있어 실이 10% 정도 더 필요할 수 있습니다.

게이지
스폿레이스뜨기 Spot lace stitch 20코×32단
8코 4단 끌어올려뜨기 Dipped lace cluster stitch 23코×31단
※도안을 1회 떴을 때 너비는 블로킹 후 13cm입니다.

8코 4단 끌어올려뜨기 (15의 배수+14코)
(8코 4단 끌어올려뜨기 도안의 1~6단).

1단(겉면) : *겉뜨기로 2코 모아뜨기, 겉뜨기5, 바늘비우기 2회, 겉뜨기5, 오른코 2코 모아뜨기, 안뜨기1*, 1코 남을 때까지 *-*을 반복하고 마지막 회차에는 오른코 2코 모아뜨기로 끝낸다.

2단(안면) : *오른코 2코 모아 안뜨기, 안뜨기4, 이전 단의 바늘비우기(2회)를 바늘에서 떨구고 바늘비우기 2회, 안뜨기4, 안뜨기로 2코 모아뜨기, 겉뜨기1*, 1코 남을 때까지 *-*을 반복하고 마지막 회차에는 안뜨기로 2코 모아뜨기로 끝낸다.

3단 : *겉뜨기로 2코 모아뜨기, 겉뜨기3, 이전 단의 바늘비우기(2회)를 바늘에서 떨구고 바늘비우기 2회, 겉뜨기3, 오른코 2코 모아뜨기, 안뜨기1*, 1코 남을 때까지 *-*을 반복하고 마지막 회차에는 오른코 2코 모아뜨기로 끝낸다.

4단 : *오른코 2코 모아 안뜨기, 안뜨기2, 이전 단의 바늘비우기(2회)를 바늘에서 떨구고 바늘비우기 2회, 안뜨기2, 안뜨기로 2코 모아뜨기, 겉뜨기1*, 1코 남을 때까지 *-*을 반복하고 마지막 회차에 안뜨기로 2코 모아뜨기로 끝낸다.

5단(클러스터단) : *겉뜨기3, 이전 단의 바늘비우기(2회)를 바늘에서 떨군다. [오른바늘의 끝을 4개의 가로줄 아래 가운데에 앞에서 뒤로 넣는다. 바늘에 실을 감아(바늘비우기) 앞으로 잡아 빼서 한 코를 만들어 길이가 약 1.5cm가 되도록 끌어올린다. 이제 1번째 고리가 만들어졌다.
바늘을 계속 앞에 둔 채 같은 길이에서 바늘비우기를 한 번 더 해 2번째 고리를 만든다.] [-]를 3회 더 반복해 총 8코를 새로 만들고, 겉뜨기4*, *-*을 반복하고 마지막 회차에는 겉뜨기3으로 끝낸다.

6단 : *안뜨기3, 겉뜨기로 꼬아뜨기8(끌어올려뜨기 완성), 안뜨기4*, *-*을 반복하고 마지막 회차에는 안뜨기3으로 끝낸다.

POINT
양쪽에서 하는 '계단형' 늘리기는 니티드 코잡기Knitted Cast-on로 6단과 7단을 시작할 때 4코 그룹 코잡기를 합니다. 계단형 가장자리를 뜰 때 안면단에서 '겉뜨기 방향으로 니티드 코잡기/케이블 코잡기를 해 4코'를 만들고, 겉면단에서 '안뜨기 방향으로 니티드 코잡기/케이블 코잡기를 해 4코'를 만듭니다.

숄의 중심에서 8코 4단 끌어올려뜨기를 하려면 10단 패턴의 처음 4단에 걸쳐서 연이어 코 줄이기를 해야 합니다. 그래야 그 섹션에서 코가 줄어들며, 이렇게 줄어든 코는 5단에서 회복됩니다.

스폿레이스 도안은 이어지는 안면단에서 '바늘비우기 2회'를 할 때, 한 번은 겉뜨기로 또 한 번은 안뜨기로 합니다.

뜨는 법

시작하기
롱테일 코잡기로 232코를 만들고, 겉뜨기로 1단을 뜬다.

패턴 시작단(안면): 겉뜨기1, 마커 끼우기, 겉뜨기76, 마커 끼우기, 겉뜨기2, 마커 끼우기, 겉뜨기74, 마커 끼우기, 겉뜨기2, 마커 끼우기, 1코 남을 때까지 겉뜨기, 마커 끼우기, 겉뜨기1.

스폿레이스 & 8코 4단 끌어올려뜨기 패턴
1단(겉면): 겉뜨기1(가장자리 코), 마커 걸러뜨기, 마커까지 스폿레이스 도안 1단 뜨기, 마커 걸러뜨기, (바늘비우기, 오른코 2코 모아뜨기), 마커 걸러뜨기, 마커까지 8코 4단 끌어올려뜨기 도안 1단 뜨기, 마커 걸러뜨기, (겉뜨기로 2코 모아뜨기, 바늘비우기), 마커 걸러뜨기, 마커까지 스폿레이스 도안 1단 뜨기, 마커 걸러뜨기, 겉뜨기1.

2단(안면): 겉뜨기1(가장자리 코), 마커 걸러뜨기, 마커까지 스폿레이스 도안 2단 뜨기, 마커 걸러뜨기, 안뜨기2, 마커 걸러뜨기, 마커까지 8코 4단 끌어올려뜨기 도안 2단 뜨기, 마커 걸러뜨기, 안뜨기2, 마커 걸러뜨기, 마커까지 스폿레이스 도안 2단 뜨기, 겉뜨기1.

이제 숄의 각 날개에 스폿레이스가, 중앙에는 8코 4단 끌어올려뜨기가 만들어졌고 가운데 패턴 양쪽에는 수직 점선이 접해 있다. 계속 세트(1·2단을 반복하면서 도안의 다음 단을 뜨고 마커가 나오면 걸러뜬다)로 패턴을 뜨면서, 10단을 반복할 때마다 6단과 7단을 시작할 때는 4코 늘리기를 한다. 6단을 시작할 때 니티드 코잡기를 이용해 겉뜨기 방향으로 4코를 만들고, 이 4코를 겉뜨기 한 뒤 단 끝까지 기존대로 뜬다. 7단을 시작할 때 니티드 코잡기를 이용해 안뜨기 방향으로 4코를 잡고, 이 4코를 겉뜨기한 뒤 단 끝까지 겉뜨기한다. 160단이 될 때까지 또는 반복 섹션을 총 16회 뜰 때까지 새로 만든 코를 패턴으로 가져오면서 세트로 패턴을 뜬다. 그러나 마지막 반복 회차에서는 코 늘리기를 생략하고 안면을 앞에 놓고 7단까지만 뜬다.

겉뜨기 방향으로 코막음한다.

마무리하기
실 끝을 보이지 않게 정리한 다음 치수에 맞춰 블로킹한다. 이때 모양이 잘 나타나도록 계단형 코 늘리기에 주의를 기울인다.
8코 4단 끌어올려뜨기 레이스의 구불구불한 가장자리를 자연스럽게 강조하기 위해 숄의 중앙을 기준으로 삼아 윗단과 밑단에 핀을 꽂는다. 이때 뜨개바탕을 지나치게 잡아당기지 않도록 주의한다. 핀을 꽂기 전에 두세 번 가볍게 스팀을 쏘이고 완전히 식힌다. 아니면 게이지에 맞춰 블로킹해도 된다.

8코 4단 끌어올려뜨기 레이스 도안

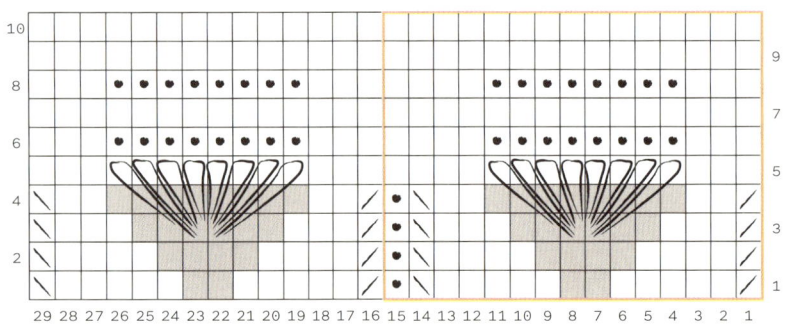

스폿레이스 도안

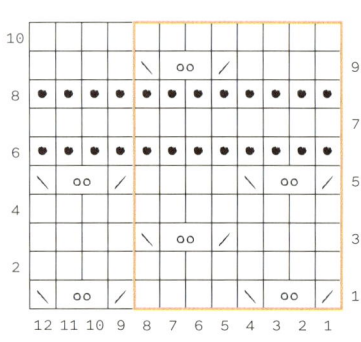

□	겉면 : 겉뜨기 / 안면 : 안뜨기
●	겉면 : 안뜨기 / 안면 : 겉뜨기
/	겉면 : K2TOG / 안면 : P2TOG
\	겉면 : SSK / 안면 : SSP
oo	바늘비우기 2회
〰	8코 4단 끌어올려뜨기
□ (주황)	반복
■ (회색)	코 없음

※ 8코 4단 끌어올려뜨기 도안의 1~6단은 43페이지를 참고하세요.

45

안나 스트란드베르그

08 프루 알스타드 FRU ALSTAD

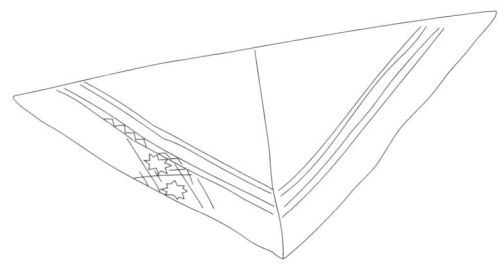

완성 치수
너비 … 220cm
높이 … 90cm

재료
실 … 댄디라이언 얀즈 포클랜드 메리노 Falkland Merino by Dandelion Yarns(포클랜드 메리노 100%, 400m/100g) Tea for Two 3볼
실(대체) … 핑거링 얀 1200m
바늘 … 3.5mm(US 4) 줄바늘
도구 … 마커 또는 스티치 홀더, 자투리실

게이지
더블멍석뜨기 Double moss stitch 20코×26단

아이코드 코막음 I-Cord bind-off
⑴ 겉뜨기2.
⑵ 바늘을 다음 2코의 뒷고리에 넣어 실을 감아 2코 모아 겉뜨기를 한다.
⑶ 오른바늘에서 왼바늘로 3코를 걸러뜬다.
모든 코는 ⑴~⑶을 반복하면 3코만 남는다. 이 3코를 다음과 같이 메리야스 잇기로 아이코드의 시작 부분과 함께 꿰맨다.

아이코드 잇기 I-Cord Grafting
① 아이코드의 마지막 단을 마친 후 실을 15cm 정도 남기고 잘라 돗바늘에 꿴다. 실은 아이코드의 왼쪽에 있다.
② 돗바늘을 대바늘에 있는 첫 코에 오른쪽에서 왼쪽으로 안뜨기 방향으로 넣는다.
③ 돗바늘을 코에 통과시키고 이 코를 대바늘에서 떨어뜨리는데, 너무 세게 당기지 않는다.
④ 아이코드 시작 부분에서 처음 코막음한 코를 찾아 돗바늘을 그 코의 밑동에 있는 두 고리 아래로, 오른쪽에서 왼쪽으로 통과시킨다.
⑤ 고른 장력으로 실을 잡아당기고, 돗바늘을 ③에서 떨어뜨린 코의 중앙에 앞에서 넣어 통과시킨다. 돗바늘을 코 앞으로 돌려보낸다.
⑥ 돗바늘을 다음 코에 안뜨기 방향으로 통과시키고 이 2번째 코를 대바늘에서 떨어뜨린다.
⑦ 맞은편 끝에 있는 다음 코를 찾고. 돗바늘을 다시 그 코의 두 고리 아래로 통과시킨다.
⑧ 돗바늘을 다시 떨어뜨린 코의 가운데로 통과시키고, 그 대바늘에 있는 마지막 코에 안뜨기 방향으로 통과시켜 코를 떨어뜨린다.
⑨ 돗바늘을 맞은편에 있는 마지막 코의 두 고리에 통과시킨다.
⑩ 마지막으로 떨어뜨린 코의 중앙에 한 번 더 통과시키는데, 이번에는 뜨개바탕 안면으로 빼낸다.
⑪ 안면에서 실 끝을 보이지 않게 정리한다.

뜨는 법
별실을 이용해 3코를 만든다. 또 다른 별실로 3코를 겉뜨기한다.
이 실은 나중에 빼낸다.
아이코드뜨기로 7단을 겉뜨기한다. 아이코드를 따라 5코를 줍고, 2번째 별실을 빼낸 뒤 빼고 남은 3코를 겉뜨기한다.
11코.
시작단: 걸러뜨기3(실 앞), 안뜨기5, 걸러뜨기3(실 앞).

섹션 1 더블멍석뜨기
1단(겉면): 겉뜨기3, 바늘비우기, 겉뜨기2, 오른코 만들기, 겉뜨기1, 왼코 만들기, 겉뜨기2, 바늘비우기, 겉뜨기3. (+4코).
2단(안면): 걸러뜨기3, 겉뜨기1, 안뜨기2, 겉뜨기1, 안뜨기1, 겉뜨기1, 안뜨기2, 겉뜨기1, 걸러뜨기3.
3단: 겉뜨기3, 마커 끼우기, 바늘비우기, 겉뜨기1, 안뜨기2, 겉뜨기1, 오른코 만들기, 마커 끼우기, 겉뜨기1, 마커 끼우기, 왼코 만들기, 겉뜨기1, 안뜨기2, 겉뜨기1, 바늘비우기, 마커 끼우기, 겉뜨기3. (+4코).

4단 : 걸러뜨기3, 마커 걸러뜨기, 안뜨기2, 겉뜨기2, 안뜨기2, 마커 걸러뜨기, 안뜨기1, 마커 걸러뜨기, 안뜨기2, 겉뜨기2, 안뜨기2, 마커 걸러뜨기, 걸러뜨기3.
총 339코가 될때까지 도안 A의 5~12단을 뜬다.
5~8단을 1회 더 반복한다. 347코.

섹션 2 다운 화살표
도안 B를 1회 뜬다. 363코.

섹션 3 점블Jumble
도안 C를 1회 뜬다. 395코.

섹션 4 업 화살표
도안 D를 1회 뜬다. 411코.

섹션 5 별
도안 E를 1회 뜬다.
※지면이 한정적이므로 도안 E는 2개로 나눴습니다. 오른쪽에서 시작하고 이어서 왼쪽에서 시작합니다. 모든 단에서 안면은 왼쪽에서 시작해 오른쪽으로 진행합니다.
503코.
바늘에 3코만 남으면 아이코드 코막음과 아이코드 잇기를 한다.

마무리하기
실 끝을 보이지 않게 정리한 다음 치수에 맞춰 블로킹한다.

안나 스트란드베르그

	겉면: 겉뜨기 / 안면: 안뜨기	O	바늘비우기		코 없음
	겉면: 안뜨기 / 안면: 겉뜨기	㇄	M1L		반복
V	걸러뜨기(실 앞)	㇅	M1R		

도안 A

도안 B

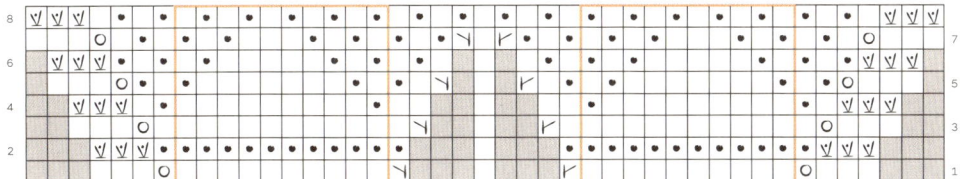

도안 C

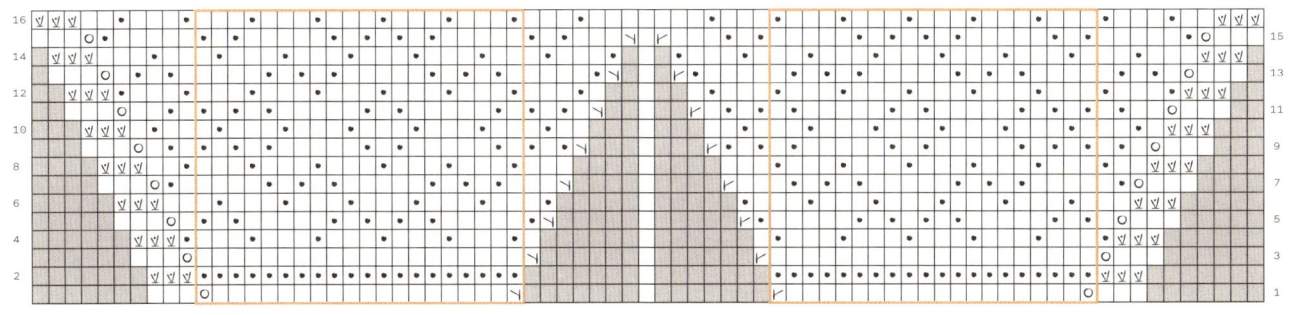

※1단의 바늘비우기와 왼코 만들기. 오른코 만들기는 반복 섹션에서 반복하지 않고, 가장자리에서만 합니다. 다른 모든 반복 섹션은 모든 코를 겉뜨기합니다.

도안 D

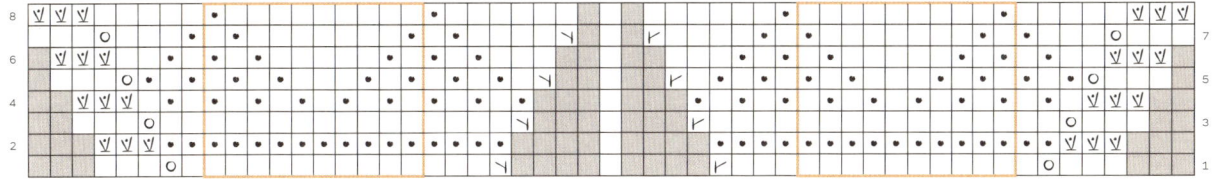

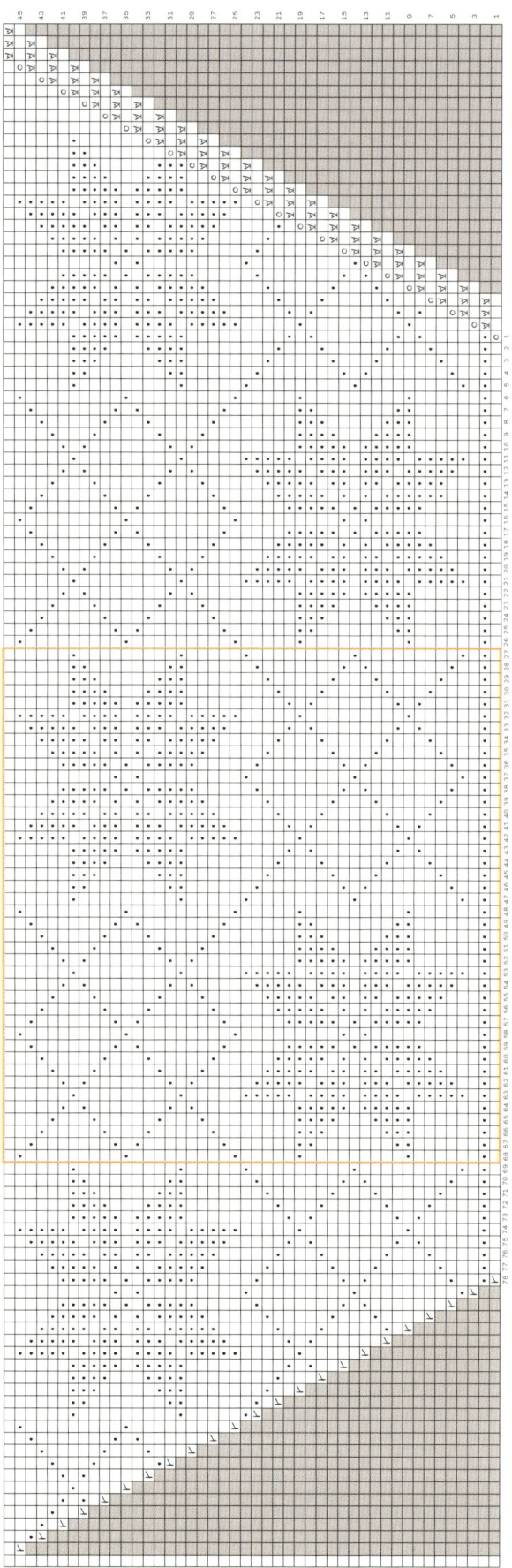

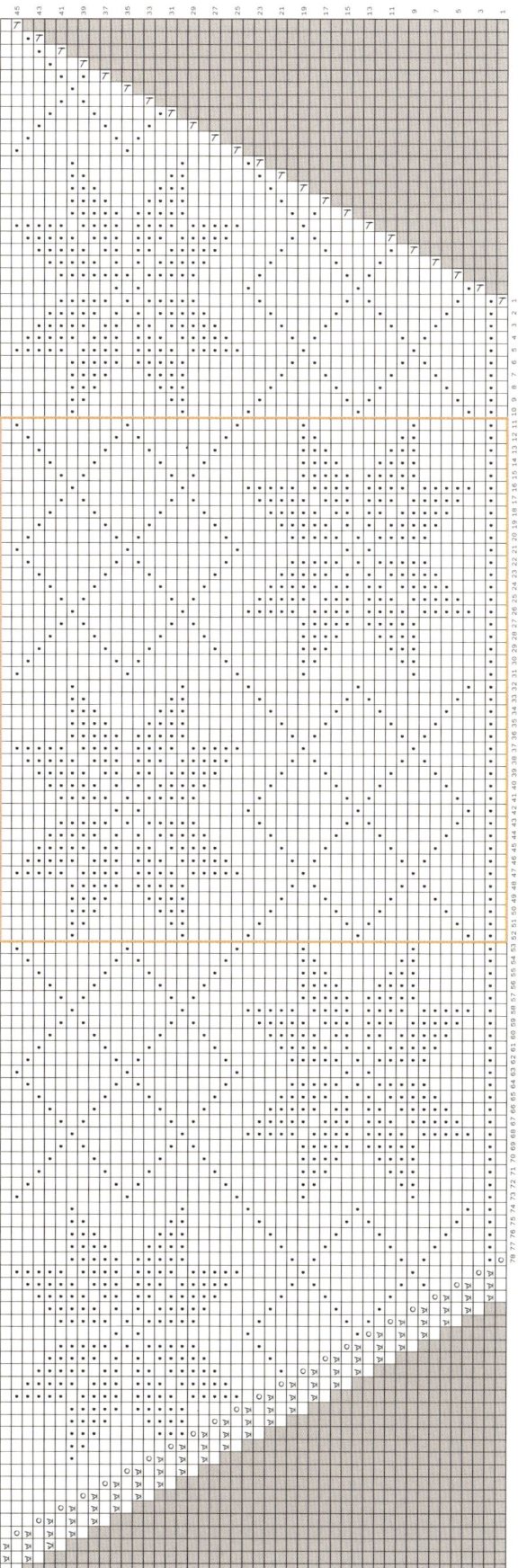

09 러프 RUF

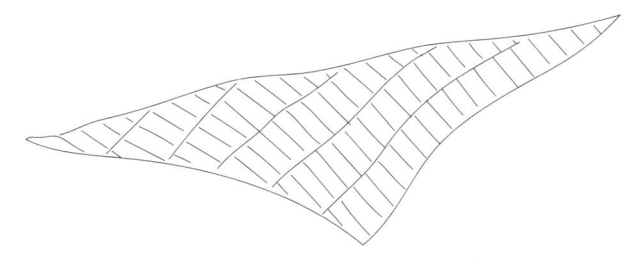

완성 치수
너비 ⋯ 240cm
높이 ⋯ 70cm

재료
실 ⋯ BC 간 바이오 밸런스 Bio Balance by BC Garn (오가닉 울 55%, 오가닉 면 45%, 225m/50g) BL018 Sand(A색) 4볼, BL030 Black(B색) 1볼
실(대체) ⋯ 총 940m=스포트 얀(A색) 890m+스포트 얀(B색) 50m
바늘 ⋯ 3.5mm(US 4) 줄바늘(80cm), 4.5mm(US 7) 줄바늘 또는 코막음용 장갑바늘
도구(옵션) ⋯ 뺄 수 있는 마커

게이지
메리야스뜨기 22코×37단

패턴 뜨기
본체 패턴
1단(겉면): 겉뜨기3, 안뜨기3, 겉뜨기1, M1L, 6코 남을 때까지 겉뜨기(패턴의 밴드 코 뜨기), 안뜨기3, 겉뜨기3.
2단(안면): 안뜨기3, 겉뜨기3, 6코 남을 때까지 안뜨기(패턴의 밴드 코 뜨기), 겉뜨기3, 안뜨기3.

스트라이프 패턴
1단(겉면): 겉뜨기3, 안뜨기3, 스트라이프를 넣고 싶은 밴드 앞에 1코 남을 때까지 겉뜨기, 안뜨기1, A색 실을 자르지 않고 뜨개바탕 뒤에 둔 채 B색 실을 연결해 안뜨기 코까지 겉뜨기, 뜨개바탕 돌리기.
경사뜨기 1단(안면): B색 코가 1코 남을 때까지 [걸러뜨기1(실 앞), 겉뜨기1], 걸러뜨기1(실 앞), B색 실 자르기, 뜨개바탕 돌리기.
경사뜨기 2단(겉면): A색 실을 잡고, 6코 남을 때까지 겉뜨기(패턴의 밴드 코 뜨기), 안뜨기3, 겉뜨기3.
2단(안면): 안뜨기3, 겉뜨기3, 6코 남을 때까지 안뜨기(패턴의 밴드 코 뜨기), 겉뜨기3, 안뜨기3.

밴드 패턴
1단(겉면): 겉뜨기3, 안뜨기3, 겉뜨기1, 안뜨기로 왼코 만들기, 겉뜨기39, 6코 남을 때까지 안뜨기 코는 안뜨기하고 겉뜨기 코는 겉뜨기, 안뜨기3, 겉뜨기3.
2단(안면): 안뜨기3, 겉뜨기3, 8코 남을 때까지 안뜨기 코는 안뜨기하고 겉뜨기 코는 겉뜨기, 안뜨기1, 안뜨기3, 겉뜨기3.

뜨는 법
가는 바늘과 A색 실을 이용해 선호하는 코잡기로 9코를 만든다.

말리는 양옆 가장자리 시작하기
1단(겉면): 겉뜨기3, 안뜨기3, 겉뜨기3. (9코).
2단(안면): 안뜨기3, 겉뜨기3, 안뜨기3.
3단: 겉뜨기3, PFB, 안뜨기2, 겉뜨기3. (+1코).
4단: 안뜨기3, 겉뜨기4, 안뜨기3.
5단: 겉뜨기2, PFB, 안뜨기3, 겉뜨기3. (+1코).
6단: 안뜨기3, 겉뜨기5, 안뜨기3.
7단: 겉뜨기3, PFB, 안뜨기4, 겉뜨기3. (+1코).
8단: 안뜨기3, 겉뜨기6, 안뜨기3.
12코.

숄 본체 패턴 시작하기
1단(겉면): 겉뜨기3, 안뜨기3, M1L, 안뜨기3, 겉뜨기3. (+1코).
2단(안면): 안뜨기3, 겉뜨기3, 안뜨기1, 겉뜨기3, 안뜨기3.
3단: 겉뜨기3, 안뜨기3, 겉뜨기1, M1L, 안뜨기3, 겉뜨기3. (+1코).
4단: 안뜨기3, 겉뜨기3, 안뜨기2, 겉뜨기3, 안뜨기3.
5단: 겉뜨기3, 안뜨기3, 겉뜨기1, M1L, 겉뜨기1, 안뜨기3, 겉뜨기3. (+1코).
6단: 안뜨기3, 겉뜨기3, 안뜨기3, 겉뜨기3, 안뜨기3.
15코.

숄 본체 패턴 뜨기
1단(겉면): 겉뜨기3, 안뜨기3, 겉뜨기1, M1L, 6코 남을 때까지 겉뜨기, 안뜨기3, 겉뜨기3. (+1코).
2단(안면) : 안뜨기3, 겉뜨기3, 6코 남을 때까지 안뜨기, 겉뜨기, 안뜨기3.
1·2단을 총 8회 반복한다.
23코.
이제 말리는 양옆 가장자리(모든 단의 처음 6코와 마지막 6코) 사이에서 메리야스뜨기를 하는데, 숄의 가두리를 마무리할 때까지 모든 겉면단에서 메리야스뜨기를 할 때 코 늘리기로 시작한다.

스트라이프 패턴 시작하기

코잡기단부터 31단을 뜨면 23코가 된다(양쪽 가장자리 12코+메리야스뜨기 11코). 이 중 메리야스뜨기 11코 위에 경사뜨기와 뜨개바탕의 텍스처가 있는 스트라이프 패턴을 이용해 먼저 B색으로 스트라이프 패턴을 넣는다.

1단(겉면) : 겉뜨기3, 안뜨기3, A색 실을 자르지 않고 뜨개바탕 뒤에 둔 채 B색 실을 연결해 겉뜨기11, 뜨개바탕 돌리기.
경사뜨기 1단(안면) : *걸러뜨기1(실 앞), 겉뜨기1*, B색 코가 1코 남을 때까지 *-* 반복, 걸러뜨기1(실 앞), B색 실 자르기. (B색 실 양 끝을 안면에서 간단하게 매듭지어도 된다). 뜨개바탕 돌리기.
경사뜨기 2단 : A색 실을 잡고, 6코 남을 때까지 겉뜨기, 안뜨기3, 겉뜨기3.
2단 : 안뜨기3, 겉뜨기3, 안뜨기11, 겉뜨기3, 안뜨기3.
※왼쪽의 마지막 스트라이프 코가 겉면에서 볼 때 너무 꼬여 있으면 바늘을 그 코에 넣어 왼쪽 다리를 살짝 당기세요.

본체 패턴+스트라이프 패턴 뜨기

1단(겉면) : 겉뜨기3, 안뜨기3, 겉뜨기1, M1L, 6코 남을 때까지 겉뜨기, 안뜨기3, 겉뜨기3.
2단(안면) : 안뜨기3, 겉뜨기3, 6코 남을 때까지 안뜨기, 겉뜨기, 안뜨기3.
1·2단을 총 10회 반복한다.
33코.
이제 B색 스트라이프 후에 A색 22단이 있다. 다시 스트라이프 패턴을 뜬다.
1단(겉면) : 겉뜨기3, 안뜨기3, A색 실을 자르지 않고 뜨개바탕 뒤에 둔 채 B색 실을 연결해 겉뜨기21, 뜨개바탕 돌리기.
경사뜨기 1단(안면) : *걸러뜨기1(실 앞), 겉뜨기1*, B색 코가 1코 남을 때까지 *-* 반복, 걸러뜨기1(실 앞), B색 실 자르기, 뜨개바탕 돌리기.
경사뜨기 2단(겉면) : A색 실을 잡고 6코 남을 때까지 겉뜨기, 안뜨기3, 겉뜨기3.
2단(안면) : 안뜨기3, 겉뜨기3, 안뜨기21, 겉뜨기3, 안뜨기3.
다시 본체 패턴을 총 10회 뜬다.
43코.

다음 겉면단(마지막 스트라이프 패턴 반복 후 20단)에서, 다시 스트라이프 패턴을 뜬다.
1단(겉면) : 겉뜨기3, 안뜨기3, A색 실을 자르지 않고 뜨개바탕 뒤에 둔 채 B색 실을 연결해 겉뜨기31, 뜨개바탕 돌리기.
경사뜨기 1단(안면) : *걸러뜨기1(실 앞), 겉뜨기1*, B색 코가 1코 남을 때까지 *-* 반복, 걸러뜨기1(실 앞), B색 실 자르기, 뜨개바탕 돌리기.
경사뜨기 2단(겉면) : A색 실을 잡고 6코 남을 때까지 겉뜨기, 안뜨기3, 겉뜨기3.
2단(안면) : 안뜨기3, 겉뜨기3, 안뜨기31, 겉뜨기3, 안뜨기3.

지금과 같이 뜨면서 가두리를 마무리할 때까지 21단마다 겉면에서 스트라이프 패턴을 넣는다.
앞으로 패턴이 서로 엇갈리는 효과를 주기 위해 스트라이프를 세로 밴드에서 다른 단에 뜬다. B색 스트라이프와 스트라이프 사이에는 항상 A색 22단이 있으므로 스트라이프를 떠야 할 때를 쉽게 알 수 있다.

밴드 패턴 시작하기

3번째 스트라이프 패턴이 끝나면 본체 패턴을 총 9회 뜬다.
총 52코이고, 말리는 양옆 가장자리 사이에 겉뜨기 40코가 있다.
본체 패턴과 스트라이프 패턴을 10번째 뜰 때, 다음과 같이 안뜨기 1코를 넣어 첫 코와 나머지 겉뜨기 39코를 갈라서 밴드 2개를 만든다.
1단(겉면) : 겉뜨기3, 안뜨기3, 겉뜨기1, 안뜨기로 왼코 만들기, 겉뜨기39, 안뜨기3, 겉뜨기3. (+1코).
2단(안면) : 안뜨기3, 겉뜨기3, 안뜨기39, 겉뜨기1, 안뜨기1, 겉뜨기3, 안뜨기3.
이제부터 가두리를 마무리할 때까지 본체 전체에서 40번째 코마다 겉면에서 안뜨기(안면에서 겉뜨기) 1코를 뜬다. 콧수는 말리는 양옆 가장자리 코는 제외하고 왼쪽부터 센다. 본체 패턴을 10번째 반복하면 다음 겉면단에서 스트라이프 패턴을 뜬다. 밴드 1(말린 가장자리를 제외하고 왼쪽의 나머지 39코)에는 스트라이프 1개만 만든다는 점에 주의한다.
1단(겉면) : 겉뜨기3, 안뜨기3, 겉뜨기1, M1L, 안뜨기1, A색 실을 자르지 않고 뜨개바탕 뒤에 둔 채 B색 실을 연결해 겉뜨기39, 뜨개바탕 돌리기.
경사뜨기 1단(안면) : *걸러뜨기1(실 앞), 겉뜨기1*, B색 코가 1코 남을 때까지 *-* 반복, 걸러뜨기1(실 앞), B색 실 자르기, 뜨개바탕 돌리기.
경사뜨기 2단(겉면) : A색 실을 잡고 6코 남을 때까지 겉뜨기, 안뜨기3, 겉뜨기3.
2단(안면) : 안뜨기3, 겉뜨기3, 안뜨기39, 겉뜨기1, 안뜨기2, 겉뜨기3, 안뜨기3.
54코.

계속 기존의 본체 패턴을 뜬다. 총 4회를 뜨면 58코가 된다(말리는 양옆 가장자리 6코, 밴드2의 겉뜨기 6코, 안뜨기 1코, 밴드1의 겉뜨기 39코, 말린 가장자리 6코). 말린 가장자리 다음의 겉뜨기 6코에서 밴드2의 1번째 스트라이프를 뜬다.
1단(겉면) : 겉뜨기3, 안뜨기3, A색 실을 자르지 않고 뜨개바탕 뒤에 둔 채 B색 실을 연결해 겉뜨기6, 뜨개바탕 돌리기.
경사뜨기 1단(안면) : *걸러뜨기1(실 앞), 겉뜨기1*, *-* 총 3회 반복, B색 실 자르기, 뜨개바탕 돌리기.
경사뜨기 2단(겉면) : A색 실을 잡고 겉뜨기6, 안뜨기1, 겉뜨기39, 안뜨기3, 겉뜨기3.
2단(안면) : 안뜨기3, 겉뜨기3, 안뜨기39, 겉뜨기1, 안뜨기6, 겉뜨기3, 안뜨기3.
58코. 밴드 1에 스트라이프 4개, 밴드 2에 스트라이프 1개.

말리는 양옆 가장자리에서 메리야스뜨기를 계속한다. 이때 모든 겉면단(말린 가장자리 직후 스트라이프 패턴을 반복할 때는 제외)에서 메리야스뜨기를 시작할 때 1코 늘리기를 한다. 또 모든 40번째 코에서 안뜨기해 숄이 커지면서 생기는 바이어스에 밴드를 만들고, B색 스트라이프와 스트라이프 사이에서 A색 실로 22단을 뜬다.
밴드1·2에서 한 것처럼 가장 가까운 왼쪽 밴드의 마지막 스트라이프에서 몇 단 떨어진 새로운 밴드의 1번째 스트라이프 패턴을 뜨는 것도 잊지 않는다. 이렇게 분리하는 단수는 다양해야 변칙적인 효과가 근사하다. 스트라이프를 자유롭게 배열해보자.
샘플은 스트라이프를 다음과 같이 배열했다. 밴드3의 1번째 스트라이프는 밴드2의 마지막 스트라이프 후 12단을 뜨고 만들었다. 밴드4는 밴드3의 마지막 스트라이프 후 16단, 밴드5는 밴드4의 마지막 스트라이프 후 10단, 밴드6은 밴드5의 마지막 스트라이프 후 18단을 떴으며, 밴드7의 너비는 몇 코 안 되므로 스트라이프를 넣지 않았다.

오드 마틴

경사뜨기로 왼쪽 파트 모양 만들기
186코(시작단에서 약 135cm)가 되면, 가운데 높이가 최대가 된다. 패턴들을 '함께' 세트로 뜨면서 숄의 왼쪽 모양을 만들기 위해 오른쪽에서 독일식 경사뜨기를 한다.

경사뜨기 1단(겉면): 겉뜨기3, 안뜨기3, 7코 남을 때까지 패턴대로 뜨기, 겉뜨기1, 뜨개바탕 돌리기. (181코).

경사뜨기 2단(안면): 걸러뜨기1, 6코 남을 때까지 패턴대로 뜨기, 겉뜨기3, 안뜨기3.

경사뜨기 3단(겉면): 겉뜨기3, 안뜨기3, 이전 단에서 뜨개바탕 돌리기 전 2코 남을 때까지 패턴대로 뜨기, 뜨개바탕 돌리기.

경사뜨기 4단(안면): 걸러뜨기1, 끝까지 패턴대로 뜨기.
※마지막 뜨개바탕 돌리기를 한 곳에 뺄 수 있는 마커를 끼우세요.

경사뜨기 단을 반복한다. 겉면에서 마지막 뜨개바탕을 돌리기 전에 2코(즉 가장 가까운 더블스티치 전에 2코) 남을 때까지 패턴대로 뜬다. 모든 겉면단의 오른쪽에서는 1코를 늘리고, 왼쪽에서는 3코를 덜 뜨면 모든 겉면단에서 2코가 줄어든다. 스트라이프 패턴 뜨기와 경사뜨기를 동시에 해야 할 때 다음과 같이 한다.

겉면: A색 실로 원하는 밴드까지 패턴대로 뜨기, 안뜨기1, 마지막 뜨개바탕 돌리기에서 더블스티치 전에 3코 남을 때까지 스트라이프 패턴 뜨기, 뜨개바탕 돌리기.

안면: 스트라이프 패턴 뜨기.
A색이 있는 겉면으로 돌아가 경사뜨기를 한다. 마지막 뜨개바탕 돌리기에서 더블스티치 전에 2코 남을 때까지 패턴대로 뜨기(즉, 모든 B색 코와 A색 1코 위에서 뜨기), 뜨개바탕 돌리기.

안면: 걸러뜨기1, 끝까지 패턴대로 뜨기.
경사뜨기를 위해 뜨개바탕 방향을 바꿔야 하는 겉면에서 안뜨기 1코가 있어도 겉뜨기를 한다. 8코가 남을 때까지 패턴 뜨기와 경사뜨기를 반복한다.

마지막 경사뜨기 1단(겉면): 겉뜨기3, 안뜨기2, 겉뜨기1, 뜨개바탕 돌리기.

마지막 경사뜨기 2단(안면): 걸러뜨기1, 겉뜨기2, 안뜨기3.
276코.

가두리뜨기
이제 276코를 줍고, 숄의 왼쪽 가장자리에서 가두리 더블 니팅 Double knitting(앞면과 뒷면을 한 바늘에 걸어 동시에 뜨는 방법)을 한다.

1단(겉면): 겉뜨기3, 안뜨기3, 6코 남을 때까지 겉뜨기, 안뜨기3, 겉뜨기3. (276코).

2단(안면): 안뜨기3, 겉뜨기3, 4코 남을 때까지 모든 코에서 PFB, 안뜨기4. (+266코, 총 542코).

3단: 겉뜨기3, 겉뜨기로 2코 늘리기, *안뜨기 코 걸러뜨기(실 앞), 겉뜨기1*, 6코 남을 때까지 *-* 반복, 안뜨기3, 겉뜨기3. (+2코, 544코).

4단: 안뜨기3, 겉뜨기3, *안뜨기 코 걸러뜨기(실 앞), 겉뜨기1*, 4코 남을 때까지 *-* 반복, 안뜨기 코 걸러뜨기(실 앞), 안뜨기3.

3·4단을 1회 더 반복한다.
546코.

코막음하기
다음 겉면단에서 굵은 바늘로 첫 3코를 코막음하고 *K2TOG, 코막음*, 6코 남을 때까지 *-* 반복, 6코 코막음한다.

마무리하기
실 끝을 보이지 않게 정리한 다음 치수에 맞춰 블로킹한다.

10 히라에스 HIRAETH

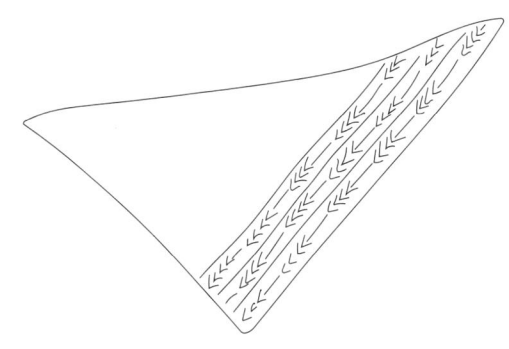

완성 치수
너비 … 206cm
가로 … 158.5cm
높이 … 132cm

재료
실 … 에코뷰 화이버 밀 레인저 DK Ranger DK by Echoview Fibre Mill(USA 메리노 울 90%, WNC 랑부예 울 10%, 242m/100g) Redtail 5볼
실(대체) … DK 얀 약 1125m
바늘 … 4.5mm(US 7) 줄바늘(80cm)
도구 … 마커 4개, 돗바늘

게이지
가터뜨기 19코×31단
도안 패턴 21코×32단
메리야스뜨기 20코×32단

2코 고무단 코잡기 2×2 Alternate cable cast-on
콧수를 4배수로 잡는다.
① 슬립 노트 Slip knot를 만들고 왼바늘에 끼운다.
② 슬립 노트에 겉뜨기하는데, 슬립 노트를 빼지 말고 새로 만든 코를 왼바늘로 옮긴다.
③ 왼바늘의 첫 코와 2번째 코 사이에서 오른바늘을 뒤에서 앞으로 넣어 안뜨기하고 새 코를 왼바늘로 옮긴다.
④ 왼바늘의 첫 코와 2번째 코 사이에서 오른바늘을 앞에서 뒤로 넣어 겉뜨기하고 새 코를 왼바늘로 옮긴다.
⑤ 원하는 콧수가 될 때까지 ③·④를 반복한다.
⑥ 겉뜨기1.
⑦ 왼바늘 2번째 코 뒤에 오른바늘을 넣는다.
⑧ 오른바늘로 2번째 코를 걸러뜨면서 1번째 코를 왼바늘에서 뺀다. 1번째 코는 살아 있다.
⑨ 왼바늘로 뜨개바탕 앞에서 살아 있는 1번째 코를 잡는다.
⑩ 오른바늘의 1번째 코(걸러뜬 코)를 다시 왼바늘로 걸러뜨고 겉뜨기1, 안뜨기2.
⑪ ⑥~⑩을 끝까지 반복한다.

뜨는 법
2코 고무단 코잡기 또는 선호하는 신축성 있는 코잡기로 246코를 만든다. 고무뜨기는 겉뜨기 2코로 시작하고 끝난다.

가장자리
1단(안면) : 안뜨기2, 끝까지 [겉뜨기2, 안뜨기2].
2단 : 겉뜨기2, 끝까지 [안뜨기2, 겉뜨기2].
1·2단을 1회 더 또는 가장자리 폭이 2cm 될 때까지 반복한다.

본체
시작단(안면) : 안뜨기2, 겉뜨기179, *마커 끼우기, 겉뜨기1, 안뜨기8, 겉뜨기2, 안뜨기8, 겉뜨기1*, *-* 2회 더 반복, 마커 끼우기, 겉뜨기5.
1단(겉면) : 겉뜨기5, *마커 걸러뜨기, 도안의 1단 뜨기*, 마커 걸러뜨기, 다음 마커까지 겉뜨기, *-* 1회 더 반복, 마커 걸러뜨기, 3코 남을 때까지 겉뜨기, 겉뜨기로 2코 모아뜨기, 겉뜨기1. (-1코).
2단 : 안뜨기2, 마커까지 겉뜨기, *마커 걸러뜨기, 겉뜨기1, 안뜨기8, 겉뜨기2, 안뜨기8, 겉뜨기1*, *-* 2회 더 반복, 마커 걸러뜨기, 겉뜨기5.
3단 : 겉뜨기5, *마커 걸러뜨기, 도안의 다음 겉면단 뜨기*, 마커 걸러뜨기, 다음 마커까지 겉뜨기, *-* 1회 더 반복, 마커 걸러뜨기, 3코 남을 때까지 겉뜨기, 겉뜨기로 2코 모아뜨기, 겉뜨기1. (-1코).
4단 : 2단을 반복한다.
3·4단을 반복해 도안을 총 4회 뜬다.
총 226코. 1번째 마커 전에 5코, 마커와 마커 사이 20코, 끝까지 161코.
5단(겉면) : 겉뜨기5, 마커 걸러뜨기, 다음 마커까지 겉뜨기, 마커 걸러뜨기, 도안의 다음 겉면단 뜨기, 3코 남을 때까지 겉뜨기, 마커가 나타나면 마커 걸러뜨기, 겉뜨기로 2코 모아뜨기, 겉뜨기1. (-1코).

6단 : 안뜨기2, 마커까지 겉뜨기, *마커 걸러뜨기, 겉뜨기1, 안뜨기8, 겉뜨기2, 안뜨기8, 겉뜨기1*, *-*을 2회 더 반복, 마커 걸러뜨기, 겉뜨기5.

5·6단을 반복해 도안을 총 4회 뜬다.

총 206코. 1번째 마커 전에 5코, 마커와 마커 사이 20코, 끝까지 141코.

3·4단을 3~4회 반복해 도안을 4회 뜨고, 5·6단을 다시 반복해 도안을 4회 뜬다. *-*을 2회 더 반복하고 3·4단을 다시 반복해 도안을 3회 뜬 뒤 3·4단을 다시 반복해 도안의 1~8단을 1회 더 뜬다.

7단(겉면) : 겉뜨기5, 마커 걸러뜨기, 도안의 9단 뜨기, 마커 걸러뜨기, 다음 마커까지 겉뜨기, 마커 걸러뜨기, 도안의 9단 중 처음 19코 뜨기, 걸러뜨기1, 마커 빼기, 왼바늘로 다시 걸러뜨기1, 겉뜨기로 2코 모아뜨기, 겉뜨기1. (-1코).

8단 : 안뜨기10, 겉뜨기2, 안뜨기8, 겉뜨기1, *마커 걸러뜨기, 겉뜨기1, 안뜨기8, 겉뜨기2, 안뜨기8, 겉뜨기1*, *-*을 1회 더 반복, 마커 걸러뜨기, 겉뜨기5.

총 66코. 1번째 마커 전에 5코, 마커와 마커 사이 20코, 끝까지 21코.

이제부터 레이스 전체에서 줄이기를 한다. 줄이기를 하는 부분은 메리야스뜨기 부분이다. 도안 부분이 아니다. 메리야스뜨기 부분의 줄이기는 계속 패턴대로 뜬다.

9단(겉면) : 겉뜨기5, 마커 걸러뜨기, 다음 마커까지 겉뜨기, 마커 걸러뜨기, 도안의 다음 겉면단 뜨기, 마커 걸러뜨기, 3코 남을 때까지 겉뜨기, 겉뜨기로 2코 모아뜨기, 겉뜨기1. (-1코).

10단 : 안뜨기2, *마커까지 패턴대로 뜨기*, *-*을 2회 더 반복, 마커 걸러뜨기, 겉뜨기5.

9·10단을 반복해 도안을 총 3회 끝낸다. 그 후 도안의 1~8단을 1회 더 끝낼 때까지 9·10단을 다시 반복한다.

11단 : 겉뜨기5, 마커 걸러뜨기, 다음 마커까지 겉뜨기, 마커 걸러뜨기, 도안의 9단 중 처음 19코 뜨기, 걸러뜨기1, 마커 빼기, 왼바늘로 다시 걸러뜨기1, 겉뜨기로 2코 모아뜨기, 겉뜨기1. (-1코).

12단 : 안뜨기10, 겉뜨기2, 안뜨기8, 겉뜨기1, 마커 걸러뜨기, 겉뜨기1, 안뜨기8, 겉뜨기2, 안뜨기8, 겉뜨기1, 마커 걸러뜨기, 겉뜨기5.

총 46코. 1번째 마커 전에 5코, 마커와 마커 사이 20코, 끝까지 21코.

13단(겉면) : 겉뜨기5, 마커 걸러뜨기, 도안의 다음 겉면단 뜨기, 마커 걸러뜨기, 3코 남을 때까지 겉뜨기, 겉뜨기로 2코 모아뜨기, 겉뜨기1. (-1코).

14단 : 안뜨기2, 마커까지 패턴대로 뜨기, 마커 걸러뜨기, 겉뜨기1, 안뜨기8, 겉뜨기2, 안뜨기8, 겉뜨기1, 마커 걸러뜨기, 겉뜨기5.

13·14단을 반복해 도안을 총 3회 뜬다. 그 후 도안의 1~8단을 1회 더 뜰 때까지 9·10단을 반복한다.

15단(겉면) : 겉뜨기5, 마커 걸러뜨기, 도안의 9단 중 처음 19코 뜨기, 걸러뜨기1, 마커 빼기, 왼바늘로 다시 걸러뜨기1, 겉뜨기로 2코 모아뜨기, 겉뜨기1. (-1코).

16단 : 안뜨기10, 겉뜨기2, 안뜨기8, 겉뜨기1, 마커 걸러뜨기, 겉뜨기5.

총 26코. 1번째 마커 전에 5코, 끝까지 21코.

17단(겉면) : 겉뜨기5, 마커 빼기, 3코 남을 때까지 겉뜨기, 겉뜨기로 2코 모아뜨기, 겉뜨기1. (-1코).

18단 : 안뜨기2, 끝까지 패턴대로 뜬다.

19단 : 3코 남을 때까지 겉뜨기, 겉뜨기로 2코 모아뜨기, 겉뜨기1. (-1코).

20단 : 18단을 반복한다.

2코 남을 때까지 19·20단을 반복한다. 남은 코를 코막음한다.

마무리하기

실 끝을 보이지 않게 정리한 다음 치수에 맞춰 블로킹한다.

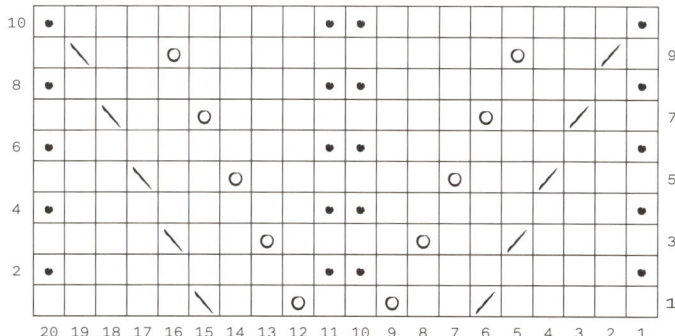

	겉면 : 겉뜨기 / 안면 : 안뜨기
•	겉면 : 안뜨기 / 안면 : 겉뜨기
O	바늘비우기
/	겉면 :K2TOG / 안면 : P2TOG
\	겉면 :SSK / 안면 : SSP

11 소타보스크 SOTABOSC

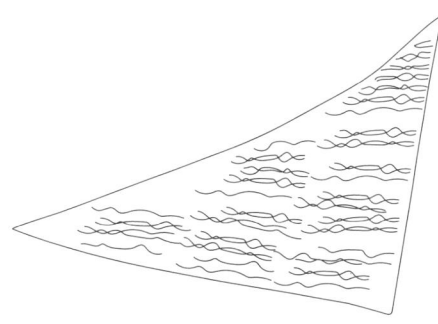

사이즈
1(2)
P.60 → 사이즈 2

완성 치수
너비 … 154(186)cm
높이 … 135(163)cm

재료
실 … 로사 포마르 보보 Vovó by Rosa Pomar(포르투갈 파인 울 100%. 143m/50g) 10번 5(7)볼
실(대체) … 스포트 얀 715(1000)m
바늘 … 3.75mm(US 5) 대바늘
도구 … 스티치 마커. 자투리실. 코바늘. 꽈배기바늘

게이지
교차뜨기 패턴 25코×30단

손뜨개 약어
오른코 위 돌려 교차뜨기 1/1 LTT : 꽈배기바늘로 1코 걸러떠서 앞에 놓고. KTBL. 걸러뜬 코 KTBL.
오른코 위 돌려 교차뜨기(아래쪽 안뜨기) 1/1 LPT : 꽈배기바늘로 1코 걸러떠서 앞에 놓고. 안뜨기1. 걸러뜬 코 KTBL.
왼코 위 돌려 교차뜨기(아래쪽 안뜨기) 1/1 RPT : 꽈배기바늘로 1코 걸러떠서 뒤에 놓고. KTBL. 걸러뜬 코 안뜨기.
드라이브뜨기(2회) k1 elongated : 실을 두 번 감아 겉뜨기. 다음 단에서 두 번 감은 실을 풀면서 뜨기.

걸러뜨면서 떨어뜨리기(실 앞) SLD WYIF : 실을 앞에 두고 1코 걸러뜨면서 이전 단에서 했던 바늘비우기(실감기)를 떨어뜨린다.

아이코드 코막음
겉뜨기2. 겉뜨기로 2코 모아 꼬아뜨기. 오른바늘에 있는 3코를 안뜨기 방향으로 왼바늘로 옮기기. *-*을 반복한다.

POINT
가장자리에서 마커를 쓰지 않아도 됩니다. 그럴 때는 모든 겉면단에서 늘리기를 해야 합니다. 코 늘리기는 모든 겉면단에서 바늘비우기(실감기)를 해 늘리고. 그 후 안면단에서 감은 실의 뒷고리에 겉뜨기를 합니다. 숄의 너비에서 아이코드뜨기를 할 때. 안면에서 했던 '드라이브뜨기(2회)'가 있습니다. 이 코 덕분에 너비의 가장자리에 신축성이 생겨서 블로킹이 쉬워집니다. 2회 감은 고리를 겉면에서 한 코로 떨어뜨리세요. 모든 섹션에 제시한 콧수는 '드라이브뜨기(2회)'를 한 코로 계산했습니다.

뜨는 법

아이코드 탭 코잡기
프로비저널 코잡기로 3코를 만든다.
바탕실로 다음과 같이 아이코드뜨기를 한다. *겉뜨기3. 방금 뜬 3코를 왼바늘로 걸러뜨기. 방향을 바꾸지 않는다*. *-*을 4회 더 반복한다.
뜨개바탕을 오른쪽으로 90도 돌리고. 아이코드 가장자리에서 3코를 주워 겉뜨기한다. 'V' 전체를 주워서 뜬다.
주의해 별실을 풀고 3코를 왼바늘로 옮겨서 안뜨기한다.
9코.

시작하기
1단(안면) : 겉뜨기3, 마커 끼우기, 겉뜨기3, 마커 끼우기, 안뜨기3.
2단(겉면) : 걸러뜨기3(실 뒤), 마커 걸러뜨기, 마커까지 안뜨기, 바늘비우기, 마커 걸러뜨기, 걸러뜨기3(실 앞).
3단 : 겉뜨기1, 드라이브뜨기(2회), 겉뜨기1, 마커 걸러뜨기, 안뜨기로 꼬아뜨기, 마커까지 겉뜨기, 마커 걸러뜨기, 안뜨기3.
2·3단을 7회 더 반복한다. 17코.

교차뜨기 섹션
교차뜨기 도안의 1~48단을 뜬다. 41코.
교차뜨기 도안의 17~48단을 7(9)회 뜬다. 153(185)코.
교차뜨기 도안의 17~36단을 뜬다. 163(195)코.

고무뜨기 섹션
고무뜨기 도안의 1~31단을 뜬다. 179(211)코.

마지막 교차뜨기 반복 섹션
교차뜨기 도안의 36~48단을 뜬다. 185(217)코.
교차뜨기 도안의 17~20단을 뜬다. 187(219)코.

마지막 고무뜨기 섹션
고무뜨기 도안의 1~21단을 뜬다.
※패턴을 맞추기 위해 도안의 7~14코는 뜨지 않습니다.

코막음하기
각 바늘에 3코가 남을 때까지 아이코드 코막음을 한다. 오른바늘의 코를 왼바늘로 옮긴다. 실을 20cm 정도 남기고 자른다.
이제 오른바늘을 반시계 방향으로 돌려서 바늘 끝이 오른쪽을 향하게 한다. 오른바늘로 왼바늘의 첫 3코를 왼쪽에서 오른쪽으로 줍는다. 실을 두 바늘 사이로 통과시키고 메리야스 잇기로 코막음을 한다.

마무리하기
실 끝을 보이지 않게 정리한 다음 치수에 맞춰 블로킹한다.

엘레나 솔리에 얀사

교차뜨기 도안

엘레나 솔리에 얀사 소타보스크

고무뜨기 도안

□	겉면 : 겉뜨기 / 안면 : 안뜨기
•	겉면 : 안뜨기 / 안면 : 겉뜨기
▨	코 없음
⟋e⟍	1/1 RPT
⟍⟋	1/1 LPT
⟍e⟋	1/1 LTT
○	바늘비우기
ⱽ	걸러뜨면서 떨어뜨리기(실 앞)
√	걸러뜨기(실 뒤)
ⱽ	걸러뜨기(실 앞)
∞	드라이브뜨기(2회)
ᛐ	P TBL
ᛐ	K TBL
▭ (주황)	반복(고무뜨기 도안만 : 고무뜨기 1회 반복 패턴)
▭ (초록)	'마지막 고무뜨기' 섹션의 반복 패턴

엘레나 솔리에 얀사

12 그라나다 GRANADA

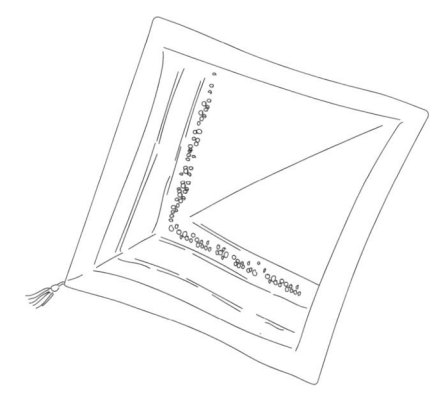

완성 치수
가로세로 … 117cm

재료
실 … 이사거 티비니 Tvinni by Isager (울 100%, 256m/50g) 52s 6볼
실(대체) … 레이스 얀 1472m
바늘 … 2.75mm (US 2) 줄바늘
도구 … 마커 4개

게이지
메리야스뜨기 32코×41단

손뜨개 약어
매듭뜨기 Make knot : 안뜨기로 3코 모아뜨기, 3코를 떨어뜨리지 않은 상태에서 바늘비우기, 같은 3코를 다시 안뜨기로 모아뜨기

뜨는 법

섹션 1 가터뜨기 테두리
롱테일 코잡기 또는 선호하는 코잡기로 3코를 만든다.
1단(시작단) : 겉뜨기1, 겉뜨기로 2코 늘리기, 겉뜨기1. (+2코).
2단(안면) : 겉뜨기.
3단(걸면) : 겉뜨기2, M1R, 마커 끼우기, 겉뜨기1, 마커 끼우기, M1L, 겉뜨기2. (+2코).
4단(안면) : 겉뜨기.
5단 : 마커까지 겉뜨기, M1R, 마커 걸러뜨기, 겉뜨기1, 마커 걸러뜨기, M1L, 끝까지 겉뜨기. (+2코).
6단 : 겉뜨기.
5·6단을 21회 더 반복한다. 51코.

섹션 2 본체 숄 메리야스뜨기
1단(걸면) : 겉뜨기25, 마커 끼우기, M1R, 마커 걸러뜨기, 겉뜨기1, 마커 걸러뜨기, M1L, 마커 끼우기, 겉뜨기25. (+2코).
2단 : 1번째 마커까지 겉뜨기, 마커 걸러뜨기, 마지막 마커까지 안뜨기(중간에 마커 2개는 걸러뜬다), 마커 걸러뜨기, 끝까지 겉뜨기.
3단 : 2번째 마커까지 겉뜨기, M1R, 마커 걸러뜨기, 겉뜨기1, 마커 걸러뜨기, M1L, 끝까지 겉뜨기. (+2코).
4단 : 2단을 반복한다.
3·4단을 143회 더 반복한다. 341코.

섹션 3 끊어졌다가 이어지는 가터뜨기의 산 1
1단 : 2번째 마커까지 겉뜨기, M1R, 마커 걸러뜨기, 겉뜨기1, 마커 걸러뜨기, M1L, 끝까지 겉뜨기. (+2코).
2단 : 2번째 마커까지 겉뜨기, 마커 걸러뜨기, 안뜨기1, 마커 걸러뜨기, 끝까지 겉뜨기.
3단 : 1단을 반복한다.
4단 : 1번째 마커까지 겉뜨기, 마커 걸러뜨기, 마지막 마커까지 안뜨기, 마커 걸러뜨기, 끝까지 겉뜨기.
1~4단을 2회 더 반복한다. 353코.
다음 단 : 1단을 반복한다.
다음 단 : 4단을 반복한다.
마지막 두 단을 2회 더 반복한다. 359코.

섹션 4 변형 걸러뜨기 테두리 1
1단 : 1번째 마커까지 겉뜨기, 마커 걸러뜨기, 마지막 마커까지 도안 A의 1단 뜨기, 마커 걸러뜨기, 끝까지 겉뜨기. (+2코).
2단 : 1번째 마커까지 겉뜨기, 마커 걸러뜨기, 마지막 마커까지 도안 A의 2단 뜨기, 마커 걸러뜨기, 끝까지 겉뜨기.
계속 이 같은 방식으로 뜨는데, 도안 A의 해당 단을 떠서 18단을 모두 끝낸다. 377코.
다음 단 : 2번째 마커까지 겉뜨기, M1R, 마커 걸러뜨기, 겉뜨기1, 마커 걸러뜨기, M1L, 끝까지 겉뜨기. (+2코).
다음 단 : 1번째 마커까지 겉뜨기, 마커 걸러뜨기, 마지막 마커까지 안뜨기, 마커 걸러뜨기, 끝까지 겉뜨기.
마지막 두 단을 2회 더 반복한다. 383코.

섹션 5 끊어졌다가 이어지는 가터뜨기의 산 2

1단 : 2번째 마커까지 겉뜨기, M1R, 마커 걸러뜨기, 겉뜨기1, 마커 걸러뜨기, M1L, 끝까지 겉뜨기. (+2코).

2단 : 2번째 마커까지 겉뜨기, 마커 걸러뜨기, 안뜨기1, 마커 걸러뜨기, 끝까지 겉뜨기.

3단 : 1단을 반복한다.

4단 : 1번째 마커까지 겉뜨기, 마커 걸러뜨기, 마지막 마커까지 안뜨기, 마커 걸러뜨기, 끝까지 겉뜨기.

1~4단을 2회 더 반복한다. 395코.

다음 단 : 1단을 반복한다.

다음 단 : 4단을 반복한다.

마지막 두 단을 2회 더 반복한다. 401코.

섹션 6 야생화 매듭뜨기 테두리

1단 : 1번째 마커까지 겉뜨기, 마지막 마커까지 도안 B의 1단 뜨기, 마커 걸러뜨기, 끝까지 겉뜨기. (+2코).

2단 : 1번째 마커까지 겉뜨기, 마커 걸러뜨기, 마지막 마커까지 도안 B의 2단 뜨기, 마커 걸러뜨기, 끝까지 겉뜨기.

계속 이 같은 방식으로 뜨는데, 도안 B의 해당 단을 떠서 22단을 모두 끝낸다. 423코.

다음 단 : 2번째 마커까지 겉뜨기, M1R, 마커 걸러뜨기, 겉뜨기1, 마커 걸러뜨기, M1L, 끝까지 겉뜨기. (+2코).

다음 단 : 1번째 마커까지 겉뜨기, 마커 걸러뜨기, 마지막 마커까지 안뜨기, 마커 걸러뜨기, 끝까지 겉뜨기.

마지막 두 단을 2회 더 반복한다. 429코.

섹션 7 끊어졌다가 이어지는 가터뜨기 산 3

1단 : 2번째 마커까지 겉뜨기, M1R, 마커 걸러뜨기, 겉뜨기1, 마커 걸러뜨기, M1L, 끝까지 겉뜨기. (+2코).

2단 : 1번째 마커까지 겉뜨기, 마커 걸러뜨기, 마지막 마커까지 안뜨기, 마커 걸러뜨기, 끝까지 겉뜨기.

3단 : 1단을 반복한다.

4단 : 2번째 마커까지 겉뜨기, 마커 걸러뜨기, 안뜨기1, 마커 걸러뜨기, 끝까지 겉뜨기.

1~4단을 2회 더 반복한다. 441코.

다음 단 : 1단을 반복한다.

다음 단 : 4단을 반복한다.

마지막 두 단을 2회 더 반복한다. 447코.

섹션 8 변형 걸러뜨기 테두리 2

1단 : 1번째 마커까지 겉뜨기, 마커 걸러뜨기, 마지막 마커까지 도안 C의 1단 뜨기, 마커 걸러뜨기, 끝까지 겉뜨기. (+2코).

2단 : 1번째 마커까지 겉뜨기, 마커 걸러뜨기, 마지막 마커까지 도안 C의 2단 뜨기, 마커 걸러뜨기, 끝까지 겉뜨기.

계속 이 같은 방식으로 뜨는데, 도안 C의 해당 단을 떠서 18단을 모두 끝낸다. 465코.

다음 단 : 2번째 마커까지 겉뜨기, M1R, 마커 걸러뜨기, 겉뜨기1, 마커 걸러뜨기, M1L, 끝까지 겉뜨기. (+2코).

다음 단 : 1번째 마커까지 겉뜨기, 마커 걸러뜨기, 마지막 마커까지 안뜨기, 마커 걸러뜨기, 끝까지 겉뜨기.

마지막 두 단을 2회 더 반복한다. 471코.

섹션 9 마지막 가터뜨기 테두리

1단(겉면) : 1번째 마커까지 겉뜨기, 마커 빼기, 다음 마커까지 겉뜨기, M1R, 겉뜨기1, 마커 걸러뜨기, M1L, 끝까지 겉뜨기, 마커 빼기. (+2코).

2단 : 마커까지 겉뜨기, 마커 걸러뜨기, 안뜨기1, 마커 걸러뜨기, 끝까지 겉뜨기.

3단 : 마커까지 겉뜨기, M1R, 마커 걸러뜨기, 겉뜨기1, 마커 걸러뜨기, M1L, 끝까지 겉뜨기. (+2코).

4단 : 2단을 반복한다.

3·4단을 16회 더 반복한다. 507코.

균일하게 코막음한다.

마무리하기

실 끝을 보이지 않게 정리한 다음 치수에 맞춰 블로킹한다.

도안 A 변형 걸러뜨기 테두리 1

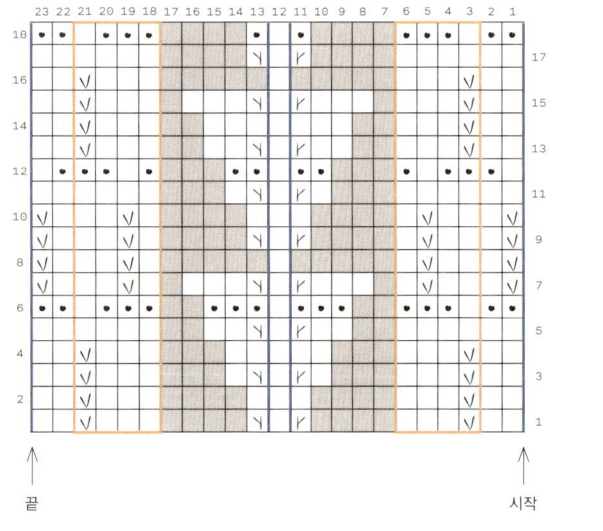

겉면 : 겉뜨기 / 안면 : 안뜨기
겉면 : 안뜨기 / 안면 : 겉뜨기
걸러뜨기1
M1R
M1L
코 없음
매듭
반복
마커 위치

도안 B 야생화 매듭뜨기 테두리

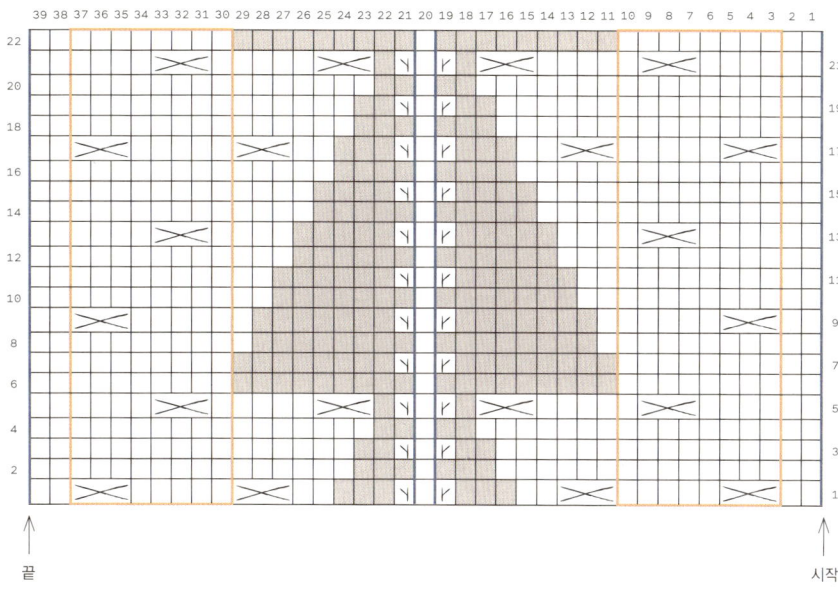

도안 C 변형 걸러뜨기 테두리 2

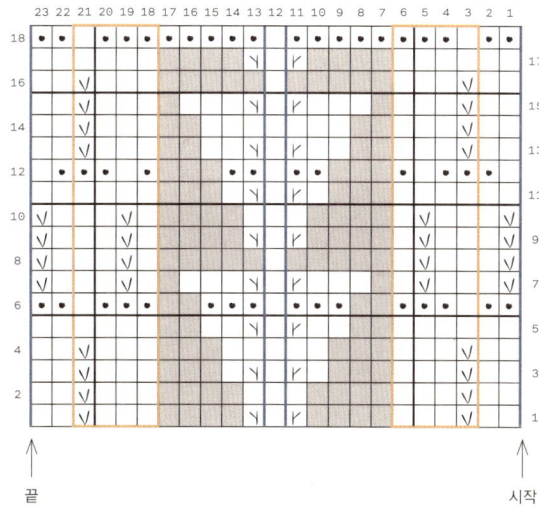

13 쿠프카 KUPKA

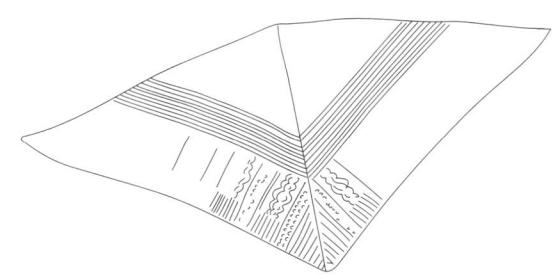

완성 치수
너비 … 192cm
중앙의 높이 … 96cm

재료
바탕실 … 플러키 니터 벨로 DK Bello DK by The Plucky Knitter(메리노 55%, 캐시미어 45%, 183m/105g) Meyer May 5볼
배색실 … 플러키 니터 벨로 DK(메리노 55%, 캐시미어 45%, 183m/105g) Satchel 2볼
실(대체) … 헤비 DK 또는 라이트 우스티드 얀(바탕색) 790m, 헤비 DK 또는 라이트 우스티드 얀(배색) 330m
바늘 … 5mm(US 8, 코잡기용), 4.5mm(US 7), 4mm(US 6, 도안 4용) 줄바늘
도구 … 잠금 마커, 마커 4개, 꽈배기바늘

게이지
메리야스뜨기(4.5mm 바늘) 18코×27단

손뜨개 약어
오른코 위 2코와 1코 교차뜨기2/1 LC : 꽈배기바늘로 2코 걸러떠서 앞에 두고, 겉뜨기1, 꽈배기바늘에서 겉뜨기2.
왼코 위 2코와 1코 교차뜨기2/1 RC : 꽈배기바늘로 1코 걸러떠서 뒤에 두고, 겉뜨기2, 꽈배기바늘에서 겉뜨기1.
오른코 위 2코와 1코 교차뜨기(아래쪽 안뜨기)2/1 LPC : 꽈배기바늘로 2코 걸러떠서 앞에 두고, P1, 꽈배기바늘에서 K2.
왼코 위 2코와 1코 교차뜨기(아래쪽 안뜨기)2/1 RPC : 꽈배기바늘로 1코 걸러떠서 뒤에 두고, K2, 꽈배기바늘에서 P1.
오른코 위 2코 교차뜨기2/2 LC : 꽈배기바늘로 2코 걸러떠서 앞에 두고, 겉뜨기2, 꽈배기바늘에서 겉뜨기2.
왼코 위 2코 교차뜨기2/2 RC : 꽈배기바늘로 2코 걸러떠서 뒤에 두고, 겉뜨기2, 꽈배기바늘에서 겉뜨기2.
오른코 위 2코 교차뜨기(아래쪽 안뜨기)2/2 LPC : 꽈배기바늘로 2코 걸러떠서 앞에 두고, 안뜨기2, 꽈배기바늘에서 겉뜨기2.
왼코 위 2코 교차뜨기(아래쪽 안뜨기)2/2 RPC : 꽈배기바늘로 2코 걸러떠서 뒤에 두고, 겉뜨기2, 꽈배기바늘에서 안뜨기2.
오른코 위 3코와 1코 교차뜨기3/1 LC : 꽈배기바늘로 3코 걸러떠서 앞에 두고, 겉뜨기1, 꽈배기바늘에서 겉뜨기3.
왼코 위 3코와 1코 교차뜨기3/1 RC : 꽈배기바늘로 1코 걸러떠서 뒤에 두고, 겉뜨기3, 꽈배기바늘에서 겉뜨기1.
오른코 위 3코와 1코 교차뜨기(아래쪽 안뜨기)3/1 LPC : 꽈배기바늘로 3코 걸러떠서 앞에 두고, P1, 꽈배기바늘에서 K3.
왼코 위 3코와 1코 교차뜨기(아래쪽 안뜨기)3/1 RPC : 꽈배기바늘로 1코 걸러떠서 뒤에 두고, 겉뜨기3, 꽈배기바늘에서 안뜨기1.
오른코 위 3코와 2코 교차뜨기3/2 LC : 꽈배기바늘로 3코 걸러떠서 앞에 두고, 겉뜨기2, 꽈배기바늘에서 겉뜨기3.
왼코 위 3코와 2코 교차뜨기3/2 RC : 꽈배기바늘로 2코 걸러떠서 뒤에 두고, 겉뜨기3, 꽈배기바늘에서 겉뜨기2.
오른코 위 3코와 2코 교차뜨기(아래쪽 안뜨기)3/2 LPC : 꽈배기바늘로 3코 걸러떠서 앞에 두고, P2, 꽈배기바늘에서 K3.
왼코 위 3코와 2코 교차뜨기(아래쪽 안뜨기)3/2 RPC : 꽈배기바늘로 2코 걸러떠서 뒤에 두고, K3, 꽈배기바늘에서 P2.
오른코 위 4코와 1코 교차뜨기4/1 LC : 꽈배기바늘로 4코 걸러떠서 앞에 두고, 겉뜨기1, 꽈배기바늘에서 겉뜨기4.
왼코 위 4코와 1코 교차뜨기4/1 RC : 꽈배기바늘로 1코 걸러떠서 뒤에 두고, 겉뜨기4, 꽈배기바늘에서 겉뜨기1.
오른코 위 4코와 1코 교차뜨기(아래쪽 안뜨기)4/1 LPC : 꽈배기바늘로 4코 걸러떠서 앞에 두고, 안뜨기1, 꽈배기바늘에서 겉뜨기4.
왼코 위 4코와 1코 교차뜨기(아래쪽 안뜨기)4/1 RPC : 꽈배기바늘로 1코 걸러떠서 뒤에 두고, K4, 꽈배기바늘에서 P2.
오른코 위 4코와 2코 교차뜨기(아래쪽 안뜨기)4/2 LC : 꽈배기바늘로 4코 걸러떠서 앞에 두고, P2, 꽈배기바늘에서 K4.
왼코 위 4코와 2코 교차뜨기(아래쪽 안뜨기)4/2 RPC : 꽈배기바늘로 2코 걸러떠서 뒤에 두고, K4, 꽈배기바늘에서 P2.
오른코 2코 모아뜨기(변형)SSK(modified) : 겉뜨기 방향으로 1코 걸러뜨고 새로운 방향으로 다시 왼바늘로 보내기, 뒷고리에서 K2TOG. (-1코).
KRPRKnit, Return, Pass, Return : 1코 겉뜨기 후 왼바늘로 돌려보내고, 옆 코로 덮어씌운 뒤 오른바늘로 돌려보내기. (-1코. 오른쪽으로 기울어진다.)
SKPSlip, Knit, Pass : 오른코 줄이기. 겉뜨기 방향으로 걸러뜨기1, 겉뜨기1, 걸러뜬 코로 덮어씌우기. (-1코. 왼쪽으로 기울어진다.)

POINT
도안 1·2는 오른쪽과 왼쪽으로 나뉘는데, 오른쪽의 1단을 뜨고 왼쪽의 1단을 뜨세요. 그 후 왼쪽의 2단, 오른쪽의 2단을 뜹니다.

뜨는 법

5mm 줄바늘과 바탕실을 이용해 롱테일 코잡기로 447코를 만든다.
4.5mm 줄바늘로 바꾼다.

시작단(안면): 겉뜨기2, 마커 끼우기, 2코 남을 때까지 겉뜨기, 마커 끼우기, 겉뜨기2.
중앙 코(224번째 코)에 잠금 마커를 끼운다. 단을 뜨면서 마커를 계속 위로 이동하고 중심축 코를 유지한다. 도안을 뜨기 시작한다.

도안 1 고무뜨기 & 레이스

시작 1단(겉면): 겉뜨기2, 마커 걸러뜨기, 오른코 줄이기, [안뜨기1, 겉뜨기2] 10회 반복, 마커 1 끼우기, 중앙 코 3코 전까지 [안뜨기1, 겉뜨기2], 안뜨기1, 겉뜨기1, 중심3코 모아뜨기, 겉뜨기1, [안뜨기1, 겉뜨기2] 10회, 마커 2 끼우기, 마커 3 코 전까지 [안뜨기1, 겉뜨기2], 안뜨기1, KRPR, 마커 걸러뜨기, 겉뜨기2.

시작 1단을 끝내면 443코를 다음과 같이 나눈다. 가장자리 2코, 마커, 31코, 마커 1, 188코, 중앙 코(CDD), 31코, 마커 2, 188코, 마커, 가장자리 2코.

시작 2단(안면)+안면단: 겉뜨기2, 마커 걸러뜨기, 다음 가장자리 마커까지 뜨면서 마커 2와 마커 1 걸러뜨기, 마커 걸러뜨기, 겉뜨기2.
고무뜨기와 레이스 도안의 12단까지 2회 뜬다. 마지막 단에서 마커 1과 마커 2를 뺀다. 도안 1을 끝내면 바늘에 395코(가장자리의 가터 2코, 195코, 중앙 코, 195코, 가장자리의 가터 2코)가 있다.

도안 2 교차뜨기 & 레이스

교차뜨기와 레이스 도안을 1회 뜬다. 도안 2가 끝나면 바늘에 291코(가장자리의 가터 2코, 143코, 중앙 코, 143코, 가장자리의 가터 2코)가 있다.

도안 3 2색 레이스

2색 레이스 도안을 뜬다. 색을 바꿀 때마다 실을 자르지 말고 가장자리를 따라 옮긴다. 도안을 1회 뜨고 다음과 같이 색을 바꿔 반복한다.

17~20단(바탕색): 5~8단을 반복한다.
21~24단(배색): 9~12단을 반복한다.
25~28단(바탕색): 13~16단을 반복한다.
29~32단(배색): 5~8단을 반복한다.
33~36단(배색): 9~12단을 반복한다.
37~40단(배색): 13~16단을 반복한다.
41~44단(배색): 5~8단을 반복한다.
바탕실을 자르고, 배색실로 계속 뜬다. 도안 3이 끝나면 바늘에 203코(가장자리의 가터 2코, 99코, 중앙 코, 99코, 가장자리의 가터 2코)가 있다.

도안 4 텍스처

4mm 줄바늘로 바꿔 텍스처 도안을 1회 뜨고 다음과 같이 진행한다.

27~74단: 3~26단을 2회 반복한다.
75~88단: 3~16단을 반복한다.
89단: 겉뜨기2, 마커 걸러뜨기, 오른코 줄이기, 겉뜨기3, 안뜨기2, 겉뜨기3, CDD, 겉뜨기3, 안뜨기2, 겉뜨기3, KRPR, 마커 걸러뜨기, 겉뜨기2. (23코).
91단: 겉뜨기2, 마커 걸러뜨기, 오른코 줄이기, 겉뜨기 6, CDD, 겉뜨기 6, KRPR, 마커 걸러뜨기, 겉뜨기2. (19코).
93단: 겉뜨기2, 마커 걸러뜨기, 오른코 줄이기, 겉뜨기4, CDD, 겉뜨기4, KRPR, 마커 걸러뜨기, 겉뜨기2. (15코).
95단: 겉뜨기2, 마커 걸러뜨기, 오른코 줄이기, 겉뜨기2, CDD, 겉뜨기2, KRPR, 마커 걸러뜨기, 겉뜨기2. (11코).
97단: 겉뜨기2, 마커 빼기, 오른코 줄이기, CDD, KRPR, 마커 빼기, 겉뜨기2. (7코).
99단: SSK, CDD, K2TOG. (3코)

다음 단(안면): 안뜨기로 3코 모아뜨기.
실을 자르고 마지막 코 사이로 실끝을 잡아 뺀다.

마무리하기

실 끝을 정리한 다음 치수에 맞춰 블로킹하는데, 중심축과 고무뜨기 라인을 직선이 되도록 한다.

화이자 메바자

도안 1 고무뜨기 & 레이스

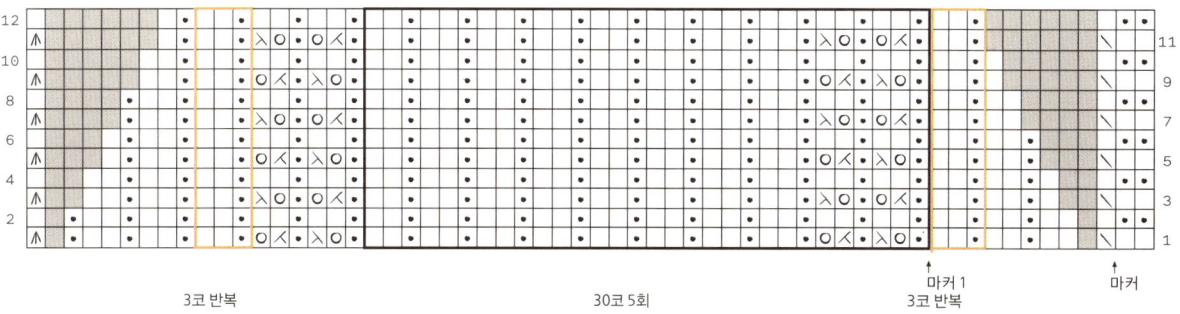

□	겉면 : 겉뜨기 / 안면 : 안뜨기
•	겉면 : 안뜨기 / 안면 : 겉뜨기
\	SKP
/	KRPR
λ	SSK
⋋	K2TOG
⋏	CDD
O	바늘비우기
▨	코 없음

2/1 LC	2/2 LC	3/1 LC	4/1 LC
2/1 RC	2/2 RC	3/1 RC	4/1 RC
2/1 LPC	2/2 LPC	3/1 LPC	4/1 LPC
2/1 RPC	2/2 RPC	3/1 RPC	4/1 RPC
		3/2 LC	4/2 LPC
		3/2 RC	4/2 RPC
		3/2 LPC	반복 (주황)
		3/2 RPC	반복 (검정)

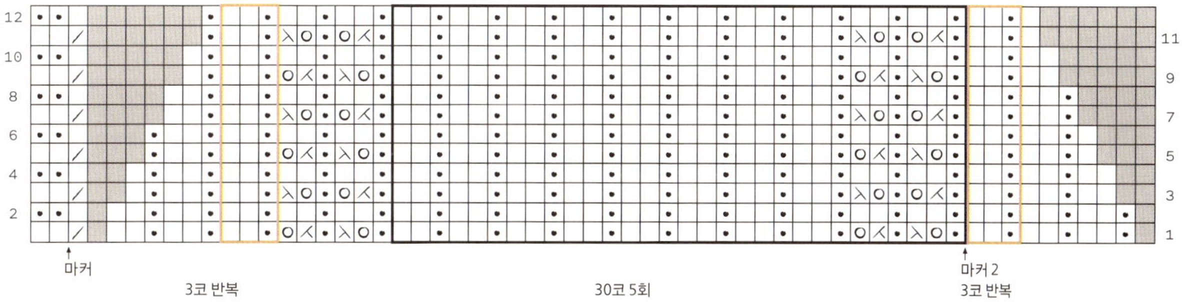

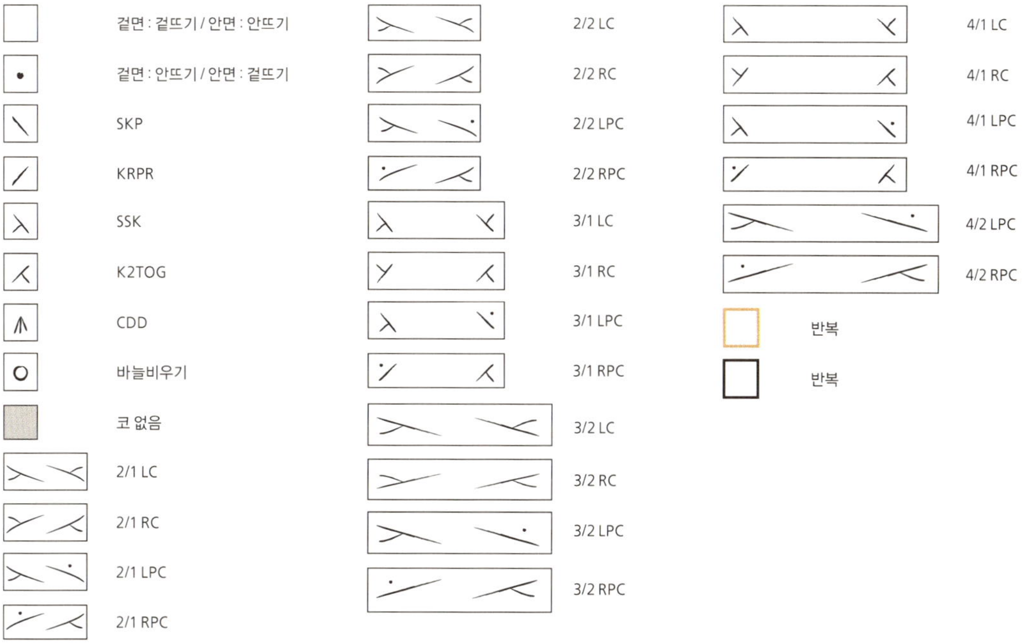

도안 2 교차뜨기 & 레이스 오른쪽

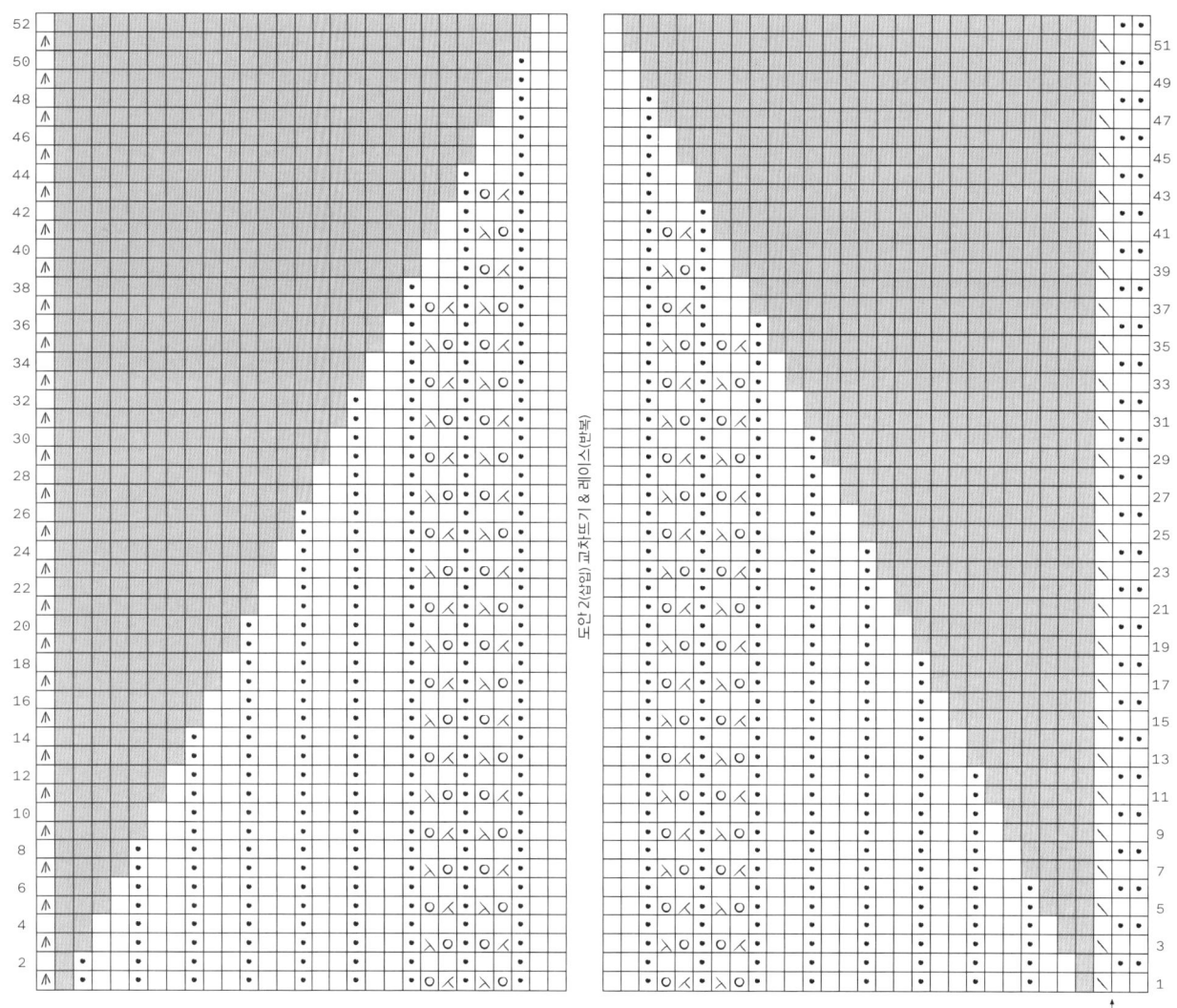

도안 2 교차뜨기 & 레이스 왼쪽

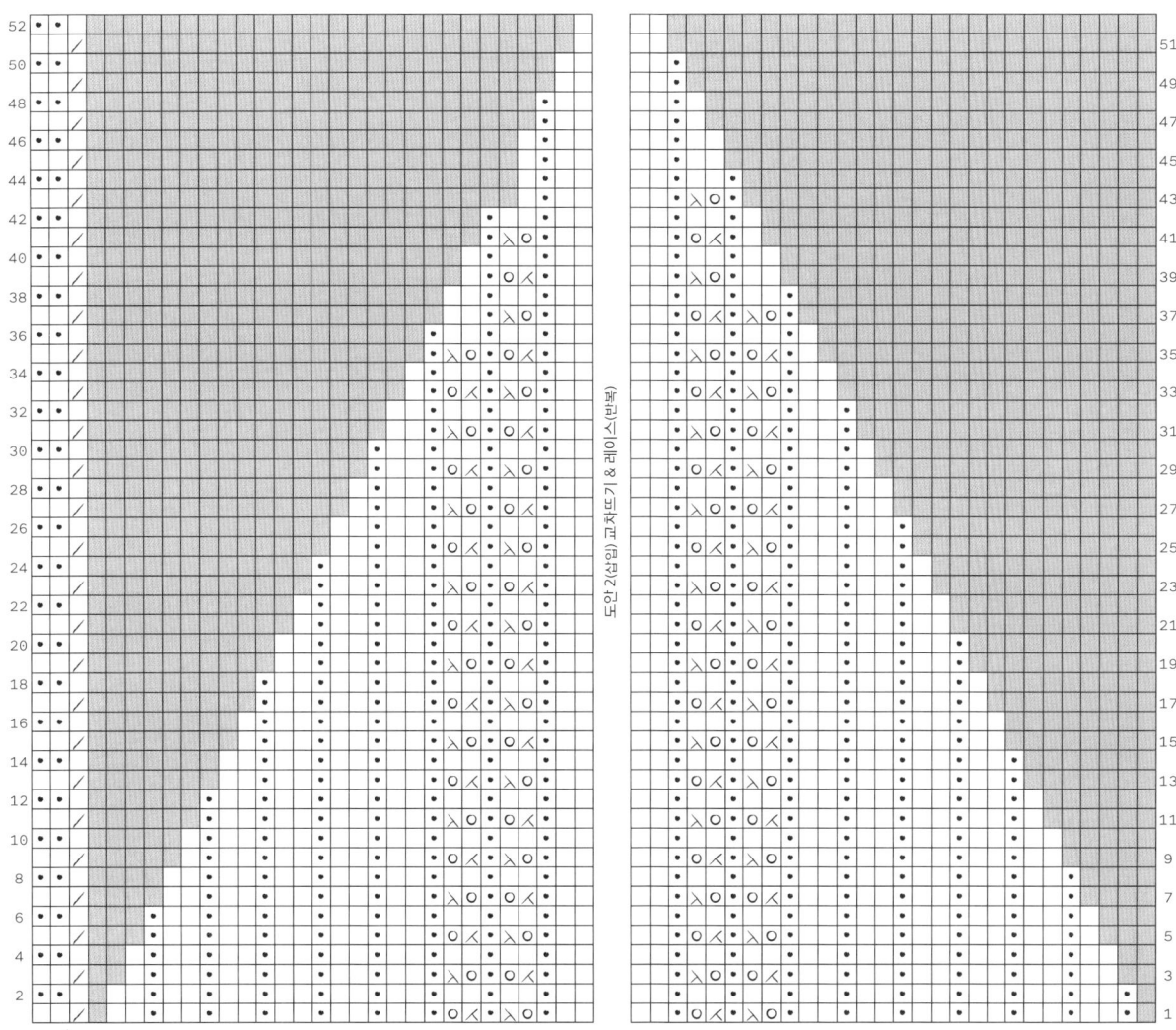

도안 2 교차뜨기 & 레이스 반복

19코 1회   30코 4회

도안 3 2색 레이스

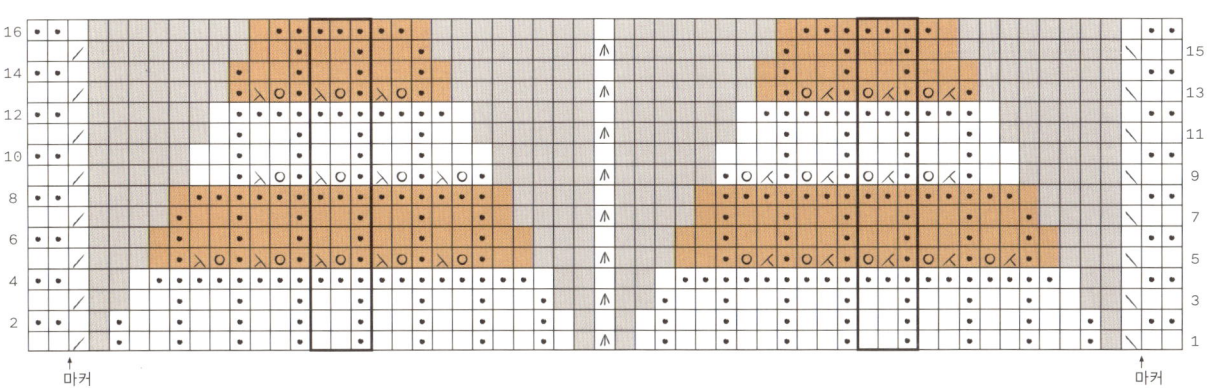

5~16단을 반복하고, 바탕실과 배색실을 번갈아 사용해 4단의 스트라이프 패턴을 뜬다.
44단을 끝내면 바탕색 스트라이프 6개, 배색 스트라이프 5개가 생긴다.

도안 4 텍스처

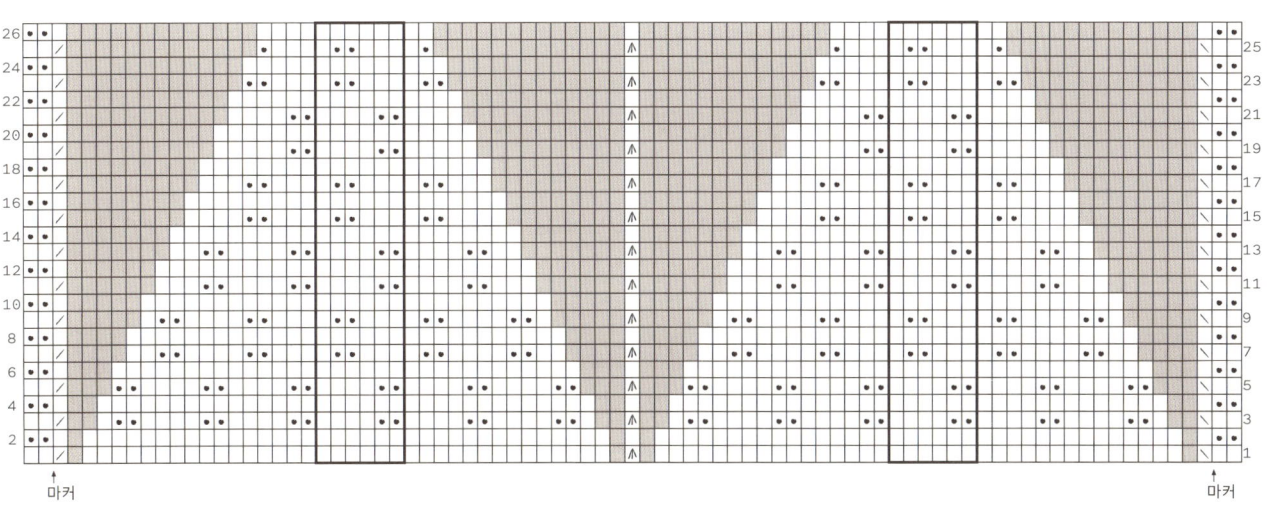

27~74단 : 3~26단을 2회 반복한다.
75~88단 : 3~16단을 반복한다.
89~100단 : 뜨는 법을 따른다.

14

26

레르케 비숍 라르센 — 헬렌 모즐리 — 프리다 프랭키 — 캐스린 메릭 — 카티야 고르바셰바 — 말리아 마에 조지프 — 파울라 페레이라 — 로렌 윌리스 — 로타 뢰트그렌 — 파울라 페레이라 — 사만타 구에린 — 루치아 루이스 데 아기레 — 주자네 조머

14 알프 ÄLV

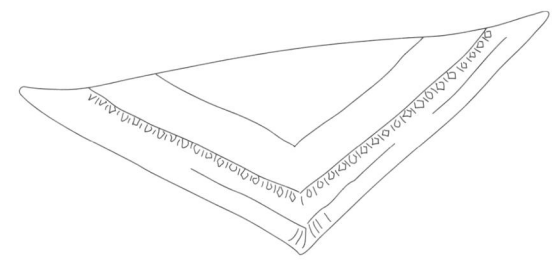

완성 치수
너비 … 170cm
높이 … 62cm

재료
배색실 1·2 … 애너벨 윌리엄즈 텍스타일 블러프 코브 4ply Bluff Cove 4-ply by Annabel Williams Textiles(포클랜드 울 100%, 400m/100g) Indigo(배색 1) 1볼, Oak(배색 2) 1볼
배색실 3 … 애너벨 윌리엄즈 텍스타일 100% 코리데일 4ply 100% Corriedale 4-ply by Annabel Williams Textiles(코리데일 100%, 400m/100g) Avocado & Oak 1볼
실(대체) … 핑거링 얀 1200m
바늘 … 3.5mm(US 4), 3mm(US 2.5 또는 코줍기용 가는 바늘) 줄바늘(80cm)
도구 … 재봉틀 또는 코바늘(스틱용)

게이지
패턴(3.5mm 줄바늘) 23코×33단

손뜨개 약어
CST Centre Stitch : 중앙 코.
EOR End of round : 원형단 끝.
KTFL Knit through front loop : 앞고리로 겉뜨기.
PTFL Purl through front loop : 앞고리로 안뜨기.
YOB Yarn over backwards : 거꾸로 실 감기.

스티킹
사용하는 실에 따라 여러 가지 스티킹Steeking 중에서 하나를 선택할 수 있다. 양모로 된 논슈퍼워시Non-superwash 실은 서로 '달라붙는' 성질이 있으므로 재봉틀로 박지 않고 사용하기에 좋다. 스틱(코)이 풀어지지 않게 하는 방법은 코바늘이나 손바늘 등 여러 가지가 있다. 슈퍼워시 실이나 논스틱키 실을 사용한다면 재봉틀로 솔기 양쪽을 지그재그로 박음질한다. 숄의 올이 풀리지 않게 하려면 재봉틀의 지그재그박기를 한다. 블로킹하면서 숄을 잡아당기므로 스틱 보강은 중요하다.

재봉틀로 하는 스틱
(1) 재봉틀에 지그재그박기를 설정하고 스틱 줄 4개 중 2번 줄에 박음질한다.[*1]
(2) 3번 줄도 박음질한다.
(3) 이제 2번 줄과 3번 줄 사이를 자르면 된다.

※직선을 좀 더 쉽게 알아보려면 2번 줄과 3번 줄 사이를 배색실로 박음질하세요.
[*1] 블로킹에 대비해 탄력성 있는 코를 이용하고 상단 가장자리의 탄력성을 유지하는 게 중요합니다. 스웨터를 스티킹하는 것과 숄 같은 뜨개바탕을 스티킹하는 것은 약간 다른데 지그재그박기한 두 선 사이에 뜨개바탕을 자를 공간을 충분히 두는 것도 중요합니다. 그러므로 직선 박기를 할 때는 주의하세요. 나중에 가장자리가 주름진 것처럼 보인다면 다음 섹션에서 솔기를 감추면 괜찮아집니다.

스틱 가장자리 감추기
(1) 원형단을 끝낸 후 3mm(또는 그보다 가는) 줄바늘로 1번째 줄의 코들에서 각 코의 바깥쪽 다리를 줍는다. 코를 뜨지 않고 줍기만 한다는 말이다. 상단 가장자리를 따라 오른쪽 끝에서 왼쪽 끝으로 줍는다.
(2) 모든 코를 줍고 방향을 돌려서 3.5mm 바늘로 겉뜨기를 한다. 겉면에서 안뜨기 단을 만든다.[*2]
(3) 메리야스뜨기로 4단을 뜨고 느슨하게 코막음을 한다.
(4) 숄의 안면에서 가장자리를 박음질한다.
[*2] 보기 좋게 마무리하려면 3색 섹션을 인타르시아로 뜨세요. 색을 바꿀 때 배색 1과 배색 2 또는 배색 2와 배색 3을 서로 감는 기법입니다. 인타르시아로 접은 부분을 뜨려면 배색 2와 배색 3이 각각 2볼 필요합니다. 솔기를 꿰맬 때 숄 끝에는 배색실을 사용하면 좋습니다.

POINT
이 숄은 원형뜨기를 하고 스티킹을 합니다.
패턴 읽는 법 : 이 숄의 패턴은 세부 장식이 있는 견본을 만들었습니다. 그 모양을 만들기 위해 패턴 전체에서 코 늘리기 두 단을 반복합니다. 그 모양에 무늬와 배색을 넣는데, 숄의 절반과 중앙에 대해서만 방법을 제시해놓았으니 나머지 절반은 거울 이미지로 뜨면 됩니다. 도안을 보고 뜰 때도 뜨는 법을 항상 읽어보세요. 헷갈리는 부분은 POINT를 다시 한번 읽으면 됩니다.
패턴대로 뜨는 부분 : 처음 KFB를 한 후 패턴대로 뜨다가 YOB/KTFL을 하고 마지막 KFB 전까지 다른 설명이 없으면 다시 패턴대로 진행하세요. 원형단의 시작과 마커1 사이, 마커4와 EOR 사이는 항상 섹션별로 제시된 기본색으로 뜹니다.
스틱 코 뜨는 법 : 원형단 끝과 시작 사이의 스틱 줄 4개는 2색을 쓰는 바둑판무늬 패턴을 추천합니다. 그보다 색이 많으면 다른 색들은 안면에 가로질러 걸쳐두는 것이 좋습니다. 그럴

지 않으면 지그재그박기를 해도 모든 색이 풀어지지 않게 하는 게 힘들 수 있으니 주의하세요.
패턴을 뒤집어서 거울 이미지로 뜰 때 : 배색 패턴을 뒤집어서 뜰 때, 몇 단 정도는 (마커4 앞의) KFB에서 배색뜨기를 합니다. 이는 마지막 KFB 위치가 처음 KFB 위치와 다르기 때문입니다.
배색 섹션과 섹션 사이 : 배색 패턴 없이 겉뜨기 또는 안뜨기 단에서 특별한 설명이 없으면 기본색으로 뜨는 숄의 늘리기 섹션의 단처럼 진행합니다.

뜨는 법

탭Tab
3.5mm 바늘과 배색 1실로 3코를 만든다.
1·3·5·7단(안면) : 안뜨기.
2·4·6단(겉면) : 겉뜨기.
8단 : 겉뜨기3. (방향 바꾸지 않고) 옆에서 3코 줍기. 시작단에서 3코 줍기(바늘에 총 9코). (방향 바꾸지 않고) 4코 만들기. 매직 루프 또는 장갑바늘로 원형단 연결하기.
13코.
※마지막 4코는 나중에 스티킹을 하기 위한 용도입니다. 스티킹에 서툴거나 좀 더 안전하게 하고 싶다면 코잡기로 6코 또는 8코를 만드십시오. 이 경우엔 실이 좀 더 필요합니다. 매직 루프나 장갑바늘로 뜬다면 바늘을 스틱 코들의 중심에 다시 놓을 수 있습니다.

마커 끼우기
이번 단은 코를 뜨는 대신 걸러뜨기하면서 다음과 같이 마커를 끼운다.
마커(원형단 시작) 끼우기. 1코. 마커1 끼우기. 3코. 마커2 끼우기. 1코(CST). 마커3 끼우기. 2코. 마커4 끼우기. 2코. 마커(EOR) 끼우기.
※겉뜨기로 코를 늘리므로 마커와 마커 사이의 코들이 균일하지 않습니다.

코 늘리기단
※이 부분은 설명일 뿐이며, 섹션 1 이전에는 뜨지 않습니다.
코 늘리기는 숄을 뜨는 내내 다음과 같이 진행한다. 패턴은 항상 언급하지 않는다.
홀수 단 : 겉뜨기1. 마커1 걸러뜨기. KFB. 마커2까지 패턴대로 뜨기. YOB. 마커2 걸러뜨기. 겉뜨기1. 마커3 걸러뜨기. 바늘비우기. 마커4 1코 전까지 패턴대로 뜨기. KFB*. 마커4 걸러뜨기. 겉뜨기2. 마커(EOR) 걸러뜨기. 겉뜨기4. (+4코).
짝수 단 : 겉뜨기1. 마커1 걸러뜨기. KFB. 마커2 앞에 바늘비우기 전까지 패턴대로 뜨기. KTFL*. 마커2 걸러뜨기. 걸러뜨기1. 마커3 걸러뜨기. KTBL*. 마커4 앞에 1코 남을 때까지 패턴대로 뜨기. KFB*. 마커4 걸러뜨기. 겉뜨기2. 마커(EOR) 걸러뜨기. 겉뜨기44. (+2코).

*안뜨기 단 또는 EOR에 안뜨기 코가 있는 단은 항상 마지막 KFB를 PFB로, KTBL을 PTBL로 하세요. 그래야 마무리를 예쁘게 할 수 있습니다.

섹션 1
섹션 1은 배색 1실로만 뜬다.
원형 1~22단 : (배색 1) 겉뜨기.
총 79코(스틱코 포함).
원형 23단 : 겉뜨기1. 마커1 걸러뜨기. KFB. 도안 A 8회 뜨기. 겉뜨기2. 안뜨기1. YOB. 마커2 걸러뜨기. 겉뜨기1. 마커3 걸러뜨기. 바늘비우기. 마커4 1코 전까지 패턴 뒤집어 뜨기. KFB. 마커4 걸러뜨기. 겉뜨기2. 마커(EOR) 걸러뜨기. 겉뜨기4.
원형 24단 : 겉뜨기1. 마커1 걸러뜨기. KFB. 안뜨기1. 도안 A 8회 뜨기. 겉뜨기2. 안뜨기1. KTFL. 마커2 걸러뜨기. 걸러뜨기1. 마커3 걸러뜨기. KTBL. 마커4 1코 전까지 패턴 뒤집어 뜨기. KFB. 마커4 걸러뜨기. 겉뜨기2. 마커(EOR) 걸러뜨기. 겉뜨기4.
원형 25단 : 겉뜨기1. 마커1 걸러뜨기. KFB. 도안 A 9회 뜨기. YOB. 마커2 걸러뜨기. 겉뜨기1. 마커3 걸러뜨기. 바늘비우기. 마커4 1코 전까지 패턴 뒤집어 뜨기. KFB. 마커4 걸러뜨기. 겉뜨기2. 마커(EOR) 걸러뜨기. 겉뜨기4.
원형 26단 : 겉뜨기1. 마커1 걸러뜨기. KFB. 안뜨기1. 겉뜨기2. 도안A 9회 뜨기. KTFL. 마커2 걸러뜨기. 걸러뜨기1. 마커3 걸러뜨기. KTBL. 마커4 1코 전까지 패턴 뒤집어 뜨기. KFB. 마커4 걸러뜨기. 겉뜨기2. 마커(EOR) 걸러뜨기. 겉뜨기4.
원형 27~40단 : 겉뜨기.
133코.
원형 41단 : 겉뜨기1. 마커1 걸러뜨기. KFB. 도안 A 15회 뜨기. 겉뜨기2. YOB. 마커2 걸러뜨기. 겉뜨기1. 마커3 걸러뜨기. 바늘비우기. 마커4 1코 전까지 패턴 뒤집어서 뜨기. KFB. 마커4 걸러뜨기. 겉뜨기2. 마커(EOR) 걸러뜨기. 겉뜨기4.
원형 42단 : 겉뜨기1. 마커1 걸러뜨기. KFB. 안뜨기1. 도안 A 15회 뜨기. 겉뜨기2. KTFL. 마커2 걸러뜨기. 걸러뜨기1. 마커3 걸러뜨기. KTBL. 마커4 1코 전까지 패턴 뒤집어 뜨기. PFB. 마커4 걸러뜨기. 겉뜨기2. 마커(EOR) 걸러뜨기. 겉뜨기4.
원형 43단 : 겉뜨기1. 마커1 걸러뜨기. KFB. 겉뜨기2. 도안 A 15회 뜨기. 안뜨기2. 겉뜨기1. YOB. 마커2 걸러뜨기. 겉뜨기1. 마커3 걸러뜨기. 바늘비우기. 마커4 1코 전까지 패턴 뒤집어 뜨기. KFB. 마커4 걸러뜨기. 겉뜨기2. 마커(EOR) 걸러뜨기. 겉뜨기4.
원형 44단 : 겉뜨기1. 마커1 걸러뜨기. KFB. 안뜨기1. 겉뜨기2. 도안 A 15회 뜨기. 안뜨기2. 겉뜨기1. KTFL. 마커2 걸러뜨기. 걸러뜨기1. 마커3 걸러뜨기. KTBL. 마커4 1코 전까지 패턴 뒤집어 뜨기. PFB. 마커4 걸러뜨기. 겉뜨기2. 마커(EOR) 마커 건너뛰기. 겉뜨기4.
원형 45~58단 : 겉뜨기.
187코.
원형 59단 : 겉뜨기1. 마커1 걸러뜨기. KFB. 도안 A 22회 뜨기. 겉뜨기1. YOB. 마커2 걸러뜨기. 겉뜨기1. 마커3 걸러뜨기. 바늘비우기. 마커4 1코 전까지 패턴 뒤집어 뜨기. KFB. 마커4 걸러뜨기. 겉뜨기2. 마커(EOR) 걸러뜨기. 겉뜨기4.
원형 60단 : 겉뜨기1. 마커1 걸러뜨기. KFB. 안뜨기1. 도안 A 22회 뜨기. 겉뜨기1. KTFL. 마커2 걸러뜨기. 걸러뜨기1. 마커3 걸러뜨기. KTBL. 마커4 1코 전까지 패턴 뒤집어 뜨기. PFB. 마커4 걸러뜨기. 겉뜨기2. 마커(EOR) 걸러뜨기. 겉뜨기4.
원형 61단 : 겉뜨기1. 마커1 걸러뜨기. KFB. 겉뜨기2. 도안 A 22회 뜨기. 안뜨기2. YOB. 마커2 걸러뜨기. 겉뜨기1. 마커3 걸러뜨기. 바늘비우기. 마커4 1코 전까지 패턴 뒤집어 뜨기. KFB. 마커4 걸러뜨기. 겉뜨기2. 마커(EOR) 걸러뜨기. 겉뜨기4.
원형 62단 : 겉뜨기1. 마커1 걸러뜨기. KFB. 안뜨기1. 겉뜨기2. 도안 A 22회 뜨기. 안뜨기2. KTFL. 마커2 걸러뜨기. 걸러뜨기1. 마커3 걸러뜨기. KTBL. 마커4 1코 전까지 패턴 뒤집어 뜨기. KFB. 마커4 걸러뜨기. 겉뜨기2. 마커(EOR) 걸러뜨기. 겉뜨기4.
원형 63~74단 : 겉뜨기.
241코.

섹션 2
다음 단에서 도안 B1을 시작할 때 배색 2실을 연결한다. 섹션 2는 배색 2실이 바탕색이고, 언급이 없으면 이 실을 사용한다.
원형 77단 : 겉뜨기1. 마커1 걸러뜨기. KFB. 도안 B1 29회 뜨기. YOB. 마커2 걸러뜨기. 배색 1실로 겉뜨기1. 마커3 걸러뜨기. 바늘비우기. 마커4 1코 전까지 패턴 뒤집어 뜨기. KFB. 마커4 걸러뜨기. 겉뜨기2. 마커(EOR) 걸러뜨기. 겉뜨기4.
원형 78단 : 겉뜨기1. 마커1 걸러뜨기. KFB. 배색 2실로 겉뜨기1. 도안 B1 29회 뜨기. KTFL. 마커2 걸러뜨기. 걸러뜨기1. 마커3 걸러뜨기. KTBL. 마커4 1코 전까지 패턴 뒤집어 뜨기. KFB. 마커4 걸러뜨기. 겉뜨기2. 마커(EOR) 걸러뜨기. 겉뜨기4.
원형 79단 : 겉뜨기1. 마커1 걸러뜨기. KFB. 배색

2실로 겉뜨기2, 도안 B1 29회 뜨기, 배색 2실로 겉뜨기1, YOB, 마커2 걸러뜨기, 배색 1실로 겉뜨기1, 마커3 걸러뜨기. 바늘비우기, 마커4 1코 전까지 패턴 뒤집어 뜨기, KFB, 마커4 걸러뜨기, 겉뜨기2, 마커(EOR) 걸러뜨기, 겉뜨기4.

원형 80단 : 겉뜨기1, 마커1 걸러뜨기, KFB, 배색 2실로 겉뜨기3, 도안 B1 29회 뜨기, 겉뜨기1, KTFL, 마커2 걸러뜨기, 걸러뜨기1, 마커3 걸러뜨기, KTBL, 마커4 앞에 1코 남을 때까지 패턴 뒤집어 뜨기, KFB, 마커4 걸러뜨기, 겉뜨기2, 마커(EOR) 걸러뜨기, 겉뜨기4.

원형 81단 : 겉뜨기1, 마커1 걸러뜨기, KFB, 도안 B1 30회 뜨기, 배색 2실로 겉뜨기2, YOB, 마커2 걸러뜨기, 겉뜨기1, 마커3 걸러뜨기, 바늘비우기, 마커4 1코 전까지 패턴 뒤집어 뜨기, KFB, 마커4 걸러뜨기, 겉뜨기2, 마커(EOR) 걸러뜨기, 겉뜨기4.

원형 82단 : 겉뜨기1, 마커1 걸러뜨기, KFB, 배색 2실로 겉뜨기1, 도안 B1 30회 뜨기, 배색 2실로 겉뜨기2, KTFL, 마커2 걸러뜨기, 걸러뜨기1, 마커3 걸러뜨기, KTBL, 마커4 1코 전까지 패턴 뒤집어 뜨기, KFB, 마커4 걸러뜨기, 겉뜨기2, 마커(EOR) 걸러뜨기, 겉뜨기4.

원형 83단 : 겉뜨기1, 마커1 걸러뜨기, KFB, 배색 2실로 겉뜨기2, 도안 B1 30회 뜨기, 배색 1실로 겉뜨기1, 배색 2실로 겉뜨기2, YOB, 마커2 걸러뜨기, 겉뜨기1, 마커3 걸러뜨기, 바늘비우기, 마커4 앞에 1코 남을 때까지 패턴 뒤집어서 뜨기, KFB, 마커4 걸러뜨기, 겉뜨기2, 마커(EOR) 걸러뜨기, 겉뜨기4.

원형 84단 : 겉뜨기1, 마커1 걸러뜨기, KFB, 배색 2실로 겉뜨기3, 도안 B1 30회 뜨기, 배색 1실로 안뜨기1+겉뜨기2, KTFL, 마커2 걸러뜨기, 걸러뜨기1, 마커3 걸러뜨기, KTBL, 마커4 1코 전까지 패턴 뒤집어 뜨기, KFB, 마커(4) 걸러뜨기, 겉뜨기2, 마커(EOR) 걸러뜨기, 겉뜨기4.

원형 85~104단 : 도안 B1의 4~8단을 4회 더 뜬다. 패턴 섹션의 코가 충분하면 더 반복한다. 325코.

원형 105~112단 : 뜨는 법을 따라서 점을 계속 추가하되 도안 B2로 바꿔 뜬다. 검은 선부터 시작해 점들의 줄을 맞춘다.

원형 113~114단 : 도안 B2의 1·2단을 뜬다.

원형 115단 : 겉뜨기를 한다.
359코.

섹션 3
다음 단은 도안 C로 뜬다. 블로킹해야 하므로 걸치는 실을 너무 팽팽하게 당기지 말고 느슨하게 둔다. 필요하면 걸쳐놓은 실을 잡는다.

※처음에는(처음 원형 5단) 도안을 검은 선부터 반복한 다음 도안 전체를 반복하세요.

원형 116단 : 겉뜨기1, 마커1 걸러뜨기, KFB, 도안 C 18회 뜨기, KTFL*³, 마커2 걸러뜨기, 걸러뜨기1, 마커3 걸러뜨기, KTBL, 마커4 앞에 1코 남을 때까지 패턴 뒤집어 뜨기, KFB, 마커4 걸러뜨기, 겉뜨기2, 마커(EOR) 걸러뜨기, 겉뜨기4.

*³ 도안 반복의 일부입니다.

다음 단에서 배색 3실을 연결한다. 이 섹션은 배색 3실이 바탕색이고 언급이 없으면 이 실을 사용한다.

원형 117단 : 겉뜨기1, 마커1 걸러뜨기, KFB, 도안 C 18회 뜨기, YOB, 마커2 걸러뜨기, 배색 3실로 겉뜨기1, 마커3 걸러뜨기, 바늘비우기, 마커4 1코 전까지 패턴 뒤집어 뜨기, KFB, 마커4 걸러뜨기, 겉뜨기2, 마커(EOR) 걸러뜨기, 겉뜨기4.

원형 118단 : 겉뜨기1, 마커1 걸러뜨기, KFB, 도안 C 18회 뜨기, KTFL, 마커2 걸러뜨기, 걸러뜨기1, 마커3 걸러뜨기, KTBL, 마커4 1코 전까지 패턴 뒤집어 뜨기, KFB, 마커4 걸러뜨기, 겉뜨기2, 마커(EOR) 걸러뜨기, 겉뜨기4.

원형 119단 : 겉뜨기1, 마커1 걸러뜨기, KFB, 도안 C 18회 뜨기, 배색 3실로 겉뜨기1, YOB, 마커2 걸러뜨기, 배색 1실로 겉뜨기1, 마커3 걸러뜨기, 바늘비우기, 마커4 1코 전까지 패턴 뒤집어 뜨기, KFB, 마커4 걸러뜨기, 겉뜨기2, 마커(EOR) 걸러뜨기, 겉뜨기4.

원형 120단 : 겉뜨기1, 마커1 걸러뜨기, KFB, 도안 C 18회 뜨기, 배색 3실로 겉뜨기1, KFB, 마커2 걸러뜨기, 걸러뜨기1, 마커3 걸러뜨기, KTBL, 마커4 1코 전까지 패턴 뒤집어서 뜨기, KFB, 마커4 걸러뜨기, 겉뜨기2, 마커(EOR) 걸러뜨기, 겉뜨기4.

원형 121단 : 겉뜨기1, 마커1 걸러뜨기, KFB, 도안 C 18회 뜨기, 배색 3실로 겉뜨기2, YOB, 마커2 걸러뜨기, 배색 1실로 겉뜨기1, 마커3 걸러뜨기, 바늘비우기, 마커4 1코 전까지 패턴 뒤집어 뜨기, KFB, 마커4 걸러뜨기, 겉뜨기2, 마커(EOR) 걸러뜨기, 겉뜨기4.

원형 122단 : 겉뜨기1, 마커1 걸러뜨기, KFB, 배색 3실로 겉뜨기1, 도안 C 18회 뜨기, 배색 3실로 겉뜨기2, KTFL, 마커2 걸러뜨기, 걸러뜨기1, 마커3 걸러뜨기, KTBL, 마커4 1코 전까지 패턴 뒤집어 뜨기, KFB, 마커4 걸러뜨기, 겉뜨기2, 마커(EOR) 걸러뜨기, 겉뜨기4.

원형 123단 : 겉뜨기1, 마커1 걸러뜨기, KFB, 배색 3실로 겉뜨기2, 도안 C 18회 뜨기, 배색 3실로 겉뜨기3, YOB, 마커2 걸러뜨기, 겉뜨기1, 마커3 걸러뜨기, 바늘비우기, 마커4 1코 전까지 패턴 뒤집어 뜨기, KFB, 마커4 걸러뜨기, 겉뜨기2, 마커(EOR) 걸러뜨기, 겉뜨기4.

원형 124단 : 겉뜨기1, 마커1 걸러뜨기, KFB, 배색 3실로 겉뜨기3, 도안 C 18회 뜨기, 배색 3실로 겉뜨기3, KTFL, 마커2 걸러뜨기, 걸러뜨기1, 마커3 걸러뜨기, KTBL, 마커4 1코 전까지 패턴 뒤집어 뜨기, KFB, 마커4 걸러뜨기, 겉뜨기2, 마커(EOR) 걸러뜨기, 겉뜨기4.

원형 125단 : 겉뜨기1, 마커1 걸러뜨기, KFB, 배색 3실로 겉뜨기4, 도안 C 18회 뜨기, 배색 3실로 겉뜨기4, YOB, 마커2 걸러뜨기, 겉뜨기1, 마커3 걸러뜨기, 바늘비우기, 마커4 1코 전까지 패턴 뒤집어 뜨기, KFB, 마커4 걸러뜨기, 겉뜨기2, 마커(EOR) 걸러뜨기, 겉뜨기4.

원형 126단 : 겉뜨기1, 마커1 걸러뜨기, KFB, 배색 3실로 겉뜨기5, 도안 C 18회 뜨기, 배색 3실로 겉뜨기4, KTFL, 마커2 걸러뜨기, 걸러뜨기1, 마커3 걸러뜨기, KTBL, 마커4 1코 전까지 패턴 뒤집어 뜨기, KFB, 마커4 걸러뜨기, 겉뜨기2, 마커(EOR) 걸러뜨기, 겉뜨기4.

원형 127단 : 겉뜨기1, 마커1 걸러뜨기, KFB, 배색 3실로 겉뜨기 6, 도안 C 18회 뜨기, 배색 3실로 겉뜨기5, YOB, 마커2 걸러뜨기, 겉뜨기1, 마커3 걸러뜨기, 바늘비우기, 마커4 1코 전까지 패턴 뒤집어 뜨기, KFB, 마커4 걸러뜨기, 겉뜨기2, 마커(EOR) 걸러뜨기, 겉뜨기4.
395코.

원형 128~138단 : 겉뜨기.

원형 139단 : 안뜨기 또는 스틱 코의 중간에서 방향을 바꿔 안면단에서 한 단을 겉뜨기한다.
431코.

섹션 4
섹션 4는 배색 3실로만 뜬다.

원형 140~161단 : 1번째 KFB 후부터 YOB/KTBL까지, 다시 바늘비우기/KTBL 후부터 마지막 KFB까지 2코 고무뜨기를 한다. 계속 겉뜨기 코나 안뜨기 코를 추가하고 패턴대로 뜬다.
497코.

패턴대로 느슨하게 코막음한다.

※고무뜨기 가장자리는 원하는 대로 크게 또는 작게 만들 수 있어요. 단, 가장자리를 마무리하려면 소량의 배색 3실이 필요합니다.

마무리하기
숄을 스티킹한다(→P.86). 실 끝을 보이지 않게 정리한 다음 치수에 맞춰 블로킹한다. 모양이 흩어지므로 배색 섹션은 뜨개바탕을 고르게 만들 정도로만 잡아당기고 심하게 잡아당기지 않도록 주의한다.

도안 A

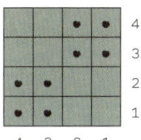

도안 B1

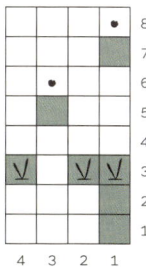

도안 B2

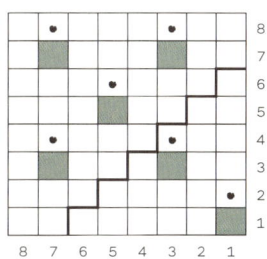

도안 C

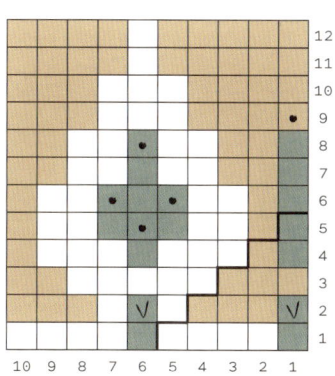

	배색 1
	배색 2
	배색 3
	겉뜨기
	안뜨기
∨	걸러뜨기(실 뒤)
∨	걸러뜨기(실 앞)
│	여기에서 1번째 도안 반복을 시작한다

15 체리 트위스트 CHERRY TWIST

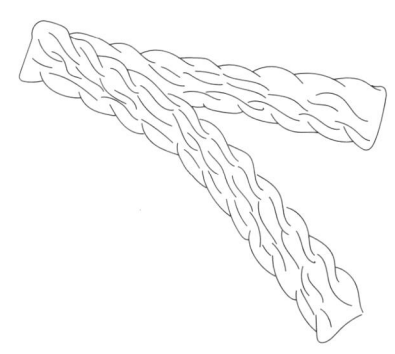

완성 치수
길이 … 206cm
폭 … 14cm

재료
실 … 퀸스 & Co 아울 Owl by Quince & Co(알파카 50%, 울 50%, 110m/50g) Elf 4볼
실(대체) … 우스티드 약 440m
바늘 … 5mm(US 8) 대바늘
도구 … 꽈배기바늘

게이지
메리야스뜨기 14코×22단
교차뜨기 패턴 26코×20단

손뜨개 약어
왼코 위 6코 교차고무뜨기 6/6 RIBC : 꽈배기바늘로 6코 걸러떠서 뒤에 놓고 [겉뜨기1, 안뜨기1] 3회. 꽈배기바늘에서 [겉뜨기1, 안뜨기1] 3회.

POINT
이 패턴은 손으로 꼬아 만든 실에도 좋습니다. 이 숄은 약 2m 길이로 만들었지만, 손으로 꼬아 만든 실을 사용할 계획이고 실에 표시된 길이가 제시된 실의 길이와 다르다면, 패턴을 한 번 반복해보고 실 무게를 측정해(주방 저울을 추천) 반복 횟수를 조절하세요. 겉면과 안면이 똑같으므로 현재 어떤 단을 뜨는지 헷갈리기 쉽습니다. 겉면을 구분하기 위해 겉면에 마커를 끼우고 작업을 진행하세요.

뜨는 법
선호하는 코잡기로 36코를 만든다.
다음과 같이 패턴을 뜬다.
1~8단 : 끝까지 [겉뜨기1, 안뜨기1].
9단 : 왼코 위 6코 교차고무뜨기, [겉뜨기1, 안뜨기1] 6회, 왼코 위 6코 교차고무뜨기.
10~18단 : 끝까지 [겉뜨기1, 안뜨기1].
19단 : [겉뜨기1, 안뜨기1] 6회, 왼코 위 6코 교차고무뜨기, [겉뜨기1, 안뜨기1] 6회.
20단 : 끝까지 [겉뜨기1, 안뜨기1].
1~20단을 총 20회 뜬다.
1~16단을 1회 더 반복한다.
17단에서 선호하는 방법으로 모든 코를 코막음한다.

마무리하기
실 끝을 보이지 않게 정리한 다음 치수에 맞춰 블로킹한다.

16 향수 HEIMWEH

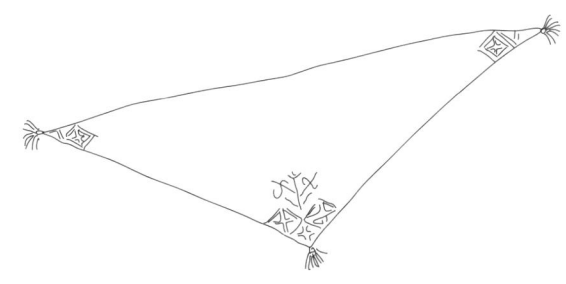

완성 치수
폭 … 115cm
높이 … 35cm

재료
실 … 페니 레인 얀즈 핑거링 레인Fingering Lane by Penny Lane Yarns(메리노 100%. 400m/100g) Milk(1색) 1볼. Nuage Dansant(2색) 1볼
실(대체) … 핑거링 얀 약 600m
바늘 … 3.5mm(US 4) 줄바늘. 코막음용 60~80cm 줄바늘 ×2개
도구 … 마커 5개

게이지
메리야스뜨기 20코×33단

손뜨개 약어
DSDouble stitch(es) : 더블스티치
왼코 만들기M1L : 왼쪽으로 기울어지는 더블스티치. (+1코).
오른코 만들기M1R : 오른쪽으로 기울어지는 더블스티치. (+1코).
SELVSelvage : 셀비지.

POINT
대조되는 색의 두 겹 실로 동시에 뜨면서 메리야스뜨기 면이 바깥쪽으로 향하는 양면 숄을 만듭니다. 이 기법으로 배색 뜨개바탕을 만들면 안면에 걸치는 실이 없습니다. 모든 더블스티치는 1쌍으로 뜨는데, 1색 또는 2색 실로 겉면에서 겉뜨기 1, 2색 또는 1색 실로 안면에서 안뜨기 1코를 뜹니다. 메리야스뜨기의 두 안면이 서로 마주하도록 뜬다는 점에 주의하세요. 즉, 뜨는 법에서 '더블스티치 1코'이면 겉뜨기 1코와 안뜨기 1코를 모두 뜬다는 뜻입니다. 도안은 한 면만 설명하므로 각 코는 색을 바꿔 겉뜨기 1코와 안뜨기 1코로 뜨세요. 도안의 단은 두 단에 한 번씩 뒤바뀝니다.

첫 더블스티치와 마지막 더블스티치는 셀비지로 뜹니다. 이유는 가장자리를 고르게 하고 두 겹의 뜨개바탕을 함께 마감하기 위해서입니다. 방법은 이렇습니다. 각 단의 첫 더블스티치는 느슨하게 이중으로 뜹니다. 즉, 1쌍 중에서 첫 코는 느슨하게 겉뜨기, 2번째 코는 느슨하게 안뜨기합니다. 각 단의 마지막 더블스티치를 뜨기 위해 실을 뒤로 가져가 그 쌍의 겉뜨기 코를 안뜨기할 것처럼 들어 올립니다. 실을 두 겹 뜨개바탕의 중간. 왼바늘의 앞에 놓고 마지막 쌍의 안뜨기 코를 안뜨기할 것처럼 들어 올립니다. 이제 실은 두 코 사이에 있습니다. 뜨개바탕 방향을 돌리고, 보이는 면의 색실을 다른 실의 아래로 가져오면서 두 실을 꼽니다. 이제 보이는 면의 실은 뜨는 실 2개의 왼쪽에 있습니다.

코 늘리기 역시 더블스티치로 합니다. 뜨는 법에 M1으로 되어 있으면 2색 모두 1코씩 추가로 줍습니다. 도안 A는 전체 도안. 1~49단에 적용합니다. 섹션 3에서 숄의 중앙 모서리에 도안 A를 추가합니다. 이 코들은 도안에 표시해놓았습니다.

뜨는 법
섹션 1
다음과 같이 더블스티치 5코를 잡는다(1색 실로 5코. 2색 실로 5코). 실 2가닥을 1가닥처럼 잡고 슬립 노트를 만든다. 이 매듭은 콧수로 계산하지 않지만, 코를 다 잡고 첫 단을 뜨기 전에 바늘에서 빼낸다.

대바늘을 오른손에 잡고 왼손의 중지. 넷째 손가락, 약지를 접으면서 2가닥의 실을 잡는다. 실 2가닥을 왼손 엄지와 검지에 시계방향으로 감는다.

앞의 실들 앞으로 대바늘을 가져온다. 실들 아래로 대바늘을 가져와 실들을 집어 올린다. 대바늘을 검지에 감긴 실들 위로 보냈다가 다시 아래로 보내 실들을 집어 올린다. 처음에 집어 올린 실들 사이로 2번째 집어 올린 실들을 끌어와 1코를 만든다. 지금 더블 코를 만들고 있는 2가닥 실의 왼쪽에 2색 실이 있도록 한다. 10가닥의 실로 더블스티치 5코를 만들 때까지 반복한다. 슬립 노트는 콧수에 포함하지 않으며, 뜨개를 시작하기 전에 바늘에서 뺀다.

시작단(걸뜨기 코는 2색 실로 진행) : 더블스티치 1. 마커 끼우기. [더블스티치 1] 3회. 마커 끼우기. 셀비지 1.
1단 : 더블스티치 1. 마커 걸러뜨기. 왼코 만들기. 마커까지 도안 A 뜨기. 오른코 만들기. 마커 걸러뜨기. 셀비지 1.
2단 : 더블스티치 1. 마커 걸러뜨기. 왼코 만들기. 마커까지 도안 A 뜨기. 오른코 만들기. 마커 걸러뜨기. 셀비지 1.
3~19단 : 1·2단을 반복하면서 1단에서 끝낸다.
20단 : 더블스티치 1. 마커 빼기. 왼코 만들기. 더블스티치 1. 마커 끼우기. 마커 1코 전까지 도안 A 뜨기. 마커 끼우기. 더블스티치 1. 오른코 만들기. 마커 빼기. 셀비지 1.
21단 : 더블스티치 1. 왼코 만들기. 마커까지 도안 A 뜨기. 마커 걸러뜨기. 마커까지 도안 A 뜨기. 마커 걸러뜨기. 더블스티치 1코 남을 때까지 [더블스티치 1]. 오른코 만들기. 셀비지 1.
22단 : 더블스티치 1. 왼코 만들기. 마커까지 도안 A 뜨기. 마커 걸러뜨기. 마커까지 도안 A 뜨기. 마커 걸러뜨기. 더블스티치 1코 남을 때까지 [더블스티치 1]. 오른코 만들기. 셀비지 1.
23~49단 : 21·22단을 반복한다.

섹션 2

시작 1단 : (뜨면서 마커는 뺀다.) 셀비지 1. 왼코 만들기. 더블스티치 1코 남을 때까지 [더블스티치 1]. 오른코 만들기. 셀비지 1.
시작 2단 : 셀비지 1. 왼코 만들기. 더블스티치 1코 남을 때까지 [더블스티치 1]. 오른코 만들기. 셀비지 1.
1단 : 셀비지 1. 왼코 만들기. 더블스티치 1코 남을 때까지 [더블스티치 1]. 오른코 만들기. 셀비지 1.
2단 : 셀비지 1. 왼코 만들기. 더블스티치 1코 남을 때까지 [더블스티치 1]. 오른코 만들기. 셀비지 1.
코잡기단부터 29cm가 될 때까지 1·2단을 반복한다.

섹션 3

시작단 : 더블스티치 1. 마커 끼우기. 왼코 만들기. 도안 섹션 /와 X 뜨기. 마커 끼우기. 더블스티치 4코 남을 때까지 [더블스티치 1]. 마커 끼우기. 도안 섹션 X와 \ 뜨기. 오른코 만들기. 마커 끼우기. 셀비지 1.
1단 : 더블스티치 1. 마커 걸러뜨기. 왼코 만들기. 도안 단의 나머지에서 더블스티치 1코 남을 때까지 도안 섹션 /와 X 뜨기. 마커 빼기. 도안 섹션 X와 \의 마지막 코 뜨기. 마커 끼우기. 다음 마커 전 더블스티치 1코까지 [더블스티치 1]. 마커까지 도안 섹션 X와 / 뜨기. 마커 빼기. 도안 섹션 X와 /의 나머지 더블스티치 뜨기. 오른코 만들기. 마커 걸러뜨기. 셀비지 1.
2단 : 더블스티치 1. 마커 걸러뜨기. 왼코 만들기. 도안 단의 나머지에서 더블스티치 1코 남을 때까지 도안 섹션 X와 / 뜨기. 마커 빼기. 도안 섹션 X와 /의 마지막 코 뜨기. 마커 끼우기. 다음 마커 전 더블스티치 1코까지 [더블스티치 1]. 마커 끼우기. 도안 섹션 X와 \ 뜨기. 마커 빼기. 도안 섹션 X와 \의 나머지 더블스티치 뜨기. 오른코 만들기. 마커 걸러뜨기. 셀비지 1.
섹션 X \와 X /에 대해 1·2단 반복한다.

코막음하기

시작단 : (뜨면서 마커는 뺀다.) 더블스티치 1. 왼코 만들기. 더블스티치 1코 남을 때까지 [더블스티치 1]. 오른코 만들기. 셀비지 1.
이제 코들을 별도의 대바늘 2개에 색별로 나누는데. 코들을 1색 쪽과 2색 쪽으로 나누고 2색 코들을 1색 쪽으로 가져오면 2개의 뜨개바탕이 맞물린다.
코막음할 때 코들에 맞게 실을 바꾸는데. 1색 코는 2색 실로. 2색 코는 1색 실로 코막음한다. 양쪽 모두 뜨개바탕의 같은 면부터 코막음한다. 보이는 면은 겉뜨기 코를 이용해. 반대면은 안뜨기 코를 이용해 코막음한다. 각 색은 따로따로 코막음한다는 점에 주의한다.
왼바늘에서 첫 2코를 겉뜨기 또는 안뜨기한다. 오른바늘의 첫 코를 마지막 코 위로 가져온다. 왼바늘의 다음 코를 겉뜨기 또는 안뜨기해 오른바늘에 다시 2코가 있게 하고 마지막 코 위로 첫 코를 덮어씌운다. 같은 방식으로 모든 코를 코막음한다.

마무리하기

실 끝을 보이지 않게 정리한 다음 치수에 맞춰 블로킹한다.

태슬 만들기

숄의 각 모서리에 붙일 태슬 3개를 다음과 같이 만든다.
2색 실을 손가락 2개 또는 비슷한 크기의 물체에 30회 감는다. 전체 길이의 4분의 1 정도에서 실을 묶는다. 같은 방식으로 태슬 3개를 만들고 각 모서리에 붙인다.

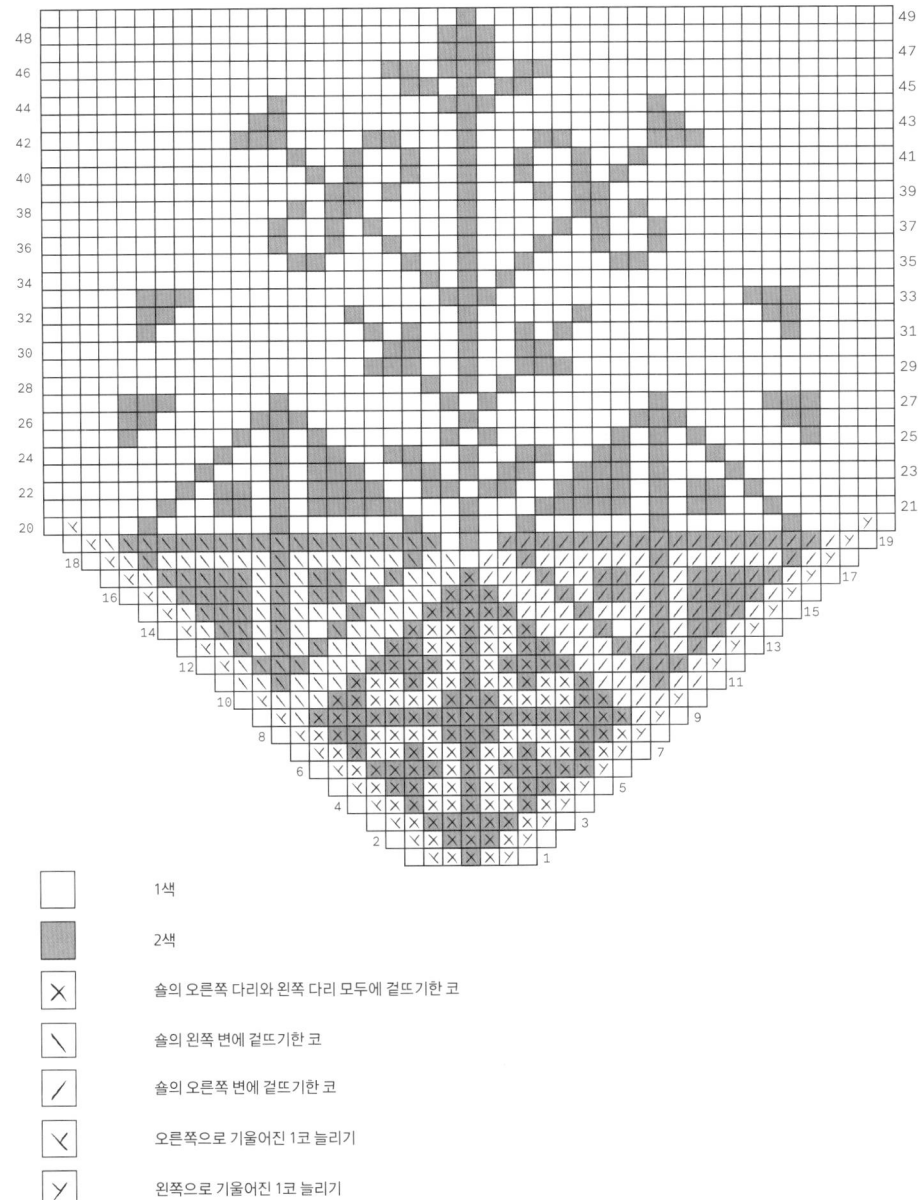

	1색
■	2색
✕	숄의 오른쪽 다리와 왼쪽 다리 모두에 겉뜨기한 코
╲	숄의 왼쪽 변에 겉뜨기한 코
╱	숄의 오른쪽 변에 겉뜨기한 코
⋎	오른쪽으로 기울어진 1코 늘리기
⋏	왼쪽으로 기울어진 1코 늘리기

캐스린 메릭

17 바다 풍경 SEASCAPE

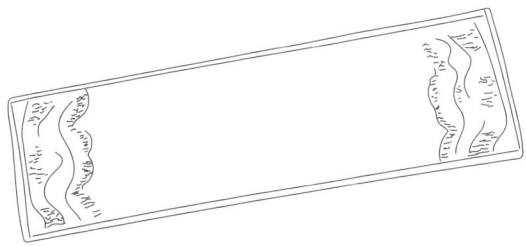

완성 치수
길이 … 210cm
폭 … 60cm

재료
바탕실 … 라이프 인 더 롱 그래스 트위스트 삭Twist Sock by Life In the Long Grass(슈퍼워시 메리노 80%, 나일론 20%, 366m/100g) Beachgrass 4볼
배색실 … 라이프 인 더 롱 그래스 싱글즈Singles by Life in the Long Grass(슈퍼워시 메리노 100%, 366m/100g) Chirp(배색 1) 1볼, Flax(배색 2) 1볼, Harbour(배색 3) 1볼
실(대체) … 핑거링 얀(바탕색) 1460m, 핑거링 얀(배색 1·2·3) 각각 300m
바늘 … 코바늘(US 3) 3.25mm

게이지
18코×16단

손뜨개 약어
HDC/HTR Half-double crochet/half-treble : 긴뜨기.
DC/TR Double crochet/treble : 한길 긴뜨기.

POINT
미국식 호수US와 기호가 먼저 나오고 이어서 영국식 호수UK가 나옵니다.
색을 바꿀 때, 마지막(실 감기, 두 고리 사이로 잡아 빼기)은 바꿀(새) 색으로 합니다.
긴뜨기에서 : *실 감기, 코바늘을 다음 코에 넣기, 고리를 잡아 빼면서 지금 색의 실 떨어뜨리고 새 색의 실 줍기, 실 감기, 두 고리 사이로 잡아 빼기*, *-*을 반복합니다.
한길 긴뜨기에서 : *실 감기, 코바늘을 다음 코에 넣기, 실 감기, 두 고리 사이로 잡아 빼면서 지금 색의 실 떨어뜨리고 새 색의 실 줍기, 실 감기, 두 고리 사이로 잡아 빼기*, *-*을 반복합니다.
배색 도안은 인타르시아로 뜹니다. 색이 많은 부분은 각각의 필요한 색실을 길게 잘라서 사용하는 것이 좋습니다. 색을 변경할 때는 같은 부분에서 그 실을 다시 사용할 때까지 그 자리에 그대로 둡니다. 실은 2코 이상 옮기지 마세요.
될 수 있으면 실 끝 위로 뜨는 게 요령입니다.
뜨는 실을 모두 안면에 두고, 안면을 뜰 때도 사용하지 않는 실을 안면에 두세요.
긴뜨기의 기둥코는 사슬 1코이며, 기둥코는 코로 세지 않습니다. 그래서 가장자리가 너무 팽팽하면 기둥코를 사슬 2코로 해도 됩니다.

뜨는 법

숄

바탕실로 사슬뜨기 99코를 뜬다. 첫 사슬코는 건너뛰고 도안 1을 시작하는데, 겉면단에서는 오른쪽에서 왼쪽으로, 안면단에서는 왼쪽에서 오른쪽으로 뜬다. 도안의 색대로 실을 끊고 연결하면서 45단까지 뜬다.

46단을 시작하는데, 시작부터 140cm가 될 때까지 바탕실로만 긴뜨기를 한다.

이어서 도안 2를 45단까지 뜨고 배색실은 자른 다음 바탕실만 남긴다.

가장자리

원형 1단 : 바탕실로 사슬뜨기 3코를 뜨고 모서리 코에서 한길 긴뜨기를 2코 뜨고, 이어서 뜨개바탕의 긴 변에서 각 단에 한길 긴뜨기를 1코 뜬다. 다음 모서리 코에서는 한길 긴뜨기를 3코 뜨고, 짧은 변에서 코마다 한길 긴뜨기를 1코 뜬다. 다음 모서리 코에서 한길 긴뜨기를 3코 뜨고, 긴 변에서 각 단에 한길 긴뜨기를 1코 뜬다. 다음 모서리 코에서 한길 긴뜨기를 3코 뜨고 짧은 변에서 코마다 한길 긴뜨기를 1코 뜬다. 가장자리에서 사슬 3코에 빼뜨기를 한다.

원형 2단 : 배색 1실을 연결한다. 가장자리까지 [바탕색 한길 긴뜨기1, 배색 한길 긴뜨기1]을 반복한다. 배색 1실을 끊는다.

원형 3단 : 배색 2실을 연결한다. 원형 2단과 같이 뜨는데, 원형 2단의 배색 1 코 위에서는 바탕실로, 바탕색 코 위에서는 배색 2실로 뜬다.

원형 4단 : 배색 3실을 연결한다. 원형 2단과 같이 뜨는데, 배색 2 코 위에서는 바탕실로, 바탕색 코 위에서는 배색 3실로 뜬다.

배색 3실을 끊는다.

원형 5단 : 바탕실로만 코마다 한길 긴뜨기를 뜬다. 실을 끊고 매듭을 짓는다.

마무리하기

실 끝을 보이지 않게 정리한 다음 치수에 맞춰 블로킹한다.

캐스린 메릭

캐스린 메릭 바다 풍경

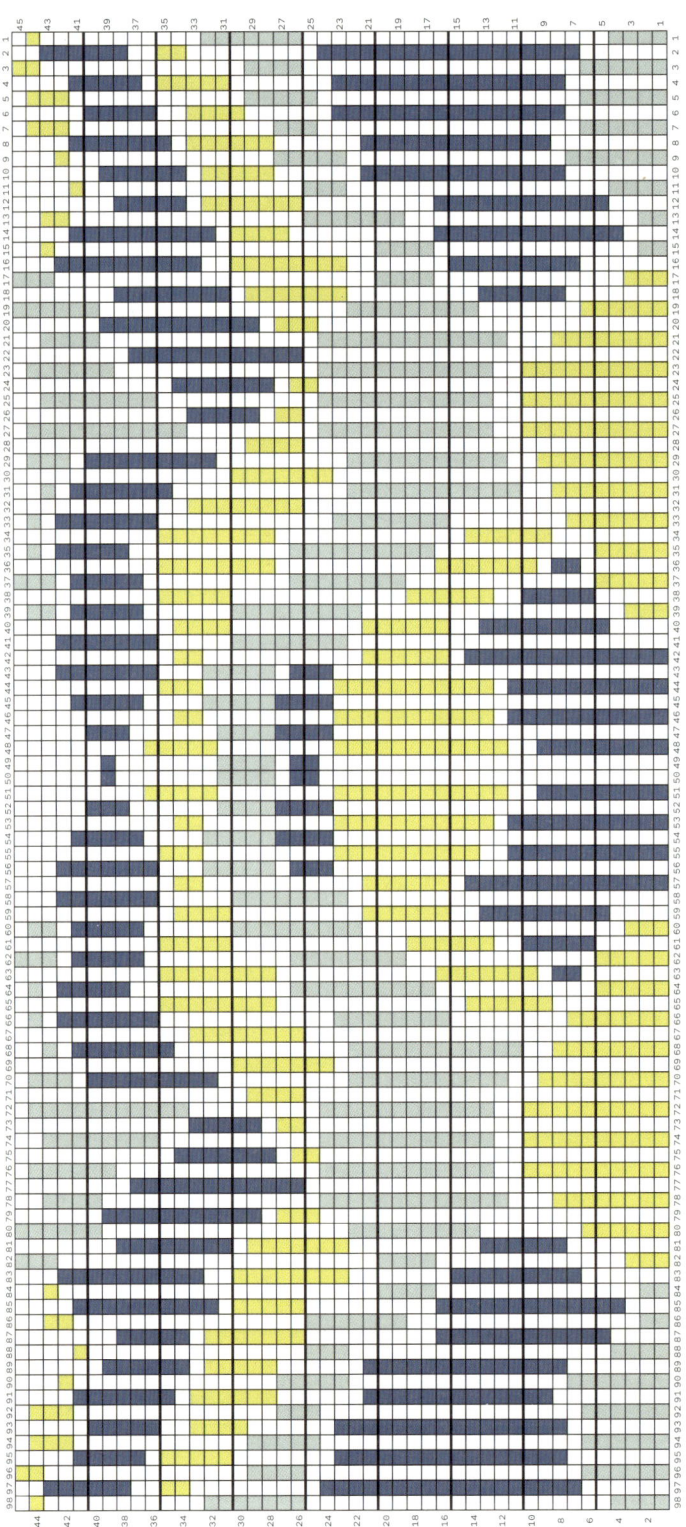

도안 1

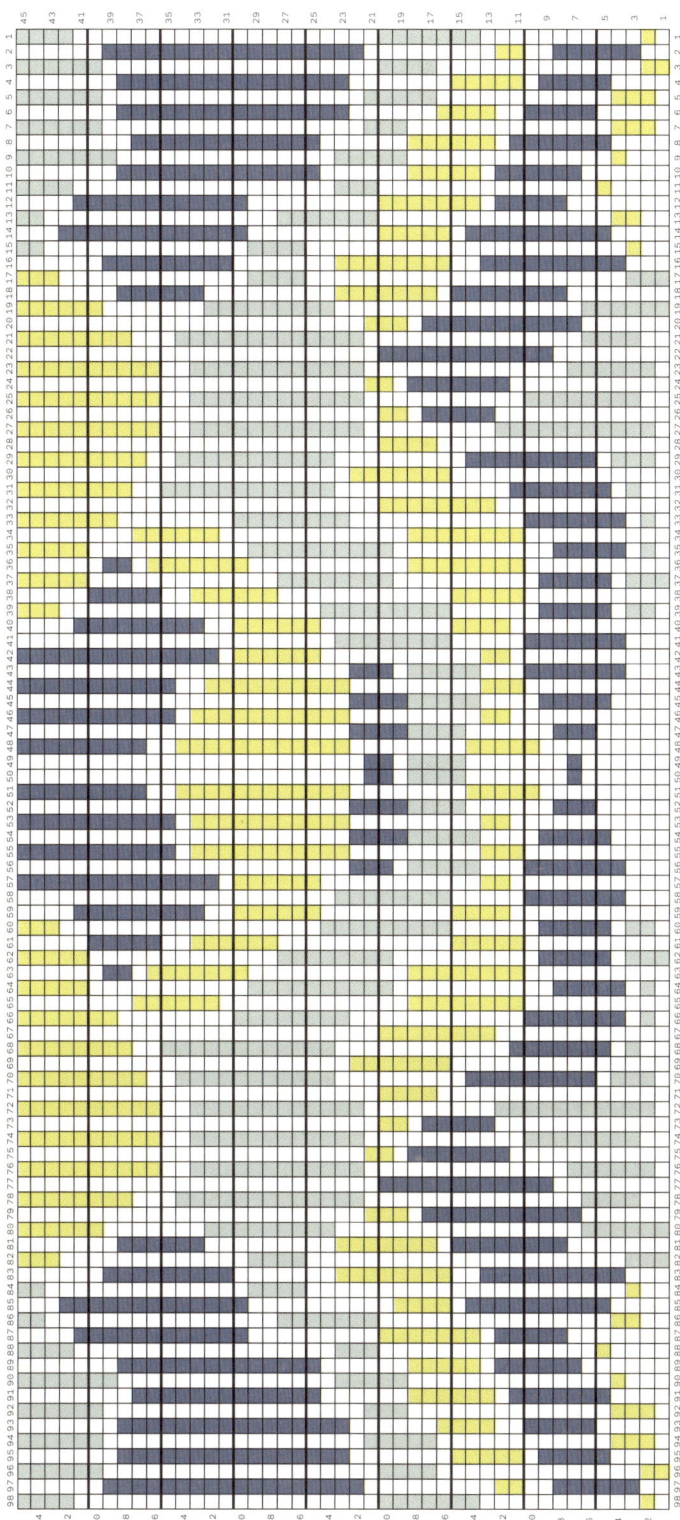

도안 2

18 야생화 WILD FLOWERS

완성 치수
길이 … 170cm
폭 … 44cm

재료
실 … 아라 마야Maja by Aara(울 100%, 220m/100g) Pisara 0003 4볼
실(대체) … DK 얀 880m
바늘 … 4mm(US 6) 줄바늘, 4.5mm(US 7) 줄바늘
도구 … 꽈배기바늘, 마커

게이지
메리야스뜨기(4.5mm 바늘) 19코×26단

손뜨개 약어
오른코 위 교차뜨기1/1 LC : 꽈배기바늘로 1코 걸러떠서 뜨개바탕 앞에 놓고, 겉뜨기1, 걸러뜬 1코 겉뜨기.
오른코 위 돌려 교차뜨기1/1 LT : 꽈배기바늘로 1코 걸러떠서 뜨개바탕 앞에 놓고, 겉뜨기로 꼬아뜨기, 걸러뜬 1코 겉뜨기로 꼬아뜨기.
왼코 위 교차뜨기1/1 RC : 꽈배기바늘로 1코 걸러떠서 뜨개바탕 뒤에 놓고, 겉뜨기1, 걸러뜬 1코 겉뜨기.
왼코 위 돌려 교차뜨기1/1 RT : 꽈배기바늘로 1코 걸러떠서 뜨개바탕 뒤에 놓고, 겉뜨기로 꼬아뜨기, 걸러뜬 1코 겉뜨기로 꼬아뜨기.
오른코 위 돌려 교차뜨기(아래쪽 안뜨기)1/1 LPT : 꽈배기바늘로 1코 걸러떠서 뜨개바탕 앞에 놓고, 안뜨기1, 걸러뜬 1코 겉뜨기로 꼬아뜨기.
왼코 위 돌려 교차뜨기(아래쪽 안뜨기)1/1 RPT : 꽈배기바늘로 1코 걸러떠서 뜨개바탕 뒤에 놓고, 겉뜨기로 꼬아뜨기, 걸러뜬 1코 안뜨기.
구슬뜨기 : 1코에서 KFB 2회, 방향 바꿔 (이 4코에서) 겉뜨기4, 겉뜨기4, 방향 바꿔 겉뜨기4, 겉뜨기로 4코 모아 꼬아뜨기.
중심 3코 모아뜨기CDD : 2코를 겉뜨기 방향으로 한 번에 걸러 뜨기, 다음 코 겉뜨기, 걸러뜬 코 덮어씌우기. (-2코).
겉뜨기로 4코 모아 꼬아뜨기K4TOG TBL : 4코를 뒷고리로 한 번에 겉뜨기. (-3코).
NUPP : 1코에서 겉뜨기로 코 늘리기 2회. (+3코).

뜨는 법
테두리
가는 바늘로 롱테일 코잡기를 이용해 3코 만들기, 마커 끼우기, 310코 만들기, 마커 끼우기, 2코 만들기, 마커 끼우기, 12코 만들기. 327코.
마커를 끼우고 코가 꼬이지 않도록 주의하면서 코들을 원형으로 연결한다.
다음 원형단 : 겉뜨기로 꼬아뜨기, *안뜨기1, 겉뜨기로 꼬아뜨기*, 마지막 마커까지 *-* 반복, 마커 걸러뜨기, 겉뜨기12.
계속 패턴대로 총 5단을 뜬다.
늘리기 원형단 : 겉뜨기로 꼬아뜨기, *안뜨기1, 겉뜨기로 꼬아뜨기*, 마지막 마커 2코 전까지 *-* 반복, 안뜨기1, 안뜨기로 오른코 만들기, 겉뜨기로 꼬아뜨기, 마커 걸러뜨기, 겉뜨기12. 328코.

본체
굵은 바늘로 바꾼다.
다음 원형단 : 겉뜨기로 꼬아뜨기, 안뜨기2, 마커 걸러뜨기, 310코에 대해 도안 A의 원형 1~80단 뜨기, 마커 걸러뜨기, 안뜨기2, 겉뜨기로 꼬아뜨기, 마커 걸러뜨기, 겉뜨기12.
도안 A를 끝낼 때까지 기존 방법대로 뜬다.
다음 원형단 : 겉뜨기로 꼬아뜨기, 안뜨기2, 마커 빼기, 마커까지 안뜨기, 마커 빼기, 안뜨기2, 겉뜨기로 꼬아뜨기, 마커 걸러뜨기, 겉뜨기12.
계속 패턴대로 총 22단을 또는 코잡기단부터 42cm가 될 때까지 뜬다.

테두리
가는 바늘로 바꾼다.

다음 원형단 : 겉뜨기로 꼬아뜨기, *안뜨기1, 겉뜨기로 꼬아뜨기*, 마커 3코 전까지 *-* 반복, 안뜨기로 2코 모아뜨기, 겉뜨기로 꼬아뜨기, 마커 걸러뜨기, 겉뜨기12.

327코.

계속 패턴대로 총 5단을 뜬다.

마커까지 패턴대로 느슨하게 코막음한다.

마커를 빼고 남은 12코를 바늘에서 떨어뜨린다. 떨어뜨린 코를 조심해서 풀고 첫 단으로 늘어뜨려서 프린지를 만든다. 풀어낸 실을 잡아당기고 중간에서 직선으로 잘라 랩을 펼친다.

마무리하기
실 끝을 보이지 않게 정리한 다음 치수에 맞춰 블로킹한다.

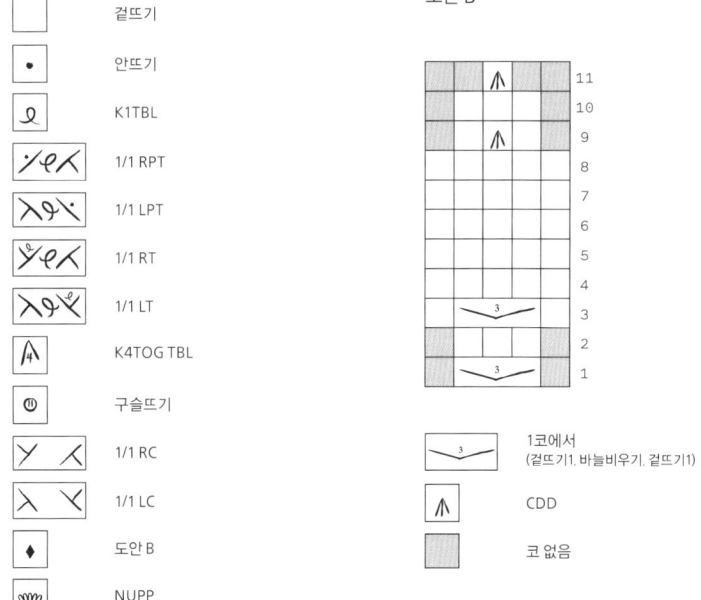

도안 B

□	겉뜨기
•	안뜨기
ℚ	K1TBL
⤭	1/1 RPT
⤮	1/1 LPT
⤯	1/1 RT
⤰	1/1 LT
A	K4TOG TBL
ⓤ	구슬뜨기
Y⟋	1/1 RC
⟍Y	1/1 LC
◆	도안 B
♕	NUPP
‿₃	1코에서 (겉뜨기1, 바늘비우기, 겉뜨기1)
⋀	CDD
▨	코 없음

카티야 고르바셰바

도안 A

19 턴로우 TURNROW

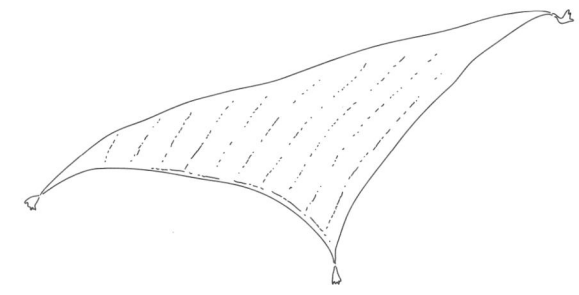

완성 치수
너비 … 265cm
높이 … 90cm

재료
실 … 박스 보 린 린간 12/2 Lingarn 12/2 by Vaxbo Lin (리넨 100%, 420m/100g) Tegel 3볼
실(대체) … 핑거링 얀 1260m
바늘 … 4mm(US 6) 줄바늘
도구 … 뺄 수 있는 마커 8개, 돗바늘

게이지
메리야스뜨기 22코×28단

손뜨개 약어
오른코 2코 모아 안뜨기SSP : 걸러뜨기, 걸러뜨기, 2코를 뒷고리로 한 번에 안뜨기. 2코를 겉뜨기 방향으로 한 번에 걸러뜨고, 이 2코를 왼바늘로 다시 옮긴 후 안뜨기로 2코 모아 꼬아뜨기. (-1코).

POINT
이 패턴은 단 끝까지 가기 전에 방향을 바꿔 경사뜨기를 합니다. 방향을 바꾼 흔적을 가리기 위해 랩(실로 감싸기)이나 다른 방법은 사용하지 마세요. 파트 2에서 경사뜨기를 할 때 뜨지 않은 코가 많이 남습니다. 이런 코들은 스티치 홀더나 자투리 실에 걸어두면 편리합니다. 아니면 이 부분을 뜨는 동안 모든 코를 걸어둘 수 있는 120cm 줄바늘로 뜨세요.

뜨는 법
파트 1
선호하는 코잡기로 3코를 만든다.
1단(겉면) : 겉뜨기1, 바늘비우기, 끝까지 겉뜨기. (+1코).
2단(안면) : 안뜨기.
3단 : 겉뜨기1, M1R, 끝까지 겉뜨기. (+1코).
4단 : 안뜨기.
5~56단 : 마지막 두 단을 26회 더 반복한다. (31코).
57단(겉면) : 겉뜨기1, M1R, 3코 남을 때까지 겉뜨기, K2TOG, 마커 끼우기, 바늘비우기, 안뜨기1. (+1코).
58단(안면) : 마커까지 겉뜨기, 마커 걸러뜨기, 끝까지 안뜨기.
59단 : 겉뜨기1, M1R, 마커 2코 전까지 겉뜨기, K2TOG, 마커 걸러뜨기, 바늘비우기, 끝까지 안뜨기. (+1코).
60단 : 마커까지 겉뜨기, 마커 걸러뜨기, 끝까지 안뜨기.
33코(새 섹션에 3코, 첫 섹션에 30코).
61~116단 : 마지막 두 단을 28회 더 반복한다.
겉면에서 보면 마커의 왼쪽에 31코, 오른쪽에 30코가 있다. 총 61코.
117단(겉면) : 겉뜨기1, M1R, 마커 2코 전까지 겉뜨기, K2TOG, 마커 걸러뜨기, 바늘비우기, 3코 남을 때까지 안뜨기, SSP, 마커 끼우기, 바늘비우기, 겉뜨기1. (+1코).
118단(안면) : 마커까지 안뜨기, 마커 걸러뜨기, 마커까지 겉뜨기, 마커 걸러뜨기, 끝까지 안뜨기.
119단 : 겉뜨기1, M1R, 마커 2코 전까지 겉뜨기, K2TOG, 마커 걸러뜨기, 바늘비우기, 마커 2코 전까지 안뜨기, SSP, 마커 걸러뜨기, 바늘비우기, 끝까지 겉뜨기. (+1코).
120단 : 마커까지 안뜨기, 마커 걸러뜨기, 마커까지 겉뜨기, 마커 걸러뜨기, 끝까지 안뜨기.
63코(새 섹션에 3코, 다른 섹션들에 30코씩).
121~176단 : 마지막 두 단을 28회 더 반복한다.
겉면에서 보면 마커의 왼쪽에 31코, 마커의 오른쪽으로 모든 섹션에 30코씩 있다. 총 91코.
177단(겉면) : 겉뜨기1, M1R, 마커 2코 전까지 겉뜨기, K2TOG, 마커 걸러뜨기, YO, 마커 2코 전까지 안뜨기, SSP, 마커 걸러뜨기, YO, 3코 남을 때까지 겉뜨기, K2TOG, 마커 끼우기, YO, 안뜨기1. (+1코).
178단(안면) : 마커까지 겉뜨기, 마커 걸러뜨기, 마커까지 안뜨기, 마커 걸러뜨기, 마커까지 겉뜨기, 마커 걸러뜨기, 끝까지 안뜨기.
179단 : 겉뜨기1, M1R, 마커 2코 전까지 겉뜨기, K2TOG, 마커 걸러뜨기, YO, 마커 2코 전까지 안뜨기, SSP, 마커 걸러뜨기, YO, 마커 2코 전까지 겉뜨기, K2TOG, 마커 걸러뜨기, YO, 끝까지 안뜨기. (+1코).
180단 : 마커까지 겉뜨기, 마커 걸러뜨기, 마커까지 안뜨기,

마커 걸러뜨기, 마커까지 겉뜨기, 마커 걸러뜨기, 끝까지 안뜨기. 93코(새 섹션에 3코, 다른 섹션들에 30코씩).

181~236단 : 마지막 두 단을 28회 더 반복한다. 겉면에서 보면 마커의 왼쪽에 31코, 오른쪽으로 모든 섹션에 30코씩 있다. 총 121코.

237단(겉면) : K1, M1R, 마커 2코 전까지 겉뜨기, K2TOG, 마커 걸러뜨기, YO, 마커 2코 전까지 겉뜨기, SSP, 마커 걸러뜨기, YO, 마커 2코 전까지 겉뜨기, K2TOG, 마커 걸러뜨기, YO, 3코 남을 때까지 안뜨기, SSP, 마커 끼우기, YO, 겉뜨기1. (+1코).

238단(안면) : *마커까지 안뜨기, 마커 걸러뜨기, 마커까지 겉뜨기, 마커 걸러뜨기*, *-* 1회 더 반복, 끝까지 안뜨기.

239단 : 겉뜨기1, M1R, *마커 2코 전까지 겉뜨기, K2TOG, 마커 걸러뜨기, YO, 마커 2코 전까지 안뜨기, SSP, 마커 걸러뜨기, YO*, *-* 1회 더 반복, 끝까지 겉뜨기. (+1코).

240단 : *마커까지 안뜨기, 마커 걸러뜨기, 마커까지 겉뜨기, 마커 걸러뜨기*, *-* 1회 더 반복, 끝까지 안뜨기.

123코(새 섹션에 3코, 다른 섹션들에 30코씩).

241~296단 : 마지막 두 단을 28회 더 반복한다. 겉면에서 보면 마커의 왼쪽에 31코, 오른쪽으로 모든 섹션에 30코씩 있다. 총 151코.

297단(겉면) : 겉뜨기1, M1R, *마커 2코 전까지 겉뜨기, K2TOG, 마커 걸러뜨기, YO, 마커 2코 전까지 안뜨기, SSP, 마커 걸러뜨기, YO*, *-* 1회 더 반복, 3코 남을 때까지 겉뜨기, K2TOG, 마커 끼우기, YO, 안뜨기1. (+1코).

298단(안면) : *마커까지 겉뜨기, 마커 걸러뜨기, 마커까지 겉뜨기, 마커 걸러뜨기*, *-* 1회 더 반복, 마커까지 겉뜨기, 마커 걸러뜨기, 끝까지 안뜨기.

299단 : 겉뜨기1, M1R, *마커 2코 전까지 겉뜨기, K2TOG, 마커 걸러뜨기, YO, 마커 2코 전까지 안뜨기, SSP, 마커 걸러뜨기, YO*, *-* 1회 더 반복, 마커 2코 전까지 겉뜨기, K2TOG, 마커 걸러뜨기, YO, 끝까지 안뜨기. (+1코).

300단 : *마커까지 겉뜨기, 마커 걸러뜨기, 마커까지 안뜨기, 마커 걸러뜨기*, *-* 1회 더 반복, 마커까지 겉뜨기, 마커 걸러뜨기, 끝까지 안뜨기.

301~356단 : 마지막 두 단을 28회 더 반복한다. 겉면에서 보면 마커의 왼쪽에 31코, 오른쪽으로 모든 섹션에 30코씩 있다. 총 181코.

파트 2

1단 : *마커 2코 전까지 겉뜨기, K2TOG, 마커 걸러뜨기, YO, 마커 2코 전까지 안뜨기, SSP, 마커 걸러뜨기, YO*, *-* 1회 더 반복, 마커 2코 전까지 겉뜨기, K2TOG, 마커 걸러뜨기, YO, 끝까지 안뜨기. (+1코).

2단 : *마커까지 겉뜨기, 마커 걸러뜨기, 마커까지 안뜨기, 마커 걸러뜨기*, *-* 1회 더 반복, 마커까지 겉뜨기, 마커 걸러뜨기, 1코 남을 때까지 안뜨기, 뜨개바탕 돌리기.

3단 : *마커 2코 전까지 겉뜨기, K2TOG, 마커 걸러뜨기, YO, 마커 2코 전까지 안뜨기, SSP, 마커 걸러뜨기, YO*, *-* 1회 더 반복, 마커 2코 전까지 겉뜨기, K2TOG, 마커 걸러뜨기, YO, 3코 남을 때까지 안뜨기, SSP, 마커 끼우기, YO, K1.

4단 : *마커까지 안뜨기, 마커 걸러뜨기, 마커까지 겉뜨기, 마커 걸러뜨기*, *-* 3회 더 반복, 이전 돌리기 1코 전까지 안뜨기, 뜨개바탕 돌리기.

5단 : *마커 2코 전까지 겉뜨기, K2TOG, 마커 걸러뜨기, 바늘비우기, 마커 2코 전까지 안뜨기, SSP, 마커 걸러뜨기, 바늘비우기*, *-* 2회 더 반복, 끝까지 겉뜨기.

6단 : *마커까지 겉뜨기, 마커 걸러뜨기, 마커까지 겉뜨기, 마커 걸러뜨기*, *-* 3회 반복, 이전 돌리기 1코 전까지 안뜨기, 뜨개바탕 돌리기.

7~30단 : 마지막 두 단을 12회 더 반복한다.

31단 : 겉뜨기1, 마커 빼기, *마커 2코 전까지 안뜨기, SSP, 마커 걸러뜨기, YO, 마커 2코 전까지 겉뜨기, K2TOG, 마커 걸러뜨기, YO*, *-* 1회 더 반복, 마커 2코 전까지 안뜨기, SSP, 마커 걸러뜨기, YO, 끝까지 겉뜨기.

32단 : *마커까지 안뜨기, 마커 걸러뜨기, 마커까지 겉뜨기, 마커 걸러뜨기*, *-* 1회 더 반복, 마커까지 안뜨기, 마커 걸러뜨기, 이전 돌리기 1코 전까지 겉뜨기, 뜨개바탕 돌리기.

33단 : *마커 2코 전까지 안뜨기, SSP, 마커 걸러뜨기, 바늘비우기, 마커 2코 전까지 겉뜨기, K2TOG, 마커 걸러뜨기, 바늘비우기*, *-* 1회 더 반복, 마커 2코 전까지 안뜨기, SSP, 마커 걸러뜨기, YO, 끝까지 겉뜨기.

34단 : *마커까지 안뜨기, 마커 걸러뜨기, 마커까지 겉뜨기, 마커 걸러뜨기*, *-* 1회 더 반복, 마커까지 안뜨기, 마커 걸러뜨기, 이전 돌리기 1코 전까지 겉뜨기, 뜨개바탕 돌리기.

35~60단 : 마지막 두 단을 13회 더 반복한다.

61단 : 안뜨기1, 마커 빼기, *마커 2코 전까지 겉뜨기, K2TOG, 마커 걸러뜨기, YO, 마커 2코 전까지 안뜨기, SSP, 마커 걸러뜨기, YO*, *-* 1회 더 반복, 끝까지 겉뜨기.

62단 : *마커까지 안뜨기, 마커 걸러뜨기, 마커까지 겉뜨기, 마커 걸러뜨기*, *-* 1회 더 반복, 이전 돌리기 1코 전까지 안뜨기, 뜨개바탕 돌리기.

63단 : *마커 2코 전까지 겉뜨기, K2TOG, 마커 걸러뜨기, YO, 마커 2코 전까지 안뜨기, SSP, 마커 걸러뜨기, YO*, *-* 1회 더 반복, 3코 남을 때까지 겉뜨기, K2TOG, 마커 끼우기, YO, 안뜨기1.

64단 : *마커까지 겉뜨기, 마커 걸러뜨기, 마커까지 안뜨기, 마커 걸러뜨기*, *-* 1회 더 반복, 마커까지 겉뜨기, 마커 걸러뜨기, 이전 돌리기 1코 전까지 안뜨기, 뜨개바탕 돌리기.

65단 : *마커 2코 전까지 겉뜨기, K2TOG, 마커 걸러뜨기, 바늘비우기, 마커 2코 전까지 안뜨기, SSP, 마커 걸러뜨기, 바늘비우기*, *-* 1회 더 반복, 마커 2코 전까지 겉뜨기, K2TOG, 마커 걸러뜨기, 끝까지 안뜨기.

66단 : *마커까지 겉뜨기, 마커 걸러뜨기, 마커까지 안뜨기, 마커 걸러뜨기*, *-* 1회 더 반복, 마커까지 겉뜨기, 마커 걸러뜨기, 이전 돌리기 1코 전까지 안뜨기, 뜨개바탕 돌리기.

67~90단 : 마지막 두 단을 12회 더 반복한다.

91단 : 겉뜨기1, 마커 빼기, *마커 2코 전까지 안뜨기, SSP, 마커 걸러뜨기, YO, 마커 2코 전까지 겉뜨기, K2TOG, 마커 걸러뜨기, YO*, *-* 1회 더 반복, 끝까지 안뜨기.

92단 : *마커까지 겉뜨기, 마커 걸러뜨기, 마커까지 안뜨기, 마커 걸러뜨기*, *-* 1회 더 반복, 이전 돌리기 1코 전까지 겉뜨기, 뜨개바탕 돌리기.

93단 : *마커 2코 전까지 안뜨기, SSP, 마커 걸러뜨기, 바늘비우기, 마커 2코 전까지 겉뜨기, K2TOG, 마커 걸러뜨기, 바늘비우기*, *-* 1회 더 반복, 끝까지 안뜨기.

94단 : *마커까지 겉뜨기, 마커 걸러뜨기, 마커까지 안뜨기, 마커 걸러뜨기*, *-* 1회 더 반복, 이전 돌리기 1코 전까지 겉뜨기, 뜨개바탕 돌리기.

95~120단 : 마지막 두 단을 13회 더 반복한다.

121단 : 안뜨기1, 마커 빼기, 마커 2코 전까지 겉뜨기, K2TOG, 마커 걸러뜨기, YO, 마커 2코 전까지 안뜨기, SSP, 마커 걸러뜨기, YO, 마커 2코 전까지 겉뜨기, K2TOG, 마커 걸러뜨기, YO, 끝까지 안뜨기.

122단 : 마커까지 겉뜨기, 마커 걸러뜨기, 마커까지 안뜨기, 마커 걸러뜨기, 마커까지 겉뜨기, 마커 걸러뜨기, 이전 돌리기 1코 전까지 안뜨기, 뜨개바탕 돌리기.

123단 : 마커 2코 전까지 겉뜨기, K2TOG, 마커 걸러뜨기, YO, 마커 2코 전까지 안뜨기, SSP, 마커 걸러뜨기, YO, 마커 2코 전까지 겉뜨기, K2TOG, 마커 걸러뜨기, YO, 3코 남을 때까지 안뜨기, SSP, 마커 끼우기, YO, 겉뜨기1.

124단 : *마커까지 안뜨기, 마커 걸러뜨기, 마커까지 겉뜨기, 마커 걸러뜨기*, *-* 1회 더 반복, 이전 돌리기 1코 전까지 안뜨기, 뜨개바탕 돌리기.

말리아 마에 조지프

125단 : *마커 2코 전까지 겉뜨기, K2TOG, 마커 걸러뜨기, 바늘비우기, 마커 2코 전까지 안뜨기, SSP, 마커 걸러뜨기, 바늘비우기*, *-* 1회 더 반복, 끝까지 겉뜨기.
126단 : *마커까지 안뜨기, 마커 걸러뜨기, 마커까지 겉뜨기, 마커 걸러뜨기*, *-* 1회 더 반복, 이전 돌리기 1코 전까지 안뜨기, 뜨개바탕 돌리기.
127~150단 : 마지막 두 단을 12회 더 반복한다.
151단 : 겉뜨기1, 마커 빼기, 마커 2코 전까지 안뜨기, SSP, 마커 걸러뜨기, YO, 마커 2코 전까지 겉뜨기, K2TOG, 마커 걸러뜨기, YO, 마커 2코 전까지 안뜨기, SSP, 마커 걸러뜨기, YO, 끝까지 겉뜨기.
152단 : 마커까지 안뜨기, 마커 걸러뜨기, 마커까지 겉뜨기, 마커 걸러뜨기, 마커까지 안뜨기, 마커 걸러뜨기, 이전 돌리기 1코 전까지 겉뜨기, 뜨개바탕 돌리기.
153단 : 마커 2코 전까지 안뜨기, SSP, 마커 걸러뜨기, YO, 마커 2코 전까지 겉뜨기, K2TOG, 마커 걸러뜨기, YO, 마커 2코 전까지 안뜨기, SSP, 마커 걸러뜨기, YO, 끝까지 겉뜨기.
154단 : 마커까지 안뜨기, 마커 걸러뜨기, 마커까지 겉뜨기, 마커 걸러뜨기, 마커까지 안뜨기, 마커 걸러뜨기, 이전 돌리기 1코 전까지 겉뜨기, 뜨개바탕 돌리기.
155~180단 : 마지막 두 단을 13회 더 반복한다.
181단 : 안뜨기1, 마커 빼기, 마커 2코 전까지 겉뜨기, K2TOG, 마커 걸러뜨기, 바늘비우기, 마커 2코 전까지 안뜨기, SSP, 마커 걸러뜨기, 바늘비우기, 끝까지 겉뜨기.
182단 : 마커까지 안뜨기, 마커 걸러뜨기, 마커까지 겉뜨기, 마커 걸러뜨기, 이전 돌리기 1코 전까지 안뜨기, 뜨개바탕 돌리기.
183단 : 마커 2코 전까지 겉뜨기, K2TOG, 마커 걸러뜨기, YO, 마커 2코 전까지 안뜨기, SSP, 마커 걸러뜨기, YO, 3코 남을 때까지 겉뜨기, K2TOG, 마커 끼우기, YO, 안뜨기1.
184단 : 마커까지 겉뜨기, 마커 걸러뜨기, 마커까지 안뜨기, 마커 걸러뜨기, 마커까지 겉뜨기, 마커 걸러뜨기, 이전 돌리기 1코 전까지 안뜨기, 뜨개바탕 돌리기.
185단 : 마커 2코 전까지 겉뜨기, K2TOG, 마커 걸러뜨기, YO, 마커 2코 전까지 안뜨기, SSP, 마커 걸러뜨기, YO, 마커 2코 전까지 겉뜨기, K2TOG, 마커 걸러뜨기, 끝까지 안뜨기.
186단 : 마커까지 겉뜨기, 마커 걸러뜨기, 마커까지 안뜨기, 마커 걸러뜨기, 이전 돌리기 1코 전까지 겉뜨기, 뜨개바탕 돌리기.
187~210단 : 마지막 두 단을 12회 더 반복한다.

211단 : K1, 마커 빼기, 마커 2코 전까지 안뜨기, SSP, 마커 걸러뜨기, 바늘비우기, 마커 2코 전까지 겉뜨기, K2TOG, 마커 걸러뜨기, 바늘비우기, 끝까지 안뜨기.
212단 : 마커까지 겉뜨기, 마커 걸러뜨기, 마커까지 안뜨기, 마커 걸러뜨기, 이전 돌리기 1코 전까지 겉뜨기, 뜨개바탕 돌리기.
213단 : 마커 2코 전까지 안뜨기, SSP, 마커 걸러뜨기, YO, 마커 2코 전까지 겉뜨기, K2TOG, 마커 걸러뜨기, YO, 끝까지 안뜨기.
214단 : 마커까지 겉뜨기, 마커 걸러뜨기, 마커까지 안뜨기, 마커 걸러뜨기, 이전 돌리기 1코 전까지 겉뜨기, 뜨개바탕 돌리기.
215~240단 : 마지막 두 단을 13회 더 반복한다.
241단 : 안뜨기1, 마커 빼기, 마커 2코 전까지 겉뜨기, K2TOG, 마커 걸러뜨기, YO, 끝까지 안뜨기.
242단 : 마커까지 겉뜨기, 마커 걸러뜨기, 이전 돌리기 1코 전까지 안뜨기, 뜨개바탕 돌리기.
243단 : 마커 2코 전까지 겉뜨기, K2TOG, 마커 걸러뜨기, YO, 3코 남을 때까지 안뜨기, SSP, 마커 끼우기, YO, 겉뜨기1.
244단 : 마커까지 안뜨기, 마커 걸러뜨기, 마커까지 겉뜨기, 마커 걸러뜨기, 이전 돌리기 1코 전까지 안뜨기, 뜨개바탕 돌리기.
245단 : 마커 2코 전까지 겉뜨기, K2TOG, 마커 걸러뜨기, YO, 마커 2코 전까지 안뜨기, SSP, 마커 걸러뜨기, YO, 끝까지 겉뜨기.
246단 : 마커까지 안뜨기, 마커 걸러뜨기, 마커까지 겉뜨기, 마커 걸러뜨기, 이전 돌리기 1코 전까지 안뜨기, 뜨개바탕 돌리기.
247~270단 : 마지막 두 단을 12회 더 반복한다.
271단 : 겉뜨기1, 마커 빼기, 마커 2코 전까지 안뜨기, SSP, 마커 걸러뜨기, YO, 끝까지 겉뜨기.
272단 : 마커까지 겉뜨기, 마커 걸러뜨기, 이전 돌리기 1코 전까지 안뜨기, 뜨개바탕 돌리기.
273단 : 마커 2코 전까지 안뜨기, SSP, 마커 걸러뜨기, 바늘비우기, 끝까지 겉뜨기.
274단 : 마커까지 겉뜨기, 마커 걸러뜨기, 이전 돌리기 1코 전까지 안뜨기, 뜨개바탕 돌리기.
275~300단 : 마지막 두 단을 13회 더 반복한다.
301단 : 안뜨기1, 마커 빼기, 끝까지 겉뜨기.
302단 : 이전 돌리기 1코 전까지 안뜨기, 뜨개바탕 돌리기.
303단 : 3코 남을 때까지 겉뜨기, K2TOG, 마커 끼우기, 바늘비우기, 안뜨기1.
304단 : 마커까지 안뜨기, 마커 걸러뜨기, 이전 돌리기 1코 전까지 안뜨기, 뜨개바탕 돌리기.
305단 : 마커 2코 전까지 겉뜨기, K2TOG, 마커 걸러뜨기, 바늘비우기, 끝까지 안뜨기.
306단 : 마커까지 겉뜨기, 마커 걸러뜨기, 이전

돌리기 1코 전까지 안뜨기, 뜨개바탕 돌리기.
307~330단 : 마지막 두 단을 12회 더 반복한다.
331단 : 겉뜨기1, 마커 빼기, 끝까지 안뜨기.
332단 : 이전 돌리기 1코 전까지 겉뜨기, 뜨개바탕 돌리기.
333단 : 끝까지 안뜨기.
334단 : 이전 돌리기 1코 전까지 겉뜨기, 뜨개바탕 돌리기.
335~360단 : 마지막 두 단을 13회 더 반복한다.

파트 3
시작단(안면) : 겉뜨기1, 바늘비우기, 끝까지 겉뜨기. (+1코, 182코).
1단(겉면) : 6코 남을 때까지 [겉뜨기7, KFB], 겉뜨기5, 바늘비우기, 겉뜨기1. (+23코).
2단(안면) : 겉뜨기1, YO, 끝까지 겉뜨기. (+1코).
3단 : 1코 남을 때까지 겉뜨기, YO, K1. (+1코).
4단 : 겉뜨기1, YO, 끝까지 겉뜨기. (+1코).
5~14단 : 마지막 두 단을 5회 더 반복한다. (+10코, 218코).
15단 : 겉뜨기1, *겉뜨기1, 오른바늘에서 왼바늘로 2코 걸러뜨기, K2TOG*, 끝까지 *-*을 반복한다.

마무리하기
실을 30cm 정도 남기고 자른 뒤 마지막 코 사이로 잡아 뺀다.

태슬(옵션)
남은 실로 8~10cm 정도의 태슬 3개를 만든다. 남겨둔 실 끝을 이용해 태슬을 숄의 세 모서리에 하나씩 붙인다. 치수에 맞춰 블로킹한다.

20 후기 HUGI

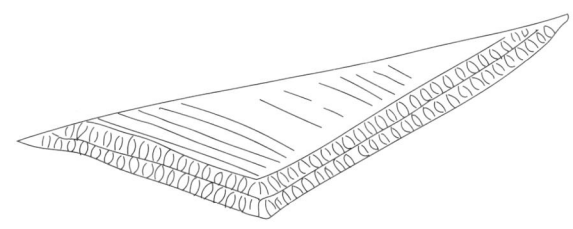

완성 치수

폭 … 198cm
높이 … 81cm

재료

실 … 안줄라 스퀴쉬Squishy by Anzula(슈퍼워시 메리노 80%, 캐시미어 10%, 나일론 10%, 351m/100g) Dany 3볼
실(대체) … 핑거링 얀 793m
바늘 … 4mm(US 6) 줄바늘
도구 … 마커, 뺄 수 있는 마커, 꽈배기바늘

게이지

메리야스뜨기 27코×34단
5×5 고무뜨기 24코×34단

손뜨개 약어

5코로 늘리기INC 5 : 1코에서 (겉뜨기1, 바늘비우기, 겉뜨기1, 바늘비우기, 겉뜨기1)를 해 5코로 늘리기. (+4코).

겉뜨기로 5코 모아뜨기K5TOG : (-4코).

겉뜨기로 7코 모아뜨기K7TOG : (-6코).

POINT

작품 20번은 서로 다른 두 방향으로 오가면서 뜹니다. 첫 파트는 비스듬하게 기울어진 뜨개바탕 옆으로 뜹니다. 2번째 파트는 테두리인데, 바늘에 걸린 코들과 삼각형의 가장자리에서 주워 겉뜨기한 코들을 위에서 내려오며 뜹니다. 지금 뜨는 곳을 계속 마커로 표시하세요. 마커는 INC 5를 할 때마다 다시 끼웁니다. 즉 가장자리에서 5단마다. 중심 코의 옆면에서 10단마다 다시 끼웁니다. 뜨개바탕 겉면을 표시하기 위해 뺄 수 있는 마커를 사용하면 편리합니다.

뜨는 법

선호하는 코잡기로 5코를 만든다.

시작 늘리기단(안면) : 3코 남을 때까지 안뜨기, PFB, 마커 끼우기, 걸러뜨기2(실 앞). (+1코).
다음 단(겉면) : 겉뜨기2, 마커 걸러뜨기, KFB, 3코 남을 때까지 겉뜨기, K2TOG, 겉뜨기1.
늘리기단(안면) : 겉뜨기1, 마커 1코 전까지 안뜨기, PFB, 마커 걸러뜨기, 걸러뜨기2(실 앞). (+1코).
마지막 두 단을 2회 더 반복한다. (9코).
다음 단(겉면) : 겉뜨기2, 마커 걸러뜨기, PFB, 3코 남을 때까지 안뜨기, P2TOG, 겉뜨기1.
늘리기단(안면) : 마커 1코 전까지 겉뜨기, KFB, 마커 걸러뜨기, 걸러뜨기2(실 앞). (+1코).
마지막 두 단을 2회 반복한다. (12코).
마지막 열두 단을 22회 더 반복하는데, 반복할 때마다 6코씩 늘어난다. 144코.

테두리 1

시작단(겉면) : 겉뜨기2, 마커 걸러뜨기, [K5TOG] 27회, K7TOG, 마커 끼우기, 1코 주워 겉뜨기, 마커 끼우기, 뜨개바탕 90도 돌리기, 왼바늘 끝으로 기울어진 모티브에서 이전에 떴던 여섯 단에 의해 튀어나온 곳에서 2코를 주워 오른바늘로 함께 모아 겉뜨기, *왼바늘 끝으로 기울어진 모티브에서 이전에 떴던 여섯 단에 의해 튀어나온 곳에서 3코를 주워 오른바늘로 함께 모아서 겉뜨기*, *-* 총 44회 반복, 마커 끼우기, 2코 주워 겉뜨기. (78코).
다음 단(안면) : P2, 마커 걸러뜨기, YO, 마커 끼우기, INC 5 총 45회, 마커 걸러뜨기, K1, 마커 걸러뜨기, INC 5 총 28회, 마커 끼우기, YO, 마커 걸러뜨기, 걸러뜨기2(실 앞). (372코).
다음 단(겉면) : K2, 마커 걸러뜨기, YO, P1, 마커 걸러뜨기, [K5, P5] 14회, 마커 끼우기, M1R, 마커 걸러뜨기, K1, 마커 걸러뜨기, M1L, 마커 끼우기, [P5, K5] 22회, P5, 마커 걸러뜨기, K1, YO, 마커 걸러뜨기, 걸러뜨기2(실 뒤). (376코).
다음 단(안면) : P2, 마커 걸러뜨기, YO, P2, 마커 걸러뜨기, K5, [P5, K5] 22회, 마커 걸러뜨기, P1, 마커 걸러뜨기, K1, 마커 걸러뜨기, 안뜨기1, 마커 걸러뜨기, [K5, P5] 14회, 마커 걸러뜨기, 겉뜨기2, YO, 마커 걸러뜨기, 걸러뜨기2(실 앞). (378코).

다음 단(겉면): K2, 마커 걸러뜨기, YO, P3, 마커 걸러뜨기, [K5, P5] 14회, 마커 걸러뜨기, K1, M1R, 마커 걸러뜨기, K1, 마커 걸러뜨기, M1L, K1, 마커 걸러뜨기, [P5, K5] 22회, P5, 마커 걸러뜨기, 겉뜨기3, YO, 마커 걸러뜨기, 걸러뜨기2(실 뒤). (382코).

다음 단(안면): P2, 마커 걸러뜨기, YO, P4, 마커 걸러뜨기, K5, [P5, K5] 22회, 마커 걸러뜨기, P2, 마커 걸러뜨기, K1, 마커 걸러뜨기, P2, 마커 걸러뜨기, [K5, P5] 14회, 마커 걸러뜨기, K4, YO, 마커 걸러뜨기, 걸러뜨기2(실 앞). (384코).

다음 단(겉면): K2, 마커 걸러뜨기, YO, 마커 끼우기, P5, 마커 빼기, [K5, P5] 14회, 마커 걸러뜨기, K2, M1R, 마커 걸러뜨기, K1, 마커 걸러뜨기, M1L, K2, 마커 걸러뜨기, [P5, K5] 22회, P5, 마커 빼기, K5, 마커 끼우기, YO, 마커 걸러뜨기, 걸러뜨기2(실 뒤). (388코).

다음 단(안면): P2, 마커 걸러뜨기, YO, K1, 마커 걸러뜨기, [P5, K5] 23회, 마커 걸러뜨기, P3, 마커 걸러뜨기, K1, 마커 걸러뜨기, P3, 마커 걸러뜨기, [K5, P5] 14회, K5, 마커 걸러뜨기, P1, YO, 마커 걸러뜨기, 걸러뜨기2(실 앞). (390코).

다음 단(겉면): K2, 마커 걸러뜨기, YO, K2, 마커 걸러뜨기, P5, [K5, P5] 14회, 마커 걸러뜨기, K3, M1R, 마커 걸러뜨기, K1, 마커 걸러뜨기, M1L, K3, 마커 끼우기, [P5, K5] 23회, 마커 걸러뜨기, 안뜨기2, YO, 마커 걸러뜨기, 걸러뜨기2(실 뒤). (394코).

다음 단(안면): P2, 마커 걸러뜨기, YO, K3, 마커 걸러뜨기, [P5, K5] 23회, 마커 걸러뜨기, P4, 마커 걸러뜨기, K1, 마커 걸러뜨기, P4, 마커 걸러뜨기, [K5, P5] 14회, K5, 마커 걸러뜨기, P3, YO, 마커 걸러뜨기, 걸러뜨기2(실 앞). (396코).

다음 단(겉면): K2, 마커 걸러뜨기, YO, K4, 마커 걸러뜨기, P5, [K5, P5] 14회, 마커 걸러뜨기, K4, M1R, 마커 걸러뜨기, K1, 마커 걸러뜨기, M1L, K4, 마커 걸러뜨기, [P5, K5] 23회, 마커 걸러뜨기, 안뜨기4, YO, 마커 걸러뜨기, 걸러뜨기2(실 뒤). (400코).

다음 단(안면): P2, 마커 걸러뜨기, YO, 마커 끼우기, K5, 마커 빼기, [P5, K5] 23회, 마커 빼기, P5, 마커 걸러뜨기, K1, 마커 걸러뜨기, P5, 마커 빼기, [K5, P5] 14회, K5, 마커 빼기, P5, 마커 끼우기, YO, 마커 걸러뜨기, SL2(실 앞). (402코).

다음 단(겉면): K2, 마커 걸러뜨기, YO, P1, 마커 걸러뜨기, K5, [P5, K5] 15회, 마커 끼우기, 안뜨기로 오른코 만들기, 마커 걸러뜨기, K1, 마커 걸러뜨기, 안뜨기로 왼코 만들기, 마커 끼우기, [K5, P5] 24회, 마커 걸러뜨기, K1, YO, 마커 걸러뜨기, 걸러뜨기2(실 뒤). (406코).

다음 단(안면): P2, 마커 걸러뜨기, YO, P2, 마커 걸러뜨기, [K5, P5] 24회, 마커 걸러뜨기, K1, 마커 걸러뜨기, K1, 마커 걸러뜨기, K1, 마커 걸러뜨기, [P5, K5] 15회, P5, 마커 걸러뜨기, K2, YO, 마커 걸러뜨기, SL2(실 앞). (408코).

다음 단(겉면): K2, 마커 걸러뜨기, YO, P3, 마커 걸러뜨기, K5, [P5, K5] 15회, 마커 걸러뜨기, P1, 안뜨기로 오른코 만들기, 마커 걸러뜨기, K1, 마커 걸러뜨기, 안뜨기로 왼코 만들기, P1, 마커 걸러뜨기, [K5, P5] 24회, 마커 걸러뜨기, K3, YO, 마커 걸러뜨기, SL2(실 뒤). (412코).

다음 단(안면): P2, 마커 걸러뜨기, YO, P4, 마커 걸러뜨기, [K5, P5] 24회, 마커 걸러뜨기, K2, 마커 걸러뜨기, K1, 마커 걸러뜨기, K2, 마커 걸러뜨기, [P5, K5] 15회, P5, 마커 걸러뜨기, K4, YO, 마커 걸러뜨기, SL2(실 앞). (414코).

다음 단(겉면): K2, 마커 걸러뜨기, YO, 마커 끼우기, P5, 마커 빼기, K5, [P5, K5] 15회, 마커 걸러뜨기, P2, 안뜨기로 오른코 만들기, 마커 걸러뜨기, K1, 마커 걸러뜨기, 안뜨기로 왼코 만들기, P2, 마커 걸러뜨기, [K5, P5] 24회, 마커 빼기, K5, 마커 끼우기, 바늘비우기, 마커 걸러뜨기, 걸러뜨기2(실 뒤). (418코).

다음 단(안면): P2, 마커 걸러뜨기, YO, K1, 마커 걸러뜨기, P5, [K5, P5] 24회, 마커 걸러뜨기, K3, 마커 걸러뜨기, K1, 마커 걸러뜨기, K3, 마커 걸러뜨기, [P5, K5] 16회, P5, 마커 걸러뜨기, P1, YO, 마커 걸러뜨기, SL2(실 앞). (420코).

다음 단(겉면): K2, 마커 걸러뜨기, YO, K2, 마커 걸러뜨기, [P5, K5] 16회, 마커 걸러뜨기, P3, 안뜨기로 오른코 만들기, 마커 걸러뜨기, K1, 마커 걸러뜨기, 안뜨기로 왼코 만들기, P3, 마커 걸러뜨기, [K5, P5] 24회, K5, 마커 걸러뜨기, P2, YO, 마커 걸러뜨기, SL2(실 뒤). (424코).

다음 단(안면): P2, 마커 걸러뜨기, YO, K3, 마커 걸러뜨기, P5, [K5, P5] 24회, 마커 걸러뜨기, K4, 마커 걸러뜨기, K1, 마커 걸러뜨기, K4, 마커 걸러뜨기, [P5, K5] 16회, P5, 마커 걸러뜨기, P3, YO, 마커 걸러뜨기, SL2(실 앞). (426코).

다음 단(겉면): K2, 마커 걸러뜨기, YO, K4, 마커 걸러뜨기, [P5, K5] 16회, 마커 걸러뜨기, P4, 안뜨기로 오른코 만들기, 마커 걸러뜨기, K1, 마커 걸러뜨기, 안뜨기로 왼코 만들기, P4, 마커 걸러뜨기, [K5, P5] 24회, K5, 마커 걸러뜨기, P4, YO, 마커 걸러뜨기, SL2(실 뒤). (430코).

다음 단(안면): P2, 마커 걸러뜨기, YO, K5, 마커 빼기, P5, [K5, P5] 24회, 마커 빼기, K5, 마커 걸러뜨기, K1, 마커 걸러뜨기, K5, 마커 빼기, [P5, K5] 16회, 마커 빼기, P5, 바늘비우기, 마커 걸러뜨기, 걸러뜨기2(실 앞). (432코).

테두리 2

시작단(겉면): K2, 마커 걸러뜨기, YO, K1, 마커 끼우기, [K5TOG] 34회, 마커 걸러뜨기, K1, 마커 걸러뜨기, [K5TOG] 51회, 마커 끼우기, P1, YO, 마커 걸러뜨기, SL2(실 뒤). (94코).

다음 단(안면): K2, 마커 걸러뜨기, YO, K2, 마커 걸러뜨기, INC 5 총 51회, 마커 걸러뜨기, K1, 마커 걸러뜨기, INC 5 총 34회, 마커 걸러뜨기, P2, YO, 마커 걸러뜨기, SL2(실 앞). (436코).

다음 단(겉면): K2, 마커 걸러뜨기, YO, K3, 마커 걸러뜨기, [P5, K5] 17회, 마커 끼우기, 안뜨기로 오른코 만들기, 마커 걸러뜨기, K1, 마커 걸러뜨기, 안뜨기로 왼코 만들기, 마커 끼우기, [K5, P5] 25회, K5, 마커 걸러뜨기, P3, YO, 마커 걸러뜨기, 걸러뜨기2(실 뒤). (440코).

다음 단(안면): P2, 마커 걸러뜨기, YO, K4, 마커 걸러뜨기, P5, [K5, P5] 25회, 마커 걸러뜨기, K1, 마커 걸러뜨기, K1, 마커 걸러뜨기, K1, 마커 걸러뜨기, [P5, K5] 17회, P4, YO, 마커 걸러뜨기, SL2(실 앞). (442코).

다음 단(겉면): K2, 마커 걸러뜨기, YO, 마커 끼우기, K5, 마커 빼기, [P5, K5] 17회, 마커 걸러뜨기, P1, 안뜨기로 오른코 만들기, 마커 걸러뜨기, K1, 마커 걸러뜨기, 안뜨기로 왼코 만들기, P1, 마커 걸러뜨기, [K5, P5] 25회, K5, 마커 빼기, P5, 마커 끼우기, 바늘비우기, 마커 걸러뜨기, 걸러뜨기2(실 뒤). (446코).

다음 단(안면): P2, 마커 걸러뜨기, YO, P1, 마커 걸러뜨기, [K5, P5] 26회, 마커 걸러뜨기, K2, 마커 걸러뜨기, K1, 마커 걸러뜨기, K2, 마커 걸러뜨기, [P5, K5] 17회, P5, 마커 걸러뜨기, K1, YO, 마커 걸러뜨기, SL2(실 앞). (448코).

다음 단(겉면): K2, 마커 걸러뜨기, YO, P2, 마커 걸러뜨기, K5, [P5, K5] 17회, 마커 걸러뜨기, P2, 안뜨기로 오른코 만들기, 마커 걸러뜨기, K1, 마커 걸러뜨기, 안뜨기로 왼코 만들기, P2, 마커 걸러뜨기, [K5, P5] 26회, 마커 걸러뜨기, K2, YO, 마커 걸러뜨기, SL2(실 뒤). (452코).

다음 단(안면): P2, 마커 걸러뜨기, YO, P3, 마커 걸러뜨기, [K5, P5] 26회, 마커 걸러뜨기, K3, 마커 걸러뜨기, K1, 마커 걸러뜨기, K3, 마커 걸러뜨기, [P5, K5] 17회, P5, 마커 걸러뜨기, K3, YO, 마커 걸러뜨기, SL2(실 앞). (454코).

다음 단(겉면) : K2, 마커 걸러뜨기, YO, P4, 마커 걸러뜨기, K5, [P5, K5] 17회, 마커 걸러뜨기, P3, 안뜨기로 오른코 만들기, 마커 걸러뜨기, K1, 마커 걸러뜨기, 안뜨기로 왼코 만들기, P3, 마커 걸러뜨기, [K5, P5] 26회, 마커 걸러뜨기, K4, YO, 마커 걸러뜨기, SL2(실 뒤). (458코).

다음 단(안면) : P2, 마커 걸러뜨기, YO, 마커 끼우기, P5, 마커 빼기, [K5, P5] 26회, 마커 걸러뜨기, K4, 마커 걸러뜨기, K1, 마커 걸러뜨기, K4, 마커 걸러뜨기, [P5, K5] 17회, P5, 마커 빼기, K5, 마커 끼우기, YO, 마커 걸러뜨기, 걸러뜨기2(실 앞). (460코).

다음 단(겉면) : K2, 마커 걸러뜨기, YO, K1, 마커 걸러뜨기, [P5, K5] 18회, 마커 걸러뜨기, P4, 안뜨기로 오른코 만들기, 마커 걸러뜨기, K1, 마커 걸러뜨기, 안뜨기로 왼코 만들기, P4, 마커 걸러뜨기, K5, [P5, K5] 26회, 마커 끼우기, P1, YO, 마커 걸러뜨기, 걸러뜨기2(실 뒤). (464코)

다음 단(안면) : P2, 마커 걸러뜨기, YO, K2, 마커 걸러뜨기, P5, [K5, P5] 26회, 마커 빼기, K5, 마커 걸러뜨기, K1, 마커 걸러뜨기, K5, 마커 빼기, [P5, K5] 18회, 마커 걸러뜨기, P2, YO, 마커 걸러뜨기, 걸러뜨기2(실 앞). (466코).

다음 단(겉면) : K2, 마커 걸러뜨기, YO, K3, 마커 걸러뜨기, [P5, K5] 18회, P5, 마커 끼우기, M1R, 마커 걸러뜨기, K1, 마커 걸러뜨기, M1L, 마커 끼우기, [P5, K5] 27회, 마커 걸러뜨기, P3, YO, 마커 걸러뜨기, SL2(실 뒤). (470코).

다음 단(안면) : P2, 마커 걸러뜨기, YO, K4, 마커 걸러뜨기, [P5, K5] 27회, 마커 걸러뜨기, P1, 마커 걸러뜨기, K1, 마커 걸러뜨기, P1, 마커 걸러뜨기, [K5, P5] 18회, K5, 마커 걸러뜨기, P4, YO, 마커 걸러뜨기, SL2(실 앞). (472코).

다음 단(겉면) : K2, 마커 걸러뜨기, YO, 마커 끼우기, K5, 마커 빼기, P5, [K5, P5] 18회, 마커 걸러뜨기, K1, M1R, 마커 걸러뜨기, K1, 마커 걸러뜨기, M1L, K1, 마커 걸러뜨기, [P5, K5] 27회, 마커 빼기, P5, 마커 끼우기, YO, 마커 걸러뜨기, 걸러뜨기2(실 뒤). (476코).

다음 단(안면) : P2, 마커 걸러뜨기, YO, P1, 마커 걸러뜨기, K5, [P5, K5] 27회, 마커 걸러뜨기, P2, 마커 걸러뜨기, K1, 마커 걸러뜨기, P2, 마커 걸러뜨기, [K5, P5] 19회, 마커 걸러뜨기, K1, YO, 마커 걸러뜨기, SL2(실 앞). (478코).

다음 단(겉면) : K2, 마커 걸러뜨기, YO, P2, 마커 걸러뜨기, [K5, P5] 19회, 마커 걸러뜨기, K2, M1R, 마커 걸러뜨기, K1, 마커 걸러뜨기, M1L, K2, 마커 걸러뜨기, [P5, K5] 27회, P5, 마커 걸러뜨기, K2, 바늘비우기, 마커 걸러뜨기, 걸러뜨기2(실 뒤). (482코).

다음 단(안면) : P2, 마커 걸러뜨기, YO, P3, 마커 걸러뜨기, K5, [P5, K5] 27회, 마커 걸러뜨기, P3, 마커 걸러뜨기, K1, 마커 걸러뜨기, P3, 마커 걸러뜨기, [K5, P5] 19회, 마커 걸러뜨기, K3, YO, 마커 걸러뜨기, SL2(실 앞). (484코).

다음 단(겉면) : K2, 마커 걸러뜨기, YO, P4, 마커 걸러뜨기, [K5, P5] 19회, 마커 걸러뜨기, K3, M1R, 마커 걸러뜨기, K1, 마커 걸러뜨기, M1L, K3, 마커 걸러뜨기, [P5, K5] 27회, P5, 마커 걸러뜨기, K4, YO, 마커 걸러뜨기, SL2(실 뒤). (488코).

다음 단(안면) : P2, 마커 걸러뜨기, YO, P5, 마커 빼기, K5, [P5, K5] 27회, 마커 걸러뜨기, P4, 마커 걸러뜨기, K1, 마커 걸러뜨기, P4, 마커 걸러뜨기, [K5, P5] 19회, 마커 빼기, K5, YO, 마커 걸러뜨기, 걸러뜨기2(실 앞). (490코).

다음 단(겉면) : K2, 마커 걸러뜨기, YO, K1, P5, [K5, P5] 19회, 마커 걸러뜨기, K4, M1R, 마커 걸러뜨기, K1, 마커 걸러뜨기, M1L, K4, 마커 걸러뜨기, [P5, K5] 28회, P1, YO, 마커 걸러뜨기, 걸러뜨기2(실 뒤). (494코).

다음 단(안면) : P2, 마커 걸러뜨기, YO, K2, [P5, K5] 28회, 마커 걸러뜨기, P5, 마커 걸러뜨기, K1, 마커 걸러뜨기, P5, 마커 걸러뜨기, [K5, P5] 19회, K5, P2, 바늘비우기, 마커 걸러뜨기, 걸러뜨기2(실 앞). (496코).

코막음하기 & 마무리하기

K2, *방금 뜬 2코를 왼바늘로 돌려보내고 겉뜨기로 2코 모아 꼬아뜨기, K1*, *-*을 반복해 모든 코를 코막음한다. 실 끝을 보이지 않게 정리한 다음 치수에 맞춰 블로킹한다.

21 조리개 APERTURE

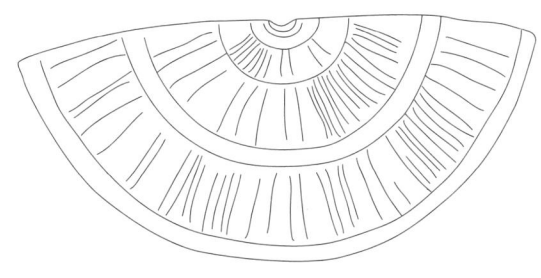

완성 치수
폭 … 152.5cm
반지름 … 76cm

재료
바탕실 … 웨스트 울 텐덤Tandem by West Wool(포클랜드 메리노 90%, 텍셀 울 10%, 230m/100g) Birch Tree 4볼
배색실 … 웨스트 울 텐덤(포클랜드 메리노 90%, 텍셀 울 10%, 230m/100g) Mouse 2볼
실(대체) … DK 얀(바탕색) 830m, DK 얀(배색) 420m
바늘 … 4mm(US 6) 줄바늘(배색 섹션+코막음용), 3.5mm(US 4) 줄바늘(더블 니팅용)
도구 … 4.0mm(US G6) 코바늘, 마커

게이지
배색 섹션 메리야스뜨기(4.0mm 줄바늘) 24코×28단
더블 니팅 메리야스뜨기(3.5mm 줄바늘) 24코×28단

손뜨개 약어
왼코 늘리기LLI, Left Lifted Increase : 1코를 걸러뜨고, 방금 걸러 뜬 코의 아래에 있는 코의 왼쪽 다리를 왼바늘로 앞에서 뒤로 들어 올리고 들어 올린 코 사이에 안뜨기를 한다. (+1코).

오른코 늘리기RLI, Right Lifted Increase : 왼바늘에 있는 첫 코의 아래에 있는 코의 오른쪽 다리를 오른바늘로 앞에서 뒤로 들어 올린 뒤 들어 올린 코를 안뜨기 방향으로 왼바늘로 걸러 뜨고, 그 코에서 겉뜨기한 뒤 원래 코를 걸러뜬다. (+1코).

리버시블 크로셰 코잡기 Reversible crochet cast-on
코바늘에 슬립 노트를 만든 다음 오른손으로 코바늘의 매듭을 잡고, 코바늘 위로 실을 왼쪽에서 오른쪽으로 가져오며 실 감기를 한다. 슬립 노트와 감은 실을 모두 잡으면 실은 코바늘의 오른쪽에 늘어진다. 왼손으로 대바늘을 잡고 그 위에 코바늘을 직각으로 놓아 'X'자 모양을 만든다. 대바늘과 코바늘의 'X'자 모양을 유지한 채 실 감기를 떨어뜨리지 말고 왼쪽 대바늘로 옮긴다. 코바늘의 오른쪽에서 늘어진 실을 오른손으로 앞에서 뒤로 대바늘 아래로. 왼쪽에서 오른쪽으로 코바늘 위로 가져온다. 그러면 코바늘에 2번째 실 감기가 생긴다. 이제 코바늘에는 고리 3개가 있고, 대바늘은 두 실 감기 사이에 코바늘과 직각으로 아래에 있다. 오른손으로 코바늘을 잡고 마지막 실 감기를 1번째 실 감기 아래와 슬립 노트 고리 사이로 잡아 뺀다. 이제 대바늘에 1코가 만들어졌고, 코바늘에 고리 1개가 남아 있다. 코바늘과 대바늘의 'X'자 모양을 유지하고 실을 왼쪽에서 오른쪽으로 코바늘 위로, 앞에서 뒤로 대바늘 아래로 가져와서 2번째 실 감기를 한다. 마지막 실 감기를 코바늘에 있는 두 고리 사이로 잡아 뺀다. 이 과정을 반복해 필요한 콧수보다 1코 적은 콧수를 만든다. 코바늘에 있는 코를 대바늘로 옮겨서 원하는 콧수를 만든다.

POINT
걸러뜨기를 할 때 별도의 설명이 없으면 모두 안뜨기 방향으로 하고, 배색뜨기할 때 걸치는 실이 끼이지 않도록 주의하세요. 색 순서만 도안을 참고하고, 메리야스뜨기를 할지 안메리야스뜨기를 할지는 뜨는 법을 따릅니다. 도안을 뜰 때 별도의 설명이 없으면 메리야스뜨기를 합니다.

왼코 늘리기와 오른코 늘리기의 원래 코는 겉뜨기(또는 안뜨기)를 하지 않습니다. 이 기법으로 1코가 생기고 원래 코는 걸러 뜨게 되며, 패턴에는 [걸러뜨기1(실 앞), 왼코 늘리기] 또는 [오른코 늘리기, 걸러뜨기1]로 표시됩니다. 늘리기는 단의 모든 코에서 하며, '걸러뜨기1(실 앞)' 또는 '걸러뜨기1'의 설명은 원래 코에 대한 것입니다. 늘리기단에서 원래 코와 생기는 코를 모두 뜨는 전통적인 방법 대신 걸러뜨는 이 기법을 쓰면 늘리기단이 매끄러워집니다.

바탕실과 배색실을 엮을 때, 배색실이 도미넌트색으로 지정되므로 바탕실 아래로 엮습니다. 모든 단에서 첫 색 바꾸기는 배색실을 바탕실 위에 교차하고 바탕실 아래에서 배색실을 잡습니다. 그래야 두 실이 맞물려 아이코드 가장자리와 본체 코들 사이에서 구멍이 생기지 않아요. 새 실을 가장자리 가까이에서 연결하면 아이코드 가장자리를 이용해 엮을 때 실 끝을 감출 수 있습니다.

로렌 월리스 조리개

뜨는 법
굵은 바늘과 배색실로 리버시블 크로셰 코잡기를 이용해 14코를 만들고 방향을 바꾼다(6코는 본체용, 8코는 아이코드 엣지용).

섹션 1
1단(겉면): 안뜨기 방향으로 꼬아서 걸러뜨기3(실 앞), 안뜨기로 꼬아뜨기1, 겉뜨기로 꼬아뜨기6, 안뜨기로 꼬아뜨기1, 안뜨기 방향으로 꼬아서 걸러뜨기3(실 앞).
2단(안면): 겉뜨기4, *걸러뜨기1(실 앞), 왼코 늘리기*, 4코 남을 때까지 *-* 반복, 겉뜨기4, 배색실 떨어뜨리기. (+6코, 총 20코).
3단: 바탕실로, 걸러뜨기4(실 앞), 4코 남을 때까지 겉뜨기, 뜨개바탕 돌리기.
4단: 4코 남을 때까지 안뜨기, 걸러뜨기4(실 앞), 바탕실 떨어뜨리기.
5단: 배색실로, 걸러뜨기3(실 앞), 안뜨기1, 4코 남을 때까지 겉뜨기, 안뜨기1, 걸러뜨기3(실 앞).
6단: 겉뜨기4, *걸러뜨기1(실 앞), 왼코 늘리기*, 4코 남을 때까지 *-* 반복, 겉뜨기4. (+12코, 총 32코).

섹션 2
1~4단: 바탕실과 배색실로 도안 A를 뜬다.
5단: 배색실로, 걸러뜨기3(실 앞), 안뜨기1, 4코 남을 때까지 겉뜨기, 안뜨기1, 걸러뜨기3(실 앞).
6단: 겉뜨기4, *걸러뜨기1(실 앞), 왼코 늘리기*, 4코 남을 때까지 *-* 반복, 겉뜨기4. (+24코, 총 56코).

섹션 3
1단(겉면): 바탕실과 배색실로 도안 B를 뜬다.
2단(안면): 도안 B를 따라 10코 뜨기, 마커 끼우기, 도안을 반복하고 15코 뜨기, 마커 끼우기, 도안을 반복하면서 단 전체 뜨기.
3단: 마커까지 도안 B 뜨기, 마커 걸러뜨기, 도안을 반복하면서 바탕실과 배색실을 앞으로 가져오기, 앞의 바탕실과 걸친 배색실로 마커까지 안뜨기, 마커 걸러뜨기, 바탕실과 배색실을 뒤로 가져오기, 계속 단 전체에서 바탕실과 걸친 배색실로 도안 B 뜨기.
4단: 마커까지 도안 B 뜨기, 도안을 반복하면서 바탕실과 배색실을 뒤로 가져오기, 뒤의 바탕실과 걸친 배색실로 마커까지 겉뜨기, 마커 걸러뜨기, 바탕실과 배색실을 앞으로 가져오기, 계속 단 전체에서 바탕실과 걸친 배색실로 도안 B 뜨기.
5~12단: 3·4단을 반복한다.

섹션 4
1단(겉면): 바탕실과 배색실로 도안 C를 뜬다.
2단(안면): 도안 C를 따라 58코 뜨기, 마커 끼우기, 도안을 반복하고 31코 뜨기, 마커 끼우기, 도안을 반복하면서 계속 단 전체를 뜨기.
3단: 마커까지 도안 C 뜨기, 마커 걸러뜨기, 도안을 반복하면서 바탕실과 배색실을 앞으로 가져오기, 앞의 바탕실과 걸친 배색실로 마커까지 안뜨기, 마커 걸러뜨기, 바탕실과 배색실을 뒤로 가져오기, 계속 단 전체에서 바탕실과 걸친 배색실로 도안 C 뜨기.
4단: 마커까지 도안 C 뜨기, 마커 걸러뜨기, 도안을 반복하면서 바탕실과 배색실을 뒤로 가져오기, 뒤의 바탕실과 걸친 배색실로 마커까지 겉뜨기, 마커 걸러뜨기, 바탕실과 배색실을 앞으로 가져오기, 계속 단 전체에서 바탕실과 걸친 배색실로 도안 C 뜨기.
5~24단: 3·4단을 반복한다.
25단: 배색실로, 걸러뜨기3(실 앞), 안뜨기1, 마커를 빼면서 4코 남을 때까지 겉뜨기, 안뜨기1, 걸러뜨기3(실 앞).
26단: 겉뜨기4, *걸러뜨기1(실 앞), 왼코 늘리기*, 4코 남을 때까지 *-* 반복, 겉뜨기4. (+96코, 총 200코).

섹션 5
1단(겉면): 바탕실과 배색실로 도안 D를 뜬다.
2단(안면): 도안 D를 따라 114코 뜨기, 마커 끼우기, 도안을 반복하면서 단 전체를 뜬다.
3단: 마커까지 도안 D 뜨기, 마커 걸러뜨기, 도안을 반복하면서 바탕실과 배색실을 앞으로 가져오기, 앞의 바탕실과 걸친 배색실로 단 전체에서 안뜨기.
4단: 도안 D에 따라 4코 뜨기, 도안을 반복하면서 바탕실과 배색실을 뒤로 가져오기, 뒤의 바탕실과 걸친 배색실로 마커까지 겉뜨기, 마커 걸러뜨기, 바탕실과 배색실을 앞으로 가져오기, 계속 단 전체에서 앞의 바탕실과 걸친 배색실로 도안 D 뜨기.
5~48단: 3·4단을 반복한다.
49단: 배색실로, 걸러뜨기3(실 앞), 안뜨기1, 마커까지 겉뜨기, 마커 걸러뜨기, 4코 남을 때까지 안뜨기, 안뜨기1, 걸러뜨기3(실 앞).
50단: 겉뜨기4, 마커까지 겉뜨기, 마커 걸러뜨기, 4코 남을 때까지 안뜨기, 겉뜨기4.

섹션 6 더블 니팅
배색실을 자르고 가는 바늘로 바꾼다.
1단(겉면): 바탕실로, 걸러뜨기4(실 앞), 마커까지 겉뜨기, 마커 걸러뜨기, 4코 남을 때까지 안뜨기, 걸러뜨기4(실 앞).
2단(안면): 겉뜨기4, *오른코 늘리기, 걸러뜨기1, 마커까지 *-* 반복, 마커 빼기, *걸러뜨기1(실 앞), 왼코 늘리기*, 4코 남을 때까지 *-* 반복, 겉뜨기4. (+192코, 총 392코).
3단: 걸러뜨기3(실 앞), 안뜨기1, *걸러뜨기1(실 앞), 겉뜨기1*, 4코 남을 때까지 *-* 반복, 안뜨기1, 걸러뜨기3(실 앞).
4단: 겉뜨기4, *걸러뜨기1(실 앞), 겉뜨기1*, 4코 남을 때까지 *-* 반복, 겉뜨기4.
5단: 걸러뜨기4(실 앞), *걸러뜨기1(실 앞), 겉뜨기1*, 4코 남을 때까지 *-* 반복, 걸러뜨기4(실 앞).
6단: 겉뜨기4, *걸러뜨기1(실 앞), 겉뜨기1*, 4코 남을 때까지 *-* 반복, 겉뜨기4.
7~10단: 5·6단을 2회 더 반복한다.
11~34단: 3~10단을 3회 더 반복한다.
양쪽에서 총 17단을 떴다.
35단: 배색실 연결하기, 걸러뜨기4(실 앞), 겉뜨기로 2코 모아뜨기 40회, 마커 끼우기, 안뜨기로 2코 모아뜨기 51회, 마커 끼우기, 겉뜨기로 2코 모아뜨기 46회, 마커 끼우기, 안뜨기로 2코 모아뜨기 27회, 마커 끼우기, 겉뜨기로 2코 모아뜨기 28회, 걸러뜨기4(실 앞). (-192코, 총 200코).
36단: 겉뜨기4, 마커까지 안뜨기, 마커 걸러뜨기, 마커까지 겉뜨기, 마커 걸러뜨기, 마커까지 안뜨기, 마커 걸러뜨기, 마커까지 겉뜨기, 마커 걸러뜨기, 4코 남을 때까지 안뜨기, 겉뜨기4.
37단: 걸러뜨기3(실 앞), 안뜨기1, *오른코 늘리기, 걸러뜨기1*, 마커까지 *-* 반복, 마커 걸러뜨기, *걸러뜨기1(실 앞), 왼코 늘리기*, 마커까지 *-* 반복, 마커 걸러뜨기, *오른코 늘리기, 걸러뜨기1*, 마커까지 *-* 반복, 마커 걸러뜨기, *걸러뜨기1(실 앞), 왼코 늘리기*, 마커까지 *-* 반복, 마커 걸러뜨기, *오른코 늘리기, 걸러뜨기1*, 4코 남을 때까지 *-* 반복, 안뜨기1, 걸러뜨기3(실 앞), 배색실을 자른다. 뜨개바탕을 돌리지 않고 뒤쪽으로 보내서 겉면을 다시 뜬다. (+192코, 총 392코).

섹션 7
굵은 바늘로 바꾼다.

1단(겉면) : 배색실 연결하기, 마커까지 도안 E 뜨기, 마커 걸러뜨기, 도안을 반복하면서 바탕실과 배색실을 앞으로 가져오기. 앞의 바탕실과 걸친 배색실로 마커까지 안뜨기, 마커 걸러뜨기, 바탕실과 배색실을 뒤로 가져오기. 계속 뒤의 바탕실과 걸친 배색실로 마커까지 도안 E 뜨기, 마커 걸러뜨기, 도안을 반복하면서 바탕실과 배색실을 앞으로 가져오기. 앞의 바탕실과 걸친 배색실로 마커까지 안뜨기, 마커 걸러뜨기, 바탕실과 배색실을 뒤로 가져오기. 계속 단 전체에서 뒤의 바탕실과 걸친 배색실로 도안 E 뜨기.

2단(안면) : *마커까지 도안 E 뜨기, 마커 걸러뜨기, 도안을 반복하면서 바탕실과 배색실을 뒤로 가져오기. 뒤의 바탕실과 걸친 배색실로 마커까지 겉뜨기, 마커 걸러뜨기, 바탕실과 배색실을 앞으로 가져오기. 계속 앞의 바탕실과 걸친 배색실로 마커까지 도안 E 뜨기, 마커 걸러뜨기, 도안을 반복하면서 바탕실과 배색실을 뒤로 가져오기. 뒤의 바탕실과 걸친 배색실로 마커까지 겉뜨기, 마커 걸러뜨기, 바탕실과 배색실을 앞으로 가져오기. 계속 단 전체에서 앞의 바탕실과 걸친 배색실로 도안 E 뜨기.

3~66단 : 1·2단을 반복한다.

67단 : 배색실로, 걸러뜨기3(실 앞), 안뜨기1, 마커까지 겉뜨기, 마커 걸러뜨기, 마커까지 안뜨기, 마커 걸러뜨기, 마커까지 겉뜨기, 마커 걸러뜨기, 마커까지 안뜨기, 마커 걸러뜨기, 4코 남을 때까지 겉뜨기, 안뜨기1, 걸러뜨기3(실 앞).

68단 : 겉뜨기4, 마커까지 안뜨기, 마커 걸러뜨기, 마커까지 겉뜨기, 마커 걸러뜨기, 마커까지 안뜨기, 마커 걸러뜨기, 마커까지 겉뜨기, 마커 걸러뜨기, 4코 남을 때까지 안뜨기, 겉뜨기4. 배색실을 자른다.

섹션 8 더블 니팅
가는 바늘로 바꾼다.

1단(겉면) : 바탕실로, 걸러뜨기4, 마커까지 겉뜨기, 마커 걸러뜨기, 마커까지 안뜨기, 마커 걸러뜨기, 마커까지 겉뜨기, 마커 걸러뜨기, 마커까지 안뜨기, 마커 걸러뜨기, 4코 남을 때까지 겉뜨기, 걸러뜨기4(실 앞).

2단(안면) : 겉뜨기4, *걸러뜨기1 (실 앞), 왼코 늘리기*, 마커까지 *-* 반복, 마커 걸러뜨기, *오른코 늘리기, 걸러뜨기1, 마커까지 *-* 반복, 마커 걸러뜨기, *걸러뜨기1(실 앞), 왼코 늘리기*, 마커까지 *-* 반복, 마커 걸러뜨기, *오른코 늘리기, 걸러뜨기1, 마커까지 *-* 반복, 마커 걸러뜨기, *걸러뜨기1(실 앞), 왼코 늘리기*, 4코 남을 때까지 *-* 반복, 겉뜨기4. (+384코, 총 776코).

3단 : 걸러뜨기3(실 앞), 안뜨기1, *걸러뜨기1(실 앞), 겉뜨기1*, 마커를 걸러뜨며 4코 남을 때까지 *-* 반복, 안뜨기1, 걸러뜨기3(실 앞).

4단 : 겉뜨기4, *걸러뜨기1(실 앞), 겉뜨기1*, 4코 남을 때까지 마커를 걸러뜨며 *-* 반복, 겉뜨기4.

5단 : 걸러뜨기4(실 앞), *걸러뜨기1 (실 앞), 겉뜨기1*, 4코 남을 때까지 마커를 걸러뜨며 *-* 반복, 걸러뜨기4(실 앞).

6단 : 겉뜨기4, *걸러뜨기1(실 앞), 겉뜨기1*, 4코 남을 때까지 마커를 걸러뜨며 *-* 반복, 겉뜨기4.

7~10단 : 5·6단을 2회 더 반복한다.

11~34단 : 3~10단을 3회 더 반복한다.

양쪽에서 총 17단을 떴다.

35단 : 배색실 연결하기, 걸러뜨기4(실 앞), 마커까지 겉뜨기로 2코 모아뜨기, 마커 빼기, 마커까지 안뜨기로 2코 모아뜨기, 마커 빼기, 마커까지 겉뜨기로 2코 모아뜨기, 마커 빼기, 마커까지 안뜨기로 2코 모아뜨기, 마커 빼기, 4코 남을 때까지 겉뜨기, 걸러뜨기4(실 앞). (+384코, 총 392코).

마무리하기
굵은 바늘로 바꾼다.

파트 1 : 겉뜨기4, 방금 뜬 4코를 왼바늘로 돌려보내기, 겉뜨기3, 방금 뜬 3코를 왼바늘로 돌려보내기, 겉뜨기2, 방금 뜬 2코를 왼바늘로 돌려보내기, 겉뜨기1, 방금 뜬 1코를 왼바늘로 돌려보내기, 겉뜨기2, 방금 뜬 2코를 왼바늘로 돌려보내기, 겉뜨기3, 방금 뜬 3코를 왼바늘로 돌려보내기.

※가장자리 코들의 모서리가 경사뜨기를 하고 코막음한 모서리로 바뀝니다.

파트 2 : *겉뜨기2, 오른코 2코 모아뜨기, 3코를 왼바늘로 돌려보내기*, 6코 남을 때까지 *-* 반복. 남은 6코는 아이코드 코막음 3코와 가장자리 3코.

파트 3 : 왼바늘의 모든 코에 대해, 겉뜨기3, 방금 뜬 3코를 왼바늘로 돌려보내기, 겉뜨기2, 방금 뜬 2코를 왼바늘로 돌려보내기, 겉뜨기1, 방금 뜬 1코를 왼바늘로 돌려보내기, 겉뜨기2. 이 2코는 오른바늘에 두고 걸러뜨기1. 메리야스 잇기를 이용해 오른바늘의 아이코드 코막음 3코와 왼바늘의 가장자리 3코를 잇는다.

※가장자리 코들의 모서리가 경사뜨기를 하고 코막음한 모서리로 바뀝니다.

실 끝이 보이지 않게 정리한 다음 치수에 맞춰 블로킹한다.

로렌 월리스 조리개

도안 A

짝수단(안면) / 홀수단(겉면)

도안 B

짝수단(안면) / 홀수단(겉면)

도안 C

짝수단(안면) / 홀수단(겉면)

도안 D

짝수단(안면) / 홀수단(겉면)

도안 E

짝수단(안면) / 홀수단(겉면)

기호

- □ 메리야스뜨기 겉면 : 겉뜨기
  메리야스뜨기 안면 : 안뜨기
  안메리야스뜨기 겉면 : 안뜨기
  안메리야스뜨기 안면 : 겉뜨기
- • 모든 겉면 : 안뜨기
  모든 안면 : 겉뜨기
- V 모든 겉면 : 걸러뜨기1(실 앞)

색

- □ 바탕색
- ■ 배색
- □ 반복

※ 색 순서만 도안을 참고하고, 메리야스뜨기를 할지 아니면 안메리야스뜨기를 할지는 뜨는 법에 따릅니다.

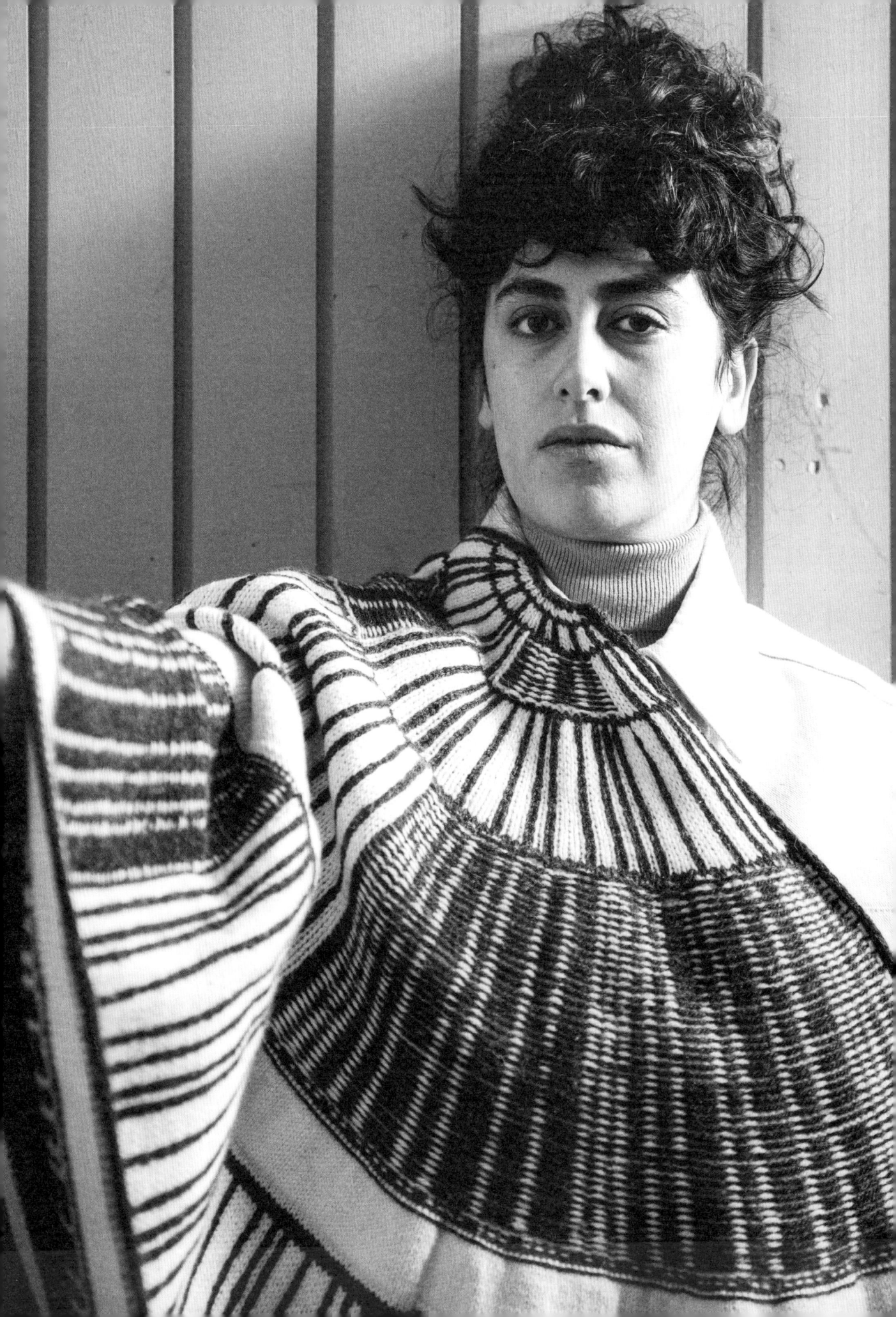

커D 끼우기, 마커C까지 겉뜨기, 마커 걸러뜨기, 마커B 4코 전까지 새 도안 반복, 마커B까지 겉뜨기, 마커 걸러뜨기, [겉뜨기1, 걸러뜨기1] 2회, 겉뜨기2.

14단(겉면) : 10단을 반복하면서 마커C를 빼고 2번째 새의 1번째 바늘비우기 앞에 끼운다(마커D로부터 28코).

15~22단 : 3·4단을 4회 반복한다.
마커A와 B 사이에 155코.

새 & 가터뜨기 섹션 2

※마지막 반복에서 1코가 부족합니다.

24단(겉면) : 겉뜨기3, 마커 걸러뜨기, 왼코 만들기, 마커D까지 겉뜨기, 마커D 빼기, 겉뜨기3, 마커D 끼우기, 마커C까지 겉뜨기, 마커 걸러뜨기, 마커B까지 새 도안 반복, 마커 걸러뜨기, [겉뜨기1, 걸러뜨기1] 2회, 겉뜨기2.

26단(겉면) : 겉뜨기3, 마커 걸러뜨기, 왼코 만들기, 마커D까지 겉뜨기, 마커D 빼기, 겉뜨기3, 마커D 끼우기, 마커C까지 겉뜨기, 마커 걸러뜨기, 마커B까지 새 도안 반복, 마커 걸러뜨기, [겉뜨기1, 걸러뜨기1] 2회, 겉뜨기2.

28단(겉면) : 24단을 반복하면서 마커C를 빼고 2번째 새의 1번째 바늘비우기 앞에서 끼우기(마커D로부터 24코).

29~36단 : 3·4단을 4회 반복한다.
마커A와 B 사이에 162코.

새 & 가터뜨기 섹션 3

38단(겉면) : 겉뜨기3, 마커 걸러뜨기, 왼코 만들기, 마커D까지 겉뜨기, 마커D 빼기, 겉뜨기3, 마커D 끼우기, 마커C까지 겉뜨기, 마커 걸러뜨기, 마커B 6코 전까지 새 도안 반복, 마커B까지 겉뜨기, 마커 걸러뜨기, [겉뜨기1, 걸러뜨기1] 2회, 겉뜨기2.

40단(겉면) : 겉뜨기3, 마커 걸러뜨기, 왼코 만들기, 마커D까지 겉뜨기, 마커D 빼기, 겉뜨기3, 마커D 끼우기, 마커C까지 겉뜨기, 마커 걸러뜨기, 마커B 7코 전까지 새 도안 반복, 마커B까지 겉뜨기, 마커 걸러뜨기, [겉뜨기1, 걸러뜨기1] 2회, 겉뜨기2.

42단(겉면) : 38단을 반복하면서 마커C를 빼고 3번째 새의 1번째 바늘비우기 앞에 끼우기(마커D로부터 32코).

43~50단 : 3·4단을 4회 반복한다.
마커A와 B 사이에 169코.

새 & 가터뜨기 섹션 4

52단(겉면) : 겉뜨기3, 마커 걸러뜨기, 왼코 만들기, 마커D까지 겉뜨기, 마커D 빼기, 겉뜨기3, 마커D 끼우기, 마커C까지 겉뜨기, 마커 걸러뜨기, 마커B 1코 전까지 새 도안 반복, 마커B까지 겉뜨기, 마커 걸러뜨기, [겉뜨기1, 걸러뜨기1] 2회, 겉뜨기2.

54단(겉면) : 겉뜨기3, 마커 걸러뜨기, 왼코 만들기, 마커D까지 겉뜨기, 마커D 빼기, 겉뜨기3, 마커D 끼우기, 마커C까지 겉뜨기, 마커 걸러뜨기, 마커B 2코 전까지 새 도안 반복, 마커B까지 겉뜨기, 마커 걸러뜨기, [겉뜨기1, 걸러뜨기1] 2회, 겉뜨기2.

56단(겉면) : 52단을 반복하면서 마커C를 빼고 2번째 새의 1번째 바늘비우기 앞에서 끼우기(마커D로부터 28코).

57~64단 : 3·4단을 4회 반복한다.
마커A와 B 사이에 176코.

새 & 가터뜨기 섹션 5

66단(겉면) : 겉뜨기3, 마커 걸러뜨기, 왼코 만들기, 마커D까지 겉뜨기, 마커D 빼기, 겉뜨기3, 마커D 끼우기, 마커C까지 겉뜨기, 마커 걸러뜨기, 마커B 8코 전까지 새 도안 반복, 마커B까지 겉뜨기, 마커 걸러뜨기, [겉뜨기1, 걸러뜨기1] 2회, 겉뜨기2.

68단(겉면) : 겉뜨기3, 마커 걸러뜨기, 왼코 만들기, 마커D까지 겉뜨기, 마커D 빼기, 겉뜨기3, 마커D 끼우기, 마커C까지 겉뜨기, 마커 걸러뜨기, 마커B 9코 전까지 새 도안 반복, 마커B까지 겉뜨기, 마커 걸러뜨기, [겉뜨기1, 걸러뜨기1] 2회, 겉뜨기2.

70단(겉면) : 66단을 반복하면서 마커C를 빼고 2번째 새의 1번째 바늘비우기 앞에서 끼우기(마커D로부터 24코).

71~78단 : 3·4단을 4회 반복한다.
마커A와 B 사이에 183코.

새 & 가터뜨기 섹션 6

80단(겉면) : 겉뜨기3, 마커 걸러뜨기, 왼코 만들기, 마커D까지 겉뜨기, 마커D 빼기, 겉뜨기3, 마커D 끼우기, 마커C까지 겉뜨기, 마커 걸러뜨기, 마커B 3코 전까지 새 도안 반복, 마커B까지 겉뜨기, 마커 걸러뜨기, [겉뜨기1, 걸러뜨기1] 2회, 겉뜨기2.

82단(겉면) : 겉뜨기3, 마커 걸러뜨기, 왼코 만들기, 마커D까지 겉뜨기, 마커D 빼기, 겉뜨기3, 마커D 끼우기, 마커C까지 겉뜨기, 마커 걸러뜨기, 마커B 3코 전까지 새 도안 반복, 마커B까지 겉뜨기, 마커 걸러뜨기, [겉뜨기1, 걸러뜨기1] 2회, 겉뜨기2.

84단(겉면) : 80단 반복, 마커C 빼기.

85단(안면) : 겉뜨기2, [안뜨기1, 겉뜨기1] 2회, 마커 걸러뜨기, 마커D까지 안뜨기, 마커 걸러뜨기, 마커A까지 겉뜨기, 마커 걸러뜨기, 겉뜨기3.

86단(겉면) : 겉뜨기2, 마커 걸러뜨기, 왼코 만들기, 마커D까지 겉뜨기, 마커D 빼기, 겉뜨기3, 마커D 끼우기, 마커B까지 겉뜨기, 마커 걸러뜨기, [겉뜨기1, 걸러뜨기1] 2회, 겉뜨기2.

87·88단 : 85·86단을 1회 반복, 마지막 단에서 마커D 빼기.

89단(안면) : 겉뜨기2, [안뜨기1, 겉뜨기1] 2회, 마커 걸러뜨기, 마커A까지 겉뜨기, 마커 걸러뜨기, 겉뜨기3.

90단(겉면) : 겉뜨기3, 마커 걸러뜨기, 왼코 만들기, 마커B까지 겉뜨기, 마커 걸러뜨기, [겉뜨기1, 걸러뜨기1] 2회, 겉뜨기2.

91·92단 : 89·90단을 1회 반복한다.

93단(안면) : 89단을 1회 반복한다.
마커A와 B 사이에 190코.
신축성 있는 기법으로 코막음한다.

마무리하기

실 끝을 보이지 않게 정리한 다음 치수에 맞춰 블로킹한다. 숄의 왼쪽 직선 가장자리에 자수를 놓는다.

태슬 만들기

태슬을 만들어 모서리마다 1개씩 매단다. 7cm 태슬 메이커(또는 딱딱한 판지)에 배색실을 50회 감는다. 끝이 뭉툭한 돗바늘에 길이 20cm의 배색실을 꿰어 태슬 꼭대기에 매듭을 묶는다. 태슬 메이커(판지)에서 태슬을 빼고 태슬 꼭대기에서 2cm 되는 곳에 실을 단단히 감는다. 태슬 밑부분을 자른 다음 끝을 고르게 다듬는다. 이 같은 방법으로 태슬을 2개 더 만든다. 세 모서리에 1개씩 태슬을 매다는데, 그 끝은 그 주변의 자수에 숨겨서 마무리한다.

로타 뢰트그렌 코르상

도안 A

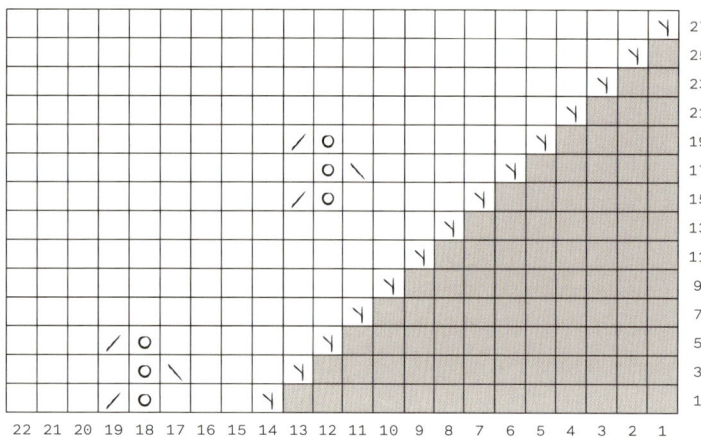

도안 B

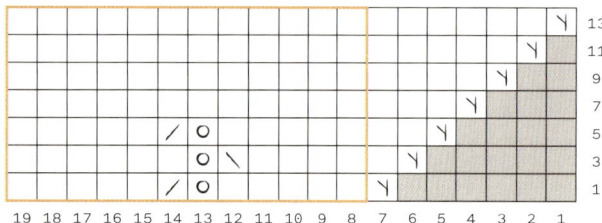

도안 C

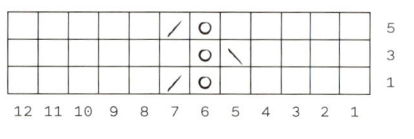

□	겉뜨기
\	SSK
/	K2TOG
○	바늘비우기
Y	M1L
▓	코 없음
□	반복

로타 뢰트그렌

23 레베자 LEVEZA

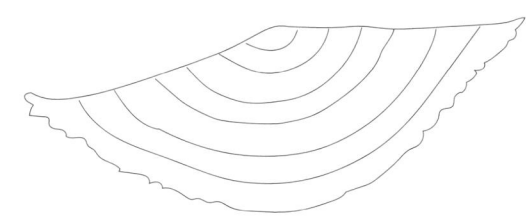

완성 치수
너비 … 260cm
높이 … 104cm

재료
실 … 네이버후드 화이버 Co. 로프트 Loft by Neighborhood Fiber Co.(키드 모헤어 60%, 실크 40%, 320m/28g) Charles Centre(바탕색) 3볼, Cross Street Market(배색) 1볼
실(대체) … 레이스 모헤어 얀(바탕색) 915m, 레이스 모헤어 얀(배색) 320m
바늘 … 5mm(US 8) 줄바늘
도구 … 마커, 뺄 수 있는 마커, 꽈배기바늘

게이지
메리야스뜨기 20코×28단
구슬뜨기 모티브 26코×21단

손뜨개 약어
5코로 늘리기INC 5 : 1코에서 (겉뜨기1, 바늘비우기, 겉뜨기1, 바늘비우기, 겉뜨기1)을 해 5코로 늘리기. (+4코).
안뜨기로 5코 모아뜨기P5TOG : (-4코).

구슬뜨기 모티브
(6코의 배수).
1단(겉면) : 겉뜨기.
2단(안면) : *P5TOG, INC 5*, 끝까지 *-* 반복.
3단 : 겉뜨기.
4단 : *INC 5, P5TOG*, 끝까지 *-* 반복.
1~4단을 반복해 패턴을 만든다.

POINT
색 바꾸기는 약 32단마다 합니다. 게이지를 엄격하게 지키지 않아도 되지만, 구슬뜨기의 크기와 드레이프, 어울리는 완성 치수를 정하는 게 좋습니다. 뺄 수 있는 마커로 겉면을 표시하면 편리합니다. 모헤어와 실크는 탄력성이 없으므로 이 작품은 블로킹(→P.131)이 중요합니다. 뜨개를 진행하면서 반원과는 약간 다른, '서양배'처럼 생긴 모양이 보이면 스팀을 이용하거나 축축하게 블로킹하는 것을 추천합니다. 숄의 너비를 직선으로 펼쳐서 핀을 꽂고 필요하면 양손과 핀으로 매만져 숄의 모양을 반원형으로 바로잡으세요.

뜨는 법

메리야스뜨기 탭
프로비저널 코잡기를 이용해 바탕실로 4코를 만든다.
다음 단(겉면) : 겉뜨기.
다음 단(안면) : 안뜨기.
마지막 두 단을 3회 더 반복한다(총 8단).
다음 단(겉면) : 겉뜨기4, 방향을 90도 돌리고 (가장자리를 따라 생긴 튀어나온 곳에서) 4코 주워 겉뜨기. 다시 방향을 90도 돌리고 코잡기로 잡은 4코를 왼바늘로 옮긴 뒤 겉뜨기. (12코).
시작 늘리기단(안면) : 안뜨기3, 마커 끼우기, 안뜨기6, 마커 끼우기, 걸러뜨기3(실 앞).

섹션 1
(바탕실로 3단).
늘리기단(겉면) : 겉뜨기3, 마커 걸러뜨기, [겉뜨기1, 바늘비우기] 6회, 마커 걸러뜨기, 걸러뜨기3(실 뒤). (+6코. 18코).
다음 단(안면) : 안뜨기3, 마커 걸러뜨기, 마커까지 안뜨기, 마커 걸러뜨기, 걸러뜨기3(실 앞).
다음 단 : 겉뜨기3, 마커 걸러뜨기, 마커까지 겉뜨기, 마커 걸러뜨기, 걸러뜨기3(실 뒤).

섹션 2
(바탕실로 8단).
늘리기단(안면) : 안뜨기3, 마커 걸러뜨기, [바늘비우기, 안뜨기1] 12회, 마커 걸러뜨기, 걸러뜨기3(실 앞). (+12코. 30코).
다음 단(겉면) : 겉뜨기3, 마커 걸러뜨기, 마커까지 겉뜨기, 마커 걸러뜨기, 걸러뜨기3(실 뒤).
다음 단 : 안뜨기3, 마커 걸러뜨기, *INC 5, P5TOG*, *-* 총 4회 반복, 마커 걸러뜨기, 걸러뜨기3(실 앞).
다음 단 : 겉뜨기3, 마커 걸러뜨기, 마커까지 겉뜨기, 마커 걸러뜨기, 걸러뜨기3(실 뒤).

다음 단 : 안뜨기3, 마커 걸러뜨기, *P5TOG, INC 5*, *-* 총 4회 반복, 마커 걸러뜨기, 걸러뜨기3(실앞).

다음 단 : 겉뜨기3, 마커 걸러뜨기, 마커까지 겉뜨기, 마커 걸러뜨기, 걸러뜨기3(실뒤).

다음 단 : 안뜨기3, 마커 걸러뜨기, *INC 5, P5TOG*, *-* 총 4회 반복, 마커 걸러뜨기, 걸러뜨기3(실앞).

다음 단 : 겉뜨기3, 마커 걸러뜨기, 마커까지 겉뜨기, 마커 걸러뜨기, 걸러뜨기3(실뒤).

섹션 3

(바탕실로 16단).

늘리기단(안면) : 안뜨기3, 마커 걸러뜨기, [바늘비우기, 안뜨기1] 24회, 마커 걸러뜨기, 걸러뜨기3(실앞). (+24코. 54코).

다음 단(겉면) : 겉뜨기3, 마커 걸러뜨기, 마커까지 겉뜨기, 마커 걸러뜨기, 걸러뜨기3(실뒤).

다음 단 : 안뜨기3, 마커 걸러뜨기, *P5TOG, INC 5*, *-* 총 8회 반복, 마커 걸러뜨기, 걸러뜨기3(실앞).

다음 단 : 겉뜨기3, 마커 걸러뜨기, 마커까지 겉뜨기, 마커 걸러뜨기, 걸러뜨기3(실뒤).

다음 단 : 안뜨기3, 마커 걸러뜨기, *INC 5, P5TOG*, *-* 총 8회 반복, 마커 걸러뜨기, 걸러뜨기3(실앞).

다음 단 : 겉뜨기3, 마커 걸러뜨기, 마커까지 겉뜨기, 마커 걸러뜨기, 걸러뜨기3(실뒤).

다음 단 : 안뜨기3, 마커 걸러뜨기, *P5TOG, INC 5*, *-* 총 8회 반복, 마커 걸러뜨기, 걸러뜨기3(실앞).

마지막 네 단을 2회 더 반복한다. 총 12단.

다음 단(겉면) : 겉뜨기3, 마커 걸러뜨기, 마커까지 겉뜨기, 마커 걸러뜨기, 걸러뜨기3(실뒤).

섹션 4

(32단/바탕색 3단. 배색 29단).

늘리기단(안면) : 안뜨기3, 마커 걸러뜨기, [바늘비우기, 안뜨기1] 48회, 마커 걸러뜨기, 걸러뜨기3(실앞). (+48코. 102코).

다음 단(겉면) : 겉뜨기3, 마커 걸러뜨기, 마커까지 겉뜨기, 마커 걸러뜨기, 걸러뜨기3(실뒤).

다음 단 : 안뜨기3, 마커 걸러뜨기, *P5TOG, INC 5*, *-* 총 16회 반복, 마커 걸러뜨기, 걸러뜨기3(실앞).

실을 약 10cm 남기고 자른다.

다음 단(배색) : 겉뜨기3, 마커 걸러뜨기, 마커까지 겉뜨기, 마커 걸러뜨기, 걸러뜨기3(실뒤).

다음 단 : 안뜨기3, 마커 걸러뜨기, *P5TOG, INC 5*, *-* 총 16회 반복, 마커 걸러뜨기, 걸러뜨기3(실앞).

다음 단 : 겉뜨기3, 마커 걸러뜨기, 마커까지 겉뜨기, 마커 걸러뜨기, 걸러뜨기3(실뒤).

다음 단 : 안뜨기3, 마커 걸러뜨기, *INC 5, P5TOG*, *-* 총 16회 반복, 마커 걸러뜨기, 걸러뜨기3(실앞).

마지막 네 단을 6회 더 반복한다.

총 28단.

다음 단(겉면) : 겉뜨기3, 마커 걸러뜨기, 마커까지 겉뜨기, 마커 걸러뜨기, 걸러뜨기3(실뒤).

섹션 5

(64단/배색 3단. 바탕색 32단. 배색 29단).

늘리기단(안면) : 안뜨기3, 마커 걸러뜨기, [바늘비우기, 안뜨기1] 96회, 마커 걸러뜨기, 걸러뜨기3(실앞). (+96코. 198코).

다음 단(겉면) : 겉뜨기3, 마커 걸러뜨기, 마커까지 겉뜨기, 마커 걸러뜨기, 걸러뜨기3(실뒤).

다음 단 : 안뜨기3, 마커 걸러뜨기, *P5TOG, INC 5*, *-* 총 32회 반복, 마커 걸러뜨기, 걸러뜨기3(실앞).

실을 약 10cm 남기고 자른다.

다음 단(바탕색) : 겉뜨기3, 마커 걸러뜨기, 마커까지 겉뜨기, 마커 걸러뜨기, 걸러뜨기3(실뒤).

다음 단 : 안뜨기3, 마커 걸러뜨기, *INC 5, P5TOG*, *-* 총 32회 반복, 마커 걸러뜨기, 걸러뜨기3(실앞).

다음 단 : 겉뜨기3, 마커 걸러뜨기, 마커까지 겉뜨기, 마커 걸러뜨기, 걸러뜨기3(실뒤).

다음 단 : 안뜨기3, 마커 걸러뜨기, *P5TOG, INC 5*, *-* 총 32회 반복, 마커 걸러뜨기, 걸러뜨기3(실앞).

마지막 네 단을 7회 더 반복한다. 총 32단.

실을 약 10cm 남기고 자른다.

다음 단(겉면, 배색) : 겉뜨기3, 마커 걸러뜨기, 마커까지 겉뜨기, 마커 걸러뜨기, 걸러뜨기3(실뒤).

다음 단(안면) : 안뜨기3, 마커 걸러뜨기, *INC 5, P5TOG*, *-* 총 32회 반복, 마커 걸러뜨기, 걸러뜨기3(실앞).

다음 단 : 겉뜨기3, 마커 걸러뜨기, 마커까지 겉뜨기, 마커 걸러뜨기, 걸러뜨기3(실뒤).

다음 단 : 안뜨기3, 마커 걸러뜨기, *P5TOG, INC 5*, *-* 총 32회 반복, 마커 걸러뜨기, 걸러뜨기3(실앞).

마지막 네 단을 6회 더 반복한다.

총 28단.

다음 단(겉면) : 겉뜨기3, 마커 걸러뜨기, 마커까지 겉뜨기, 마커 걸러뜨기, 걸러뜨기3(실뒤).

섹션 6

(96단/배색 3단. 바탕색 32단. 배색 32단. 바탕색 29단).

늘리기단(안면) : 안뜨기3, 마커 걸러뜨기, [바늘비우기, 안뜨기1] 192회, 마커 걸러뜨기, 걸러뜨기3(실앞). (+192코. 390코).

다음 단(겉면) : 겉뜨기3, 마커 걸러뜨기, 마커까지 겉뜨기, 마커 걸러뜨기, 걸러뜨기3(실뒤).

다음 단 : 안뜨기3, 마커 걸러뜨기, *INC 5, P5TOG*, *-* 총 64회 반복, 마커 걸러뜨기, 걸러뜨기3(실앞).

실을 약 10cm 남기고 자른다.

다음 단(바탕색) : 겉뜨기3, 마커 걸러뜨기, 마커까지 겉뜨기, 마커 걸러뜨기, 걸러뜨기3(실뒤).

다음 단 : 안뜨기3, 마커 걸러뜨기, *P5TOG, INC 5*, *-* 총 64회 반복, 마커 걸러뜨기, 걸러뜨기3(실앞).

다음 단 : 겉뜨기3, 마커 걸러뜨기, 마커까지 겉뜨기, 마커 걸러뜨기, 걸러뜨기3(실뒤).

다음 단 : 안뜨기3, 마커 걸러뜨기, *INC 5, P5TOG*, *-* 총 64회 반복, 마커 걸러뜨기, 걸러뜨기3(실앞).

마지막 네 단을 7회 더 반복한다. 총 32단.

실을 약 10cm 남기고 자른다.

다음 단(겉면, 배색) : 겉뜨기3, 마커 걸러뜨기, 마커까지 겉뜨기, 마커 걸러뜨기, 걸러뜨기3(실뒤).

다음 단(안면) : 안뜨기3, 마커 걸러뜨기, *P5TOG, INC 5*, *-* 총 64회 반복, 마커 걸러뜨기, 걸러뜨기3(실앞).

다음 단 : 겉뜨기3, 마커 걸러뜨기, 마커까지 겉뜨기, 마커 걸러뜨기, 걸러뜨기3(실뒤).

다음단 : 안뜨기3, 마커 걸러뜨기, *INC 5, P5TOG*, *-* 총 64회 반복, 마커 걸러뜨기, 걸러뜨기3(실앞).

마지막 네 단을 7회 더 반복한다. 총 32단.

실을 약 10cm 남기고 자른다.

다음 단(겉면, 바탕색) : 겉뜨기3, 마커 걸러뜨기, 마커까지 겉뜨기, 마커 걸러뜨기, 걸러뜨기3(실뒤).

다음 단(안면) : 안뜨기3, 마커 걸러뜨기, *P5TOG, INC 5*, *-* 총 64회 반복, 마커 걸러뜨기, 걸러뜨기3(실앞).

다음 단 : 겉뜨기3, 마커 걸러뜨기, 마커까지 겉뜨기, 마커 걸러뜨기, 걸러뜨기3(실뒤).

다음 단 : 안뜨기3, 마커 걸러뜨기, *INC 5, P5TOG*, *-* 총 64회 반복, 마커 걸러뜨기, 걸러뜨기3(실앞).

마지막 네 단을 6회 더 반복한다.

총 28단.

다음 단(겉면) : 겉뜨기3, 마커 걸러뜨기, 마커까지 겉뜨기, 마커 걸러뜨기, 걸러뜨기3(실뒤).

섹션 7

(7단/배색 3단, 바탕색 32단).

늘리기단(안면) : 안뜨기3, 마커 걸러뜨기, [바늘비우기, 안뜨기1] 384회, 마커 걸러뜨기, 걸러뜨기3(실 앞). (+384코, 774코).

다음 단(겉면) : 겉뜨기3, 마커 걸러뜨기, 마커까지 겉뜨기, 마커 걸러뜨기, 걸러뜨기3(실 뒤).

다음 단 : 안뜨기3, 마커 걸러뜨기, *INC 5, P5TOG*, *-* 총 128회, 마커 걸러뜨기, 걸러뜨기3(실 앞).

다음 단(바탕색) : 겉뜨기3, 마커 걸러뜨기, 마커까지 겉뜨기, 마커 걸러뜨기, 걸러뜨기3(실 뒤).

다음 단 : 안뜨기3, 마커 걸러뜨기, 마커까지 겉뜨기, 마커 걸러뜨기, 걸러뜨기3(실 앞).
마지막 두 단을 1회 더 반복한다. 총 4단.

코막음하고 마무리하기

겉뜨기2, *방금 뜬 2코를 왼바늘로 되돌리고 겉뜨기로 2코 모아 꼬아뜨기, 겉뜨기1*, *-*을 반복해 모든 코를 느슨하게 코막음한다.
실 끝을 보이지 않게 정리한 다음 POINT와 오른쪽 그림을 참고해 블로킹한다.

블로킹하는 법

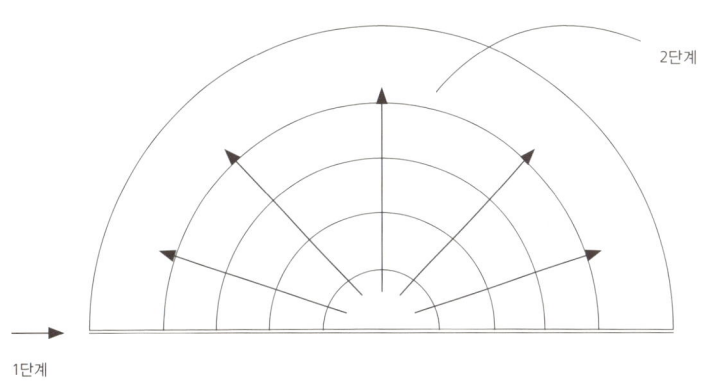

24 솔라리 SOLARI

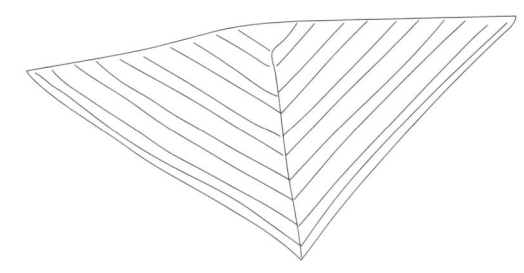

사이즈
1(2)
P.132 → 사이즈 2

완성 치수
너비 … 157(190)cm
높이 … 66(84)cm

재료
바탕실 … 허드슨+웨스트 Co. 웰드Weld by Hudson+West Co.(메리노 70%. 코리데일 30%. 183m/50g) Fawn 3(5)볼
배색실 … 허드슨+웨스트 Co. 웰드(메리노 70%. 코리데일 30%. 183m/50g) Gold Leaf 3(4)볼
실(대체) … 핑거링 얀(바탕색) 549(768)m, 핑거링 얀(배색) 457(622)m
바늘 … 3.5mm(US 4) 줄바늘
도구 … 뺄 수 있는 마커

게이지
교차 고무뜨기 24코×34단

손뜨개 약어
걸러뜨기2 SL2 : 걸러뜨기2(겉면에서는 실을 앞에 두고. 안면에서는 실을 뒤에 두고).
걸러뜨기3 SL3 : 걸러뜨기3(겉면에서는 실을 앞에 두고. 안면에서는 실을 뒤에 두고).

패턴 뜨기
교차 고무뜨기 Alternating rib stitch
1단(겉면) : 겉뜨기3, 마커 걸러뜨기, M1R, 마커까지 겉뜨기, M1L, 마커 걸러뜨기, 겉뜨기1, 마커 걸러뜨기, M1R, 마커까지 겉뜨기, M1L, 마커 걸러뜨기, 겉뜨기3.
2단(안면) : 겉뜨기3, 마커 걸러뜨기, 마커까지 [겉뜨기1, 안뜨기1], 마커 걸러뜨기, 안뜨기1, 마커 걸러뜨기, 마커까지 [안뜨기1, 겉뜨기1], 마커 걸러뜨기, 겉뜨기3.
3단 : 겉뜨기3, 마커 걸러뜨기, M1R, 마커까지 [안뜨기1, 겉뜨기1], M1L, 마커 걸러뜨기, 겉뜨기1, 마커 걸러뜨기, M1R, 마커까지 [겉뜨기1, 안뜨기1], M1L, 마커 걸러뜨기, 겉뜨기3.
4단 : 겉뜨기3, 마커 걸러뜨기, 마커까지 [안뜨기1, 겉뜨기1], 마커 걸러뜨기, 안뜨기1, 마커 걸러뜨기, 마커까지 [겉뜨기1, 안뜨기1], 마커 걸러뜨기, 겉뜨기3.
5단 : 겉뜨기3, 마커 걸러뜨기, M1R, 마커까지 [겉뜨기1, 안뜨기1], M1L, 마커 걸러뜨기, 겉뜨기1, 마커 걸러뜨기, M1R, 마커까지 [안뜨기1, 겉뜨기1], M1L, 마커 걸러뜨기, 겉뜨기3.
6단 : 2단을 반복한다.
1~6단을 3회 더 반복한다. (+48코).

전체 늘리기 가터뜨기단 Full Increase Garter Stitch Rows
1단(겉면) : 겉뜨기3, 마커 걸러뜨기, M1R, 마커까지 겉뜨기, M1L, 마커 걸러뜨기, 겉뜨기1, 마커 걸러뜨기, M1R, 마커까지 겉뜨기, M1L, 마커 걸러뜨기, 겉뜨기3.
2단(안면) : 겉뜨기.
(+4코).

절반 늘리기 가터뜨기단 Half Increase Garter Stitch Rows
1단(겉면) : 겉뜨기3, 마커 걸러뜨기, 마커까지 겉뜨기, M1L, 마커 걸러뜨기, 겉뜨기1, 마커 걸러뜨기, M1R, 마커까지 겉뜨기, 마커 걸러뜨기, 겉뜨기3.
2단(안면) : 겉뜨기.
(+2코).

걸러뜨기 화살표단 Slipped Stitch Arrow Rows
1단(겉면) : 겉뜨기3, 마커 걸러뜨기, M1R, 마커 3코 전까지 [겉뜨기3, SL3], 겉뜨기3, M1L, 마커 걸러뜨기, 겉뜨기1, 마커 걸러뜨기, M1R, 겉뜨기3, 마커까지 [SL3, 겉뜨기3], M1L, 마커 걸러뜨기, 겉뜨기3.
2단(안면) : 겉뜨기3, 마커 걸러뜨기, SL2, 마커 3코 전까지 [안뜨기3, SL3], 안뜨기3, 마커 걸러뜨기, 안뜨기1, 마커 걸러뜨기, 안뜨기3, 마커 2코 전까지 [SL3, 안뜨기3], SL2, 마커 걸러뜨기, 겉뜨기3.
3단 : 겉뜨기3, 마커 걸러뜨기, M1R, SL3, 마커 2코 전까지 [겉뜨기3, SL3], 겉뜨기2, M1L, 마커 걸러뜨기, 겉뜨기1, 마커 걸러뜨기, M1R, 겉뜨기2, 마커 3코 전까지 [SL3, 겉뜨기3], SL3, M1L, 마커 걸러뜨기, 겉뜨기3.
4단 : 겉뜨기3, 마커 걸러뜨기, 안뜨기2, SL3, 마커 2코 전까지 [안뜨기3, SL3], 안뜨기2, 마커 걸러뜨기, 안뜨기1, 마커 걸러뜨기, 안뜨기2, 마커 5코 전까지 [SL3, 안뜨기3], SL3, 안뜨기2, 마커 걸러뜨기, 겉뜨기3.

5단 : 겉뜨기3, 마커 걸러뜨기, M1R, 마커 1코 전까지 [겉뜨기3, SL3], 겉뜨기1, M1L, 마커 걸러뜨기, 겉뜨기1, 마커 걸러뜨기, M1R, 겉뜨기1, 마커까지 [SL3, 겉뜨기3], M1L, 마커 걸러뜨기, 겉뜨기3.

6단 : 겉뜨기3, 마커 걸러뜨기, SL2, 마커 1코 전까지 [안뜨기3, SL3], 안뜨기1, 마커 걸러뜨기, 안뜨기1, 마커 걸러뜨기, 안뜨기1, 마커 2코 전까지 [SL3, 안뜨기3], SL2, 마커 걸러뜨기, 겉뜨기3.

7단 : 겉뜨기3, 마커 걸러뜨기, M1R, SL3, 마커까지 [겉뜨기3, SL3], M1L, 마커 걸러뜨기, 겉뜨기1, 마커 걸러뜨기, M1R, 마커 3코 전까지 [SL3, 겉뜨기3], SL3, M1L, 마커 걸러뜨기, 겉뜨기3.

8단 : 겉뜨기3, 마커 걸러뜨기, 안뜨기2, SL3, 마커까지 [안뜨기3, SL3], 마커 걸러뜨기, 안뜨기1, 마커 걸러뜨기, 마커 5코 전까지 [SL3, 안뜨기3], SL3, 안뜨기2, 마커 걸러뜨기, 겉뜨기3.

9단 : 겉뜨기3, 마커 걸러뜨기, M1R, 마커 5코 전까지 [겉뜨기3, SL3], 겉뜨기3, SL2, M1L, 마커 걸러뜨기, 겉뜨기1, 마커 걸러뜨기, M1R, SL2, 겉뜨기3, 마커까지 [SL3, 겉뜨기3], M1L, 마커 걸러뜨기, 겉뜨기3.

10단 : 겉뜨기3, 마커 걸러뜨기, 안뜨기2, 마커 5코 전까지 [안뜨기3, SL3], 안뜨기3, SL2, 마커 걸러뜨기, 안뜨기1, 마커 걸러뜨기, SL2, 안뜨기3, 마커 2코 전까지 [SL3, 안뜨기3], 안뜨기2, 마커 걸러뜨기, 겉뜨기3.

11단 : 겉뜨기3, 마커 걸러뜨기, M1R, 겉뜨기1, 마커까지 [겉뜨기3, SL3], M1L, 마커 걸러뜨기, 겉뜨기1, 마커 걸러뜨기, M1R, 마커 1코 전까지 [SL3, 겉뜨기3], 겉뜨기1, M1L, 마커 걸러뜨기, 겉뜨기3.

12단 : 겉뜨기3, 마커 걸러뜨기, 안뜨기1, 마커 2코 전까지 [안뜨기3, SL3], 안뜨기2, 마커 걸러뜨기, 안뜨기1, 마커 걸러뜨기, 안뜨기2, 마커 1코 전까지 [SL3, 안뜨기3], 안뜨기1, 마커 걸러뜨기, 겉뜨기3.

13단 : 겉뜨기3, 마커 걸러뜨기, M1R, 마커 3코 전까지 [겉뜨기3, SL3], 겉뜨기3, M1L, 마커 걸러뜨기, 겉뜨기1, 마커 걸러뜨기, M1R, 겉뜨기3, 마커 전까지 [SL3, 겉뜨기3], M1L, 마커 걸러뜨기, 겉뜨기3.

14단 : 겉뜨기3, 마커 걸러뜨기, 마커 5코 전까지 [안뜨기3, SL3], SL3, 안뜨기2, 마커 걸러뜨기, 안뜨기1, 마커 걸러뜨기, SL2, 안뜨기3, 마커까지 [SL3, 안뜨기3], 마커 걸러뜨기, 겉뜨기3.

15단 : 겉뜨기3, 마커 걸러뜨기, M1R, 겉뜨기2, SL3, 마커까지 [겉뜨기3, SL3], M1L, 마커 걸러뜨기, 겉뜨기1, 마커 걸러뜨기, M1R, 마커 5코 전까지 [SL3, 겉뜨기3], SL3, 겉뜨기2, M1L, 마커 걸러뜨기, 겉뜨기3.

16단 : 겉뜨기3, 마커 걸러뜨기, 안뜨기2, SL3, 마커 2코 전까지 [안뜨기3, SL3], 안뜨기2, 마커 걸러뜨기, 안뜨기1, 마커 걸러뜨기, 안뜨기2, 마커 5코 전까지 [SL3, 안뜨기3], SL3, 안뜨기2, 마커 걸러뜨기, 겉뜨기3.

17단 : 겉뜨기3, 마커 걸러뜨기, M1R, 겉뜨기1, SL3, 마커 3코 전까지 [겉뜨기3, SL3], 겉뜨기3, M1L, 마커 걸러뜨기, 겉뜨기1, 마커 걸러뜨기, M1R, 겉뜨기3, 마커 4코 전까지 [SL3, 겉뜨기3], SL3, 겉뜨기1, M1L, 마커 걸러뜨기, 겉뜨기3.

18단 : 겉뜨기3, 마커 걸러뜨기, 안뜨기1, 마커 2코 전까지 [SL3, 안뜨기3], SL2, 마커 걸러뜨기, 안뜨기1, 마커 걸러뜨기, SL2, 마커 1코 전까지 [안뜨기3, SL3], 안뜨기1, 마커 걸러뜨기, 겉뜨기3.

19단 : 겉뜨기3, 마커 걸러뜨기, M1R, SL3, 마커까지 [겉뜨기3, SL3], M1L, 마커 걸러뜨기, 겉뜨기1, 마커 걸러뜨기, M1R, 마커 3코 전까지 [SL3, 겉뜨기3], SL3, M1L, 마커 걸러뜨기, 겉뜨기3.

20단 : 겉뜨기3, 마커 걸러뜨기, SL3, 마커 2코 전까지 [겉뜨기3, SL3], 안뜨기2, 마커 걸러뜨기, 안뜨기1, 마커 걸러뜨기, 안뜨기2, 마커 3코 전까지 [SL3, 안뜨기3], SL3, 마커 걸러뜨기, 겉뜨기3. (+40코).

안뜨기단

1단(겉면) : 겉뜨기3, M1R, 마커까지 안뜨기, M1L, 마커 걸러뜨기, 안뜨기1, 마커 걸러뜨기, M1R, 마커까지 안뜨기, M1L, 마커 걸러뜨기, 겉뜨기3.

2단(안면) : 겉뜨기3, 3코 남을 때까지 안뜨기, 겉뜨기3. (+4코).

끊어졌다가 이어지는 고무뜨기단

1단(겉면) : 겉뜨기3, 마커 걸러뜨기, M1R, 마커까지 겉뜨기, M1L, 마커 걸러뜨기, 겉뜨기1, 마커 걸러뜨기, M1R, 마커까지 겉뜨기, M1L, 마커 걸러뜨기, 겉뜨기3.

2단(안면) : 겉뜨기3, 마커 걸러뜨기, 마커까지 [겉뜨기1, 안뜨기1], 마커 걸러뜨기, 마커 걸러뜨기, 3코 남을 때까지 [안뜨기1, 겉뜨기1], 마커 걸러뜨기, 겉뜨기3.

3단(겉면) : 1단을 반복한다.

4단(안면) : 겉뜨기3, 마커 걸러뜨기, 마커까지 [겉뜨기1, 겉뜨기1], 마커 걸러뜨기, 마커 걸러뜨기, 3코 남을 때까지 [겉뜨기1, 안뜨기1], 마커 걸러뜨기, 겉뜨기3. (+8코).

POINT

걸러뜨기 패턴을 뜰 때 느슨하게 떠야 블로킹 시 걸친 실이 늘어납니다. 그리고 걸러뜬 코 바로 앞에서 코 늘리기를 할 때, 걸러뜬 코가 아니라 뒤의 가로줄을 주워야 합니다.
제시한 사이즈는 2가지입니다. 패턴은 가터 탭 코잡기와 시작단 2단으로 시작하고 1번째 패턴을 뜹니다. 패턴 ①~⑧시퀀스를 4(5)회 뜬 다음 테두리를 뜨고 코막음하세요.

뜨는 법

가터 탭 코잡기

바탕실로 3코를 만든 다음 겉뜨기로 10단을 뜬다. 뜨개바탕을 90도 돌려서 5코를 줍는다. 뜨개바탕을 다시 90도 돌려서 3코를 줍는다. 11코.

시작단

1단(겉면) : 겉뜨기3, 마커 끼우기, M1R, 겉뜨기2, M1L, 마커 끼우기, 겉뜨기1, 마커 끼우기, M1R, 겉뜨기2, M1L, 마커 끼우기, 겉뜨기3. (+4코, 15코).

2단(안면) : 겉뜨기3, 마커 걸러뜨기, 3코 남을 때까지 안뜨기, 마커 걸러뜨기, 겉뜨기3. 15코.

패턴 시퀀스 : ①~⑧ 시퀀스를 4(5)회 반복한다. ②·③·⑦·⑧섹션에서 뜨지 않는 실은 숄의 가장자리를 따라 가지고 간다.

① (바탕색) 교차 고무뜨기 1~24단을 뜬다.
② (배색) 전체 늘리기 가터뜨기 1·2단을 뜬다.
③ (바탕색) 절반 늘리기 가터뜨기 1·2단을 뜬다. 바탕실을 자른다.
④ (배색) 전체 늘리기 가터뜨기 1·2단을 뜬다.
⑤ (배색) 걸러뜨기 화살표 1~20단을 뜬다.
⑥ (배색) 안뜨기 1·2단을 뜬다.
⑦ (바탕색) 절반 늘리기 가터뜨기 1·2단을 뜬다.
⑧ (배색) 전체 늘리기 가터뜨기 1·2단을 뜬다. 배색실을 자른다.

1회 반복 후 123코, 2회 반복 후 231코, 3회 반복 후 339코, 4회 반복 후 447코(사이즈 1은 마지막 반복), 5회 반복 후 555코(사이즈 2는 마지막 반복). 447(555)코.

테두리 & 코막음하기

바탕색 : 꺾인 고무뜨기 1~4단을 2회 뜬다. 바탕실을 자른다. (463(571)코).

배색 : 전체 늘리기 가터뜨기 1·2단을 2회 뜬다. (471(579)코).

배색실로 느슨하게 코막음한다.

마무리하기

실 끝을 보이지 않게 정리한 다음 치수에 맞춰 블로킹한다.

사만타 구에린

25 가을 느낌 AUTUMN VIBES

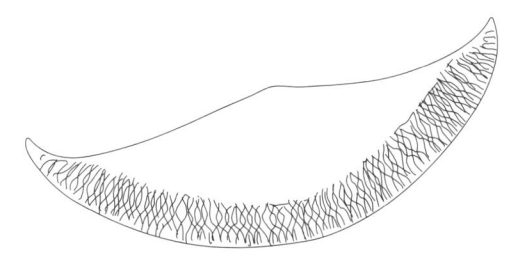

사이즈
1(2)
P.136 → 사이즈 2

완성 치수
너비 … 165(190)cm
높이 … 44(50)cm

재료
실 … 헬레나 리마 싱글 DK Single DK by Helena Lima(BFL 75%, 미드 브라운 마삼 25%. 200m/100g) Sage 2(3)볼
실(대체) … DK 얀 370(560)m
바늘 … 5mm(US 8) 줄바늘, 4mm(US 6) 코바늘

게이지
메리야스뜨기(5mm 줄바늘) 20코×28단

손뜨개 약어
바늘비우기와 겉뜨기로 2코 늘리기KYOK : 같은 코에서 겉뜨기, 바늘비우기, 겉뜨기. (+2코).
왼코 꼬아뜨기LT : 왼바늘에 있는 2번째 코의 뒷고리로 겉뜨기하고, 1번째 코에 겉뜨기한 뒤 두 코를 왼바늘에서 뺀다.
오른코 꼬아뜨기RT : 왼바늘에 있는 2번째 코의 앞고리로 겉뜨기하고, 1번째 코에 겉뜨기한 뒤 두 코를 왼바늘에서 뺀다.

뜨는 법
선호하는 코잡기로 3코를 만들고, 겉뜨기로 6단을 뜬다. 방향을 90도 돌린 뒤 그쪽의 가터 산 3개에서 3코 주워 겉뜨기. 코잡기단에서 3코 주워 겉뜨기한다. 9코.

섹션 1 숄 본체
2단(안면): 겉뜨기2, 겉뜨기로 코 늘리기, 안뜨기3, 겉뜨기로 코 늘리기, 겉뜨기2. (+2코).
3단(겉면): [겉뜨기로 코 늘리기] 11회. (+11코).
4단 : 겉뜨기2, 겉뜨기로 코 늘리기, 3코 남을 때까지 안뜨기, 겉뜨기로 코 늘리기, 겉뜨기2. (+2코).
5단 : 겉뜨기2, 바늘비우기와 겉뜨기로 2코 늘리기, 3코 남을 때까지 겉뜨기, 바늘비우기와 겉뜨기로 2코 늘리기, 겉뜨기2. (+4코).
6단 : 겉뜨기2, 겉뜨기로 코 늘리기, 3코 남을 때까지 안뜨기, 겉뜨기로 코 늘리기, 겉뜨기2. (+2코. 30코).
5·6단을 27(41)회 반복하고 6단으로 끝낸다.
192(276)코.

섹션 2 숄 가장자리
가장자리 도안을 1회 뜬다.
가장자리를 뜬 대바늘보다 1호 굵은 대바늘로 모든 코를 코막음한다. 모든 코는 패턴대로 코막음한다.

마무리하기
실 끝을 보이지 않게 정리한 다음 치수에 맞춰 블로킹한다.

루치아 루이스 데 아기레 가을 느낌

가장자리 도안

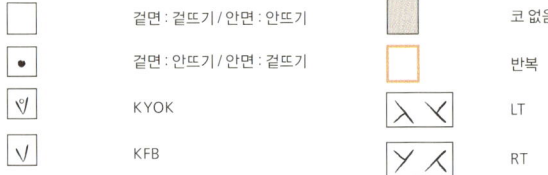

	겉면 : 겉뜨기 / 안면 : 안뜨기		코 없음
•	겉면 : 안뜨기 / 안면 : 겉뜨기		반복
ᵛ	KYOK	⋋⋌	LT
∨	KFB	⋎⋏	RT

루치아 루이스 데 아기레

26 계단 STAIRWAY

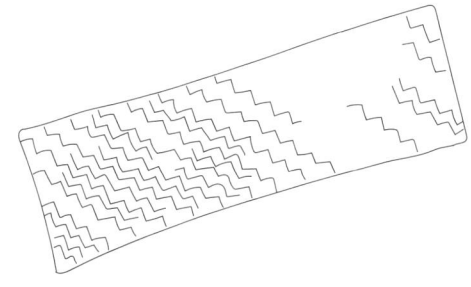

완성 치수
길이 … 180cm
폭 … 56cm

재료
실 … 트레리즈 사이키Psyche by TréLiz(메리노 50%. 실크 50%. 400m/100g) Sufragettes(A색) 2볼, Moria(B색) 2볼
실(대체) … 핑거링 얀 A색 732m. 핑거링 얀 B색 732m
바늘 … 3.5mm(US 4) 줄바늘. 1호 가는 줄바늘(접은 테두리+대 바늘 3개를 이용한 코막음용)
도구 … 코바늘. 별실(프로비저널 코잡기용)

게이지
가터뜨기 20코×44단
브리오슈뜨기 20코×22단
※확실하지 않으면 게이지보다 약간 쫀쫀하게 뜹니다.

손뜨개 약어
브리오슈 겉뜨기BRK : 바늘비우기와 함께 (이전 단에서 걸러뜬 코를) 겉뜨기한다.
브리오슈 안뜨기BRP : 바늘비우기와 함께 (이전 단에서 걸러뜬 코를) 안뜨기한다.
걸러뜨기-바늘비우기SL1YO following A K or BRK stitch : (겉뜨기 또는 BRK 후) 실을 바늘 아래를 거쳐 뜨개바탕 앞으로 가져와 다음 코를 안뜨기 방향으로 걸뜨기하고 실을 바늘(과 걸러뜬 코) 위를 거쳐 뒤로 가져가 다음 코를 뜰 수 있게 한다. 걸러뜬 코와 바늘비우기를 1코로 계산한다.
걸러뜨기-바늘비우기SL1YO following A P or BRP stitch : (안뜨기 또는 BRP 후) 이미 앞의 실을 갖고 다음 코를 안뜨기 방향으로 걸러뜬 뒤 실을 바늘(과 걸러뜬 코) 위로 가져오고 다시 바늘 아래를 거쳐 앞으로 가져와 다음 코를 뜰 수 있게 한다. 걸러뜬 코와 바늘비우기를 1코로 계산한다.
밀어 보내기Slide : 모든 코를 줄바늘의 반대쪽으로 밀어 보내고 다음 겉면(또는 안면)단을 뜰 수 있게 한다.
2색 브리오슈뜨기Rhythm of two-colour brioche : 변형 고무뜨기. A색으로 겉면단을 뜬 후. 모든 코를 줄바늘의 반대쪽으로 밀어 보내서 B색으로 2번째 겉면단을 뜬다. 그 뒤 뜨개바탕을 돌려서 A색으로 안면단을 뜬 후 모든 코를 줄바늘의 반대쪽으로 밀어 보내서 B색으로 2번째 안면단을 뜬다. 떠야 하는 색은 해당 단의 뜨는 법을 참고한다.

뜨는 법
접은 테두리
3.5mm 줄바늘을 이용해 프로비저널 코잡기로 125코를 만든다. A색 실로 메리야스뜨기(겉면단으로 시작) 6단을 뜬 뒤 B색 실로 다시 메리야스뜨기 6단을 뜬다(안면단으로 끝낸다). 별실을 풀어내고 코들을 가는 줄바늘로 옮긴다. 안면이 안쪽으로 들어가도록 뜨개바탕을 길게 접고. 줄바늘 2개를 나란히 해 왼손으로 잡는다. 이때 가는 줄바늘을 뒤로 보낸다. 계속 3.5mm 줄바늘로 뜬다.

본체
시작 1단(겉면A) : *뒷바늘에서 안뜨기1, 앞바늘에서 걸러뜨기1(실 뒤)*. *-* 총 3회 반복. *앞바늘의 1코와 뒷바늘의 1코를 함께 겉뜨기*. 앞뒤 바늘에 3코씩(총 6코) 남을 때까지 *-* 반복. *앞바늘에서 걸러뜨기1(실 뒤). 뒷바늘에서 안뜨기1*. *-* 총 3회 반복. 밀어 보내기. (+6코. 131코).
시작 2단(겉면B) : B색으로 [걸러뜨기1(실 앞). 겉뜨기1] 3회. *SL1YO. (안뜨기1. SL1YO) 10회. 겉뜨기7. 13코 남을 때까지 *-* 반복. SL1YO. [안뜨기1. SL1YO] 3회. [겉뜨기1. 걸러뜨기1(실앞)] 3회. 뜨개바탕 돌리기.
1단(안면A) : [겉뜨기1. 걸러뜨기1(실 앞)] 3회. BRP1. [SL1YO. BRP1] 3회. *안뜨기7. BRP1. (SL1YO. BRP1) 10회*. 6코 남을 때까지 *-* 반복. 끝까지 [걸러뜨기1(실 앞). 겉뜨기1]. 밀어 보내기.
1단(안면B) : [걸러뜨기1(실 뒤). 안뜨기1] 3회. SL1YO. [BRK1. SL1YO] 3회. *겉뜨기7. SL1YO. (BRK1. SL1YO) 10회*. 6코 남을 때까지 *-* 반복. 끝까지 [안뜨기1. 걸러뜨기1(실 뒤)]. 뜨개바탕 돌리기.
2단(겉면A) : [안뜨기1. 걸러뜨기1(실 뒤)] 3회. *BRK1. (SL1YO. BRK1) 10회. 겉뜨기7. 13코 남을 때까지 *-* 반복. BRK1. [SL1YO. BRK1] 3회. 끝까지 [걸러뜨기1(실 뒤). 안뜨기1]. 밀어 보내기.
2단(겉면B) : [걸러뜨기1(실 앞). 겉뜨기1] 3회. *SL1YO. (BRP1. SL1YO) 10회. 안뜨기7. 13코 남을 때까지 *-* 반복. SL1YO.

[BRP1, SL1YO] 3회, [겉뜨기1, 걸러뜨기1(실 앞)] 3회, 뜨개바탕 돌리기.

1·2단을 1회 반복하고, 1단을 1회 더 반복한다.

6단(겉면A) : [안뜨기1, 걸러뜨기1(실 뒤)] 3회, BRK1, [SL1YO, BRK1] 3회, *안뜨기1, BRK1) 7회, 겉뜨기7, BRK1, (SL1YO, BRK1) 3회*, 6코 남을 때까지 *-* 반복, 끝까지 [걸러뜨기1(실 뒤), 안뜨기1], 밀어 보내기.

6단(겉면B) : [걸러뜨기1(실 앞), 겉뜨기1] 3회, SL1YO, [BRP1, SL1YO] 3회, *안뜨기21, SL1YO, (BRP1, SL1YO) 3회*, 6코 남을 때까지 *-* 반복, [겉뜨기1, 걸러뜨기1(실 앞)] 3회, 뜨개바탕 돌리기.

7단(안면A) : [겉뜨기1, 걸러뜨기1(실 앞)] 3회, BRP1, [SL1YO, BRP1] 3회, *안뜨기21, BRP1, (SL1YO, BRP1) 3회*, 6코 남을 때까지 *-* 반복, 끝까지 [걸러뜨기1(실앞), 겉뜨기1], 밀어 보내기.

7단(안면B) : [걸러뜨기1(실 뒤), 안뜨기1] 3회, SL1YO, [BRK1, SL1YO] 3회, *겉뜨기21, SL1YO, (BRK1, SL1YO) 3회*, 6코 남을 때까지 *-* 반복, 끝까지 [안뜨기1, 걸러뜨기1(실 뒤)], 뜨개바탕 돌리기.

8단(겉면A) : [안뜨기1, 걸러뜨기1(실 뒤)] 3회, BRK1, [SL1YO, BRK1] 3회, *겉뜨기21, BRK1, (SL1YO, BRK1) 3회*, 6코 남을 때까지 *-* 반복, 끝까지 [걸러뜨기1(실 뒤), 안뜨기1], 밀어 보내기.

8단(겉면B) : [걸러뜨기1(실 앞), 겉뜨기1] 3회, SL1YO, [BRP1, SL1YO] 3회, *안뜨기21, SL1YO, (BRP1, SL1YO) 3회*, 6코 남을 때까지 *-* 반복, [겉뜨기1, 걸러뜨기1(실 앞)] 3회, 뜨개바탕 돌리기.

7·8단을 1회 반복하고, 7단을 1회 더 반복한다.

12단(겉면A) : [안뜨기1, 걸러뜨기1(실 뒤)] 3회, BRK1, [SL1YO, BRK1] 3회, *겉뜨기8, (SL1YO, 겉뜨기1) 6회, (SL1YO, BRK1) 4회*, 6코 남을 때까지 *-* 반복, 끝까지 [걸러뜨기1(실 뒤), 안뜨기1], 밀어 보내기.

12단(겉면B) : [걸러뜨기1(실 앞), 겉뜨기1] 3회, SL1YO, [BRP1, SL1YO] 3회, *안뜨기7, SL1YO, (BRP1, SL1YO) 10회*, 6코 남을 때까지 *-* 반복, [겉뜨기1, 걸러뜨기1(실 앞)] 3회, 뜨개바탕 돌리기.

13단(안면A) : [겉뜨기1, 걸러뜨기1(실 앞)] 3회, *BRP1, (SL1YO, BRP1) 10회, 안뜨기7, 13코 남을 때까지 *-* 반복, BRP1, [SL1YO, BRP1] 3회, 끝까지 [걸러뜨기1(실 앞), 안뜨기1]. 밀어 보내기.

13단(안면B) : [걸러뜨기1(실 뒤), 안뜨기1] 3회, *SL1YO, (BRK1, SL1YO) 10회, 겉뜨기7, 13코 남을 때까지 *-* 반복, SL1YO, [BRK1, SL1YO] 3회, 끝까지 [안뜨기1, 걸러뜨기1(실 뒤)], 뜨개바탕 돌리기.

14단(겉면A) : [안뜨기1, 걸러뜨기1(실 뒤)] 3회, BRK1, [SL1YO, BRK1] 3회, *겉뜨기7, BRK1, (SL1YO, BRK1) 10회*, 6코 남을 때까지 *-* 반복, 끝까지 [걸러뜨기1(실 뒤), 안뜨기1], 밀어 보내기.

14단(겉면B) : [걸러뜨기1(실 앞), 겉뜨기1] 3회, SL1YO, [BRP1, SL1YO] 3회, *안뜨기7, SL1YO, (BRP1, SL1YO) 10회*, 6코 남을 때까지 *-* 반복, [겉뜨기1, 걸러뜨기1(실 앞)] 3회, 뜨개바탕 돌리기.

13·14단을 1회 반복하고, 13단을 1회 더 반복한다.

18단(겉면A) : [안뜨기1, 걸러뜨기1(실 뒤)] 3회, BRK1, [안뜨기1, BRK1] 3회, *겉뜨기7, BRK1, (SL1YO, BRK1) 3회, (안뜨기1, BRK1) 7회*, 6코 남을 때까지 *-* 반복, 끝까지 [걸러뜨기1(실 뒤), 안뜨기1], 밀어 보내기.

18단(겉면B) : [걸러뜨기1(실 앞), 겉뜨기1] 3회, 안뜨기7, 안뜨기7, SL1YO, (BRP1, SL1YO) 3회, 안뜨기14, 6코 남을 때까지 *-* 반복, [겉뜨기1, 걸러뜨기1(실앞)] 3회, 뜨개바탕 돌리기.

19단(안면A) : [겉뜨기1, 걸러뜨기1(실 앞)] 3회, 안뜨기7, 안뜨기7, BRP1, (SL1YO, BRP1) 3회, 안뜨기14*, 6코 남을 때까지 *-* 반복, 끝까지 [걸러뜨기1(실앞), 겉뜨기1], 밀어 보내기.

19단(안면B) : [걸러뜨기1(실 뒤), 안뜨기1] 3회, 겉뜨기7, 겉뜨기7, SL1YO, (BRK1, SL1YO) 3회, 겉뜨기14*, 6코 남을 때까지 *-* 반복, 끝까지 [안뜨기1, 걸러뜨기1(실 뒤)], 뜨개바탕 돌리기.

20단(겉면A) : [안뜨기1, 걸러뜨기1(실 뒤)] 3회, 겉뜨기7, 겉뜨기7, BRK1, (SL1YO, BRK1) 3회, 겉뜨기14*, 6코 남을 때까지 *-* 반복, 끝까지 [걸러뜨기1(실 뒤), 안뜨기1], 밀어 보내기.

20단(겉면B) : [걸러뜨기1(실 앞), 겉뜨기1] 3회, 안뜨기7, *안뜨기7, SL1YO, (BRP1, SL1YO) 3회, 안뜨기14*, 6코 남을 때까지 *-* 반복, [겉뜨기1, 걸러뜨기1(실 앞)] 3회, 뜨개바탕 돌리기.

19·20단을 1회 반복하고, 19단을 1회 더 반복한다.

24단(겉면A) : [안뜨기1, 걸러뜨기1(실 뒤)] 3회, *(겉뜨기1, SL1YO) 7회, BRK1, (SL1YO, BRK1) 3회, 겉뜨기7*, 13코 남을 때까지 *-* 반복, 겉뜨기1, [SL1YO, 겉뜨기1] 3회, 끝까지 [걸러뜨기1(실 뒤), 안뜨기1], 밀어 보내기.

24단(겉면B) : [걸러뜨기1(실 앞), 겉뜨기1] 3회, *SL1YO, (BRP1, SL1YO) 10회, 안뜨기7*, 13코 남을 때까지 *-* 반복, SL1YO, [BRP1, SL1YO] 3회, [겉뜨기1, 걸러뜨기1(실 앞)] 3회, 뜨개바탕 돌리기.

25단(안면A) : [겉뜨기1, 걸러뜨기1(실 앞)] 3회, BRP1, [SL1YO, BRP1] 3회, *안뜨기7, BRP1, (SL1YO, BRP1) 10회*, 6코 남을 때까지 *-* 반복, 끝까지 [걸러뜨기1(실 앞), 겉뜨기1], 밀어 보내기.

25단(안면B) : [걸러뜨기1(실 뒤), 안뜨기1] 3회, SL1YO, [BRK1, SL1YO] 3회, *겉뜨기7, SL1YO, (BRK1, SL1YO) 10회*, 6코 남을 때까지 *-* 반복, 끝까지 [안뜨기1, 걸러뜨기1(실 뒤)], 뜨개바탕 돌리기.

26단(겉면A) : [안뜨기1, 걸러뜨기1(실 뒤)] 3회, *BRK1, (SL1YO, BRK1) 10회, 겉뜨기7*, 13코 남을 때까지 *-* 반복, BRK1, [SL1YO, BRK1] 3회, 끝까지 [걸러뜨기1(실 뒤), 안뜨기1, 밀어 보내기.

26단(겉면B) : [걸러뜨기1(실 앞), 겉뜨기1] 3회, *SL1YO, (BRP1, SL1YO) 10회, 안뜨기7*, 13코 남을 때까지 *-* 반복, SL1YO, [BRP1, SL1YO] 3회, [겉뜨기1, 걸러뜨기1(실 앞)] 3회, 뜨개바탕 돌리기.

27~29단 : 25·26단을 1회 반복하고, 25단을 1회 더 반복한다.

6~29단을 다시 13회 반복하고, 6~17단을 1회 더 반복한다.

A색 실을 자른다.

접은 테두리

시작단(겉면) : B색으로 K2TOG 3회, BRK1, [안뜨기1, BRK1] 3회, *겉뜨기7, BRK1, (안뜨기1, BRK1) 10회*, 6코 남을 때까지 *-* 반복, SSK 3회, 뜨개바탕 돌리기. (-6코, 총 125코).

B색 실로 5단을 메리야스뜨기한 뒤(안면단으로 시작), B색 실을 자른다.

A색 실로 다시 6단을 메리야스뜨기해 안면단으로 끝낸다.

B색 실로 처음 메리야스뜨기를 한 부분의 안면에서 안뜨기 튀어나온 곳에서 가는 바늘로 125코를 줍는다. 뜨개바탕 겉면이 보이도록 해 살아 있는 코가 있는 바늘의 뒤에 주운 코가 있는 바늘을 나란히 잡고 바늘 3개로 코막음한다. B색 실을 자른다.

마무리하기

실 끝을 보이지 않게 정리한 다음 치수에 맞춰 블로킹한다.

27

39

마리 토비타 — 파울리나 카루 — 마리아 마트비에바 — 에린 젠슨 — 마르유 룬드 라흐콜라 — 스베이나 비요르크 요하네스도티르 — 안드레아 아호 — 미리엄 월치쇼슬 — 나탈리아 시넬슈치코바 — 니나 탄스카넨 — 피오나 알리스 — 레이첼 브록만 — 에브제니야 두플리

27 추억은 방울방울 DROPS OF MEMORY

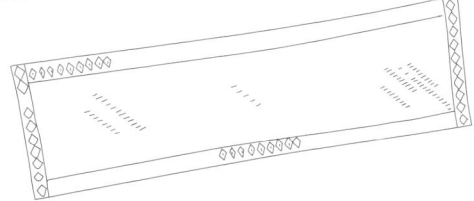

사이즈
1(2. 3)
P.148 → 사이즈 3

완성 치수
길이 … 152(176.5. 202)cm
폭 … 26(51. 63)cm

재료
바탕실 … 맥파이 화이버스 스완키 삭Swanky Sock by Magpie Fibers(메리노 80%. 캐시미어 10%. 나일론 10%. 366m/115g) Stag Rabiit 2(3.4)볼
배색실 … 맥파이 화이버스 스완키 삭(메리노 80%. 캐시미어 10%. 나일론 10%. 366m/115g) Evil Beaver 2(3.4)볼
실(대체) … 핑거링 얀(바탕색) 440(965. 1280)m, 핑거링 얀(배색) 485(1010. 1375)m
바늘 … 3mm(US 2.5) 줄바늘, 3.25mm(US 3) 줄바늘
도구 … 마커

게이지
메리야스뜨기(3.25mm 줄바늘) 26코×36단
도안 A·C(3.25mm 줄바늘) 29.5코×60단
도안 B(3.25mm 줄바늘) 29.5코×54단

2가닥으로 롱테일 코잡기 Long-tail cast-on with 2 strands
이 기법은 많은 코를 잡을 때 아주 유용하다. 2가닥의 실로 슬립 노트를 만들어서 오른바늘에 끼운다. 이제 2가닥의 실을 분리해 긴 1가닥처럼 만들고 롱테일 코잡기로 필요한 콧수만큼 코를 잡은 뒤 실 1가닥은 15cm 정도 남기고 자른다. 슬립 노트는 콧수로 계산하지 않고 뜨개를 시작하기 전에 뺀다.

POINT
도안에는 겉면단만 표시되어 있습니다. 안면단은 다음과 같이 뜹니다. 이전 겉면단을 떴던 실로 끝까지 안뜨기 코를 겉뜨기하고 걸러뜬 코를 걸러뜹니다(실 앞).
2단의 도안 A를 예로 들어보겠습니다.
도안 A(안면, 배색) : 겉뜨기2, *(겉뜨기1, 걸러뜨기1(실 앞), 겉뜨기2, 걸러뜨기1(실 앞)) 2회, 겉뜨기2*, 1코 남을 때까지 *-* 반복, 겉뜨기1.
색을 바꿀 때 이전 색의 실을 떨구고, 바꿀 색의 실을 이전 실 아래로 가져오는데 두 실은 서로 교차하지 마세요.

뜨는 법
중앙 섹션
바탕실과 가는 바늘을 이용해 2가닥으로 롱테일 코잡기로 399(471. 543)코를 만든다. 군데군데 마커를 끼워두면 콧수 세기가 편하다.
바탕실로 2단, 배색실로 2단의 가터뜨기를 한다.
다음 단(겉면, 바탕색) : 겉뜨기1, 끝까지 [걸러뜨기1, 겉뜨기1].
다음 단(안면, 바탕색) : 겉뜨기1, 끝까지 [걸러뜨기1(실 앞), 겉뜨기1].
배색실로 2단, 바탕실로 2단의 가터뜨기를 한다. 굵은 바늘로 바꾼다. 도안 A를 1회 뜨고 안면단으로 끝낸다. 가는 바늘로 바꾼다. 바탕실로 가터뜨기 2단을 뜬다.
다음 단(겉면, 배색) : 겉뜨기로 2코 모아뜨기, 끝까지 겉뜨기. (-1코. 398(470. 542)코).
다음 단(안면, 배색) : 겉뜨기.
배색실로 0(2. 2)단, 바탕실로 2단의 가터뜨기를 한다. 굵은 바늘로 바꾼다. 겉뜨기1, 도안 B의 16코 반복 섹션을 24(29. 33)회 뜬 뒤 마지막 반복에서는 16코 패턴의 12(4. 12)코를 뜨고 겉뜨기1로 끝낸다. 도안 B의 1~32단을 1(5. 7)회 뜨고, 1~16단만 한 번 더 뜬다. 가는 바늘로 바꾼다. 배색실로 2단, 바탕실로 2단의 가터뜨기를 한다.
다음 단(겉면, 배색) : 1코 남을 때까지 겉뜨기, KFB. (+1코. 399(471. 543)코).

다음 단(안면, 배색): 겉뜨기.
배색실로 0(2, 2)단, 바탕실로 2단의 가터뜨기를 한다. 굵은 바늘로 바꾼다. 도안 A의 1~34단을 1회 뜨고, 안면단으로 끝낸다. 가는 바늘로 바꾼다. 바탕실로 2단, 배색실로 2단의 가터뜨기를 한다.

다음 단(겉면, 바탕색): 겉뜨기, 끝까지 [걸러뜨기1, 겉뜨기1].

다음 단(안면, 바탕색): 겉뜨기1, 끝까지 [걸러뜨기(실 앞), 겉뜨기1].
배색실로 2단, 바탕실로 2단의 가터뜨기를 한다. 모든 코를 안뜨기 방향으로 코막음한다.

사이드 섹션
겉면을 앞에 놓고, 가는 바늘과 배색실을 이용해 뜨개바탕의 짧은 가장자리를 따라 고른 간격으로(대략 모든 고랑에서 1코씩) 75(147, 183)코를 주워 겉뜨기한다.

다음 단(안면, 배색): 겉뜨기.
바탕실로 가터뜨기 2단을 뜬다.

다음 단(겉면, 배색): 겉뜨기1, 끝까지 [걸러뜨기1, 겉뜨기1].

다음 단(안면, 배색): 겉뜨기1, 끝까지 [걸러뜨기1(실 앞), 겉뜨기1].
바탕실로 가터뜨기 2단을 뜬다. 굵은 바늘로 바꾼다. 도안 C의 1~26단을 1회 뜨고, 안면단으로 끝낸다.
※도안에는 겉면단만 표시했습니다.
가는 바늘로 바꾼다. 바탕실로 가터뜨기 2단을 뜬다.

다음 단(겉면, 배색): 겉뜨기1, 끝까지 [걸러뜨기1, 겉뜨기1].

다음 단(안면, 배색): 겉뜨기1, 끝까지 [걸러뜨기1(실 앞), 겉뜨기1].
바탕실로 2단, 배색실로 2단의 가터뜨기를 한다. 모든 코를 안뜨기 방향으로 코막음한다. 같은 방식으로 반대쪽도 뜬다.

마무리하기
실 끝을 보이지 않게 정리한 다음 치수에 맞춰 블로킹한다.

마리 토비타

도안 A

도안 B

도안 C

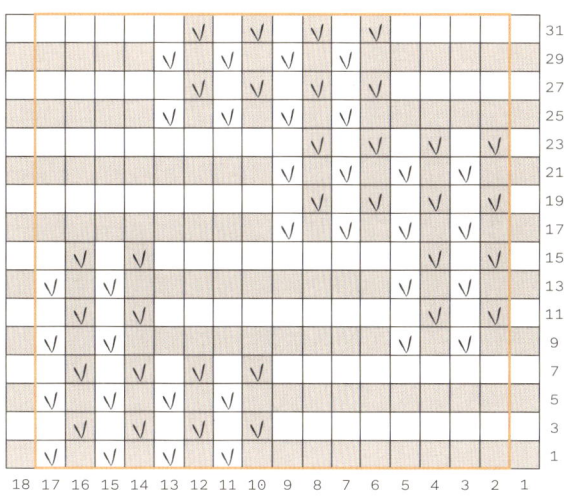

	바탕색
(배색)	배색
	겉뜨기
V	안뜨기
□	반복

파울리나 카루

28 묘목 SEEDLING

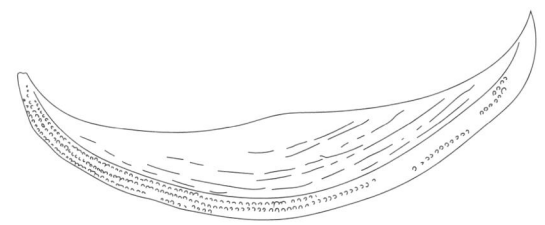

완성 치수
너비 … 250cm
높이 … 44cm

재료
실 … 카멜리아 화이버 Co. 플랙스 핑거링Flax Fingering by Camellia Fiber Co.(알파카 50%, 리넨 25%, 실크 25%, 398m/100g) Dahlia 2볼
실(대체) … 핑거링 얀 약 640m
바늘 … 3.5mm(US 4) 줄바늘

게이지
거친 텍스처의 패턴 뜨기 20코×24단

POINT
거친 텍스처의 패턴에는 걸러뜬 코가 많으며 신축성이 별로 없습니다. 멋있게 늘어지는 뜨개바탕을 만들 수 있는 호수의 바늘을 선택하세요.

뜨는 법
선호하는 코잡기로 3코를 만든다.
가터뜨기(모든 단에서 겉뜨기)로 10단을 뜬다. 뜨개바탕을 90도 돌려서 긴 쪽의 안뜨기 산에서 5코를 주워 겉뜨기한다. 그리고 코잡기단에서 3코를 주워 겉뜨기한다. (11코).

거친 텍스처의 패턴
다음 단 : 겉뜨기2, 안뜨기7, 겉뜨기2.
1단(겉면) : 겉뜨기1, 겉뜨기로 코 늘리기, 겉뜨기로 코 늘리기, *걸러뜨기1(실 앞), 겉뜨기1*, 4코 남을 때까지 *-* 반복, 걸러뜨기1(실 앞), 겉뜨기로 코 늘리기, 겉뜨기로 코 늘리기, 겉뜨기1. (+4코).
2단(안면) : 겉뜨기2, 겉뜨기로 코 늘리기, *겉뜨기1, 걸러뜨기1(실 뒤)*, 4코 남을 때까지 *-* 반복, 겉뜨기1, 겉뜨기로 코 늘리기, 겉뜨기2. (+2코).
3단 : 겉뜨기1, 겉뜨기로 코 늘리기, 겉뜨기로 코 늘리기, *겉뜨기1, 걸러뜨기1(실 앞)*, 4코 남을 때까지 *-* 반복, 겉뜨기1, 겉뜨기로 코 늘리기, 겉뜨기로 코 늘리기, 겉뜨기1. (+4코).
4단 : 겉뜨기2, 겉뜨기로 코 늘리기, *걸러뜨기1(실 뒤), 겉뜨기1*, 4코 남을 때까지 *-* 반복, 걸러뜨기1(실 뒤), 겉뜨기로 코 늘리기, 겉뜨기2. (+2코).
1~4단을 총 36회 뜬다. (443코).

테두리
시작하기
시작단(겉면) : 겉뜨기1, *겉뜨기7, 겉뜨기로 2코 모아뜨기*, 1코 남을 때까지 *-* 반복, 겉뜨기1. (-49코. 394코).
다음 단(안면) : 겉뜨기2, 겉뜨기로 코 늘리기, 3코 남을 때까지 겉뜨기, 겉뜨기로 코 늘리기, 겉뜨기2. (+2코).

아일릿 패턴
1단(겉면) : 겉뜨기1, 겉뜨기로 코 늘리기, 겉뜨기로 코 늘리기, 3코 남을 때까지 겉뜨기, 겉뜨기로 코 늘리기, 겉뜨기로 코 늘리기, 겉뜨기1. (+4코).
2단(안면) : 겉뜨기2, 겉뜨기로 코 늘리기, 3코 남을 때까지 안뜨기, 겉뜨기로 코 늘리기, 겉뜨기2. (+2코).
3단 : 겉뜨기1, 겉뜨기로 코 늘리기, 겉뜨기로 코 늘리기, 3코 남을 때까지 겉뜨기, 겉뜨기로 코 늘리기, 겉뜨기로 코 늘리기, 겉뜨기1. (+4코).
4단 : 겉뜨기2, 겉뜨기로 코 늘리기, 3코 남을 때까지 겉뜨기, 겉뜨기로 코 늘리기, 겉뜨기2. (+2코).
5단 : 겉뜨기1, 겉뜨기로 코 늘리기, 겉뜨기로 코 늘리기, 겉뜨기1, *바늘비우기, 겉뜨기로 2코 모아뜨기*, 4코 남을 때까지 *-* 반복, 겉뜨기1, 겉뜨기로 코 늘리기, 겉뜨기로 코 늘리기, 겉뜨기1. (+4코).
6단 : 겉뜨기2, 겉뜨기로 코 늘리기, 3코 남을 때까지 겉뜨기, 겉뜨기로 코 늘리기, 겉뜨기2. (+2코).
1~6단을 1회 더 뜬다. (432코).
7단 : 겉뜨기1, 겉뜨기로 코 늘리기, 겉뜨기로 코 늘리기, 3코 남을 때까지 겉뜨기, 겉뜨기로 코 늘리기, 겉뜨기로 코 늘리기, 겉뜨기1. (+4코).
8단 : 겉뜨기2, 겉뜨기로 코 늘리기, 3코 남을 때까지 겉뜨기, 겉뜨기로 코 늘리기, 겉뜨기2. (+2코).
3~6단을 1회 더 반복한다. (450코).
7·8단을 1회 더 반복한다. (456코).
다음 겉면단에서 모든 코를 코막음한다.

마무리하기
실 끝을 보이지 않게 정리한 다음 치수에 맞춰 블로킹한다.

29 사슴 스카프 DEER SCARF

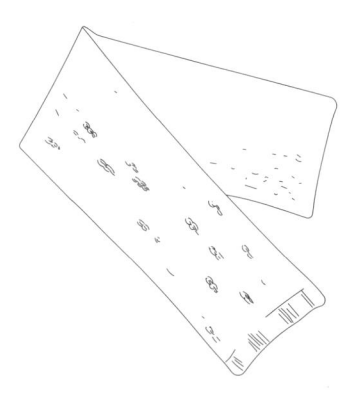

완성 치수
길이 … 207cm
폭 … 55cm

재료
실 … 더 리틀 그레이 쉽 햄프셔 4ply The Little Grey Sheep Hampshire 4ply (버진 울 98%, 알파카 2%, 220m/60g) 21051 Oatmeal 6볼
실(대체) … 핑거링 트위드 얀 1230m
바늘 … 3mm(US 2.5) 대바늘(고무뜨기용), 4mm(US 6) 대바늘 (사슴뜨기 패턴용)
도구 … 마커 2개, 매끄러운 별실 Scrap yarn, 3.75mm(US F/5) 코바늘

게이지
사슴뜨기 22코×32단

POINT
안면단에서는 모든 바늘비우기를 겉뜨기로 꼬아뜨기와 마찬가지로 이전 단으로부터 합니다. 스카프의 왼쪽과 오른쪽 가장자리는 고무뜨기 코로 감싸여 있습니다(왼쪽 7코, 오른쪽 8코). 양쪽 고무뜨기 가장자리 사이에 있는 스카프 중앙은 사슴 도안을 이용해 뜹니다.

뜨는 법
고무뜨기 가장자리 코잡기
가는 바늘로 프로비저널 코잡기를 해 119코를 만든다.
1단(겉면): 걸러뜨기1, 끝까지 [겉뜨기1, 안뜨기1].
2단(안면): 걸러뜨기1, 2코 남을 때까지 [안뜨기1, 겉뜨기1], 안뜨기2.
1·2단을 총 15회 뜬다. 30단.

본체
굵은 바늘로 바꿔 사슴 도안을 뜬다.
1단(겉면): 걸러뜨기1, [겉뜨기1, 안뜨기1] 3회, 겉뜨기1, 마커 끼우기, 사슴 도안 1단 뜨기, 반복 섹션 6회 뜨기, 마커 끼우기, [안뜨기1, 겉뜨기1] 3회, 안뜨기1.
2단(안면): 걸러뜨기1, [안뜨기1, 겉뜨기1] 3회, 마커 걸러뜨기, 마커까지 사슴 도안의 다음 단 뜨기, 마커 걸러뜨기, [안뜨기1, 겉뜨기1] 3회, 안뜨기2.
3단(겉면): 걸러뜨기1, [겉뜨기1, 안뜨기1] 3회, 겉뜨기1, 마커 끼우기, 마커까지 사슴 도안의 다음 단 뜨기, 마커 걸러뜨기, [안뜨기1, 겉뜨기1] 3회, 안뜨기1.
도안(1~32단)을 총 13회 뜰 때까지 패턴대로 뜬다. 도안의 1~16단을 1회 더 뜬다.

고무뜨기 가장자리 코막음
가는 바늘로 바꾼다.
1단(겉면): 걸러뜨기1, 끝까지 [겉뜨기1, 안뜨기1].
2단(안면): 걸러뜨기1, 2코 남을 때까지 [안뜨기1, 겉뜨기1], 안뜨기2.
1·2단을 총 15회 뜬다. 30단.
선호하는 방식으로 코막음한다. 코잡기단으로 돌아가 별실을 풀어내 양 가장자리의 길이를 똑같게 맞춘다.

마무리하기
실 끝을 보이지 않게 정리한 다음 치수에 맞춰 블로킹한다.

마리아 마트비에타 사슴 스카프

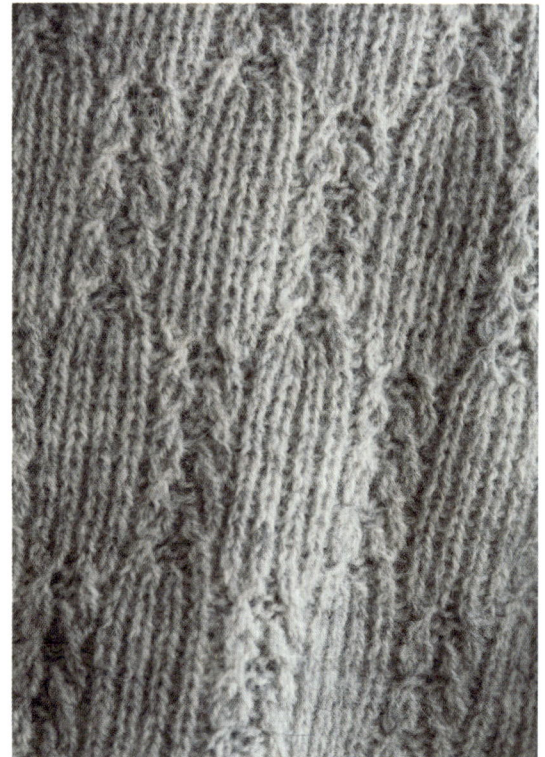

사슴 도안

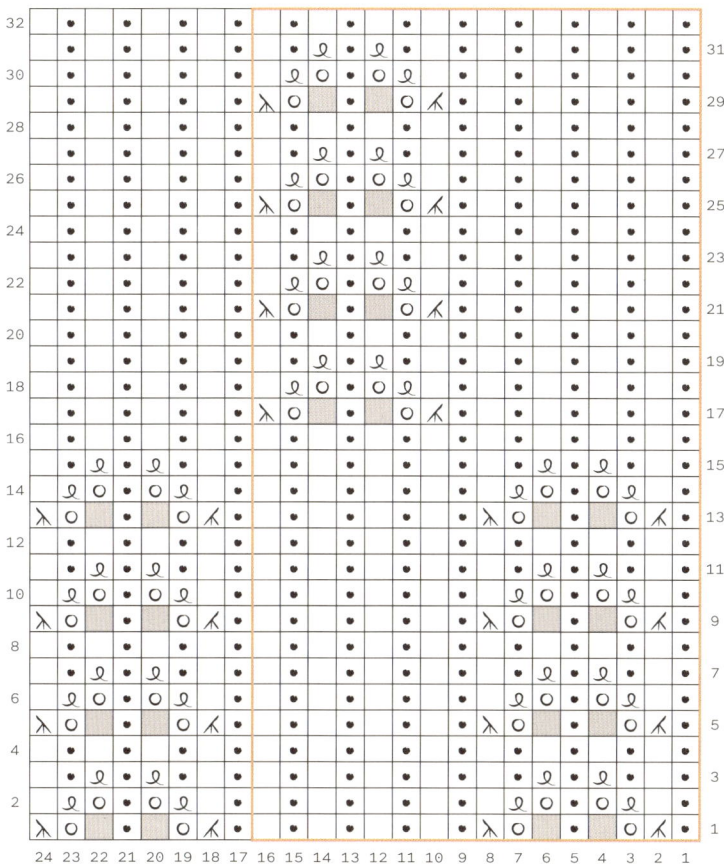

	겉면 : 겉뜨기 / 안면 : 안뜨기
•	겉면 : 안뜨기 / 안면 : 겉뜨기
O	바늘비우기
ℚ	KTBL
⋏	K3TOG
⋋	SSSK
	코 없음
	반복

30 코스트너 KOSTNER

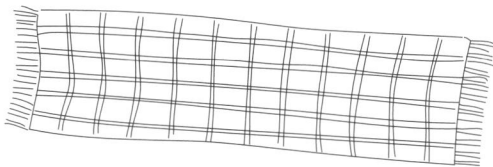

완성 치수
길이(프린지 포함) … 175cm
폭 … 53cm

재료
바탕실 … 플럭키 니터 보르가드 DK Beauregard DK by Plucky Knitter(야크털 60%, 캐시미어 40%, 274m/100g) Sockeye 3볼
배색실 … 플럭키 니터 보르가드 DK(야크털 60%, 캐시미어 40%, 274m/100g) Good Jeans(배색 1) 1볼, Twill(배색 2) 1볼, Wax Poetic(배색 3) 1볼
실(대체) … DK 얀(바탕색) 713m, DK 얀(배색 1) 126m, DK 얀(배색 2) 66m, DK 얀(배색 3) 49m
바늘 … 5mm(US 8) 줄바늘
도구 … 5mm(US H) 코바늘

게이지
가터뜨기 18.5코×28.5단

패턴 뜨기
(97코 패널).
1단(겉면) : 겉뜨기2, *겉뜨기13, 안뜨기1, 겉뜨기1, 안뜨기1*, *-* 5회 반복, 겉뜨기13, 걸러뜨기2.
2단+안면단 : 안뜨기2, 2코 남을 때까지 겉뜨기, 걸러뜨기2.

뜨개바탕 위에 사슬뜨기 Applied crochet chain
겉면이 보이게 놓고, 안면의 뜨는 실을 잡은 다음 코잡기단에서 시작한다.
① 코바늘을 겉면에서 안면으로 넣는다.
② 코바늘에 실을 1회 감는다.
③ 숄과 겉면 코바늘의 고리 사이로 잡아 빼서 사슬뜨기 1코를 뜬다.
※'뜨개바탕 위에 사슬뜨기'는 숄을 통해 실을 잡아당겨서 처음 고리를 만듭니다. 하나 걸러 안뜨기 산 위에서 코바늘 넣기를 반복해 코막음단까지 갑니다.

POINT
뜨개바탕 위에서 수직으로 사슬뜨기를 하기 전에 숄을 완성 치수에 맞춰 블로킹하는 것을 적극적으로 추천합니다.
'뜨개바탕 위에 사슬뜨기'는 장력에 주의하세요. 사슬뜨기를 너무 팽팽하게 하면 전체적인 크기에 영향을 끼칩니다. 게이지에 맞추기 위해 대바늘 호수를 바꿨다면 코바늘 호수도 그에 맞춰 바꿔야 합니다.

뜨는 법

바탕실을 이용해 롱테일 코잡기로 97코를 만든다.

시작단(안면) : 안뜨기2, 2코 남을 때까지 겉뜨기, 걸러뜨기2.

본체

1단(겉면) : 겉뜨기2, *겉뜨기13, 안뜨기1, 겉뜨기1, 안뜨기1*, *-* 5회 반복, 겉뜨기13, 걸러뜨기2.

2단(안면) : 안뜨기2, 2코 남을 때까지 겉뜨기, 걸러뜨기2.

3~30단 : 1·2단을 14회 더 반복한다. 바탕실을 자르지 않는다.

31·32단 : 배색 1실로, 1·2단을 1회 반복한다. 배색 1실을 자른다.

33·34단 : 바탕실로, 1·2단을 1회 반복한다.

35·36단 : 배색 2실로, 1·2단을 1회 반복한다. 배색 2실을 자른다.

※바탕실은 자르지 않고 뜹니다.

1~36단을 10회 이상 반복하고, 1~30단을 1회 더 반복한다.

패턴을 따라 모든 코를 느슨하게 코막음한다.

마무리하기

실 끝을 보이지 않게 정리한 다음 치수에 맞춰 블로킹한다.

뜨개바탕 위에 사슬뜨기

뜨는 실을 안면에 놓은 다음 코바늘을 이용해 코잡기단 바로 위, 가장 오른쪽 안뜨기 줄에서 최소 13cm의 실을 남기고 사슬뜨기를 시작한다. 본체를 뜨는 방향과 같은 방향으로 뜬다. 배색 1(오른쪽)과 배색 3(왼쪽) 실을 이용해 각 안뜨기 2줄 위에서 사슬뜨기를 반복한다. 코막음단에 이를 때까지 안뜨기줄의 하나 걸러 안뜨기 산 위에 코바늘을 넣어 뜨면 된다.

프린지를 만들기 위해 최소 13cm를 남긴 다음 실을 자른다. 남은 실을 코바늘에 남아 있는 코 사이로 잡아 빼서 코가 풀리지 않게 해야 한다. 상황에 맞춰 다시 가볍게 블로킹하는 것을 추천한다.

프린지 만들기

코잡기단과 코막음단에 코바늘로 뜬 사슬코의 끝마다 같은 색의 프린지가 들어간다. 사슬코 사이에 있는 바탕색 섹션 5곳의 각각에 3쌍의 프린지를 고른 간격으로 배열한다.

각각 25cm 길이로 바탕실 72개, 배색 1실 10개, 배색 3실 10개, 총 92개를 자른다.

코잡기단과 코막음단 바로 위에서 코바늘을 뒤에서 앞으로 넣는다. 실을 중간에서 반으로 접어 코바늘 끝으로 가져간다. 코바늘을 살살 당겨 실을 몇 센티미터 통과시키면서 잡아 빼면 고리 모양이 된다. 코바늘을 빼고, 실 끝을 방금 생긴 고리 사이로 통과시켜 실이 풀어지지 않게 한다.

※배색 프린지는 코바늘로 뜬 사슬코의 실 끝을 포함해 만듭니다. 실 끝을 고리 모양의 잡아매는 걸이에 통과시키세요. 모두 똑같은 길이로 잘라도 숄에 달면 길이가 고르지 않을 수 있으므로 프린지를 모두 단 후에 다듬어서 길이를 맞춥니다.

31 바람의 들판 WINDY FIELDS

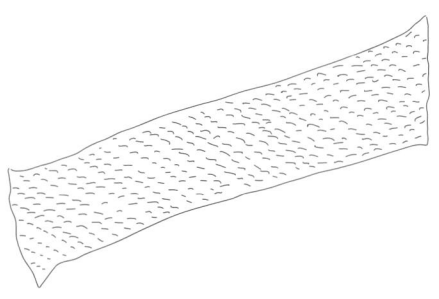

완성 치수
길이 … 200cm
폭 … 63cm

재료
실 … 이토 센사이 Sensai by Ito (모헤어 60%, 실크 40%, 240m/20g) String 7볼
실 (대체) … 레이스 얀 1680m
바늘 … 2.5mm (US 1.5) 줄바늘, 3mm (US 2.5) 줄바늘 (코잡기 +코막음용)

게이지
메리야스뜨기 (2.5mm 바늘) 32코×39단 (블로킹 전)
메리야스뜨기 (2.5mm 바늘) 27코×43단 (블로킹 후)

손뜨개 약어
알곡 끝 Tip for the grain
7코 만들기 M7 : (겉면에서) 1코에서 다음과 같이 7코를 뜬다. [겉뜨기1, 바늘비우기] 3회, 겉뜨기1. (+6코).
※코를 느슨하게 뜹니다 (길이 약 0.9cm).
안뜨기로 7코 모아뜨기 P7TOG : (안면에서) 7코 만들기의 7코를 안뜨기로 모아뜬다. (-6코).

뜨는 법
테두리
3mm 줄바늘로 175코를 만든다.
1단 (겉면) : 1코 남을 때까지 겉뜨기, 걸러뜨기1 (실 앞). 계속 2.5mm 줄바늘로 뜬다.
2단 (안면) : 겉뜨기1, 1코 남을 때까지 안뜨기, 걸러뜨기1 (실 앞).
1·2단을 9회 더 반복한다.

본체
1단 (겉면) : 겉뜨기21, 도안의 1단 7회 반복, 겉뜨기13, 걸러뜨기1 (실 앞).
2단 (안면) : 겉뜨기1, 1코 남을 때까지 안뜨기 (도안의 2단), 걸러뜨기1 (실 앞).
3단 (겉면) : 겉뜨기21, 도안의 다음 단 7회 반복, 겉뜨기12, 걸러뜨기1 (실 앞).
4단 : 겉뜨기1, 안뜨기13, 도안의 다음 단 7회 반복, 안뜨기20, 걸러뜨기1 (실 앞).
5~12단 : 3·4단을 반복한다. 도안의 모든 단을 뜬다.
13단 (겉면) : 겉뜨기11, 도안의 1단 7회 반복, 겉뜨기23, 걸러뜨기1 (실 앞).
14단 (안면) : 겉뜨기1, 1코 남을 때까지 안뜨기 (도안의 2단), 걸러뜨기1 (실 앞).
15단 : 겉뜨기11, 도안의 다음 단 7회 반복, 겉뜨기23, 걸러뜨기1 (실 앞).
16단 : 겉뜨기1, 안뜨기23, 도안의 다음 단 7회 반복, 안뜨기10, 걸러뜨기1 (실 앞).
17~24단 : 15·16단을 반복한다. 도안의 모든 단을 뜬다.
25단 (겉면) : 겉뜨기1, 도안의 1단 8회 반복, 겉뜨기13, 걸러뜨기1 (실 앞).
26단 (안면) : 겉뜨기1, 1코 남을 때까지 안뜨기 (도안의 2단), 걸러뜨기1 (실 앞).
27단 : 겉뜨기1, 도안의 다음 단 8회 반복, 겉뜨기13, 걸러뜨기1 (실 앞).
28단 : 겉뜨기1, 안뜨기13, 도안의 다음 단 8회 반복, 걸러뜨기1 (실 앞).
29~36단 : 27·28단을 반복한다. 도안의 모든 단을 뜬다.
13~36단을 28회 더 반복하고, 13~24단을 1회 더 반복한다. 레이스 패턴을 마무리하기 위해 다음의 12단을 더 뜬다.

1단(겉면) : 겉뜨기1, 도안의 1단 7회 반복, 겉뜨기33, 걸러뜨기1(실앞).
2단(안면) : 겉뜨기1, 1코 남을 때까지 안뜨기(도안의 2단), 걸러뜨기1(실앞).
3단 : 겉뜨기1, 도안의 다음 단 7회 반복, 겉뜨기33, 걸러뜨기1(실앞).
4단 : 겉뜨기1, 안뜨기13, 도안의 다음 단 7회 반복, 걸러뜨기1(실앞).
5~12단 : 3·4단을 반복한다. 도안의 모든 단을 뜬다.

테두리
1단(겉면) : 1코 남을 때까지 겉뜨기, 걸러뜨기1(실앞).
2단(안면) : 겉뜨기1, 1코 남을 때까지 안뜨기, 걸러뜨기1(실앞).
1·2단을 8회 더 반복한다. 175코.
3mm 줄바늘로 모든 코를 코막음한다.

마무리하기
실 끝을 보이지 않게 정리한다. 블로킹은 뜨개하는 사람의 마음이다. 가볍고 폭신한 느낌을 유지하기 위해 샘플 작품은 블로킹하지 않았다.

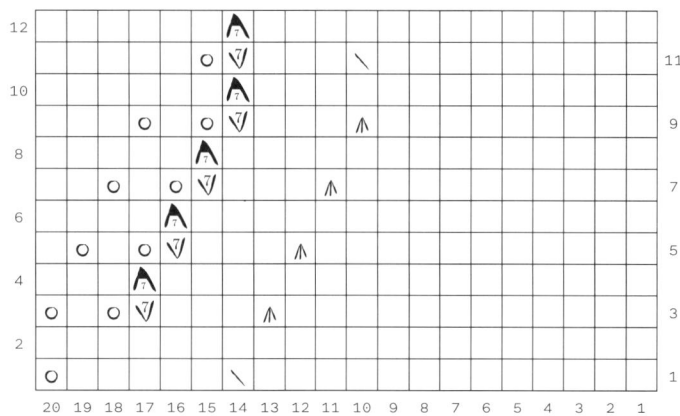

□	겉면 : 겉뜨기 / 안면 : 안뜨기
\	SSK
O	바늘비우기
V	M7
A	P7TOG
⋀	CDD

마르유 룬드 라흐콜라

32 이끼 카울 MOSS COWL

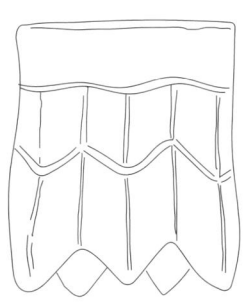

완성 치수
둘레 … 75cm
높이 … 45cm

재료
실(A·B·C색) … 아인룸 E+2 E+2 by Einrum(아이슬란드 울 80%. 멀베리 타이 실크 20%. 208m/50g) 1010(A색) 1볼, 1009(B색) 1볼, 1011(C색) 1볼
실(D색) … 어니언 실크+키드 모헤어 Silk+Kid Mohair by Onion(키드 모헤어 60%. 멀베리 실크 40%. 240m/25g) v3008 2볼
실(대체) … 핑거링 얀(A색) 163m, 핑거링 얀(B색) 110m, 핑거링 얀(C색) 112m, 레이스 얀(D색) 385m
바늘 … 4.5mm(US 7) 줄바늘(60cm), 4.5mm(US 7) 장갑바늘
도구 … 마커. 대바늘과 비슷한 굵기의 코바늘. 줄바늘과 비슷한 굵기의 장갑바늘. 별실. 밀랍(옵션)

게이지
메리야스뜨기 20코×28단

손뜨개 약어
드라이브뜨기(3회) K1YO2 : 각 코에서 오른바늘을 왼바늘의 코에 겉뜨기하는 것처럼 넣은 뒤 실을 2회 감고 1코를 겉뜨기를 한다(실을 총 3회 감는다).
드라이브뜨기 풀기 K1DR2 : 1번째 고리로 뜨면서 추가 고리 2개를 바늘에서 빼내어 코의 길이를 충분히 늘여준다.

프로비저널 코잡기 Provisional Cast-on
뜨는 실과 비슷한 두께의 매끄러운 별실 그리고 대바늘과 비슷한 굵기의 코바늘이 필요하다. 별실과 코바늘로 사슬뜨기 3코를 만들고 A색+D색 실과 장갑바늘을 이용해 각 사슬코에서 1코씩 줍는다.

아이코드 I-cord
3코에 대해 겉뜨기를 하고 뜨개바탕의 방향을 돌리지 않는다. 대신에 코들을 뜨고 있는 대바늘의 반대쪽으로 밀어서 다시 3코를 겉뜨기. 패턴에서 제시한 단수에 이를 때까지 *-*을 반복한다.

뜨는 법
A색 1가닥과 D색(실크 모헤어) 1가닥으로 뜨개를 시작한다.

아이코드 엣징
프로비저널 코잡기 중에서 원하는 방법으로 3코를 만든다. 여기에서는 코바늘 방법을 사용한다. 별실로 사슬뜨기 3코를 뜨고 A색+D색 실과 장갑바늘로 각 사슬코에서 1코씩 줍는다. 170단이 될 때까지 아이코드뜨기를 한다. 나는 단수를 세기 편하도록 25단째마다 마커를 끼워놓았다. 별실로 잡은 코잡기단에서 사슬코를 풀어내고, 시작단에 남겨놓은 실 끝과 메리야스 잇기를 이용해 아이코드 잇기를 해서 원형단으로 만든다. 이때 코드가 꼬이지 않도록 주의한다.

이끼 섹션 1
A색+D색 실, 줄바늘을 이용해 아이코드 가장자리를 따라 170코를 주운 다음 겉뜨기를 한다. 코를 주워 겉뜨기할 때, 바늘을 안면 근처에 있는 아이코드 코의 두 다리에 넣는다. 마커를 사용했으면 아이코드에서 모두 뺀다.
원형 시작단 : *마커 끼우기, 겉뜨기1, 걸러뜨기1(실 앞), 겉뜨기1, 마커 끼우기, KFB, 겉뜨기13, 중심 3코 모아뜨기, 겉뜨기13, KFB*, *-* 총 5회 반복.
원형 1단 : *마커 걸러뜨기, 걸러뜨기1(실 뒤), 안뜨기1, 걸러뜨기1(실뒤), 마커 걸러뜨기, 겉뜨기31*, *-* 총 5회 반복.
원형 2단 : *마커 걸러뜨기, 겉뜨기1, 걸러뜨기1(실 앞), 겉뜨기1, 마커 걸러뜨기, 왼코 만들기, 겉뜨기14, 중심 3코 모아뜨기, 겉뜨기14, 오른코 만들기*, *-* 총 5회 반복.
원형 1·2단을 2회 더 반복한다.

원형 7단(패턴 1단) : *마커 걸러뜨기, 걸러뜨기1(실 뒤), 안뜨기1, 걸러뜨기1(실 뒤), 마커 걸러뜨기, 드라이브뜨기(3회) 15회, 겉뜨기1, 드라이브뜨기(3회) 15회*, *-* 총 5회 반복.
원형 8단(패턴 2단) : *마커 걸러뜨기, 겉뜨기1, 걸러뜨기1(실 앞), 겉뜨기1, 마커 걸러뜨기, 드라이브뜨기 풀기 15회, 겉뜨기1, 드라이브뜨기 풀기 15회*, *-* 총 5회 반복.
원형 1~8단은 2회 더, 패턴 1·2단은 3회 더 반복하고 다시 패턴 1단을 1회 더 반복한다.

울타리 섹션
라트비아식 꼬기
바탕색 : B색+D색 실을 함께 잡는다.
꼬기색 : A색+D색 실을 함께 잡는다.
원형 1단: [마커 걸러뜨기, 꼬기색 실로 겉뜨기1, 걸러뜨기1(실 앞), 겉뜨기1, 마커 걸러뜨기, *바탕실로 겉뜨기1, 꼬기색 실로 겉뜨기1*, 마커까지 *-* 반복], [-] 총 5회 반복.
다음 두 단에서는 마커와 마커 사이의 짧은 쪽에서 꼬기색 실로 뜰 때 꼬기색과 바탕실 모두를 뜨개바탕 뒤로 가져간다.
원형 2단: [마커 걸러뜨기, 꼬기색 실로 걸러뜨기1(실 뒤), 안뜨기1, 걸러뜨기1(실 뒤), 마커 걸러뜨기, 바탕색과 꼬기색 실을 앞으로 가져오기, *바탕실로 안뜨기1, 꼬기색 실을 바탕실 아래로 가져오기, 꼬기색 실로 안뜨기1, 바탕실을 꼬기색 실 아래로 가져오기*, 마커까지 *-* 반복], [-] 5회 반복.
원형 3단: [마커 걸러뜨기, 꼬기색 실로 겉뜨기1, 걸러뜨기1(실 앞), 겉뜨기1, 마커 걸러뜨기, 바탕색과 꼬기색 실을 앞으로 가져오기, *바탕실로 안뜨기1, 꼬기색 실을 바탕실 위로 가져오기, 바탕실로 안뜨기1, 꼬기색 실을 바탕실 위로 가져오기*, 마커까지 *-* 반복], [-] 총 5회 반복.
꼬기색 실을 자르고 계속 바탕실로 뜬다.

이끼 섹션 2
원형 시작단 : *마커 걸러뜨기, 걸러뜨기1(실 뒤), 안뜨기1, 걸러뜨기1(실 뒤), 마커 걸러뜨기, 겉뜨기31*, *-* 5회 반복.
원형 1단 : *마커 걸러뜨기, 겉뜨기1, 걸러뜨기1(실 앞), 겉뜨기1, 마커 걸러뜨기, 왼코 만들기, (겉뜨기2, 안뜨기2) 3회, 겉뜨기2, 중심 3코 모아뜨기, (겉뜨기2, 안뜨기2) 3회, 겉뜨기2, 오른코 만들기*, *-* 총 5회 반복.
원형 2단 : *마커 걸러뜨기, 걸러뜨기1(실 뒤), 안뜨기1, 걸러뜨기1(실 뒤), 마커 걸러뜨기, 안뜨기1, (겉뜨기2, 안뜨기2) 3회, 겉뜨기5, (안뜨기2, 겉뜨기2) 3회, 안뜨기1*, *-* 총 5회 반복.
원형 3단 : *마커 걸러뜨기, 겉뜨기1, 걸러뜨기1(실 앞), 겉뜨기1, 마커 걸러뜨기, 왼코 만들기, (안뜨기2, 겉뜨기2) 3회, 안뜨기2, 중심 3코 모아뜨기, (안뜨기2, 겉뜨기2) 3회, 안뜨기2, 오른코 만들기*, *-* 총 5회 반복.
원형 4단 : *마커 걸러뜨기, 걸러뜨기1(실 뒤), 안뜨기1, 걸러뜨기1(실 뒤), 마커 걸러뜨기, 겉뜨기1, (안뜨기2, 겉뜨기2) 3회, 안뜨기2, 겉뜨기1, 안뜨기2, (겉뜨기2, 안뜨기2) 3회, 겉뜨기1*, *-* 총 5회 반복.
원형 1~4단을 7회 더 반복한다.

라트비아식 꼬기 Latvian braid
※모헤어를 이용한 라트비아식 꼬기는 힘들 수 있습니다. 이때 모헤어에 밀랍을 바르면 뜨개 작업이 수월해집니다. 색별로 실마다 1.5m 정도에 밀랍을 바르면 실이 엉클어질 걱정이 없습니다. 그래도 3번째 단에서는 꼬임이 풀립니다.
바탕색 : C색+D색 실을 함께 잡는다.
꼬기색 : B색+D색 실을 함께 잡는다.
울타리 섹션과 같은 방식으로 뜨개를 한다. 꼬기색 실을 자르고, 계속 바탕실로 뜬다.

이끼 섹션 3
원형 시작단 : *마커 걸러뜨기, 걸러뜨기1(실 뒤), 안뜨기1, 걸러뜨기1(실 뒤), 마커 걸러뜨기, 겉뜨기31*, *-* 총 5회 반복.
원형 1단 : *마커 걸러뜨기, 겉뜨기1, 걸러뜨기1(실 앞), 겉뜨기1, 마커 걸러뜨기, (겉뜨기3, 걸러뜨기1(실앞)) 7회, 겉뜨기3*, *-* 총 5회 반복.
원형 2단 : *마커 걸러뜨기, 걸러뜨기1(실 뒤), 안뜨기1, 걸러뜨기1(실 뒤), 마커 걸러뜨기, 안뜨기1, (걸러뜨기1(실 뒤), 안뜨기3) 7회, 걸러뜨기1(실 뒤), 안뜨기1*, *-* 총 5회 반복.
원형 1·2단을 15회 더 반복한다.
한 단을 평면뜨기로 팽팽하게 겉뜨기하고, 마커를 모두 뺀다.

아이코드 코막음하기
마지막으로 뜬 평면뜨기 단의 시작 부분에서 니티드 코잡기로 3코 만들기, 겉뜨기2, 겉뜨기로 2코 모아뜨기, 방금 겉뜨기한 3코에 왼바늘을 왼쪽에서 오른쪽으로 넣어 걸러뜬다.
아이코드의 3코가 남을 때까지 위 과정을 반복한다. 단, 아이코드는 팽팽하게 떠야 한다. 실을 짧게 남기고 자른다. 메리야스 잇기를 이용해 남은 3코를 시작단과 잇기를 한다.

마무리하기
실 끝을 보이지 않게 정리한 다음 치수에 맞춰 블로킹한다.

33 에브리데이 칼라 EVERYDAY COLLAR

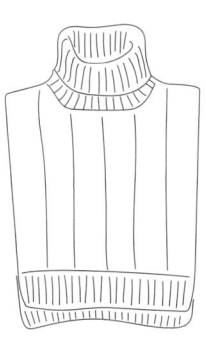

완성 치수
길이 … 51cm
너비 … 38cm

재료
A실 … 이사거 실크 모헤어Isager Silk Mohair(모헤어 75%, 실크 25%, 212m/25g) 6번 4볼
B실 … 브라이트울 스포트 웨이트 랑부예Brightwool Sport Weight Rambouillet(랑부예 100%, 229m/91g) Natural 4볼
실(대체) … 레이스 약 840m, 스포트 약 840m
바늘 … 4mm(US 6) 줄바늘(40cm, 80cm), 4mm(US 6) 대바늘 (코막음용 대바늘 3개)
도구 … 마커

게이지
A색+B색 실로 뜬 본체 패턴 22코×38단

손뜨개 약어
DS Double stitch : 더블스티치.
더블스티치 만들기 MDS, Make double stitch : 다음 코 걸러뜨기(실 앞). 실을 오른바늘 위를 거쳐 뒤로 가져와서 걸러뜬 코를 세게 잡아당겨서 더블스티치(다리 2개)처럼 보이게 만든다.

원통 2코 고무뜨기 코막음 2×2 Tubular bind-off
※클레어 마운틴 마니폰Clare Moutain-Manipon을 응용한 것입니다.
이 코막음은 크게 2단계로 이뤄진다. (1) 2코 고무뜨기를 1코 고무뜨기로 바꾸고, (2) 코막음한다.

2코 고무뜨기를 1코 고무뜨기로 바꾸기
(1) 첫 코 겉뜨기.
(2) 왼바늘의 2번째 코 뒤에 오른바늘을 안뜨기 방향으로 넣는다.
(3) 첫 코와 함께 그 코를 왼바늘에서 뺀다.
(4) 뜨개바탕 앞에서 왼바늘로 코를 줍고, 오른바늘의 첫 코를 다시 왼바늘로 걸러뜬다.
(5) 안뜨기1, 겉뜨기1, 안뜨기1.
(6) 단 끝까지 (1)~(5)를 반복한다.

코막음하기
(1) 실을 고무뜨기 길이보다 3~4배 길게 남기고 자른 다음 돗바늘에 꿴다.
(2) 대바늘의 첫 코에 돗바늘을 겉뜨기 방향으로 넣어 걸러뜨고 코 사이로 실을 잡아 뺀다.
(3) 대바늘의 2번째 코에 돗바늘을 안뜨기 방향으로 넣고 실을 통과시킨다.
(4) 대바늘의 1번째 코에 돗바늘을 안뜨기 방향으로 넣어 걸러뜨고 코 사이로 실을 잡아 뺀다.
(5) 뜨개바탕 뒤에서, 대바늘의 1번째 코와 2번째 코 사이에 돗바늘을 넣고 실을 잡아 뺀다.
(6) 대바늘의 2번째 코에 돗바늘을 겉뜨기 방향으로 넣고 실을 통과시킨다.
(7) 끝까지 (2)~(6)을 반복한다.

POINT
패턴을 뜨는 내내 실은 두 겹으로 진행합니다.

뜨는 법
앞면
선호하는 코잡기로 100코를 만든다.
1단(안면) : 안뜨기3, 1코 남을 때까지 [겉뜨기2, 안뜨기2], 걸러뜨기1.
2단(겉면) : 겉뜨기3, 1코 남을 때까지 [안뜨기2, 겉뜨기2], 걸러뜨기1.
고무뜨기단이 코잡기단부터 7.5cm 될 때까지 1·2단을 반복하고, 안면단으로 끝낸다.

앞판

1단(겉면) : 겉뜨기3, *(걸러뜨기1, 겉뜨기1) 7회, 마커 끼우기, 걸러뜨기2, 마커 끼우기*, *-* 총 5회 반복, [걸러뜨기1, 겉뜨기1] 7회, 겉뜨기2, 걸러뜨기1.

2단(안면) : 안뜨기3, *(안뜨기1, 겉뜨기1) 7회, 마커 걸러뜨기, 안뜨기2, 마커 걸러뜨기*, *-* 총 5회 반복, [안뜨기1, 겉뜨기1] 7회, 안뜨기2, 걸러뜨기1.

3단(겉면) : 겉뜨기3, *(걸러뜨기1, 겉뜨기1) 7회, 마커 걸러뜨기, 걸러뜨기2, 마커 걸러뜨기*, *-* 총 5회 반복, [걸러뜨기1, 겉뜨기1] 7회, 걸러뜨기2, 걸러뜨기1.

앞판이 코잡기단부터 42cm 될 때까지 2·3단을 반복한다.

목 코막음단(겉면) : 33코는 패턴대로 뜨고, 34코는 코막음하고, 나머지 코는 패턴대로 뜬다.

새 대바늘로 33코를 걸러뜨고(오른쪽 앞판용), 왼쪽 앞판용 코는 원래 바늘에 두었다가 나중에 뜬다.

오른쪽 앞판

오른쪽 네크라인 만들기

오른쪽 네크라인 줄이기1(안면) : 안뜨기3, 3코 남을 때까지 패턴대로 뜨기, 겉뜨기로 2코 모아뜨기, 겉뜨기1. (-1코).

오른쪽 네크라인 줄이기2(겉면) : 겉뜨기1, 오른코 2코 모아뜨기, 끝까지 패턴대로 뜨기. (-1코).

오른쪽 네크라인 줄이기 1·2단을 1회 더 반복한다.

남은 코 29코.

줄이기단을 모두 뜨고, 네크라인 줄이기를 두 단마다 겉면에서 계속한다.

1단(안면) : 1코 남을 때까지 패턴대로 뜨기, 겉뜨기1.

2단(겉면) : 겉뜨기1, 오른코 2코 모아 안뜨기, 끝까지 패턴대로 뜨기. (-1코).

3단(안면) : 1코 남을 때까지 패턴대로 뜨기, 겉뜨기1.

4단(겉면) : 겉뜨기1, 오른코 2코 모아뜨기, 끝까지 패턴대로 뜨기. (-1코).

1~4단을 1회 더 반복한다.

남은 코 25코.

오른쪽 어깨 시작하기

패턴대로 3단을 더 뜨고 안면단으로 끝낸다.

오른쪽 어깨선 만들기

경사뜨기 1단(겉면) : 4코 남을 때까지 패턴대로 뜨기, 뜨개바탕 돌리기.

경사뜨기 2단(안면) : 더블스티치 만들기, 끝까지 패턴대로 뜨기.

경사뜨기 3단(겉면) : 더블스티치 3코 전까지 패턴대로 뜨기, 뜨개바탕 돌리기.

경사뜨기 4단(안면) : 더블스티치 만들기, 끝까지 패턴대로 뜨기.

경사뜨기 3·4단을 5회 더 뜬다. 총 6회.

다음 단(겉면) : 모든 더블스티치를 1코처럼 뜨기, 끝까지 패턴대로 뜨기.

다음 단(안면) : 패턴대로 뜬다.

실을 자르고 코들을 바늘에 그대로 걸어둔다.

왼쪽 앞판

왼쪽 네크라인 만들기

목 가장자리에서 새 실을 연결한다.

왼쪽 네크라인 줄이기1(안면) : 겉뜨기1, 오른코 2코 모아뜨기, 끝까지 패턴대로 뜨기. (-1코)

왼쪽 네크라인 줄이기2(겉면) : 3코 남을 때까지 패턴대로 뜨기, 겉뜨기로 2코 모아뜨기, 겉뜨기1. (-1코).

왼쪽 네크라인 줄이기 1·2단을 1회 더 반복한다. 남은 코 29코.

줄이기단을 모두 뜨고, 네크라인 줄이기를 두 단마다 겉면에서 계속한다.

1단(안면) : 겉뜨기1, 끝까지 패턴대로 뜨기.

2단(겉면) : 3코 남을 때까지 패턴대로 뜨기, 겉뜨기로 2코 모아뜨기, 겉뜨기1. (-1코).

3단(안면) : 겉뜨기1, 끝까지 패턴대로 뜨기.

4단(겉면) : 3코 남을 때까지 패턴대로 뜨기, 안뜨기로 2코 모아뜨기, 겉뜨기1. (-1코).

1~4단을 1회 더 반복한다.

남은 코 25코.

왼쪽 어깨 시작하기

패턴대로 2단을 더 뜨고 겉면단으로 끝낸다.

왼쪽 어깨선 만들기

경사뜨기 1단(안면) : 겉뜨기1, 4코 남을 때까지 패턴대로 뜨기, 뜨개바탕 돌리기.

경사뜨기 2단(겉면) : 더블스티치 만들기, 끝까지 패턴대로 뜨기.

경사뜨기 3단(안면) : 겉뜨기1, 더블스티치 3코 전까지 패턴대로 뜨기, 뜨개바탕 돌리기.

경사뜨기 4단(겉면) : 더블스티치 만들기, 끝까지 패턴대로 뜨기.

경사뜨기 3·4단을 5회 더 뜬다.

다음 단(안면) : 모든 더블스티치를 1코처럼 뜨기, 겉뜨기1, 끝까지 패턴대로 뜨기.

실을 자르고 코들을 바늘에 그대로 걸어둔다.

뒷면

선호하는 코잡기로 100코를 만든다.

1단(안면) : 안뜨기3, 1코 남을 때까지 [겉뜨기2, 안뜨기2], 걸러뜨기1.

2단(겉면) : 겉뜨기3, 1코 남을 때까지 [안뜨기2, 겉뜨기2], 걸러뜨기1.

고무뜨기단이 코잡기단부터 7.5cm 될 때까지 1·2단을 반복하고 안면단으로 끝낸다.

뒤판

1단(겉면) : 겉뜨기3, *(걸러뜨기1, 겉뜨기1) 7회, 마커 끼우기, 걸러뜨기2, 마커 끼우기*, *-* 총 5회 반복, [걸러뜨기1, 겉뜨기1] 7회, 겉뜨기2, 걸러뜨기1.

2단(안면) : 안뜨기3, *(안뜨기1, 겉뜨기1) 7회, 마커 걸러뜨기, 안뜨기2, 마커 걸러뜨기*, *-* 총 5회 반복, [안뜨기1, 겉뜨기1] 7회, 안뜨기2, 걸러뜨기1.

3단(겉면) : 겉뜨기3, *(걸러뜨기1, 겉뜨기1) 7회, 마커 걸러뜨기, 걸러뜨기2, 마커 걸러뜨기*, *-* 총 5회 반복, [걸러뜨기1, 겉뜨기1] 7회, 걸러뜨기2, 걸러뜨기1.

뒤판이 코잡기단부터 49.5cm가 될 때까지 2·3단을 반복하고, 겉면단으로 끝낸다.

뒤판 네크라인 & 어깨선 만들기

시작단(안면) : 안뜨기3, *(안뜨기1, 겉뜨기1) 7회, 마커 걸러뜨기, 안뜨기2, 마커 걸러뜨기*, *-* 총 5회 반복, [안뜨기1, 겉뜨기1] 7회 안뜨기2, 걸러뜨기1.

경사뜨기 1단(겉면) : 겉뜨기3, 4코 남을 때까지 패턴대로 뜨기, 뜨개바탕 돌리기.

경사뜨기 2단(안면) : 더블스티치 만들기, 4코 남을 때까지 패턴대로 뜨기, 뜨개바탕 돌리기.

경사뜨기 3단(겉면) : 더블스티치 만들기, 더블스티치 3코 전까지 패턴대로 뜨기, 뜨개바탕 돌리기.

경사뜨기 4단(안면) : 더블스티치 만들기, 더블스티치 3코 전까지 패턴대로 뜨기, 뜨개바탕 돌리기.

경사뜨기 3·4단을 5회 더 뜬다. 총 6회.

경사뜨기 5단(겉면) : 더블스티치 만들기, 모든 더블스티치를 1코처럼 뜨기, 3코 남을 때까지 패턴대로 뜨기, 겉뜨기3.

목 코막음단(안면) : 25코는 패턴대로 뜨고, 모든 더블스티치는 1코처럼 뜨면서 50코는 코막음하고, 나머지 25코는 패턴대로 뜬다.

어깨선 잇기
양쪽 어깨를 똑같은 방법으로 연결한다. 안면을 앞에 두고(앞·뒤판의 겉면끼리 맞닿게). 대바늘 3개를 이용한 코막음으로 앞·뒤판의 어깨 25코를 연결한다.

칼라
겉면을 앞에 두고. 4mm 줄바늘로 칼라 가장자리를 따라 코를 줍는다. 오른쪽 앞판 가장자리부터 시작해 앞판 중앙 가장자리에서 34코. 오른쪽 네크라인 가장자리에서 18코. 뒤판 네크라인 가장자리에서 50코. 왼쪽 네크라인 가장자리에서 18코를 줍는다. 총 120코.
오른쪽 앞판 가장자리 바깥쪽에서 실을 연결하고 시작단을 뜬다.
시작단(겉면): 끝까지 [겉뜨기2, 안뜨기2].
첫 코와 마지막 코를 연결해 원형단으로 만든다. 칼라가 20cm가 될 때까지 2코 고무뜨기를 계속한다. 원통 2코 고무뜨기 코막음을 한다.

마무리하기
실 끝을 보이지 않게 정리한 다음 치수에 맞춰 블로킹한다.

34 플로렌스 FLORENCE

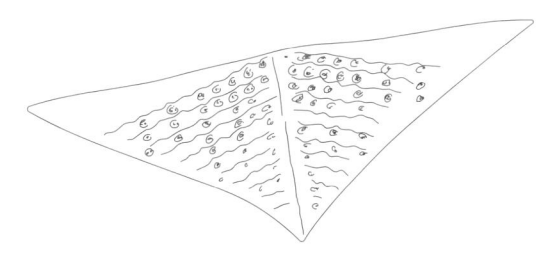

완성 치수
너비 … 290cm
높이 … 110cm

재료
실 … 니팅 포 올리브 메리노 Merino by Knitting for Olive(메리노 100%, 250m/50g) Putty 8볼
실 … 니팅 포 올리브 소프트 실크 모헤어 Soft Silk Mohair Knitting for Olive(모헤어 70%, 실크 30%, 225m/25g) Light Grey 9볼
실(대체) … 각 실 2000m
바늘 … 3.5mm(US 4) 대바늘
도구 … 마커, 꽈배기바늘
※실은 2겹으로 진행합니다.

게이지
안메리야스뜨기 16코×28단

손뜨개 약어
오른코 위 1코와 2코 교차뜨기(아래쪽 안뜨기) 1/2 LPC, 1 over 2 left purl cross : 꽈배기바늘로 1코를 걸러떠서 뜨개바탕 앞에 놓기, 안뜨기2, 걸러뜬 1코 겉뜨기.

왼코 위 1코와 2코 교차뜨기(아래쪽 안뜨기) 1/2 RPC, 1 over 2 right purl cross : 꽈배기바늘로 2코를 걸러떠서 뜨개바탕 뒤에 놓기, 겉뜨기1, 걸러뜬 2코 안뜨기.

오른코 위 1코 교차뜨기(아래쪽 안뜨기) 1/1 LPC, 1 over 1 left purl cross : 꽈배기바늘로 1코를 걸러떠서 뜨개바탕 앞에 놓기, 안뜨기1, 걸러뜬 1코 겉뜨기.

왼코 위 1코 교차뜨기(아래쪽 안뜨기) 1/1 RPC, 1 over 1 right purl cross : 꽈배기바늘로 1코를 걸러떠서 뜨개바탕 뒤에 놓기, 겉뜨기1, 걸러뜬 1코 안뜨기.

구슬뜨기 : 다음 코에서 [겉뜨기1, 안뜨기1] 2회, 뜨개바탕 돌리기, 안뜨기4, 뜨개바탕 돌리기, 겉뜨기4, 뜨개바탕 돌리기, P2TOG 2회, 뜨개바탕 돌리기, K2TOG. 안면에서 구슬뜨기를 만나면 겉뜨기 1코를 뜬다.

꽃 하부 : 3코로 뜬다. K2TOG를 하는데 왼바늘의 첫 코는 떨어뜨리고 2번째 코는 떨어뜨리지 않고. 다음 코를 겉뜨기하는데 바늘에서 떨어뜨리지 않기. SSK. 안면에서 이런 코가 나오면 안뜨기1, 겉뜨기1, 안뜨기1를 뜬다.

꽃 상부 : 3코로 뜬다. 안뜨기로 M1L, 겉뜨기 방향으로 걸러뜨기1(실 뒤), K2TOG, 걸러뜬 코 덮어씌우기, 안뜨기로 오른코 만들기. 안면에서 이런 코가 나오면 3코 모두 겉뜨기를 한다.

왼쪽 잎 하부 : 3코로 뜬다. 1코를 꽈배기바늘로 걸러떠서 뜨개바탕 앞에 놓기. 걸러뜬 1코를 겉뜨기하는데 꽈배기바늘에서 떨어뜨리지 않고 뜨개바탕 앞에 놓기. 안뜨기1, 꽈배기바늘의 걸러뜬 1코를 왼바늘로 돌려보내기. SSK. 안면에서 이런 코가 나오면 안뜨기1, 겉뜨기, 안뜨기1을 뜬다.

오른쪽 잎 하부 : 3코로 뜬다. 오른바늘로 1코를 안뜨기 방향으로 걸러뜨고, 꽈배기바늘로 1코를 걸러떠서 뒤에 놓고, 오른바늘로 걸러뜬 코를 다시 왼바늘로 걸러뜨고, K2TOG를 하는데 첫 코는 떨어뜨리고 2번째 코는 왼바늘에 그대로 둔다. 꽈배기바늘의 코를 안뜨기하고, 다음 코는 겉뜨기한다. 안면에서 이런 코를 만나면 안뜨기1, 겉뜨기1, 안뜨기1를 뜬다.

1코 만들기 M1 : 다음 코 앞의 가로줄을 겉뜨기(겉뜨기 1코와 그 아래에 구멍이 생긴다).

안뜨기로 1코 만들기 M1P : 다음 코 앞의 가로줄 아래로 왼바늘을 앞에서 뒤로 넣어 앞고리에서 안뜨기.

PUK Pick up and knit : 코 주워 겉뜨기.

POINT
도안 2·3·4
중심코는 오른쪽과 왼쪽 도안 모두에 나와 있지만, 한 번만 뜹니다.
※빈칸은 안뜨기코이고, 점은 겉뜨기코입니다.
전체적으로 가장자리와 가운데 늘리기는 패턴대로 계속 뜨다가 마커가 나오면 걸러뜹니다. 도안에는 겉면단만 표시되어 있으며(시작 도안 제외). 안면단은 다음과 같이 뜹니다.
(전체적으로 2단과 4단을 번갈아 뜨세요).
2단 : 겉뜨기1, KFB, 2코 남을 때까지 뜨기, KFB, 겉뜨기1. (+2코).
4단 : 겉뜨기1, 1코 남을 때까지 뜨기, 겉뜨기1.
추가 반복할 때는 모든 단에서 콧수가 늘어납니다. 이런 증가 코 중 일부는 숄 가장자리의 안메리야스뜨기 섹션에 추가되며, 그래서 안메리야스뜨기 섹션이 단마다 넓어집니다. 그 단에서 패턴의 코를 언제 시작해야 하는지 단의 시작부터 코를 세야 하는데, 이런 섹션들이 넓어지므로 코 세기가 어려워집니다.
따라서 숄의 오른쪽부터 코를 세는 대신 도안을 이용해 이전 단의 코를 기준으로 패턴의 시작코를 찾는 것을 추천합니다. 꽃 모티브는 서로 연결되어 연속선을 만듭니다.

뜨는 법
섹션 1 시작하기
가터 탭 코잡기
선호하는 코잡기로 3코를 만든다. 가터뜨기(모든 단에서 겉뜨기)로 6단을 뜬다. 6단이 끝나고, 뜨개바탕의 방향을 돌리지 않는다. 뜨개바탕을 90도 돌리고 옆선에서 3코를 주워 겉뜨기한다. 뜨개바탕을 다시 90도 돌리고 코잡기단에서 3코를 주워 겉뜨기한다. 9코.
도안 1을 1회 뜬다. 29코.
이 도안에는 숄 전체에서 반복하는 가장자리와 가운데 4단 늘리기 패턴이 있다. 이런 단들을 뜨는 동시에 도안을 계속한다.
기본 1단(겉) : 겉뜨기1, PFB, 마커까지 도안대로 뜨기, M1P, 겉뜨기1, M1P, 2코 남을 때까지 도안대로 뜨기, PFB, 겉뜨기1. (+4코).
기본 2단(안면) : 겉뜨기1, KFB, 2코 남을 때까지 뜨기, KFB, 겉뜨기1. (+2코).
기본 3단 : 기본 1단을 반복한다. (+4코).
기본 4단 : 겉뜨기1, 1코 남을 때까지 뜨기, 겉뜨기1.

섹션 2 꽃
도안 2(오른쪽)와 도안 2(왼쪽)를 1회 뜬다. 27~50단을 3회 더 뜬다.
도안 2를 처음 반복하는데, 가운데 늘리기는 도안에 나오지 않는다. 겉뜨기줄(기둥)을 분리하는 안뜨기 9코를 만나면 항상 가운데 코 전후에 또 다른 겉뜨기줄을 더해야 한다. 도안 2를 반복할 때마다 도안에 표시된 패턴이 1회 추가 반복된다.
섹션을 끝내면 숄 양쪽에 꽃 모티브가 5개씩 생긴다.
335코.

섹션 3 꽃+잎
도안 3(오른쪽)과 도안 3(왼쪽)을 2회 뜬다. 2번째 반복할 때는 가운데 코 전의 마지막 겉뜨기줄을 생략하고, M1P를 한다.
※도안은 아래에서 위로, 오른쪽에서 왼쪽으로 뜹니다. 반복하기 전에 패턴을 보고 도안 왼쪽부터 코를 세서 꽃 상부 위치와 잎 하부 위치를 확인하세요. 꽃 상부가 될 겉뜨기줄을 표시하는 마커를 추가로 끼우면 좀 더 편합니다.
이 섹션을 끝내면 숄 양쪽에 잎 1개로 분리되는 꽃 모티브가 5개씩 있다.
575코.

섹션 4 꽃+잎 3개
이 지점에서는 숄의 너비가 넓어지므로 도안에 모두 담을 수 없다. 도안 4(오른쪽)와 도안 4(왼쪽)를 1회 뜬다. 꽃+잎을 아래의 표와 같은 색 순으로 뜬다.
이 섹션을 끝내면 양쪽에 잎 3개와 분리되는 꽃 모티브가 3개씩 있고, 맨 윗단에서는 잎 2개로 끝난다.
695코.

왼쪽	가운데	오른쪽
BACBBACBBA	가운데 코	ABBCABBCAB
A=잎 상부, 꽃 하부		
B=잎만		
C=꽃 상부, 잎 하부		

마무리하기
인비저블 아이코드 마무리Invisible I-cord finishing를 다음과 같이 한다. 마지막 안면단을 끝낼 때, 선호하는 코잡기로 1코 만들고 방향을 돌린다. *겉뜨기1, 겉뜨기로 2코 모아 꼬아뜨기, 왼바늘로 2코 걸러뜨기*, 왼바늘에 2코 남을 때까지 *-*을 반복한다. 코막음한다.
실 끝을 보이지 않게 정리한 다음 치수에 맞춰 블로킹한다.

미리엄 월치쇼슬

미리엄 월치쇼슬 플로렌스

도안 1

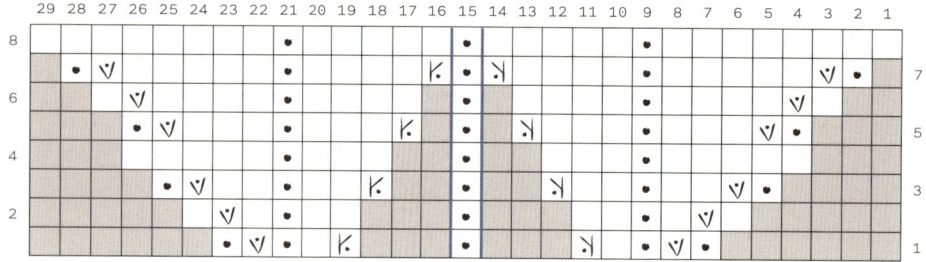

•	겉면 : 겉뜨기 / 안면 : 안뜨기
□	겉면 : 안뜨기 / 안면 : 겉뜨기
ᐟ.	M1RP
ᐟ	M1LP
V	겉면 : PFB / 안면 : KFB
▓	코 없음
⊕	구슬뜨기
⟋	1/1 LPC
⟍	1/1 RPC
⟋⟍	1/2 LPC
⟋⟍	1/2 RPC
⟋⟍	왼쪽 잎 하부
⟋⟍	오른쪽 잎 하부
⟋⟍	꽃 상부
⟋⟍	꽃 하부
▭	중심코 표시 마커
▭	계속 안메리야스뜨기와 늘리기
▭	반복
▭	섹션 1만 : 27~50단을 3회 더 반복한다
▭	이전 도안의 마지막 2단 : 뜨지 않는다

도안 2 오른쪽

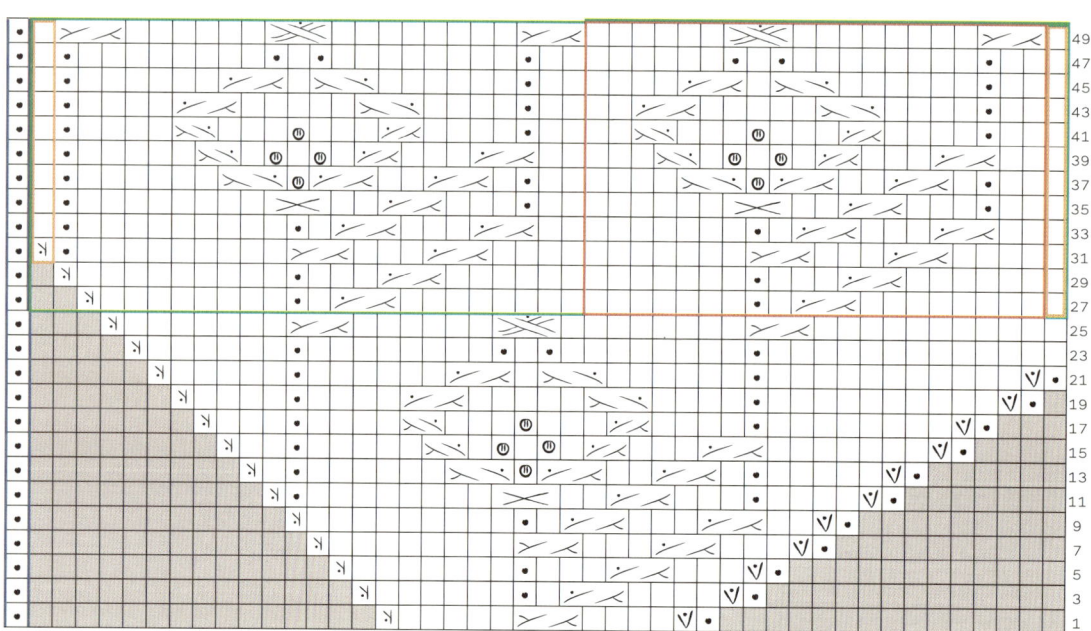

도안 2 왼쪽

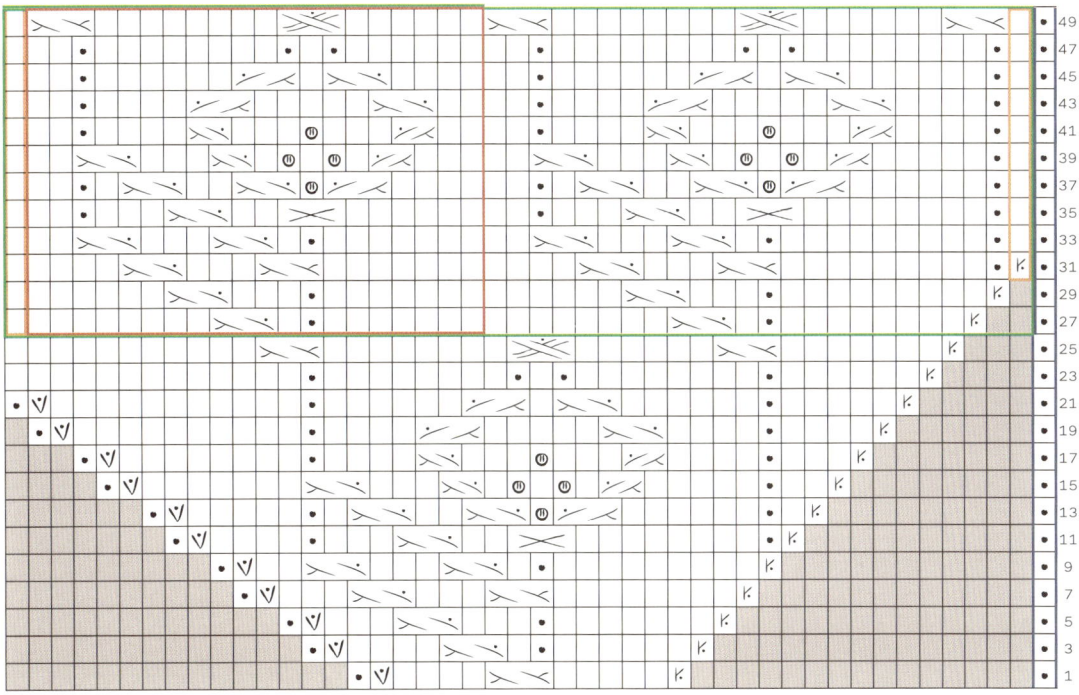

도안 3 오른쪽

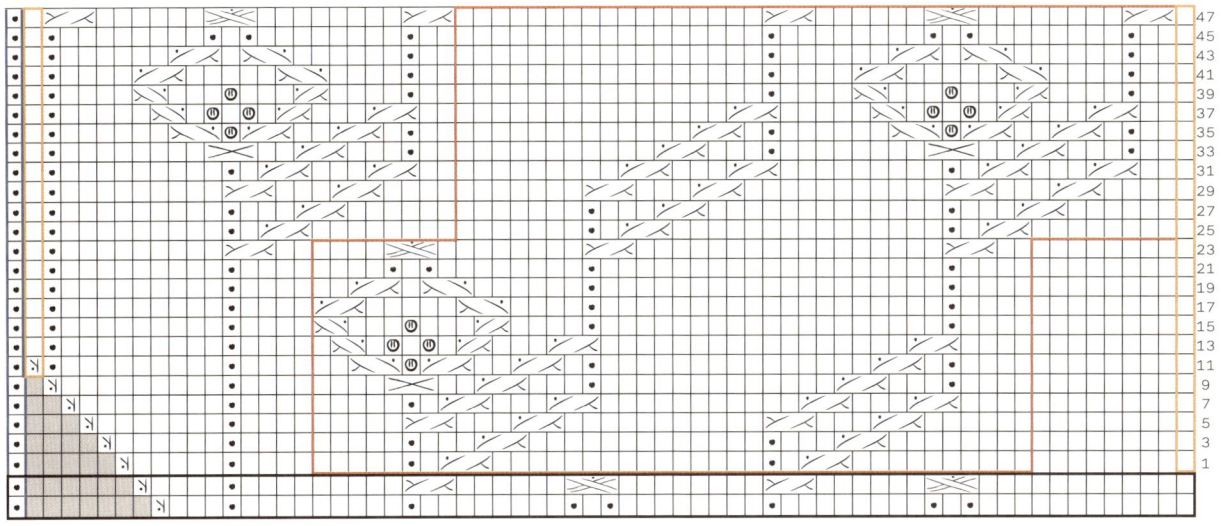

도안 3 왼쪽

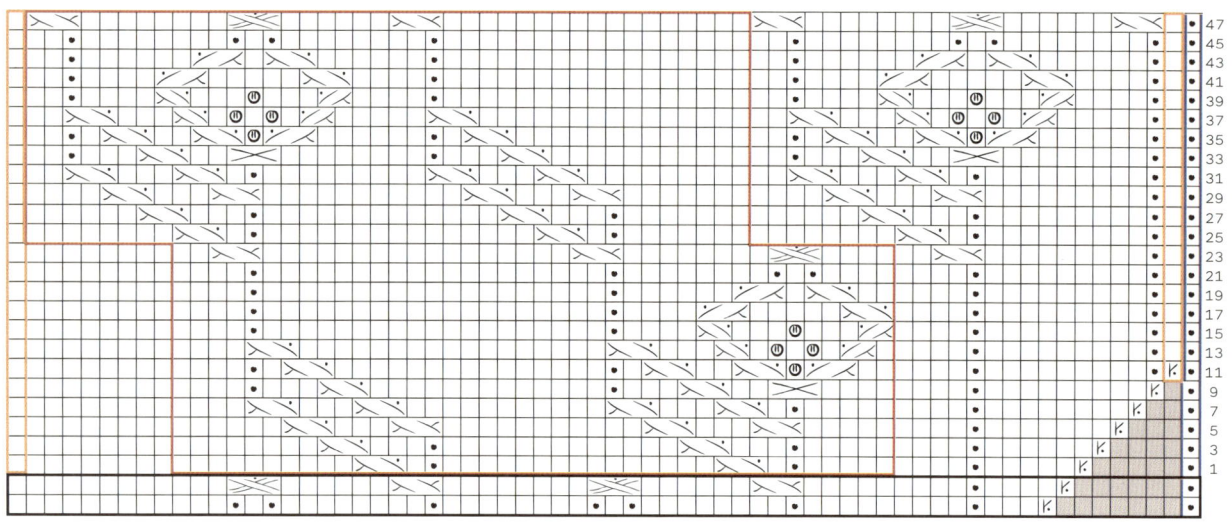

도안 4 오른쪽

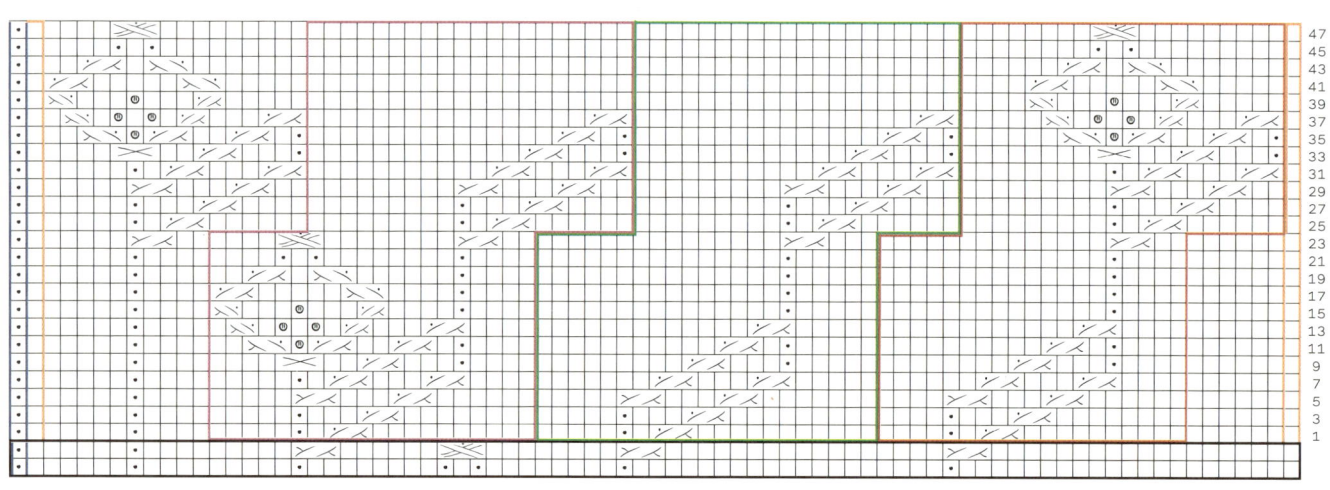

도안 4만

- A 반복
- B 반복
- C 반복

미리엄 월치쇼슬

도안 4 왼쪽

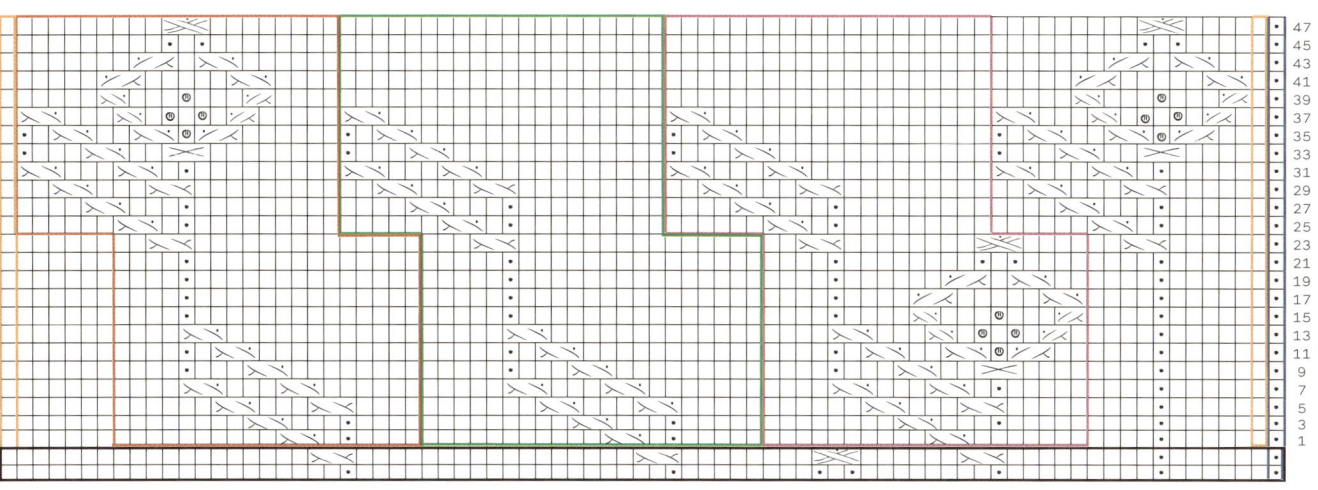

35 이네이 INEY

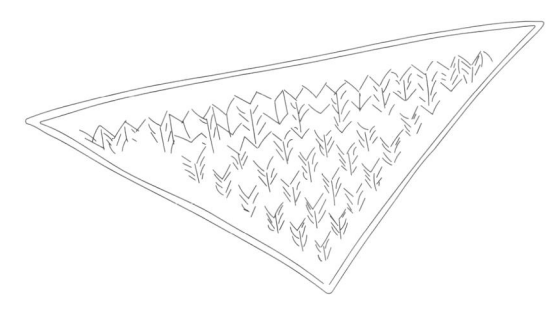

완성 치수
너비 … 200cm
높이 … 95cm

재료
실 … 글라피라스 얀 페오도시아 Feodosiia by Glafira's Yarn (슈퍼 파인 램스울 100%, 230m/50g) Derby Grey (024) (바탕색, 배경색) 3볼, Flannel Grey (023) (배색 1, 도미넌트색 1) 3볼, Soft Denim (031) (배색 2, 도미넌트색 2) 2볼
실(대체) … 핑거링 얀 (바탕색) 530m, 핑거링 얀 (배색 1) 690m, 핑거링 얀 (배색 2) 330m
바늘 … 4mm (US 6) 줄바늘, 4mm (US 6) 장갑바늘(옵션). 추가 코드가 있는 3.5mm (US 4) 줄바늘(120cm) 또는 3.5mm (US 4) 줄바늘(120cm)×3개 (가두리용)
도구 … 마커, 자투리실 또는 스티치 홀더, 4mm (US G/6) 코바늘

게이지
원형 배색뜨기 (도안 3, 4mm 바늘) 24코×27단
원형 메리야스뜨기 (3.5mm 바늘) 24코×32단

POINT
보텀 업Bottom up 원형뜨기를 하는 이 숄은 단을 뜰 때마다 코가 증가합니다. 숄을 다 뜬 후에는 스틱코를 자르고 가장자리에 접은 가두리를 덧댑니다. 도안에 스틱코는 표시하지 않았습니다. 시작할 때는 장갑바늘을 이용하거나 매직 루프로 뜰 수 있습니다. 배색뜨기할 때 걸치는 실을 너무 팽팽하게 당기지 않도록 조심하세요. 바탕색은 배경색이고, 뒤에 걸치는 배경색은 도미넌트색 위에 있어야 합니다. 도안 5·6·7의 원형 31단을 끝내고 배색 2실을 연결합니다. 배색 2실은 바탕색과 배색 1실 아래에 걸칩니다. 도안 5·6·7의 원형 39단에서 배색 1실은 배경색으로, 배색 2실은 도미넌트색입니다. 배색 2실을 배색 1실 아래에 걸친다는 말입니다. 뜨개바탕의 두께를 유지하기 위해 파트 5는 배색 2실을 2겹으로 뜹니다. 즉, 배경색 실과 도미넌트색 실로 배색뜨기를 하는데, 도미넌트색으로 배색 2실을 2겹으로 잡습니다. 별도의 설명이 없으면 마커는 걸러뜨기입니다.

손뜨개 약어
왼코 늘리기LLI : 방금 뜬 오른바늘에 있는 코의 2단 아래 코의 왼쪽 다리를 주워서 겉뜨기. (+1코).
오른코 늘리기RLI : 왼바늘에 있는 다음 코의 아랫단 코의 오른쪽 다리를 주워서 겉뜨기. (+1코).
K&T Knit & trap float : 2색 배색뜨기는 명시된 색으로 1코를 겉뜨기하고, 안면에서 사용하지 않는 실과 꼬아서 그 실을 가둬놓는다.
3색 배색뜨기 : 명시된 색으로 1코를 겉뜨기하고, 안면에서 사용하지 않는 2색의 실들과 꼬아서 그 실들을 가둬놓는다. 배색 1실로 떠야 하는 코들은 뜨는 실과 배색 2실만 꼰다.

패턴 뜨기
스틱코는 원형단의 시작에 있는 4코와 끝에 있는 4코, 총 8코로 뜬다.

2색 배색뜨기
원형단 시작 : [(배색 1) 겉뜨기1, (바탕색) 겉뜨기1] 2회.
원형단 끝 : [(바탕색) 겉뜨기1, (배색 1) 겉뜨기1] 2회.

3색 배색뜨기
(도안 5·6·7의 32단에서 시작한다.)
원형단 시작 : (배색 1) 겉뜨기1, (배색 2) 겉뜨기1, (배색 1) 겉뜨기1, (바탕색) 겉뜨기1.
원형단 끝 : (바탕색) 겉뜨기1, (배색 1) 겉뜨기1, (배색 2) 겉뜨기1, (배색 1) 겉뜨기1.

2색 배색뜨기
(도안 5·6·7의 39단에서 시작한다.)
원형단 시작 : [(배색 2) 겉뜨기1, (배색 1) 겉뜨기1] 2회.

원형단 끝 : [(배색 1) 겉뜨기1, (배색 2) 겉뜨기1] 2회.

배경색+도미넌트색(단색 2가닥) 배색뜨기
원형단 시작 : [(도미넌트색) 겉뜨기1, (배경색) 겉뜨기1] 2회.
원형단 끝 : [(배경색) 겉뜨기1, (도미넌트색) 겉뜨기1] 2회.

뜨는 법
시작하기
배색 1실을 이용해 롱테일 코잡기로 10코를 만든다. 원형단의 시작 표시 마커를 끼우고. 원형단으로 연결한다. 바탕실도 연결한다.
원형 1단 : 스틱 4코, 마커 끼우기, (배색 1) 겉뜨기 2. 마커 끼우기, 스틱 4코.
원형 2단 : 스틱 4코, 마커 걸러뜨기, (배색 1) K&T, (배색 1) LLI, (배색 1) RLI, (배색 1) K&T, 마커 걸러뜨기, 스틱 4코. (+2코. 4코+스틱8코).
원형 3단 : 스틱 4코, 마커 걸러뜨기, (배색 1) K&T, (배색 1) 겉뜨기1, (배색 1) M1L, (배색 1) 겉뜨기1, (배색 1) K&T, 마커 걸러뜨기, 스틱 4코. (+1코. 5코+스틱8코).

본체
모든 원형단은 도안에 표시하지 않은 스틱코로 시작하고 끝난다는 점을 주의한다.

파트 1
원형 1단 : 스틱 4코, 마커 걸러뜨기, 도안 1 뜨기, 마커 걸러뜨기, 스틱 4코.
도안의 모든 단을 뜰 때까지 이 원형단을 뜬다.
61코+스틱8코.

파트 2
원형 1단 : 스틱 4코, 마커 걸러뜨기, 도안 2 뜨기, 도안 3의 1~20코 뜨기, 도안 4 뜨기, 마커 걸러뜨기, 스틱 4코.
도안의 모든 단을 뜰 때까지 이 원형단을 뜬다.
101코+스틱8코.

파트 3
※2번째 원형단의 첫 코를 뜰 때. 도안 3을 1번째 반복할 때만 걸치는 실을 가둡니다.
원형 1단 : 스틱 4코, 마커 걸러뜨기, 도안 2 뜨기, 도안 3 1회 뜨기, 도안 3의 1~20코 뜨기, 도안 4 뜨기, 마커 걸러뜨기, 스틱 4코.
도안의 모든 단을 뜰 때까지 이 원형단을 뜬다. 필요하면 도안 3은 마커를 끼워 표시한다.
141코+스틱8코.
도안 3의 반복 횟수를 1회씩 늘리면서 파트 3을 5회 더 반복한다. 필요하면 도안 3을 반복할 때마다 마커를 끼워 표시한다. 341코+스틱8코.

파트 4
※2번째 원형단의 첫 코를 뜰 때. 도안 6을 1번째 반복할 때만 걸치는 실을 가둡니다.
다음과 같이 뜨는데. 원형 31단을 끝내면 3색 배색뜨기를 위해 배색 2실을 연결한다. 원형 38단을 끝내면 2색 배색뜨기를 위해 바탕실을 자른다.
원형 1단 : 스틱 4코, 마커 걸러뜨기, 도안 5 뜨기, 도안 6을 7회 뜨기, 도안 6의 1~20코 뜨기, 도안 7 뜨기, 마커 걸러뜨기, 스틱 4코.
도안의 모든 단을 뜰 때까지 이 원형단을 뜬다.
423코+스틱8코.

파트 5
배색 1실을 자르고 새로 배색 2실을 연결해 같은 색 2가닥으로 다음과 같이 뜬다.
원형 1단 : 스틱 4코, 마커 걸러뜨기, (도미넌트색) K&T, (도미넌트색) LLI, (도미넌트색) 겉뜨기1, (배경색) 겉뜨기2, *(도미넌트색) 겉뜨기2, (배경색) 겉뜨기2*, 마커 1코 전까지 *-* 반복, RLI, (도미넌트색) K&T, 마커 걸러뜨기, 스틱 4코. (+2코).
원형 2단 : 스틱 4코, 마커 걸러뜨기, (도미넌트색) K&T, (도미넌트색) LLI, *(도미넌트색) 겉뜨기2, (배경색) 겉뜨기2*, 마커 2코 전까지 *-* 반복, (도미넌트색) 겉뜨기1, (도미넌트색) RLI, (도미넌트색) K&T, 마커 걸러뜨기, 스틱 4코. (+2코).
원형 3단 : 스틱 4코, 마커 걸러뜨기, (도미넌트색) K&T, (도미넌트색) LLI, (배경색) 겉뜨기1, *(도미넌트색) 겉뜨기2, (배경색) 겉뜨기2*, 마커 3코 전까지 *-* 반복, (도미넌트색) 겉뜨기2, (도미넌트색) RLI, (도미넌트색) K&T, 마커 걸러뜨기, 스틱 4코. (+2코).
원형 4단 : 스틱 4코, 마커 걸러뜨기, (도미넌트색) K&T, (도미넌트색) LLI, (배경색) 겉뜨기2, *(도미넌트색) 겉뜨기2, (배경색) 겉뜨기2*, 마커 4코 전까지 *-* 반복, (도미넌트색) 겉뜨기2, (배경색) 겉뜨기1, (도미넌트색) RLI, (도미넌트색) K&T, 마커 걸러뜨기, 스틱 4코. (+2코).
원형 1~4단을 5회 더 반복한다.
471코+스틱8코.
마지막 원형단에서 처음 스틱 4코 코막음하기. 마커 걸러뜨기, 마커까지 표시된 대로 뜨기, 마커 걸러뜨기, 마지막 스틱 4코 코막음하기.

자투리실이나 스티치 홀더에 471코를 걸어둔다. 스틱코를 자르기 전에. 스틱코 가운데의 양쪽에 코바늘로 짧은뜨기 한 줄을 떠서 스틱코를 보강한다. 바탕색 실을 이용해 가운데 스틱 2코 중 한 코의 바깥쪽 다리와 그 옆 코의 이웃한 다리를 연결하는 짧은뜨기를 한다. 또는 선호하는 보강법으로 스틱코를 튼튼하게 한다. 이때 코바늘뜨기를 팽팽하게 하지 않도록 주의한다. 두 스틱코 사이에서 뜨개바탕을 자른다.

가두리 겉면
원형 시작단 : 숄의 아래쪽 모서리에서 새로 배색 1실을 연결한다. 가는 바늘로 숄의 오른쪽을 따라 236코를 주워 겉뜨기한다. 코를 주워 겉뜨기를 모든 단에서 하는데. 대바늘을 마지막 스틱코(숄 본체의 첫 코)의 옆 코 가운데에 넣는다. 마커 끼우기, 걸어놓은 471코 겉뜨기, 마커 끼우기. 오른쪽과 마찬가지로 숄의 왼쪽을 따라 236코를 주워서 겉뜨기. 마커 끼우기(원형단 시작 표시). 원형단으로 연결한다. (943코).
원형 1단 : 겉뜨기.
원형 2단 : *겉뜨기1, LLI, 마커 1코 전까지 겉뜨기, RLI, 겉뜨기1, 마커 걸러뜨기*. *-* 2회 더 반복. (+6코).
원형 1·2단을 1회 더 반복한다. (955코).
원형 1단을 1회 더 반복한다. 살아 있는 코들은 홀더에 걸어둔다.

가두리 안면
원형 시작단 : 안면 쪽으로 뜨개바탕 돌리기. 가두리의 겉면을 위해 원형 시작단을 뜰 때 숄의 아래쪽 모서리에서 시작해 안뜨기 튀어나온 곳에서 236코 줍기. 마커 끼우기, 가장 넓은 가장자리를 따라 안뜨기 튀어나온 곳에서 471코 줍기. 마커 끼우기. 남은 옆선을 따라 안뜨기 튀어나온 곳에서 236코 줍기. 새로 배색 1실을 연결한다. 마커 끼우기(원형단 시작 표시). 원형단으로 연결한다. (943코).
원형 1단 : 겉뜨기.
원형 2단 : *겉뜨기1, LLI, 마커 1코 전까지 겉뜨기, RLI, 겉뜨기1, 마커 걸러뜨기*. *-* 2회 더 반복. (+6코).
원형 1·2단을 1회 더 반복한다. (955코).
원형 1단을 1회 더 반복한다.
메리야스 잇기로 가두리 양쪽을 연결한다.

마무리하기
실 끝을 보이지 않게 정리한 다음 치수에 맞춰 블로킹한다.

나탈리아 시넬슈치코바 이네이

도안 1

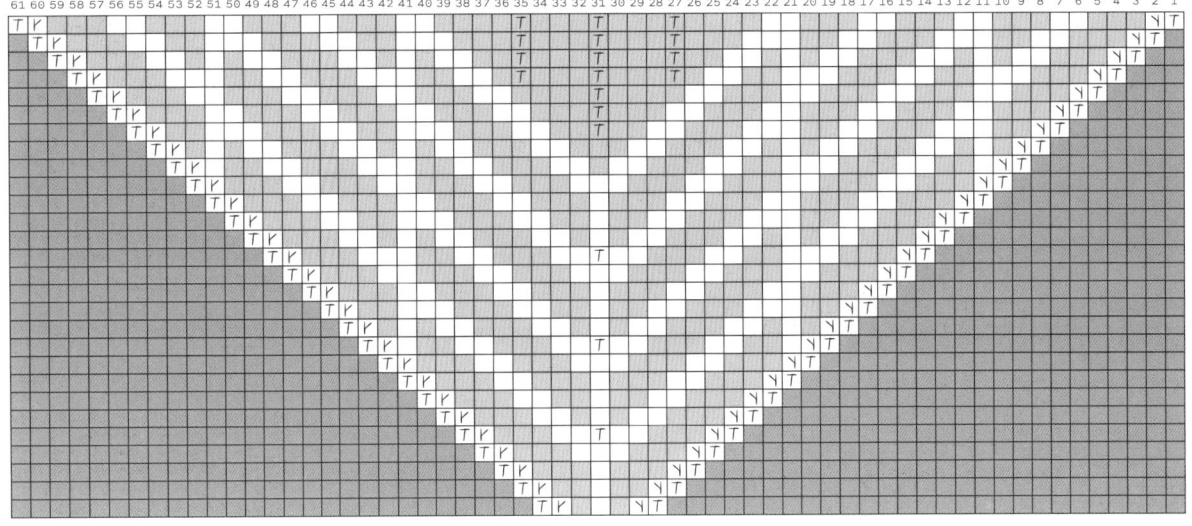

	바탕색	ㅅ	LLI
	배색 1	ㅅ	RLI
	배색 2	T	K&T
	코 없음		

도안 2

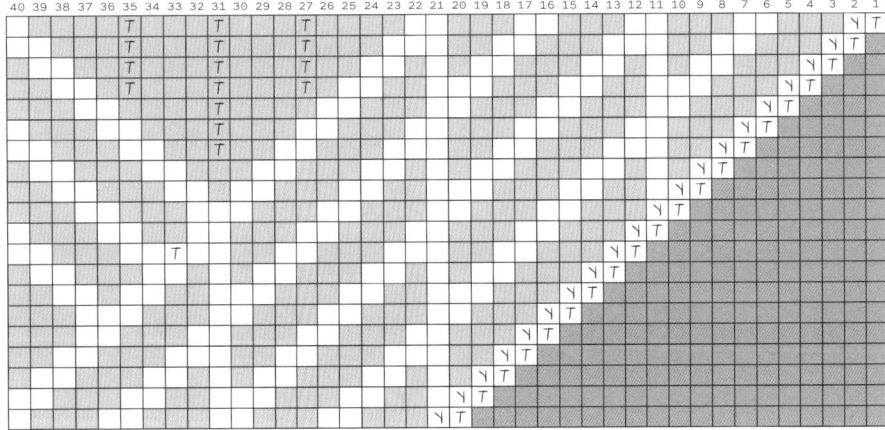

도안 3

도안 4

나탈리아 시넬슈치코바 이네이

도안 5

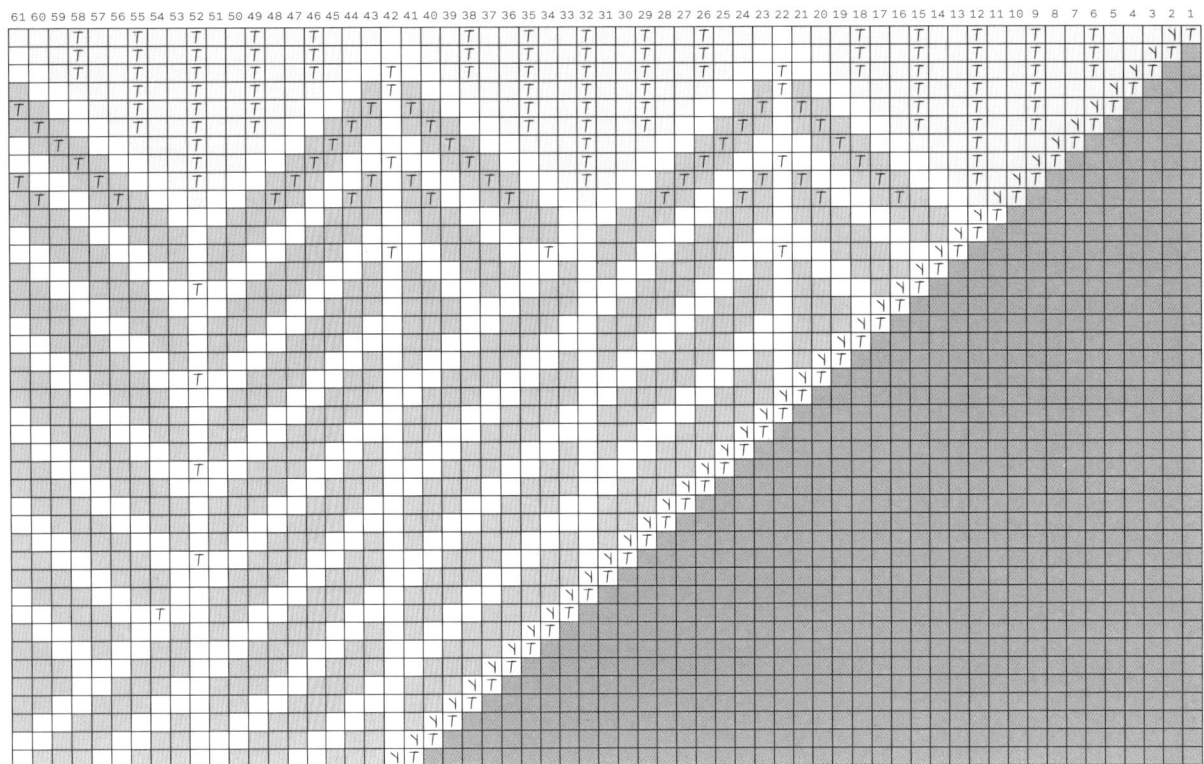

도안 6

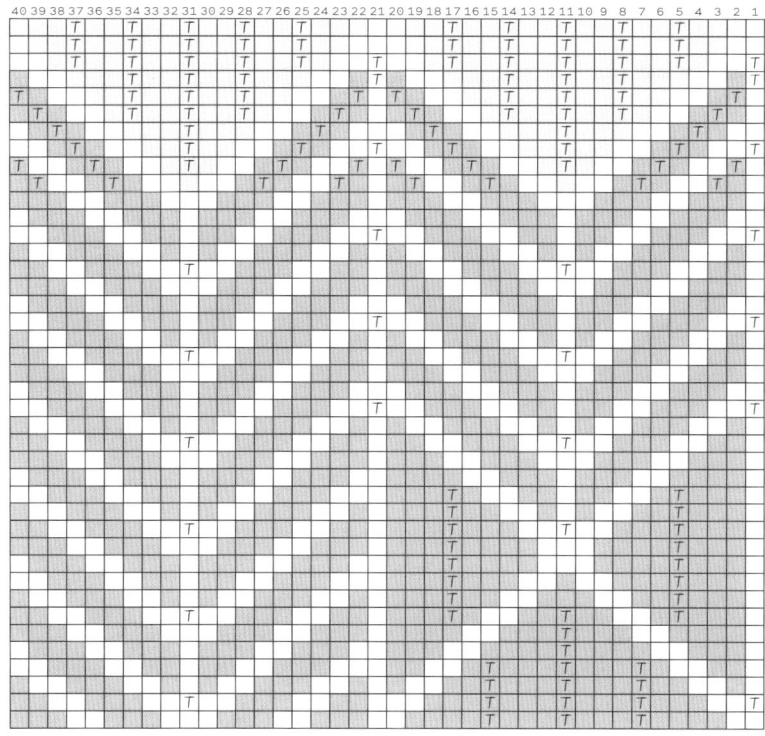

도안 7

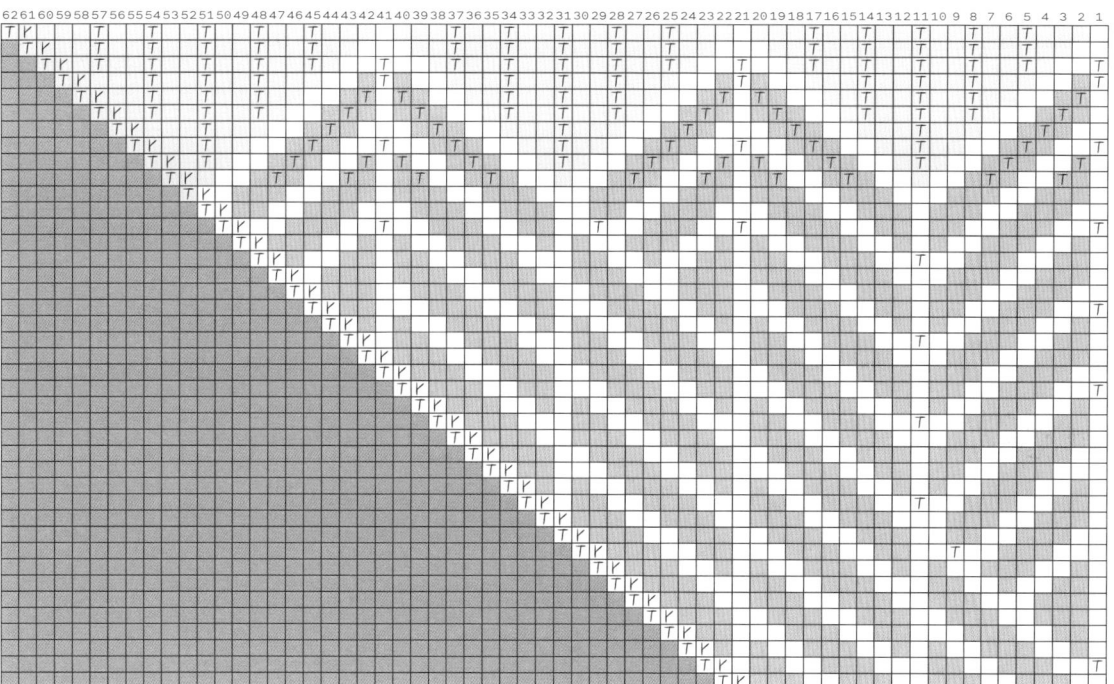

36 무이 MOOI

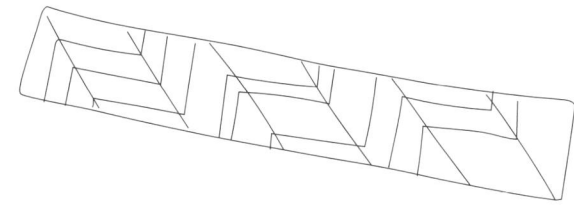

완성 치수
길이 … 180cm
폭 … 32cm

재료
실 … 카사케르호 폼폼 수오마 싱글 Suoma Single by Kässäkerho Pom Pom (울 100%, 205m/50g) Lempi(바탕색) 2볼, Vispi(배색 1) 2볼, Koralli(배색 2) 1볼
실(대체) … 핑거링 얀(바탕색) 377m, 핑거링 얀(배색 1) 250m, 핑거링 얀(배색 2) 209m
바늘 … 3.25mm(US 3) 줄바늘
도구 … 마커 2개
※색의 블록 구성은 작업자의 마음이지만, 몇 단에서 색을 바꿔야 좋은지 패턴에 나와 있습니다. 제시한 색 비율을 따라 하고 싶다면 스케치를 스트라이프 가이드로 이용하세요.

게이지
패턴 뜨기 22코×46단

손뜨개 약어
줄이기 마커 DECM, Decrease marker : 더블 줄이기 코에 끼움.
늘리기 마커 INCM, Increase marker : 더블 늘리기 코에 끼움.
걸러뜨기1(실 앞)-겉뜨기로 꼬아뜨기 SL1WYIF-KTBL : 실을 앞에 두고 안뜨기 방향으로 1코 걸러뜨고, 그 코의 뒷고리에서 겉뜨기1. (+1코.)
걸러뜨기2(겉뜨기 방향)-겉뜨기1-덮어씌우기2 SL2 KWISE-K1-P2SSO : 겉뜨기 방향으로 2코 걸러뜨고, 겉뜨기1, 걸러뜬 2코로 덮어씌우기. (-2코.)

POINT
각 섹션은 네 파트로 이뤄져 있습니다(A~C+코막음/코잡기). 섹션을 총 3회 반복합니다.

뜨는 법
코잡기 & 시작하기
롱테일 코잡기로 141코를 만든다. 겉면을 앞에 놓고, 중심코(줄이기 마커)와 왼쪽 마지막 코(늘리기 마커)에 마커를 끼운다. 마커를 실제 코에 끼우고, 패턴에는 이 마커 앞의 코들을 계산에 넣으라는 언급이 나오니 주의한다.

파트 A
파트 A에서는 스카프의 Z자 모양이 만들어진다. 줄이기 마커는 더블 줄이기 선을 표시하고, 늘리기 마커는 스카프에서 대각선으로 뻗어 나가는 더블 늘리기 선을 표시한다. 이 섹션에서는 콧수의 변화가 없다.

1단(안면) : SL1WYIF, 10코 남을 때까지 [겉뜨기9, SL1WYIF], 겉뜨기10.

2단(겉면) : SL1WYIF, 겉뜨기4, 줄이기 마커 5코 전까지 [SL1WYIF, 겉뜨기9], SL1WYIF, 겉뜨기3, SL2 KWISE-K1-P2SSO, 겉뜨기3, SL1WYIF, 늘리기 마커 4코 전까지 [겉뜨기9, SL1WYIF], 겉뜨기3, KFB, KFB.

3단 : 안뜨기1, SL1WYIF, 안뜨기1, 줄이기 마커 8코 전까지 [겉뜨기9, SL1WYIF], 겉뜨기8, SL1WYIF, 겉뜨기8, 1코 남을 때까지 [SL1WYIF, 겉뜨기9], 겉뜨기1.

4단 : SL1WYIF, 겉뜨기4, 줄이기 마커 4코 전까지 [SL1WYIF, 겉뜨기9], 겉뜨기2, SL2 KWISE-K1-P2SSO, 겉뜨기2, SL1WYIF, 늘리기 마커 5코 전까지 [겉뜨기9, SL1WYIF], 겉뜨기4, KFB, KFB, 겉뜨기1.

5단 : SL1WYIF, 겉뜨기1, SL1WYIF, 겉뜨기1, SL1WYIF, 줄이기 마커 7코 전까지 [겉뜨기9, SL1WYIF], 겉뜨기7, SL1WYIF, 겉뜨기7, 1코 남을 때까지 [SL1WYIF, 겉뜨기9], 겉뜨기1.

6단 : SL1WYIF, 겉뜨기4, 줄이기 마커 3코 전까지 [SL1WYIF, 겉뜨기9], 겉뜨기1, SL2 KWISE-K1-P2SSO, 겉뜨기1, SL1WYIF, 늘리기 마커 6코 전까지 [겉뜨기9, SL1WYIF], 겉뜨기5, KFB, KFB, 겉뜨기2.

7단 : SL1WYIF, 겉뜨기2, SL1WYIF, 겉뜨기2, SL1WYIF, 줄이기 마커 6코 전까지 [겉뜨기9, SL1WYIF], 겉뜨기6, SL1WYIF, 겉뜨기6, 1코 남을 때까지 [SL1WYIF, 겉뜨기9], 겉뜨기1.

8단 : SL1WYIF, 겉뜨기4, 줄이기 마커 2코 전까지 [SL1WYIF, 겉뜨기9], SL1WYIF, SL2 KWISE-K1-P2SSO, SL1WYIF, 늘리기 마커 7코 전까지 [겉뜨기9, SL1WYIF], 겉뜨기6, KFB, KFB, 겉뜨기3.

9단 : SL1WYIF, 겉뜨기3, SL1WYIF, 겉뜨기3, SL1WYIF, 줄이기 마커 5코 전까지 [겉뜨기9, SL1WYIF], 겉뜨기5, SL1WYIF, 겉뜨기5, 1코 남을 때까지 [SL1WYIF, 겉뜨기9], 겉뜨기1.

10단 : SL1WYIF, 겉뜨기4, 줄이기 마커 1코 전까지 [SL1WYIF,

겉뜨기9], SL2 KWISE-K1-P2SSO, 늘리기 마커 8코 전까지 [겉뜨기9, SL1WYIF], 겉뜨기7, KFB, KFB, 겉뜨기4.

11단 : SL1WYIF, 겉뜨기4, SL1WYIF, 겉뜨기4, SL1WYIF, 줄이기 마커 4코 전까지 [겉뜨기9, SL1WYIF], 겉뜨기4, SL1WYIF, 겉뜨기4, 1코 남을 때까지 [SL1WYIF, 겉뜨기9], 겉뜨기1.

12단 : SL1WYIF, 겉뜨기4, 줄이기 마커 10코 전까지 [겉뜨기9, SL1WYIF], 겉뜨기8, SL2 KWISE-K1-P2SSO, 겉뜨기8, SL1WYIF, 늘리기 마커 9코 전까지 [겉뜨기9, SL1WYIF], 겉뜨기8, KFB, KFB, 겉뜨기5.

13단 : SL1WYIF, 겉뜨기5, SL1WYIF, 겉뜨기5, SL1WYIF, 줄이기 마커 3코 전까지 [겉뜨기9, SL1WYIF], 겉뜨기3, SL1WYIF, 겉뜨기3, 1코 남을 때까지 [SL1WYIF, 겉뜨기9], 겉뜨기1.

14단 : SL1WYIF, 겉뜨기4, 줄이기 마커 9코 전까지 [SL1WYIF, 겉뜨기9], SL1WYIF, 겉뜨기7, SL2 KWISE-K1-P2SSO, 겉뜨기7, SL1WYIF, 늘리기 마커 10코 전까지 [겉뜨기9, SL1WYIF], 겉뜨기9, SL1WYIF-KTBL, KFB, SL1WYIF, 겉뜨기5.

15단 : SL1WYIF, 겉뜨기6, SL1WYIF, 겉뜨기6, SL1WYIF, 줄이기 마커 2코 전까지 [겉뜨기9, SL1WYIF], 겉뜨기2, SL1WYIF, 겉뜨기2, 1코 남을 때까지 [SL1WYIF, 겉뜨기9], 겉뜨기1.

16단 : SL1WYIF, 겉뜨기4, 줄이기 마커 8코 전까지 [SL1WYIF, 겉뜨기9], SL1WYIF, 겉뜨기6, SL2 KWISE-K1-P2SSO, 겉뜨기6, SL1WYIF, 늘리기 마커 1코 전까지 [겉뜨기9, SL1WYIF], KFB, KFB, 겉뜨기1, SL1WYIF, 겉뜨기5.

17단 : SL1WYIF, 겉뜨기7, SL1WYIF, 겉뜨기7, SL1WYIF, 줄이기 마커 1코 전까지 [겉뜨기9, SL1WYIF], 겉뜨기1, SL1WYIF, 겉뜨기1, 1코 남을 때까지 [SL1WYIF, 겉뜨기9], 겉뜨기1.

18단 : SL1WYIF, 겉뜨기4, 줄이기 마커 7코 전까지 [SL1WYIF, 겉뜨기9], SL1WYIF, 겉뜨기5, SL2 KWISE-K1-P2SSO, 겉뜨기5, SL1WYIF, 늘리기 마커 2코 전까지 [겉뜨기9, SL1WYIF], 겉뜨기1, KFB, KFB, 겉뜨기2, SL1WYIF, 겉뜨기5.

19단 : SL1WYIF, 겉뜨기8, SL1WYIF, 겉뜨기8, SL1WYIF, 줄이기 마커 10코 전까지 [SL1WYIF], 겉뜨기9, 안뜨기1, SL1WYIF, 안뜨기1, 겉뜨기9, 1코 남을 때까지 [SL1WYIF, 겉뜨기9], 겉뜨기1.

원하면 실의 색을 바꾼다.

20단 : SL1WYIF, 겉뜨기4, 줄이기 마커 6코 전까지 [SL1WYIF, 겉뜨기9], SL1WYIF, 겉뜨기4, SL2 KWISE-K1-P2SSO, 겉뜨기4, SL1WYIF, 늘리기 마커 3코 전까지 [겉뜨기9, SL1WYIF], 겉뜨기2, KFB, KFB, 겉뜨기3, SL1WYIF, 겉뜨기5.

21단 : SL1WYIF, 겉뜨기9, SL1WYIF, 줄이기 마커 9코 전까지 [겉뜨기9, SL1WYIF], 겉뜨기9, SL1WYIF, 겉뜨기9, 1코 남을 때까지 [SL1WYIF, 겉뜨기9], 겉뜨기1.

22단 : SL1WYIF, 겉뜨기4, 줄이기 마커 5코 전까지 [SL1WYIF, 겉뜨기9], SL1WYIF, 겉뜨기3, SL2 KWISE-K1-P2SSO, 겉뜨기3, SL1WYIF, 늘리기 마커 4코 전까지 [겉뜨기9, SL1WYIF], 겉뜨기3, KFB, KFB, 겉뜨기4, SL1WYIF, 겉뜨기5.

23단 : SL1WYIF, 겉뜨기9, 안뜨기1, SL1WYIF, 안뜨기1, 줄이기 마커 8코 전까지 [겉뜨기9, SL1WYIF], 겉뜨기8, SL1WYIF, 겉뜨기8, 1코 남을 때까지 [SL1WYIF, 겉뜨기9], 겉뜨기1.

24단 : SL1WYIF, 겉뜨기4, 줄이기 마커 4코 전까지 [SL1WYIF, 겉뜨기9], SL1WYIF, 겉뜨기2, SL2 KWISE-K1-P2SSO, 겉뜨기2, SL1WYIF, 늘리기 마커 5코 전까지 [겉뜨기9, SL1WYIF], 겉뜨기4, KFB, KFB, 겉뜨기5, SL1WYIF, 겉뜨기5.

141코.

파트 B

파트 B에서는 스카프의 전체 패턴을 반복한다. 겉면을 앞에 놓고 줄이기 마커 16코 전까지 1~20단을 반복하고 5단으로 끝낸다. 이 섹션은 콧수 변화가 없다.

1단(안면) : SL1WYIF, 늘리기 마커 1코 전까지 [겉뜨기9, SL1WYIF], 겉뜨기1, SL1WYIF, 겉뜨기1, SL1WYIF, 줄이기 마커 7코 전까지 [겉뜨기9, SL1WYIF], 겉뜨기7, SL1WYIF, 겉뜨기7, 1코 남을 때까지 [SL1WYIF, 겉뜨기9], 겉뜨기1.

2단(겉면) : SL1WYIF, 겉뜨기4, 줄이기 마커 3코 전까지 [SL1WYIF, 겉뜨기9], SL1WYIF, 겉뜨기1, SL2 KWISE-K1-P2SSO, 겉뜨기1, SL1WYIF, 늘리기 마커 6코 전까지 [겉뜨기9, SL1WYIF], 겉뜨기5, KFB, KFB, 겉뜨기1, 1코 남을 때까지 [SL1WYIF, 겉뜨기4], 겉뜨기1.

3단 : SL1WYIF, 늘리기 마커 2코 전까지 [겉뜨기9, SL1WYIF], 겉뜨기2, SL1WYIF, 겉뜨기2, SL1WYIF, 줄이기 마커 6코 전까지 [겉뜨기9, SL1WYIF], 겉뜨기6, SL1WYIF, 겉뜨기6, 1코 남을 때까지 [SL1WYIF, 겉뜨기9], 겉뜨기1.

4단 : SL1WYIF, 겉뜨기4, 줄이기 마커 2코 전까지 [SL1WYIF, 겉뜨기9], SL2 KWISE-K1-P2SSO, SL1WYIF, 늘리기 마커 7코 전까지 [겉뜨기9, SL1WYIF], 겉뜨기 6, KFB, KFB, 겉뜨기2, 1코 남을 때까지 [SL1WYIF, 겉뜨기5, SL1WYIF, 겉뜨기4], 겉뜨기1.

5단 : SL1WYIF, 늘리기 마커 3코 전까지 [겉뜨기9, SL1WYIF], 겉뜨기3, SL1WYIF, 겉뜨기3, SL1WYIF, 줄이기 마커 5코 전까지 [겉뜨기9, SL1WYIF], 겉뜨기5, SL1WYIF, 겉뜨기5, 1코 남을 때까지 [SL1WYIF, 겉뜨기9], 겉뜨기1.

6단 : SL1WYIF, 겉뜨기4, 줄이기 마커 1코 전까지 [SL1WYIF, 겉뜨기9], SL2 KWISE-K1-P2SSO, 늘리기 마커 8코 전까지 [겉뜨기9, SL1WYIF], 겉뜨기7, KFB, KFB, 겉뜨기3, 1코 남을 때까지 [겉뜨기5, SL1WYIF, 겉뜨기4], 겉뜨기1.

7단 : SL1WYIF, 늘리기 마커 4코 전까지 [겉뜨기9, SL1WYIF], 겉뜨기4, SL1WYIF, 겉뜨기4, SL1WYIF, 줄이기 마커 4코 전까지 [겉뜨기9, SL1WYIF], 겉뜨기4, SL1WYIF, 겉뜨기4, 1코 남을 때까지 [SL1WYIF, 겉뜨기9], 겉뜨기1.

8단 : SL1WYIF, 겉뜨기4, 줄이기 마커 10코 전까지 [SL1WYIF, 겉뜨기9], SL1WYIF, 겉뜨기8, SL2 KWISE-K1-P2SSO, 겉뜨기8, SL1WYIF, 늘리기 마커 9코 전까지 [겉뜨기9, SL1WYIF], 겉뜨기8, KFB, KFB, 겉뜨기4, 1코 남을 때까지 [겉뜨기5, SL1WYIF, 겉뜨기4], 겉뜨기1.

9단 : SL1WYIF, 늘리기 마커 5코 전까지 [겉뜨기9, SL1WYIF], 겉뜨기5, SL1WYIF, 겉뜨기5, SL1WYIF, 줄이기 마커 3코 전까지 [겉뜨기9, SL1WYIF], 겉뜨기3, SL1WYIF, 겉뜨기3, 1코 남을 때까지 [SL1WYIF, 겉뜨기9], 겉뜨기1.

10단 : SL1WYIF, 겉뜨기4, 줄이기 마커 9코 전까지 [SL1WYIF, 겉뜨기9], SL1WYIF, 겉뜨기7, SL2 KWISE-K1-P2SSO, 겉뜨기7, SL1WYIF, 늘리기 마커 10코 전까지 [겉뜨기9, SL1WYIF], 겉뜨기9, SL1WYIF-KTBL, KFB, SL1WYIF, 겉뜨기4, 1코 남을 때까지 [SL1WYIF, 겉뜨기5, SL1WYIF, 겉뜨기4], 겉뜨기1.

11단 : SL1WYIF, 늘리기 마커 6코 전까지 [겉뜨기9, SL1WYIF], 겉뜨기 6, SL1WYIF, 겉뜨기 6, SL1WYIF, 줄이기 마커 2코 전까지 [겉뜨기9, SL1WYIF], 겉뜨기2, SL1WYIF, 겉뜨기2, 1코 남을 때까지 [SL1WYIF, 겉뜨기9], 겉뜨기1.

12단 : SL1WYIF, 겉뜨기4, 줄이기 마커 8코 전까지 [SL1WYIF, 겉뜨기9], SL1WYIF, 겉뜨기 6, SL2 KWISE-K1-P2SSO, 겉뜨기 6, SL1WYIF, 늘리기 마커 1코 전까지 [겉뜨기9, SL1WYIF], KFB, KFB, 겉뜨기1, SL1WYIF, 겉뜨기4, 1코 남을 때까지 [겉뜨기5, SL1WYIF, 겉뜨기4], 겉뜨기1.

13단 : SL1WYIF, 늘리기 마커 7코 전까지 [겉뜨기9, SL1WYIF], 겉뜨기7, SL1WYIF,

7, SL1WYIF, 줄이기 마커 1코 전까지 [겉뜨기 9, SL1WYIF], 겉뜨기1, SL1WYIF, 겉뜨기1, 1코 남을 때까지 [SL1WYIF, 겉뜨기9], 겉뜨기1.

14단 : SL1WYIF, 겉뜨기4, 줄이기 마커 7코 전까지 [SL1WYIF, 겉뜨기9], SL1WYIF, 겉뜨기5, SL2 KWISE-K1-P2SSO, 겉뜨기5, SL1WYIF, 늘리기 마커 2코 전까지 [겉뜨기9, SL1WYIF], 겉뜨기1, KFB, KFB, 겉뜨기2, SL1WYIF, 겉뜨기4, 1코 남을 때까지 [겉뜨기5, SL1WYIF, 겉뜨기4], 겉뜨기1.

15단 : SL1WYIF, 늘리기 마커 8코 전까지 [겉뜨기9, SL1WYIF], 겉뜨기8, SL1WYIF, 겉뜨기8, SL1WYIF, 줄이기 마커 10코 전까지 [겉뜨기9, SL1WYIF], 겉뜨기9, 안뜨기1, SL1WYIF, 안뜨기1, 겉뜨기9, 1코 남을 때까지 [SL1WYIF, 겉뜨기9], 겉뜨기1.

원하면 실의 색을 바꾼다.

16단 : SL1WYIF, 겉뜨기4, 줄이기 마커 6코 전까지 [SL1WYIF, 겉뜨기9], SL1WYIF, 겉뜨기4, SL2 KWISE-K1-P2SSO, 겉뜨기4, SL1WYIF, 늘리기 마커 3코 전까지 [겉뜨기9, SL1WYIF], 겉뜨기2, KFB, KFB, 겉뜨기3, SL1WYIF, 겉뜨기4, 1코 남을 때까지 [겉뜨기5, SL1WYIF, 겉뜨기4], 겉뜨기1.

17단 : SL1WYIF, 늘리기 마커 9코 전까지 [겉뜨기9, SL1WYIF], 겉뜨기9, SL1WYIF, 줄이기 마커 9코 전까지 [겉뜨기9, SL1WYIF], 겉뜨기9, SL1WYIF, 겉뜨기9, 1코 남을 때까지 [SL1WYIF, 겉뜨기9], 겉뜨기1.

18단 : SL1WYIF, 겉뜨기4, 줄이기 마커 5코 전까지 [SL1WYIF, 겉뜨기9], SL1WYIF, 겉뜨기3, SL2 KWISE-K1-P2SSO, 겉뜨기3, SL1WYIF, 늘리기 마커 4코 전까지 [겉뜨기9, SL1WYIF], 겉뜨기3, KFB, KFB, 겉뜨기4, SL1WYIF, 겉뜨기4, 1코 남을 때까지 [겉뜨기5, SL1WYIF, 겉뜨기4], 겉뜨기1.

19단 : SL1WYIF, 늘리기 마커 10코 전까지 [겉뜨기9, SL1WYIF], 겉뜨기9, 안뜨기1, SL1WYIF, 안뜨기1, 겉뜨기9, SL1WYIF, 줄이기 마커 8코 전까지 [겉뜨기9, SL1WYIF], 겉뜨기8, SL1WYIF, 겉뜨기8, 1코 남을 때까지 [SL1WYIF, 겉뜨기9], 겉뜨기1.

20단 : SL1WYIF, 겉뜨기4, 줄이기 마커 4코 전까지 [SL1WYIF, 겉뜨기9], SL1WYIF, 겉뜨기2, SL2 KWISE-K1-P2SSO, 겉뜨기2, SL1WYIF, 늘리기 마커 5코 전까지 [겉뜨기9, SL1WYIF], 겉뜨기4, KFB, KFB, 1코 남을 때까지 [겉뜨기5, SL1WYIF, 겉뜨기4], 겉뜨기1.

141코.

파트 C

줄이기 마커 16코 전에서 파트 C를 뜨기 시작한다. 파트 B는 5단에서 끝낸다. 이 섹션은 콧수 변화가 없다.

1단(겉면) : SL1WYIF, 겉뜨기4, SL1WYIF, 겉뜨기9, SL2 KWISE-K1-P2SSO, 늘리기 마커 8코 전까지 [겉뜨기9, SL1WYIF], 겉뜨기7, KFB, KFB, 겉뜨기3, 1코 남을 때까지 [겉뜨기5, SL1WYIF, 겉뜨기4], 겉뜨기1.

2단(안면) : SL1WYIF, 늘리기 마커 4코 전까지 [겉뜨기9, SL1WYIF], 겉뜨기4, SL1WYIF, 겉뜨기4, 줄이기 마커 4코 전까지 [겉뜨기9, SL1WYIF], 겉뜨기4, SL1WYIF, 겉뜨기4, SL1WYIF, 겉뜨기10.

3단 : SL1WYIF, 겉뜨기4, SL1WYIF, 겉뜨기8, SL2 KWISE-K1-P2SSO, SL1WYIF, 겉뜨기8, 늘리기 마커 9코 전까지 [겉뜨기9, SL1WYIF], 겉뜨기8, KFB, KFB, 겉뜨기4, 1코 남을 때까지 [겉뜨기5, SL1WYIF, 겉뜨기4], 겉뜨기1.

4단 : SL1WYIF, 늘리기 마커 5코 전까지 [겉뜨기9, SL1WYIF], 겉뜨기5, SL1WYIF, 겉뜨기5, SL1WYIF, 줄이기 마커 3코 전까지 [겉뜨기9, SL1WYIF], 겉뜨기3, SL1WYIF, 겉뜨기3, SL1WYIF, 겉뜨기10.

5단 : SL1WYIF, 겉뜨기4, SL1WYIF, 겉뜨기7, SL2 KWISE-K1-P2SSO, 겉뜨기7, SL1WYIF, 늘리기 마커 10코 전까지 [겉뜨기9, SL1WYIF], 겉뜨기9, SL1WYIF-KTBL, KFB, SL1WYIF, 겉뜨기4, 1코 남을 때까지 [겉뜨기5, SL1WYIF, 겉뜨기4], 겉뜨기1.

6단 : SL1WYIF, 늘리기 마커 6코 전까지 [겉뜨기9, SL1WYIF], 겉뜨기 6, SL1WYIF, 줄이기 마커 2코 전까지 [겉뜨기9, SL1WYIF], 겉뜨기2, SL1WYIF, 겉뜨기2, SL1WYIF, 겉뜨기10.

7단 : SL1WYIF, 겉뜨기4, SL1WYIF, 겉뜨기 6, SL2 KWISE-K1-P2SSO, 겉뜨기6, SL1WYIF, 늘리기 마커 1코 전까지 [겉뜨기9, SL1WYIF], KFB, KFB, 겉뜨기1, SL1WYIF, 겉뜨기4, 1코 남을 때까지 [겉뜨기5, SL1WYIF, 겉뜨기4], 겉뜨기1.

8단 : SL1WYIF, 늘리기 마커 7코 전까지 [겉뜨기9, SL1WYIF], 겉뜨기7, SL1WYIF, 줄이기 마커 1코 전까지 [겉뜨기9, SL1WYIF], 겉뜨기1, SL1WYIF, 겉뜨기1, SL1WYIF, 겉뜨기10.

9단 : SL1WYIF, 겉뜨기4, SL1WYIF, 겉뜨기5, SL2 KWISE-K1-P2SSO, 겉뜨기5, SL1WYIF, 늘리기 마커 2코 전까지 [겉뜨기9, SL1WYIF], 겉뜨기1, KFB, KFB, 겉뜨기2, SL1WYIF, 겉뜨기4, 1코 남을 때까지 [겉뜨기5, SL1WYIF, 겉뜨기4], 겉뜨기1.

10단 : SL1WYIF, 늘리기 마커 8코 전까지 [겉뜨기9, SL1WYIF], 겉뜨기8, SL1WYIF, 줄이기 마커 10코 전까지 [겉뜨기9, SL1WYIF], 겉뜨기9, 안뜨기1, SL1WYIF, 안뜨기1, 겉뜨기10.

원하면 실의 색을 바꾼다.

11단 : SL1WYIF, 겉뜨기4, SL1WYIF, 겉뜨기4, SL2 KWISE-K1-P2SSO, 겉뜨기4, SL1WYIF, 늘리기 마커 3코 전까지 [겉뜨기9, SL1WYIF], 겉뜨기2, KFB, KFB, 겉뜨기3, SL1WYIF, 겉뜨기4, 1코 남을 때까지 [겉뜨기5, SL1WYIF, 겉뜨기4], 겉뜨기1.

12단 : SL1WYIF, 늘리기 마커 9코 전까지 [겉뜨기9, SL1WYIF], 겉뜨기9, SL1WYIF, 겉뜨기9, SL1WYIF, 줄이기 마커 9코 전까지 [겉뜨기9, SL1WYIF], 겉뜨기9, SL1WYIF, 겉뜨기10.

13단 : SL1WYIF, 겉뜨기4, SL1WYIF, 겉뜨기3, SL2 KWISE-K1-P2SSO, 겉뜨기3, SL1WYIF, 늘리기 마커 4코 전까지 [겉뜨기9, SL1WYIF], 겉뜨기3, KFB, KFB, 겉뜨기4, SL1WYIF, 겉뜨기4, 1코 남을 때까지 [겉뜨기5, SL1WYIF, 겉뜨기4], 겉뜨기1.

14단 : SL1WYIF, 늘리기 마커 10코 전까지 [겉뜨기9, SL1WYIF], 겉뜨기9, 안뜨기1, SL1WYIF, 안뜨기1, 겉뜨기9, SL1WYIF, 줄이기 마커 8코 전까지 [겉뜨기9, SL1WYIF], 겉뜨기8, SL1WYIF, 겉뜨기9.

15단 : SL1WYIF, 겉뜨기4, SL1WYIF, 겉뜨기2, SL2 KWISE-K1-P2SSO, 겉뜨기2, SL1WYIF, 늘리기 마커 5코 전까지 [겉뜨기9, SL1WYIF], 겉뜨기4, KFB, KFB, 1코 남을 때까지 [겉뜨기5, SL1WYIF, 겉뜨기4], 겉뜨기1.

16단 : SL1WYIF, 늘리기 마커 1코 전까지 [겉뜨기9, SL1WYIF], 겉뜨기1, SL1WYIF, 겉뜨기1, SL1WYIF, 줄이기 마커 7코 전까지 [겉뜨기9, SL1WYIF], 겉뜨기7, SL1WYIF, 겉뜨기8.

17단 : SL1WYIF, 겉뜨기4, SL1WYIF, 겉뜨기1, SL2 KWISE-K1-P2SSO, 겉뜨기1, SL1WYIF, 늘리기 마커 6코 전까지 [겉뜨기9, SL1WYIF], 겉뜨기5, KFB, KFB, 겉뜨기1, 1코 남을 때까지 [겉뜨기5, SL1WYIF, 겉뜨기4], 겉뜨기1.

18단 : SL1WYIF, 늘리기 마커 2코 전까지 [겉뜨기9, SL1WYIF], 겉뜨기2, SL1WYIF, 겉뜨기2, SL1WYIF, 줄이기 마커 6코 전까지 [겉뜨기9, SL1WYIF], 겉뜨기 6, SL1WYIF, 겉뜨기7.

19단 : SL1WYIF, 겉뜨기4, SL2 KWISE-K1-P2SSO, SL1WYIF, 늘리기 마커 7코 전까지 [겉뜨기9, SL1WYIF], 겉뜨기6,

니나 탄스카넨   무이

니나 탄스카넨

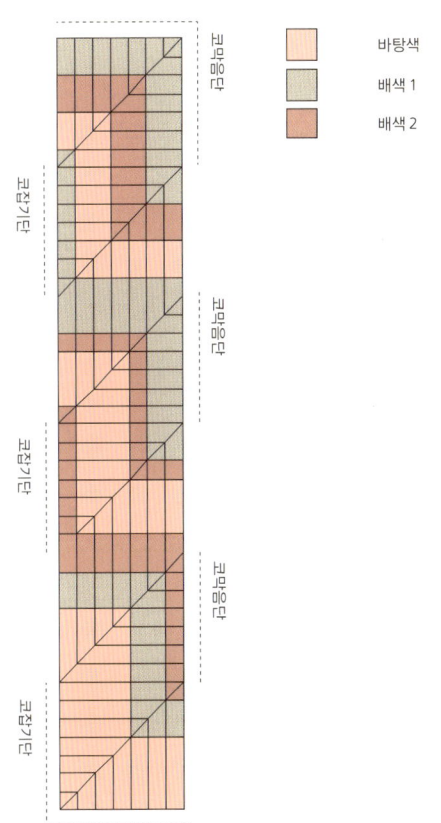

	바탕색
	배색 1
	배색 2

코 전까지 [겉뜨기9, SL1WYIF], 겉뜨기9, SL1WYIF-KTBL, KFB, SL1WYIF, 겉뜨기4, 1코 남을 때까지 [겉뜨기5, SL1WYIF, 겉뜨기4], 겉뜨기1.

26단 : SL1WYIF, 늘리기 마커 6코 전까지 [겉뜨기9, SL1WYIF], 겉뜨기 6, SL1WYIF, 겉뜨기 6, SL1WYIF, 줄이기 마커 2코 전까지 [겉뜨기9, SL1WYIF], 겉뜨기2, SL1WYIF, 겉뜨기3.

27단 : SL1WYIF, 겉뜨기1, SL2 KWISE-K1-P2SSO, 겉뜨기 6, SL1WYIF, 늘리기 마커 1코 전까지 [겉뜨기9, SL1WYIF], KFB, KFB, 겉뜨기1, SL1WYIF, 겉뜨기4, 1코 남을 때까지 [겉뜨기5, SL1WYIF, 겉뜨기4], 겉뜨기1.

28단 : SL1WYIF, 늘리기 마커 7코 전까지 [겉뜨기9, SL1WYIF], 겉뜨기7, SL1WYIF, 겉뜨기7, SL1WYIF, 줄이기 마커 1코 전까지 [겉뜨기9, SL1WYIF], 겉뜨기1, SL1WYIF, 겉뜨기2.

29단 : SL1WYIF, SL2 KWISE-K1-P2SSO, 겉뜨기5, SL1WYIF, 늘리기 마커 2코 전까지 [겉뜨기9, SL1WYIF], 겉뜨기1, KFB, KFB, 겉뜨기2, SL1WYIF, 겉뜨기4, 1코 남을 때까지 [겉뜨기5, SL1WYIF, 겉뜨기4], 겉뜨기1.

30단 : SL1WYIF, 늘리기 마커 8코 전까지 [겉뜨기9, SL1WYIF], 겉뜨기8, SL1WYIF, 겉뜨기8, SL1WYIF, 줄이기 마커 10코 전까지 [겉뜨기9, SL1WYIF], 겉뜨기9, 안뜨기1, SL1WYIF, 안뜨기1.

141코.

코막음/코잡기단(겉면)
SL2 KWISE-K1-P2SSO. 69코(늘리기 마커까지 모든 코)를 코막음한다. 살아 있는 코막음 코를 왼바늘로 걸러뜬다. 남은 코 70코.
원하면 실의 색을 바꾼다.
겉면을 앞에 놓고, 왼쪽에 있는 마지막 코에 새로 줄이기 마커를 끼운다. SL1WYIF, KFB, 겉뜨기2, SL1WYIF, *겉뜨기9, SL1WYIF*, 4코 남을 때까지 *-* 반복, 겉뜨기5. 별도의 실을 이용해 롱테일 코잡기로 70코를 만든다. 왼쪽의 마지막 코잡기 코에 늘리기 마커를 끼운다.

섹션 2·3
파트 A~C와 코막음/코잡기단을 2회 더 반복한다. 마지막 코막음/코잡기단을 뜨고, 모든 코를 코막음한다.

마무리하기
실 끝을 보이지 않게 정리한 다음 치수에 맞춰 블로킹한다.

KFB, KFB, 겉뜨기2, 1코 남을 때까지 [겉뜨기5, SL1WYIF, 겉뜨기4], 겉뜨기1.

20단 : SL1WYIF, 늘리기 마커 3코 전까지 [겉뜨기9, SL1WYIF], 겉뜨기3, SL1WYIF, 겉뜨기3, SL1WYIF, 줄이기 마커 5코 전까지 [겉뜨기9, SL1WYIF], 겉뜨기5, SL1WYIF, 겉뜨기 6.

21단 : SL1WYIF, 겉뜨기4, SL2 KWISE-K1-P2SSO, 늘리기 마커 8코 전까지 [겉뜨기9, SL1WYIF], 겉뜨기7, KFB, KFB, 겉뜨기3, 1코 남을 때까지 [겉뜨기5, SL1WYIF, 겉뜨기4], 겉뜨기1.

22단 : SL1WYIF, 늘리기 마커 4코 전까지 [겉뜨기9, SL1WYIF], 겉뜨기4, SL1WYIF, 겉뜨기4, SL1WYIF, 줄이기 마커 4코 전까지 [겉뜨기9, SL1WYIF], 겉뜨기4, SL1WYIF, 겉뜨기5.

23단 : SL1WYIF, 겉뜨기3, SL2 KWISE-K1-P2SSO, 겉뜨기8, SL1WYIF, 늘리기 마커 9코 전까지 [겉뜨기9, SL1WYIF], 겉뜨기8, KFB, KFB, 겉뜨기4, 1코 남을 때까지 [겉뜨기5, SL1WYIF, 겉뜨기4], 겉뜨기1.

24단 : SL1WYIF, 늘리기 마커 5코 전까지 [겉뜨기9, SL1WYIF], 겉뜨기5, SL1WYIF, 겉뜨기5, SL1WYIF, 줄이기 마커 3코 전까지 [겉뜨기9, SL1WYIF], 겉뜨기3, SL1WYIF, 겉뜨기4.

25단 : SL1WYIF, 겉뜨기2, SL2 KWISE-K1-P2SSO, 겉뜨기7, SL1WYIF, 늘리기 마커 10

피오나 알리스

37 윈드게이트 WINDGATE

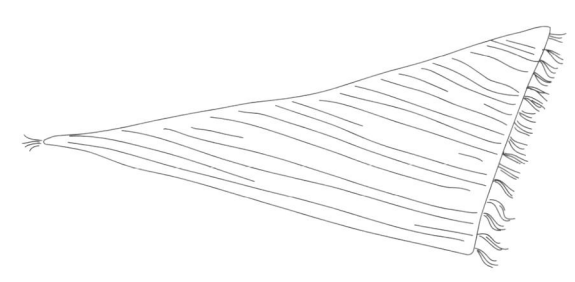

완성 치수
너비 … 177cm
높이 … 91cm

재료
A실 … 와일드 실 코리데일 삭 트위스트 Corriedale Sock Twist by Wilde Seele(코리데일울 100%. 400m/100g) Silverlining 3볼
B실 … 와일드 실 키드 모헤어 앤 멀베리 실크 Kid Mohair and Mulberry Silk by Wilde Seele(키드 모헤어 70%. 멀베리 실크 30%. 420m/50g) Silverlining 3볼
실(대체) … A실 910m. B실 910m 또는 게이지에 맞는 두꺼운 실 910m
바늘 … 4.5mm(US 7) 줄바늘
태슬용 실(옵션) … 24m(길이 6cm×태슬 19개)

게이지
패턴 뜨기 16코×32단

손뜨개 약어
끌어올려 겉뜨기 K1B : 아랫단 코로 겉뜨기.

패턴 뜨기
롱테일 코잡기로 8의 배수+7코를 만든다.
시작단(안면) : 7코 남을 때까지 [겉뜨기3, 안뜨기1, 겉뜨기4], 겉뜨기3, 안뜨기1, 겉뜨기3.
1단(겉면) : 7코 남을 때까지 [겉뜨기3, 끌어올려 겉뜨기, 겉뜨기3, 안뜨기1], 겉뜨기3, K1B, 겉뜨기3.
2단(안면) : 7코 남을 때까지 [겉뜨기3, 안뜨기1, 겉뜨기3, K1B], 겉뜨기3, 안뜨기1, 겉뜨기3.
1·2단을 반복해 패턴을 뜬다.

POINT
이 숄은 실 2가닥을 함께 잡고 뜹니다. 이전 단의 안뜨기로 2코 모아뜨기에 바늘을 넣어 끌어올려 겉뜨기를 할 때, 바늘을 두 코 모두에 넣도록 주의하세요.
숄의 크기를 바꾼다면 처음에 코잡기를 할 때 8의 배수여야 합니다.

뜨는 법
롱테일 코잡기로 143코를 만든다.
시작단(안면) : 7코 남을 때까지 [겉뜨기3, 안뜨기1, 겉뜨기4], 겉뜨기3, 안뜨기1, 겉뜨기3.
1단(겉면) : 7코 남을 때까지 [겉뜨기3, K1B, 겉뜨기3, 안뜨기1], 겉뜨기3, K1B, 겉뜨기3.
2단(줄이기) : 겉뜨기3, P2TOG, 겉뜨기2, K1B, 7코 남을 때까지 [겉뜨기3, 안뜨기1, 겉뜨기3, K1B], 겉뜨기3, 안뜨기1, 겉뜨기3. (-1코).
3·5단 : 6코 남을 때까지 [겉뜨기3, K1B, 겉뜨기3, 안뜨기1], 겉뜨기2, K1B, 겉뜨기3.
4단 : 겉뜨기3, 안뜨기1, 겉뜨기2, K1B, 7코 남을 때까지 [겉뜨기3, 안뜨기1, 겉뜨기3, K1B], 겉뜨기3, 안뜨기1, 겉뜨기3.
6단(줄이기) : 겉뜨기3, P2TOG, 겉뜨기1, K1B, 7코 남을 때까지 [겉뜨기3, 안뜨기1, 겉뜨기3, K1B], 겉뜨기3, 안뜨기1, 겉뜨기3. (-1코).
7·9단 : 5코 남을 때까지 [겉뜨기3, K1B, 겉뜨기3, 안뜨기1], 겉뜨기1, K1B, 겉뜨기3.
8단 : 겉뜨기3, 안뜨기1, 겉뜨기1, K1B, 7코 남을 때까지 [겉뜨기3, 안뜨기1, 겉뜨기3, K1B], 겉뜨기3, 안뜨기1, 겉뜨기3.
10단(줄이기) : 겉뜨기3, P2TOG, K1B, 7코 남을 때까지 [겉뜨기3, 안뜨기1, 겉뜨기3, K1B], 겉뜨기3, 안뜨기1, 겉뜨기3. (-1코).
11·13단 : 4코 남을 때까지 [겉뜨기3, K1B, 겉뜨기3, 안뜨기1], K1B, 겉뜨기3.
12단 : 겉뜨기3, 안뜨기1, K1B, 7코 남을 때까지 [겉뜨기3, 안뜨기1, 겉뜨기3, K1B], 겉뜨기3, 안뜨기1, 겉뜨기3.
14단(줄이기) : 겉뜨기3, P2TOG, 7코 남을 때까지 [겉뜨기3, 안뜨기1, 겉뜨기3, K1B], 겉뜨기3, 안뜨기1, 겉뜨기3. (-1코).
15·17단 : 11코 남을 때까지 [겉뜨기3, K1B, 겉뜨기3, 안뜨기1], 겉뜨기3, K1B, 겉뜨기3, K1B, 겉뜨기3.
16단 : 겉뜨기3, 안뜨기1, 7코 남을 때까지 [겉뜨기3, 안뜨기1, 겉뜨기3, K1B], 겉뜨기3, 안뜨기1, 겉뜨기3.
18단(줄이기) : 겉뜨기3, P2TOG, 겉뜨기2, 안뜨기1, 겉뜨기3, K1B, 7코 남을 때까지 [겉뜨기3, 안뜨기1, 겉뜨기3, K1B], 겉뜨기3, 안뜨기1, 겉뜨기3. (-1코).
19·21단 : 10코 남을 때까지 [겉뜨기3, K1B, 겉뜨기3, 안뜨기1], 겉뜨기3, K1B, 겉뜨기2, K1B, 겉뜨기3.

20단 : 겉뜨기3, 안뜨기1, 겉뜨기2, 안뜨기, 겉뜨기3, K1B, 7코 남을 때까지 [겉뜨기3, 안뜨기1, 겉뜨기3, K1B], 겉뜨기3, 안뜨기1, 겉뜨기3.

22단(줄이기) : 겉뜨기3, P2TOG, 겉뜨기1, 안뜨기1, 겉뜨기3, K1B, 7코 남을 때까지 [겉뜨기3, 안뜨기1, 겉뜨기3, K1B], 겉뜨기3, 안뜨기1, 겉뜨기3. (-1코).

23·25단 : 9코 남을 때까지 [겉뜨기3, K1B, 겉뜨기3, 안뜨기1], 겉뜨기3, K1B, 겉뜨기1, K1B, 겉뜨기3.

24단 : 겉뜨기3, 안뜨기1, 겉뜨기1, 안뜨기1, 겉뜨기3, K1B, 7코 남을 때까지 [겉뜨기3, 안뜨기1, 겉뜨기3, K1B], 겉뜨기3, 안뜨기1, 겉뜨기3.

26단(줄이기) : 겉뜨기3, P2TOG, 안뜨기1, 겉뜨기3, K1B, 7코 남을 때까지 [겉뜨기3, 안뜨기1, 겉뜨기3, K1B], 겉뜨기3, 안뜨기1, 겉뜨기3. (-1코).

27·29단 : 8코 남을 때까지 [겉뜨기3, K1B, 겉뜨기3, 안뜨기1], 겉뜨기3, K2B, 겉뜨기3.

28단 : 겉뜨기3, 안뜨기2, 겉뜨기3, K1B, 7코 남을 때까지 [겉뜨기3, 안뜨기1, 겉뜨기3, K1B], 겉뜨기3, 안뜨기1, 겉뜨기3.

30단(줄이기) : 겉뜨기3, P2TOG, 겉뜨기3, K1B, 7코 남을 때까지 [겉뜨기3, 안뜨기1, 겉뜨기3, K1B], 겉뜨기3, 안뜨기1, 겉뜨기3. (-1코).

31단 : 7코 남을 때까지 [겉뜨기3, 안뜨기1], 겉뜨기3, K1B, 겉뜨기3.

32단 : 7코 남을 때까지 [겉뜨기3, 안뜨기1, 겉뜨기3, K1B], 겉뜨기3, 안뜨기1, 겉뜨기3.

1~32단이 패턴 세트다. 계속 1~32단을 14회 더 반복하고 23코만 남긴다.
1~17단을 1회 더 반복한다. 19코.

줄이기

1단(줄이기, 안면) : 겉뜨기3, P2TOG, 겉뜨기2, 안뜨기1, 겉뜨기3, K1B, 겉뜨기3, 안뜨기1, 겉뜨기3. (-1코, 18코).

2·4단(겉면) : 겉뜨기3, K1B, 겉뜨기3, 안뜨기1, 겉뜨기3, K1B, 겉뜨기2, K1B, 겉뜨기3.

3단 : 겉뜨기3, 안뜨기1, 겉뜨기2, 안뜨기1, 겉뜨기3, K1B, 겉뜨기3, 안뜨기1, 겉뜨기3.

5단(줄이기) : 겉뜨기3, P2TOG, 겉뜨기1, 겉뜨기3, K1B, 겉뜨기3, 안뜨기1, 겉뜨기3. (-1코, 17코).

6·8단 : 겉뜨기3, K1B, 겉뜨기3, 안뜨기1, 겉뜨기3, K1B, 겉뜨기1, K1B, 겉뜨기3.

7단 : 겉뜨기3, 안뜨기1, 겉뜨기1, 안뜨기1, 겉뜨기3, K1B, 겉뜨기3, 안뜨기1, 겉뜨기3.

9단(줄이기) : 겉뜨기3, P2TOG, 안뜨기1, 겉뜨기3, K1B, 겉뜨기3, 안뜨기1, 겉뜨기3. (-1코, 16코).

10·12단 : 겉뜨기3, K1B, 겉뜨기3, 안뜨기1, 겉뜨기3, K1B, 겉뜨기3.

11단 : 겉뜨기3, 안뜨기2, 겉뜨기3, K1B, 겉뜨기3, 안뜨기1, 겉뜨기3.

13단(줄이기) : 겉뜨기3, P2TOG, 겉뜨기3, K1B, 겉뜨기3, 안뜨기1, 겉뜨기3. (-1코, 15코).

14·16단 : 겉뜨기3, K1B, 겉뜨기3, 안뜨기1, 겉뜨기3, K1B, 겉뜨기3.

15단 : 겉뜨기3, 안뜨기1, 겉뜨기3, K1B, 겉뜨기3, 안뜨기1, 겉뜨기3.

17단(줄이기) : 겉뜨기3, P2TOG, 겉뜨기2, K1B, 겉뜨기3, 안뜨기1, 겉뜨기3. (-1코, 14코).

18·20단 : 겉뜨기3, K1B, 겉뜨기3, 안뜨기1, 겉뜨기2, K1B, 겉뜨기3.

19단 : 겉뜨기3, 안뜨기1, 겉뜨기2, 안뜨기1, 겉뜨기3, K1B, 겉뜨기3.

21단(줄이기) : 겉뜨기3, P2TOG, 겉뜨기1, K1B, 겉뜨기3, 안뜨기1, 겉뜨기3. (-1코, 13코).

22·24단 : 겉뜨기3, K1B, 겉뜨기3, 안뜨기1, 겉뜨기1, K1B, 겉뜨기3.

23단 : 겉뜨기3, 안뜨기1, 겉뜨기1, K1B, 겉뜨기3, 안뜨기1, 겉뜨기3.

25단(줄이기) : 겉뜨기3, P2TOG, K1B, 겉뜨기3, 안뜨기1, 겉뜨기3. (-1코, 12코).

26·28단 : 겉뜨기3, K1B, 겉뜨기3, 안뜨기1, K1B, 겉뜨기3.

27단 : 겉뜨기3, 안뜨기1, K1B, 겉뜨기3, 안뜨기1, 겉뜨기3.

29단(줄이기) : 겉뜨기3, P2TOG, 겉뜨기3, 안뜨기1, 겉뜨기3. (-1코, 11코).

30·32단 : 겉뜨기3, K1B, 겉뜨기3, K1B, 겉뜨기3.

31단 : 겉뜨기3, 안뜨기1, 겉뜨기3, 안뜨기1, 겉뜨기3.

33단(줄이기) : 겉뜨기3, P2TOG, 겉뜨기2, 안뜨기1, 겉뜨기3. (-1코, 10코).

34·36단 : 겉뜨기3, K1B, 겉뜨기2, K1B, 겉뜨기3.

35단 : 겉뜨기3, 안뜨기1, 겉뜨기2, 안뜨기1, 겉뜨기3.

37단(줄이기) : 겉뜨기3, P2TOG, 겉뜨기1, 안뜨기1, 겉뜨기3. (-1코, 9코).

38·40단 : 겉뜨기3, K1B, 겉뜨기1, K1B, 겉뜨기3.

39단 : 겉뜨기3, 안뜨기1, 겉뜨기1, 안뜨기1, 겉뜨기3.

41단(줄이기) : 겉뜨기3, P2TOG, 안뜨기1, 겉뜨기3. (-1코, 8코).

42·44단 : 겉뜨기3, K2B, 겉뜨기3.

43단 : 겉뜨기3, 안뜨기2, 겉뜨기3.

45단(줄이기) : 겉뜨기3, P2TOG, 겉뜨기3. (-1코, 7코).

46·48단 : 겉뜨기3, K1B, 겉뜨기3.

47단 : 겉뜨기3, 안뜨기1, 겉뜨기3.

49단(줄이기) : 겉뜨기3, P2TOG, 겉뜨기2. (-1코, 6코).

50·52단 : 겉뜨기2, K1B, 겉뜨기3.

51단 : 겉뜨기3, 안뜨기1, 겉뜨기2.

53단(줄이기) : 겉뜨기3, P2TOG, 겉뜨기1. (-1코, 5코).

54·56단 : 겉뜨기1, K1B, 겉뜨기3.

55단 : 겉뜨기3, 안뜨기1, 겉뜨기1.

57단(줄이기) : 겉뜨기3, P2TOG. (-1코, 4코).

남은 4코를 코막음한다.

마무리하기

실 끝을 보이지 않게 정리한 다음 치수에 맞춰 블로킹한다. 숄을 너무 많이 잡아당기지 않도록 주의하고, 텍스처를 지나치게 펴지 않는다.

태슬 만들기

태슬 19개를 만든다. 18개는 코잡기단의 겉면을 따라 걸러뜬 코마다 달고, 나머지 1개는 코막음단의 겉면에 있는 걸러뜬 코에 단다.

A실과 B실을 약 13cm 길이로 8개를 자른다. A실 1개로 8개 실의 중앙을 묶고 반으로 접는다. 또 하나의 실로 접힌 중앙을 꼭 묶는다. 태슬을 6cm 또는 원하는 길이로 다듬는다.

피오나 알리스

38 크로스 해치 CROSSHATCH

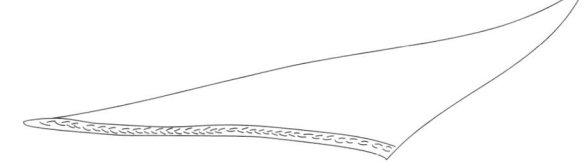

완성 치수
길이 ⋯ 239.5cm
너비 ⋯ 120cm

재료
바탕실 ⋯ 브루클린 트위드 로프트Loft by Brooklyn Tweed(아메리칸 타아기 컬럼비아울 100%. 251m/50g) Foothills 3볼
배색실 ⋯ 자메이슨 앤 스미스 2-ply 점퍼 웨이트2-ply Jumper Weight by Jamieson & Smith(셰틀랜드 울 100%. 115m/25g) 82 Mix 4볼
실(대체) ⋯ 핑거링 얀(바탕색) 732m, 핑거링 얀(배색) 434m
바늘 ⋯ 4mm(US 6) 줄바늘. 5mm(US 8) 줄바늘(아이코드 코막음용)
도구 ⋯ 마커. 꽈배기바늘

게이지
줄무늬 멍석뜨기 19코×38단

손뜨개 약어
왼코 위 4코 교차 고무뜨기4/4 RRC, 4/4 Right ribbed cross : 4코를 꽈배기바늘로 걸러떠서 뒤에 놓고 안뜨기2, 겉뜨기2, 꽈배기바늘에서 안뜨기2, 겉뜨기2.
오른코 위 4코 교차 고무뜨기4/4 LRC, 4/4 Left ribbed cross : 4코를 꽈배기바늘로 걸러떠서 앞에 놓고 겉뜨기2, 안뜨기2, 꽈배기바늘에서 겉뜨기2, 안뜨기2.

패턴 뜨기
줄무늬 멍석뜨기
1단(겉면, 바탕실): 끝까지 [겉뜨기2, 안뜨기2].
2단(안면, 바탕실): 끝까지 [안뜨기2, 겉뜨기2].
3단(배색실): 끝까지 [겉뜨기2, 안뜨기2].
4단(배색실): 끝까지 [안뜨기2, 겉뜨기2].

인타르시아 니팅
이 숄은 인타르시아 니팅Intarsia Knitting(가로 배색뜨기)으로 뜬다. 실색을 바꿀 때, 뜨개바탕에 구멍이 생기는 것을 막기 위해 이전 색의 실을 위로 가져와 바꿀 실에 감는다.

아이코드 코막음
케이블 코잡기를 이용해 왼바늘에 3코를 만든다. *겉뜨기2, 겉뜨기로 2코 모아 꼬아뜨기(1코 코막음). 이 3코를 왼바늘로 돌려보내기*. *~*을 반복해 모든 코를 코막음한다. 나머지 아이코드 3코도 코막음한다.

뜨는 법
4mm 줄바늘과 바탕실을 이용해 선호하는 코잡기로 2코를 만든다.
숄 끝 도안(→P.202)을 뜬다.
22코가 늘어난다. 총 24코.

숄 본체
※이제 비스듬하게 뜨개를 시작합니다. 코 늘리기는 안면단에서 합니다.
본체 도안을 1회 뜨고, 9~16단을 48회 더 뜬다.
200코가 늘어납니다. 총 224코.
배색실을 자르고, 계속 바탕실로만 뜬다.
5mm 줄바늘로 바꾸고, 아이코드 코막음을 이용해 모든 코를 코막음한다.

마무리하기
실 끝을 보이지 않게 정리한 다음 치수에 맞춰 블로킹한다.

크로스 해치

숄 끝 도안

줄무늬 멍석뜨기

숄 본체

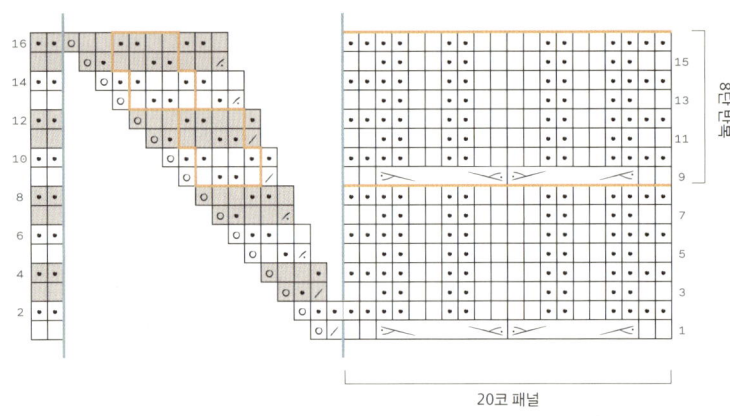

│	마커 표시
☐	반복
☐	바탕색
▨	배색
☐	겉면 : 겉뜨기 / 안면 : 안뜨기
•	겉면 : 안뜨기 / 안면 : 겉뜨기
∨	KFB
↘	M1LP
↘	M1L
○	바늘비우기
╱	K2TOG
╱.	P2TOG
⋈	4/4 RRC
⋈	4/4 LRC

39 스카른 SKARN

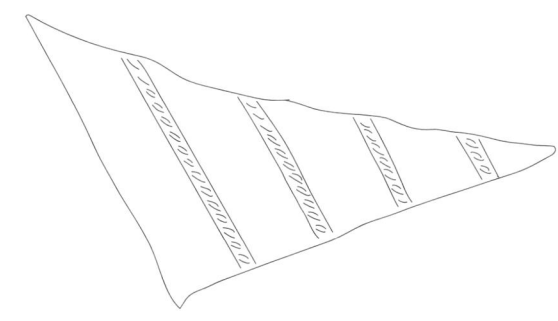

완성 치수
너비 … 206cm
높이 … 78cm

재료
실 … 카마로즈 라마 울드 1/2 Lama Uld 1/2 by CamaRose(라마 50%, 버진울 50%, 100m/50g) Camel 6234 7볼
실(대체) … 아란 얀 700m
바늘 … 4.5mm(US 7) 줄바늘. 코막음용 5mm(US 8) 대바늘 (옵션)
도구 … 마커 2개

게이지
1코 1단 멍석고무뜨기 17코×23단

패턴 뜨기
1코 1단 멍석고무뜨기 1×1 Seeded rib stitch
(콧수는 짝수).
1단(겉면): 겉뜨기.
2단(안면): 끝까지 [안뜨기1, 겉뜨기].
1·2단을 반복해 패턴을 뜬다.

뜨는 법
섹션 1 시작하기
롱테일 코잡기로 3코를 만든다.
1단(안면): 겉뜨기3.
2단(겉면): 겉뜨기1, 바늘비우기, 겉뜨기2. (+1코).
3단: 겉뜨기2, 겉뜨기로 꼬아뜨기, 겉뜨기1.
4단: 겉뜨기1, 바늘비우기, 겉뜨기3. (+1코).
5단: 겉뜨기3, 겉뜨기로 꼬아뜨기, 겉뜨기1.
6단: 겉뜨기1, 바늘비우기, 겉뜨기4. (+1코).
7단: 겉뜨기4, 겉뜨기로 꼬아뜨기, 겉뜨기1.
8단: 겉뜨기1, 바늘비우기, 겉뜨기5. (+1코).
9단: 겉뜨기5, 겉뜨기로 꼬아뜨기, 겉뜨기1.
10단: 겉뜨기1, 바늘비우기, 겉뜨기2, 마커 끼우기, 겉뜨기1, 마커 끼우기, 겉뜨기3. (+1코).
11단: 겉뜨기3, 마커 걸러뜨기, 안뜨기1, 마커 빼기, 겉뜨기2, 겉뜨기로 꼬아뜨기, 겉뜨기1.
12단: 겉뜨기1, 바늘비우기, 겉뜨기2, 마커 끼우기, 겉뜨기2, 마커 걸러뜨기, 겉뜨기3. (+1코).
13단: 겉뜨기3, 마커 걸러뜨기, 안뜨기1, 겉뜨기1, 마커 빼기, 겉뜨기2, 겉뜨기로 꼬아뜨기, 겉뜨기1.
9코.

섹션 2 1코 1단 멍석고무뜨기
14단(겉면): 겉뜨기1, 바늘비우기, 겉뜨기2, 마커 끼우기, 마커까지 모두 겉뜨기, 마커 걸러뜨기, 겉뜨기3. (+1코).
15단(안면): 겉뜨기3, 마커 걸러뜨기, 마커 1코 전까지 [안뜨기1, 겉뜨기1], 안뜨기1, 마커 빼기, 겉뜨기2, 겉뜨기로 꼬아뜨기, 겉뜨기1.
16단: 겉뜨기1, 바늘비우기, 겉뜨기2, 마커 끼우기, 마커까지 모두 겉뜨기, 마커 걸러뜨기, 겉뜨기3. (+1코).
17단: 겉뜨기3, 마커 걸러뜨기, 마커까지 [안뜨기1, 겉뜨기1], 마커 빼기, 겉뜨기2, 겉뜨기로 꼬아뜨기, 겉뜨기1.
14~17단을 총 11회 뜬다. 31코.

섹션 3 안뜨기 평행사변형
맨 먼저 전환 가터뜨기 Transition Garter의 산 부분을 뜬다.
58단(겉면): 겉뜨기1, 바늘비우기, 겉뜨기2, 마커 끼우기, 마커까지 모두 겉뜨기, 마커 걸러뜨기, 겉뜨기3. (+1코).
59단(안면): 겉뜨기3, 마커 걸러뜨기, 마커까지 모두 겉뜨기, 마커 빼기, 겉뜨기2, 겉뜨기로 꼬아뜨기, 겉뜨기1.
다음은 메리야스뜨기 4단을 뜬다.
60단(겉면): 겉뜨기1, 바늘비우기, 겉뜨기2, 마커 끼우기, 마커까지 모두 겉뜨기, 마커 걸러뜨기, 겉뜨기3. (+1코).
61단(안면): 겉뜨기3, 마커 걸러뜨기, 마커까지 모두 안뜨기,

마커 빼기, 겉뜨기2, 겉뜨기로 꼬아뜨기, 겉뜨기1.

62단(겉면) : 겉뜨기1, 바늘비우기, 겉뜨기2, 마커끼우기, 마커까지 모두 겉뜨기, 마커 걸러뜨기, 겉뜨기3. (+1코).

63단(안면) : 겉뜨기3, 마커 걸러뜨기, 마커까지 모두 안뜨기, 마커 빼기, 겉뜨기2, 겉뜨기로 꼬아뜨기, 겉뜨기1.
이제 안뜨기 평행사변형을 뜬다.

64단(겉면) : 겉뜨기1, 바늘비우기, 겉뜨기2, 마커끼우기, 겉뜨기4, 마커 6코 전까지 [안뜨기4, 겉뜨기5], 안뜨기4, 겉뜨기2, 마커 걸러뜨기, 겉뜨기3. (+1코).

65단(안면) : 겉뜨기3, 마커 걸러뜨기, 안뜨기3, 마커 7코 전까지 [겉뜨기4, 안뜨기5], 겉뜨기4, 안뜨기3, 마커 빼기, 겉뜨기2, 겉뜨기로 꼬아뜨기, 겉뜨기1.

66단 : 겉뜨기1, 바늘비우기, 겉뜨기2, 마커끼우기, 겉뜨기3, 마커 8코 전까지 [안뜨기4, 겉뜨기5], 안뜨기4, 겉뜨기4, 마커 걸러뜨기, 겉뜨기3. (+1코).

67단 : 겉뜨기3, 마커 걸러뜨기, 마커 2코 전까지 [안뜨기5, 겉뜨기4], 안뜨기2, 마커 빼기, 겉뜨기2, 겉뜨기로 꼬아뜨기, 겉뜨기1.

68단 : 겉뜨기1, 바늘비우기, 겉뜨기2, 마커끼우기, 겉뜨기2, 마커 1코 전까지 [안뜨기4, 겉뜨기5], 겉뜨기1, 마커 걸러뜨기, 겉뜨기3. (+1코).
다음은 메리야스뜨기 4단을 뜬다.

69단(안면) : 겉뜨기3, 마커 걸러뜨기, 마커까지 모두 안뜨기, 마커 빼기, 겉뜨기2, 겉뜨기로 꼬아뜨기, 겉뜨기1.

70단(겉면) : 겉뜨기1, 바늘비우기, 겉뜨기2, 마커끼우기, 마커까지 모두 겉뜨기, 마커 걸러뜨기, 겉뜨기3. (+1코).

71단 : 겉뜨기3, 마커 걸러뜨기, 마커까지 모두 안뜨기, 마커 빼기, 겉뜨기2, 겉뜨기로 꼬아뜨기, 겉뜨기1.

72단 : 겉뜨기1, 바늘비우기, 겉뜨기2, 마커끼우기, 마커까지 모두 겉뜨기, 마커 걸러뜨기, 겉뜨기3. (+1코).
이 섹션의 마지막은 전환 가터뜨기의 산 부분이다.

73단(안면) : 겉뜨기3, 마커 걸러뜨기, 마커까지 모두 겉뜨기, 마커 빼기, 겉뜨기2, 겉뜨기로 꼬아뜨기, 겉뜨기1.
총 39코.

섹션 4 1코 1단 멍석고무뜨기
14~17단을 총 14회 뜬다. 67코.

섹션 5 안뜨기 평행사변형
58~73단을 반복한다. 75코.

섹션 6 1코 1단 멍석고무뜨기
14~17단을 14회 반복한다. 103코.

섹션 7 안뜨기 평행사변형
58~73단을 반복한다. 111코.

섹션 8 1코 1단 멍석고무뜨기
14~17단을 14회 반복한다. 139코.

섹션 9 안뜨기 평행사변형
58~73단을 반복한다. 147코.

섹션 10 1코 1단 멍석고무뜨기
14~17단을 14회 반복한다. 175코.

마무리하기
마지막은 가터뜨기(겉면과 안면 모두 겉뜨기만 한다) 5단이고, 이어서 모든 겉면단에서 늘리기를 한다.

다음 단(겉면) : 겉뜨기1, 바늘비우기, 겉뜨기2, 마커끼우기, 마커까지 모두 겉뜨기, 마커 걸러뜨기, 겉뜨기3. (+1코).

다음 단(안면) : 겉뜨기3, 마커 걸러뜨기, 마커까지 모두 겉뜨기, 마커 빼기, 겉뜨기2, 겉뜨기로 꼬아뜨기, 겉뜨기1.

다음 단 : 겉뜨기1, 바늘비우기, 겉뜨기2, 마커끼우기, 마커까지 모두 겉뜨기, 마커 걸러뜨기, 겉뜨기3. (+1코).

다음 단 : 겉뜨기3, 마커 걸러뜨기, 마커까지 모두 겉뜨기, 마커 빼기, 겉뜨기2, 겉뜨기로 꼬아뜨기, 겉뜨기1.

다음 단 : 겉뜨기1, 바늘비우기, 겉뜨기2, 마커끼우기, 마커까지 모두 겉뜨기, 마커 걸러뜨기, 겉뜨기3. (+1코).

다음 단(안면)에서 모든 코를 코막음한다. 또는 굵은 바늘로 느슨하고 균일하게 코막음을 한다. 실 끝을 보이지 않게 정리한 다음 치수에 맞춰 블로킹한다.

40

52

스테파니 어프 — 수잔나 카르티넨 — 나탈리아 베레진스카 — 수잔 친 — 발렌티나 코스치아니 티비세이 —
스티븐 웨스트 — 사라 하이만 — 조안나 헤리엇 — 스텔라 애크로이드 — 린다 렌코빅 —
에브제니야 듀플리 — 한나 마시에제브스카 — 욘나 히에타라

40 술리나 SULINA

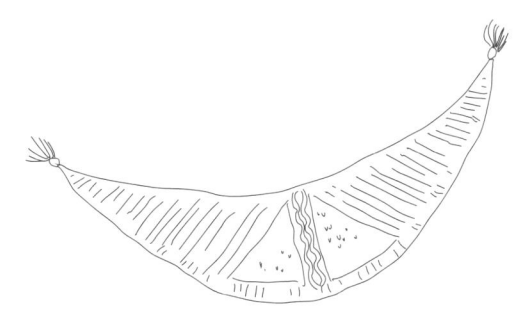

완성 치수
너비(태슬 제외) … 144cm
높이 … 38cm
바깥 둘레 … 214cm

재료
실 … 울포크 루프트 LUFT by Woolfolk(오비스 얼터미트 메리노 55%, 피마 코튼 45%, 100m/50g) L8. 4볼
실(대체) … 벌키 얀 375m
바늘 … 6.5mm(US 10) 줄바늘(100cm)
도구 … 마커 4개, 돗바늘, 태슬 메이커 또는 판지

게이지
메리야스뜨기 13.5코×23단

손뜨개 약어
KFSB Knit front, slip back: 코의 앞고리로 겉뜨기를 하되 코를 바늘에서 떨어뜨리지 않고 다시 그 코를 안뜨기 방향으로 걸러뜨기. (+1코).
오른코 위 2코와 1코 교차뜨기(아래쪽 안뜨기) 2/1 LPC : 2코를 꽈배기바늘로 걸러떠서 앞에 놓고, 안뜨기1, 꽈배기바늘에서 2코 겉뜨기.
왼코 위 2코와 1코 교차뜨기(아래쪽 안뜨기) 2/1 RPC : 1코를 꽈배기바늘로 걸러떠서 뒤에 놓고, 겉뜨기2, 꽈배기바늘에서 1코 안뜨기.
오른코 위 2코 교차뜨기 2/2 LC : 2코를 꽈배기바늘로 걸러떠서 앞에 놓고, 겉뜨기2, 꽈배기바늘에서 2코 겉뜨기.
왼코 위 2코 교차뜨기 2/2 RC : 2코를 꽈배기바늘로 걸러떠서 뒤에 놓고, 겉뜨기2, 꽈배기바늘에서 2코 겉뜨기.
오른코 위 2코 교차뜨기(아래쪽 안뜨기) 2/2 LPC : 꽈배기바늘로 2코 걸러떠서 앞에 두고, 안뜨기2, 꽈배기바늘에서 겉뜨기2.
왼코 위 2코 교차뜨기(아래쪽 안뜨기) 2/2 RPC : 꽈배기바늘로 2코 걸러떠서 뒤에 두고, 겉뜨기2, 꽈배기바늘에서 안뜨기2.

뜨는 법
시작단
모든 겉면단은 4코씩, 모든 안면단은 2코씩 증가한다.
선호하는 코잡기로 8코를 만든다.

1단(안면) : KFSB, 1코 남을 때까지 안뜨기, KFSB.
2단(겉면) : KFSB, 안뜨기1, 겉뜨기1, 마커 끼우기, M1R, 겉뜨기4, M1L, 마커 끼우기, 겉뜨기1, 안뜨기1, KFSB.
3단 : KFSB, 겉뜨기2, 안뜨기1, 마커 걸러뜨기, 마커까지 안뜨기, 마커 걸러뜨기, 안뜨기1, 겉뜨기2, KFSB.
4단 : KFSB, 안뜨기3, 겉뜨기1, 마커 걸러뜨기, M1R, 겉뜨기6, M1L, 마커 걸러뜨기, 겉뜨기1, 안뜨기3, KFSB.
5단 : KFSB, 안뜨기1, 겉뜨기3, 안뜨기1, 마커 걸러뜨기, 마커까지 안뜨기, 마커 걸러뜨기, 안뜨기1, 겉뜨기3, 안뜨기1, KFSB.
6단 : KFSB, 안뜨기1, 겉뜨기1,안뜨기3, 겉뜨기1, 마커 걸러뜨기, 안뜨기로 오른코 만들기, 왼코 위 2코 교차뜨기, 오른코 위 2코 교차뜨기, 안뜨기로 오른코 만들기, 마커 걸러뜨기, 겉뜨기1, 안뜨기3, 겉뜨기1, 안뜨기1, KFSB.
7단 : KFSB, 겉뜨기2, 안뜨기1, 겉뜨기3, 안뜨기1, 마커 걸러뜨기, 겉뜨기1, 안뜨기8, 겉뜨기1, 마커 걸러뜨기, 안뜨기1, 겉뜨기3, 안뜨기1, 겉뜨기2, KFSB.
8단 : KFSB, 마커까지 [안뜨기3, 겉뜨기1], 마커 걸러뜨기, 안뜨기로 오른코 만들기, 안뜨기1, 왼코 위 2코 교차뜨기, 오른코 위 2코 교차뜨기, 안뜨기1, 안뜨기로 오른코 만들기, 마커 걸러뜨기, 1코 남을 때까지 [겉뜨기1, 안뜨기3], KFSB.
9단 : KFSB, 안뜨기1, 마커까지 [겉뜨기3, 안뜨기1], 마커 걸러뜨기, 겉뜨기2, 안뜨기2, 겉뜨기4, 안뜨기2, 겉뜨기2, 마커 걸러뜨기, 안뜨기1, 1코 남을 때까지 [겉뜨기3, 안뜨기1], KFSB. 총 34코.

교차뜨기 패널이 있는 시작단
모든 겉면단은 4코씩, 모든 안면단은 2코씩 증가한다.
10단(겉면) : KFSB, 안뜨기1, 겉뜨기1, 마커까지 [안뜨기3, 겉뜨기1], 마커 걸러뜨기, M1R, 교차뜨기 부분 뜨기, M1L, 마커 걸러뜨기, 3코 남을 때까지 [겉뜨기1, 안뜨기3], 겉뜨기1, 안뜨기1, KFSB.
11단(안면) : KFSB, 겉뜨기2, 안뜨기1, 마커까지 [겉뜨기3, 안뜨기1], 마커 걸러뜨기, 안뜨기1, 교차뜨기 부분 뜨기, 안뜨기1, 마커 걸러뜨기, 안뜨기1, 3코 남을 때까지 [겉뜨기3, 안뜨기1], 겉뜨기2, KFSB.
12단 : KFSB, 마커까지 [안뜨기3, 겉뜨기1], 마커 걸러뜨기, 안뜨기로 오른코 만들기, 겉뜨기1, 마커 끼우기, 교차뜨기 부분 뜨기, 마커 끼우기, 겉뜨기1, 안뜨기로 오른코 만들기, 마커 걸러뜨기, 1코 남을 때까지 [겉뜨기1, 안뜨기3], KFSB.

13단 : KFSB, 안뜨기1, 마커까지 [겉뜨기3, 안뜨기1], 마커 걸러뜨기, 겉뜨기1, 안뜨기1, 마커 걸러뜨기, 교차뜨기 부분 뜨기, 마커 걸러뜨기, 안뜨기1, 겉뜨기1, 마커 걸러뜨기, 안뜨기1, 1코 남을 때까지 [겉뜨기3, 안뜨기1], KFSB.

14단 : KFSB, 안뜨기1, 겉뜨기1, 마커까지 [안뜨기3, 겉뜨기1], 마커 걸러뜨기, 안뜨기로 오른코 만들기, 겉뜨기2, 마커 걸러뜨기, 교차뜨기 부분 뜨기, 마커 걸러뜨기, 겉뜨기2, 안뜨기로 오른코 만들기, 마커 걸러뜨기, 3코 남을 때까지 [겉뜨기1, 안뜨기3], 겉뜨기1, 안뜨기1, KFSB.

15단 : KFSB, 겉뜨기2, 안뜨기1, 마커까지 [안뜨기3, 안뜨기1], 마커 걸러뜨기, 겉뜨기1, 안뜨기2, 마커 걸러뜨기, 교차뜨기 부분 뜨기, 마커 걸러뜨기, 안뜨기2, 겉뜨기1, 마커 걸러뜨기, 안뜨기1, 3코 남을 때까지 [겉뜨기3, 안뜨기1], 겉뜨기2, KFSB. 총 52코.

패턴 단

모든 겉면단은 4코씩, 모든 안면단은 2코씩 증가한다.

16단(겉면) : KFSB, 마커까지 [안뜨기3, 겉뜨기1], 마커 걸러뜨기, 안뜨기로 오른코 만들기, 겉뜨기1, 마커까지 [안뜨기1, 겉뜨기1], 마커 걸러뜨기, 교차뜨기 섹션 뜨기, 마커 걸러뜨기, 겉뜨기1, 마커까지 [안뜨기1, 겉뜨기1], 안뜨기로 오른코 만들기, 마커 걸러뜨기, 1코 남을 때까지 [겉뜨기1, 안뜨기3], KFSB.

17단(안면) : KFSB, 안뜨기1, 마커까지 [겉뜨기3, 안뜨기1], 마커 걸러뜨기, 마커까지 [겉뜨기1, 안뜨기1], 마커 걸러뜨기, 교차뜨기 섹션 뜨기, 마커 걸러뜨기, 마커까지 [겉뜨기1, 안뜨기1], 마커 걸러뜨기, 안뜨기1, 1코 남을 때까지 [겉뜨기3, 안뜨기1], KFSB.

18단 : KFSB, 안뜨기1, 겉뜨기1, 마커까지 [안뜨기3, 겉뜨기1], 마커 걸러뜨기, 안뜨기로 오른코 만들기, 마커 2코 전까지 [겉뜨기1, 안뜨기1], 겉뜨기2, 마커 걸러뜨기, 교차뜨기 섹션 뜨기, 마커 걸러뜨기, 겉뜨기2, 마커까지 [안뜨기1, 겉뜨기1], 안뜨기로 오른코 만들기, 마커 걸러뜨기, 3코 남을 때까지 [겉뜨기1, 안뜨기3], 겉뜨기1, 안뜨기1, KFSB.

19단 : KFSB, 겉뜨기2, 안뜨기1, 마커까지 [겉뜨기3, 안뜨기1], 마커 걸러뜨기, 마커 1코 전까지 [겉뜨기1, 안뜨기1], 안뜨기1, 마커 걸러뜨기, 교차뜨기 섹션 뜨기, 마커 걸러뜨기, 안뜨기1, 마커까지 [겉뜨기1, 안뜨기1], 마커 걸러뜨기, 안뜨기1, 3코 남을 때까지 [겉뜨기3, 안뜨기1], 겉뜨기2, KFSB. 총 64코.

16~19단을 16회 더 반복한다. 256코.

고무뜨기 가장자리

이 섹션의 시작단을 뜨면서 마커를 뺀다.

시작단(겉면) : KFSB, 2번째 마커 1코 전까지 [안뜨기1, 겉뜨기1], [안뜨기1, 겉뜨기1] 3회, P2TOG, 1코 남을 때까지 [겉뜨기1, 안뜨기1], KFSB. (+1코).

고무뜨기 1단(안면) : KFSB, 2코 남을 때까지 [안뜨기1, 겉뜨기1], 안뜨기1, KFSB. (+2코).

고무뜨기단을 8회 더 반복한다. 275코.

패턴에 따라 코막음한다.

마무리하기 & 태슬만들기

실 끝을 보이지 않게 정리한 다음 치수에 맞춰 블로킹한다. 약 10cm 길이의 태슬 2개를 만들어서 숄의 양 끝에 단다.

스테파니 어프

교차뜨기 패널

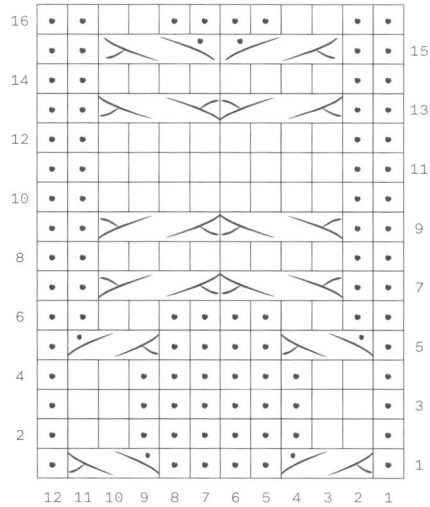
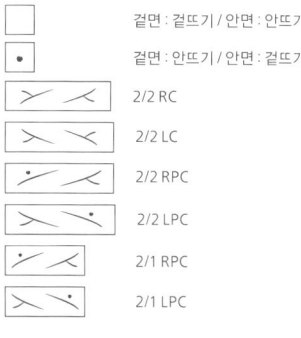

	겉면: 겉뜨기 / 안면: 안뜨기
	겉면: 안뜨기 / 안면: 겉뜨기
	2/2 RC
	2/2 LC
	2/2 RPC
	2/2 LPC
	2/1 RPC
	2/1 LPC

41 루브두 RUUVDU

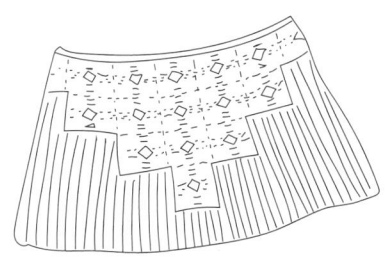

완성 치수
높이 … 24cm
윗단 둘레 … 68cm
아랫단 둘레 … 95cm

재료
전경색 실 … 데 레룸 나투라 울리스Ulysse by De Rerum Natura (메리노울 100%. 185m/50g) Doré 1볼
배경색 실 … 데 레룸 나투라 울리스(메리노울 100%. 185m/50g) Poivre Blanc 2볼
실(대체) … 스포트 또는 핑거링 얀(전경색) 170m, 스포트 또는 핑거링 얀(배경색) 200m
바늘 … 3.5mm(US 4) 줄바늘(60cm), 코막음용 최소한 같은 길이의 추가 줄바늘
도구 … 마커, 돗바늘, 코바늘(별실 코잡기용)

게이지
격자무늬뜨기 24.5코×52코

손뜨개 약어
브리오슈 겉뜨기BRK, Brioche knit : 걸러뜨기-바늘비우기로 생긴 더블스티치에서 겉뜨기.
브리오슈 안뜨기BRP, Brioche purl : 걸러뜨기-바늘비우기로 생긴 더블스티치에서 안뜨기.
걸러뜨기-바늘비우기SL1YO : 실을 오른바늘의 앞으로 가져와서 안뜨기 방향으로 1코 걸러뜨기와 바늘비우기.
끌어올려 겉뜨기K1B : 아랫단의 코에서 겉뜨기.

패턴 뜨기

원형단에서 2색 브리오슈뜨기
(콧수는 홀수).
※이 기법은 패턴 뜨기의 기본 버전이므로, 다음과 같이 바꿉니다. 뜨는 법에서도 알 수 있습니다.
① 패턴 파트 3~5 중 각 파트의 첫 원형단에서 겉뜨기1과 브리오슈 겉뜨기를 모두 떠야 한다. 어떤 코에서 떠야 하는지는 주요 패턴에 나와 있다.
② 패턴 파트 3~5에서, 2색 브리오슈 섹션으로 원형단을 시작할 때

전경색 실이라면 : 브리오슈 겉뜨기 대신 걸러뜨기-바늘비우기로 시작한다.
배경색 실이라면 : 걸러뜨기-바늘비우기 대신 브리오슈 안뜨기로 시작한다.
원형 1단(전경색) : *겉뜨기1, SL1YO*, 1코 남을 때까지 *-* 반복, 겉뜨기1.
원형 2단(배경색) : *SL1YO, 브리오슈 안뜨기*, 1코 남을 때까지 *-* 반복, SL1YO.
원형 3단(전경색) : *브리오슈 겉뜨기, SL1YO*, 1코 남을 때까지 *-* 반복, 브리오슈 겉뜨기.
제시된 길이가 될 때까지 원형 2·3단을 반복한다.

아이코드 코잡기
※각 단의 첫 코들이 아이코드 가장자리 아래에 보이는 겉뜨기 코의 첫 단을 이루므로 모든 단의 첫 코의 장력에 주의를 기울여 팽팽하게 뜨세요. 이 코들이 느슨하면 가장자리가 펄럭이게 됩니다.
전경색 실을 이용해 별실로 3코를 만든다. 이제 오른바늘에 3코가 있다. 이 3코를 왼바늘로 걸러뜬다. 이 과정에서 코가 꼬이지 않도록 주의한다.
1단 : 겉뜨기3. 이 3코를 왼바늘로 다시 옮긴다.
2단 : 끌어올려 겉뜨기, 겉뜨기3(1코는 코잡기. 오른바늘에 4코). 왼바늘로 3코를 다시 걸러뜬다. 이제 1코는 오른바늘에, 3코는 왼바늘에 있다. 또는 실은 코의 왼쪽에 있다. 뜨개바탕을 돌리지 않고, 다음 단을 뜨기 위해 실을 3코 뒤로 돌려 오른쪽으로 당겨온다.
2단을 반복해 코잡기 168코를 만든다. 마지막으로 반복하면 오른바늘에 168코, 왼바늘에 3코가 있다. 왼바늘의 3코를 스티치 홀더나 자투리실에 걸어놓는다. 이 3코는 코막음하기 전 아이코드 코잡기를 시작할 때 잡았던 3코와 이을 것이다.

1코 1단 튜블러 코막음 1×1 Tubular bind-off
※브리오슈 겉뜨기와 바늘비우기를 1코로 계산합니다. 각 코에서 두 번씩 뜨고, 오른쪽에서 왼쪽으로 뜹니다.
⑴ 배경색 실을 20cm 정도 남기고 자른다. 나중에 누벼 넣어 정리한다. 나중에 잇기Grafting를 하기 위해 전경색 실을 380cm(완성둘레의 약 4배) 정도 남기고 자른다.

(2) 브리오슈 겉뜨기와 브리오슈 안뜨기 코들을 다음과 같이 2개의 바늘에 분리해 옮긴다. [바늘 2로 다음 브리오슈 안뜨기코 걸러뜨기(뒤), 바늘 1로 다음 브리오슈 겉뜨기코 걸러뜨기(앞)]를 반복해 모든 코를 바늘 2개에 옮긴다. 이제 앞바늘에는 브리오슈 겉뜨기코(84코)가, 뒷바늘에는 브리오슈 안뜨기코(84코)가 있다.
(3) 메리야스 잇기를 이용해 코들을 잇는다.

POINT

각 단을 뜬 후에 뜨는 실을 바꿉니다. 단, 첫 두 단은 배경색 실로 모두 겉뜨기합니다.
패턴은 5파트로 나뉘는데, 격자무늬뜨기와 2색 브리오슈뜨기 사이에 변환 과정에서 단계들을 따라 합니다. 파트 1은 격자무늬뜨기, 파트 2·3·4는 격자무늬뜨기+2색 브리오슈뜨기, 파트 5는 2색 브리오슈뜨기만 합니다.
브리오슈뜨기 걸러뜨기-바늘비우기는 항상 1코로 계산하세요.

뜨는 법

전경색 실을 이용해 아이코드 코잡기로 168코를 만든다. 원형단의 시작을 표시하는 마커를 끼우고 코들을 원형으로 연결한다. 뜨개바탕이 꼬이지 않도록 주의한다.
※롱테일 코잡기처럼 선호하는 코잡기가 있다면 패턴을 시작하기 전에 다음의 3단을 뜨세요.
원형 1단(전경색) : 안뜨기.
원형 2단(전경색) : 겉뜨기.
원형 3단(전경색) : 안뜨기.

파트 1

원형 1단(배경색) : 도안 1의 원형 1단을 12회 뜬다. (12회 반복).
도안 1의 24단까지 계속 뜬다.

파트 2

파트 2는 원형단이 4섹션으로 나뉘며 마커로 표시한다.
섹션 1 : 도안과 뜨는 법을 따라서 격자무늬뜨기 패턴의 69코.
섹션 2 : 뜨는 법을 따라서 2색 브리오슈뜨기의 15코.
섹션 3·4는 섹션 1·2를 반복한다.
원형 1단(전경색) : *69코에 대해 도안 2·3의 원형 1단 뜨기, 마커 끼우기, (겉뜨기1, SL1YO), (-) 6회 더 반복, 겉뜨기1*, 마커 끼우기, *-* 1회 더 반복.
원형 2단(배경색) : *69코에 대해 도안 2·3의 원형 2단 뜨기, 마커 걸러뜨기, (SL1YO, BRP), 마커 1코 전까지 (-) 반복, SL1YO*, 마커 걸러뜨기, *-* 1회 더 반복.
원형 3단(전경색) : *69코에 대해 도안 2·3의 원형 3단 뜨기, 마커 걸러뜨기, (BRK, SL1YO), 마커 1코 전까지 (-) 반복, BRK*, 마커 걸러뜨기, *-* 1회 더 반복.
도안 2·3의 24단까지 계속 뜬다. 동시에 2색 브리오슈뜨기의 원형 2·3단을 반복하고 원형 2단으로 끝낸다.

파트 3

파트 3은 원형단이 6섹션으로 나뉘며 마커로 표시한다.
섹션 1 : 뜨는 법을 따라서 2색 브리오슈뜨기의 14코.
섹션 2 : 도안과 뜨는 법을 따라서 격자무늬뜨기의 41코
섹션 3 : 뜨는 법을 따라서 2색 브리오슈뜨기의 29코.
섹션 4~6은 섹션 1~3을 반복한다.
원형 1단(전경색) : *(SL1YO, 겉뜨기1), (-) 6회 더 반복, 마커 끼우기, 41코에 대해 도안 2·3의 원형 1단 1회 뜨기, 마커 끼우기, (겉뜨기1, SL1YO), (-) 6회 더 반복, 마커 빼기, (BRK, SL1YO), 마커 1코 전까지 (-) 반복, BRK*, 마커 걸러뜨기, *-* 1회 더 반복.
원형 2단(배경색) : *(BRP, SL1YO), 마커까지 (-) 반복, 마커 걸러뜨기, 41코에 대해 도안 2·3의 원형 2단 1회 뜨기, 마커 걸러뜨기, (SL1YO, BRP), 마커 1코 전까지 (-) 반복, SL1YO*, 마커 걸러뜨기, *-* 1회 더 반복.
원형 3단(전경색) : *(SL1YO, BRK), 마커까지 (-) 반복, 마커 걸러뜨기, 41코에 대해 도안 2·3의 원형 3단 1회 뜨기, 마커 걸러뜨기, (BRK, SL1YO), 마커 1코 전까지 (-) 반복, BRK*, 마커 걸러뜨기, *-* 1회 더 반복.
도안 2·3의 24단까지 계속 뜬다. 동시에 2색 브리오슈뜨기의 원형 2·3단을 반복하고 원형 2단으로 끝낸다.

파트 4

파트 4는 원형단이 6섹션으로 나뉘며 마커로 표시한다.
섹션 1 : 뜨는 법을 따라서 2색 브리오슈뜨기의 28코.
섹션 2 : 도안과 뜨는 법을 따라서 격자무늬뜨기의 13코.
섹션 3 : 뜨는 법을 따라서 2색 브리오슈뜨기의 43코.
섹션 4~6은 섹션 1~3을 반복한다.
원형 1단(전경색) : *(SL1YO, 겉뜨기1), (-) 6회 더 반복, 마커 빼기, (SL1YO, BRK), (-) 6회 더 반복, 마커 끼우기, 13코에 대해 도안 4의 원형 1단 1회 뜨기, 마커 끼우기, (겉뜨기1, SL1YO), (-) 6회 더 반복, 마커 빼기, (BRK, SL1YO), 마커 1코 전까지 (-) 반복, BRK*, 마커 걸러뜨기, *-* 1회 더 반복.
원형 2단(배경색) : *(BRP, SL1YO), 마커까지 (-) 반복, 마커 걸러뜨기, 13코에 대해 도안 4의 원형 2단 1회 뜨기, 마커 걸러뜨기, (SL1YO, BRP), 마커 1코 전까지 (-) 반복, SL1YO*, 마커 걸러뜨기, *-* 1회 더 반복.
원형 3단(전경색) : *(SL1YO, BRK), 마커까지 (-) 반복, 마커 걸러뜨기, 13코에 대해 도안 4의 원형 3단 1회 뜨기, 마커 걸러뜨기, (BRK, SL1YO), 마커 1코 전까지 (-) 반복, BRK*, 마커 걸러뜨기, *-* 1회 더 반복.
도안 4의 24단까지 계속 뜬다. 동시에 2색 브리오슈뜨기의 원형 2·3단을 반복하고 원형 2단으로 끝낸다.

파트 5

원형 1단(전경색) : *(SL1YO, BRK), 마커까지 (-) 반복, 마커 빼기, (SL1YO, 겉뜨기1), 마커 1코 전까지 (-) 반복, SL1YO, 마커 빼기, (BRK, SL1YO), 마커 1코 전까지 (-) 반복, BRK*, 마커 빼기, *-* 1회 더 반복.
원형 2단(배경색) : 끝까지 [BRP, SL1YO].
원형 3단(전경색) : 끝까지 [SL1YO, BRK].
원형 2·3단을 10회 더. 원형 2단을 1회 더 반복한다. 총 24단을 뜬다.
1코 1단 튜블러 코막음을 이용해 코막음한다.

마무리하기

메리야스 잇기를 이용해 아이코드의 양 끝을 잇는다. 실 끝을 보이지 않게 정리한 다음 치수에 맞춰 블로킹한다.

수잔나 카르티넨

도안 1

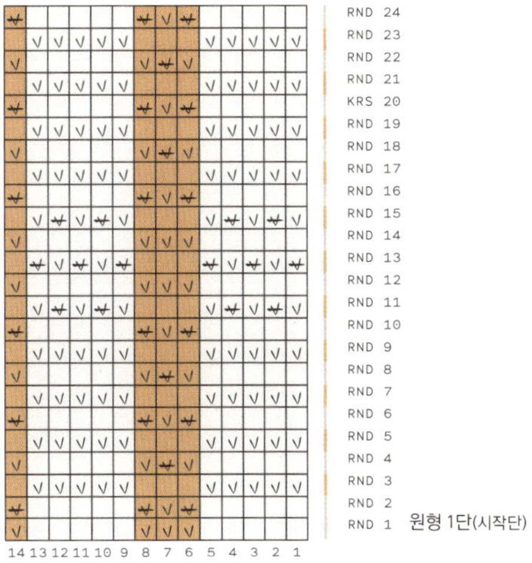

도안 2 & 도안 3

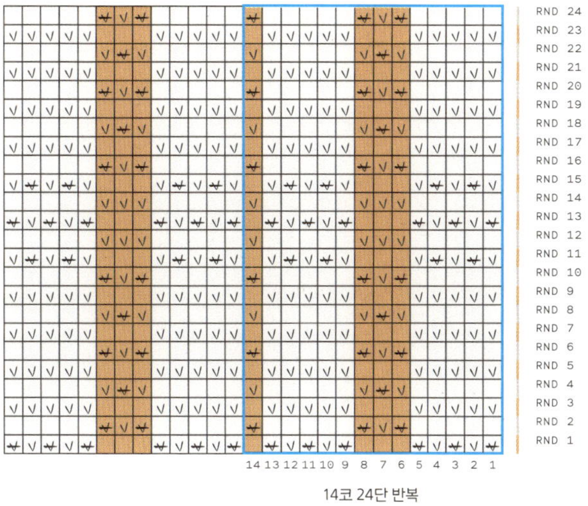

14코 24단 반복

| | 원형 1단 | 원형단 수의 앞에 있는 주황색 막대는 전경색 실로 뜬다는 뜻이다. |
| | 원형 2단 | 원형단 수의 앞에 있는 회색 막대는 배경색 실로 뜬다는 뜻이다. |

	반복
	겉뜨기. 전경색 실로
	겉뜨기. 배경색 실로
V	전경색 코를 안뜨기 방향으로 걸러뜨기(실 뒤)
⩟	전경색 코를 안뜨기 방향으로 걸러뜨기(실 앞)
V	배경색 코를 안뜨기 방향으로 걸러뜨기(실 뒤)
⩟	배경색 코를 안뜨기 방향으로 걸러뜨기(실 앞)

도안 4

※이런 코들의 배경색은 뜨는 실의 색을 뜻하는 게 아니라 걸러뜬 코의 색이라는 점에 주의하세요.

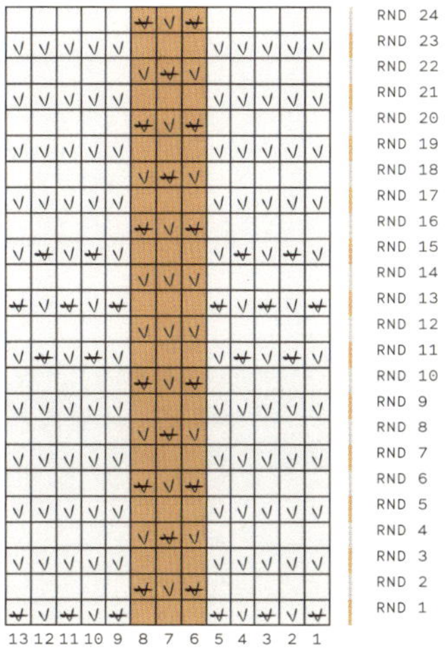

42 홈스테드 HOMESTEAD

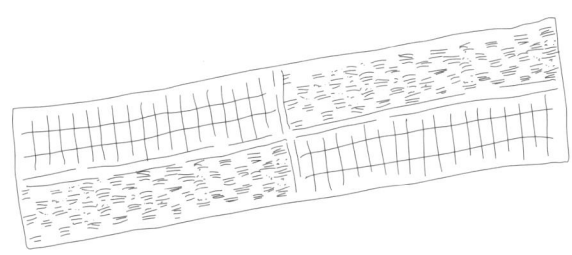

완성 치수
길이 … 200cm
폭 … 45cm

재료
실 … 파머스 도터 화이버스 주시 DK Juicy DK by Farmer's Daughter Fibers(SW메리노 100%, 251m/100g) Horse Belly 5볼
실(대체) … DK 약 1253m
바늘 … 4mm(US 6) 대바늘
도구 … 마커

게이지
메리야스뜨기 24코×32단

손뜨개 약어
오른코 중심 3코 모아뜨기 DLSD : 겉뜨기 방향으로 걸러뜨기1, 겉뜨기로 2코 모아뜨기, 걸러뜬 코로 덮어씌우기. (-2코).
겉뜨기로 3코 모아뜨기 K3TOG : (-2코).

패턴 뜨기
보태니컬뜨기 Botanical stitch
(콧수는 15의 배수).
1단(겉면) : [겉뜨기로 꼬아뜨기, 안뜨기1] 4회, 겉뜨기로 3코 모아뜨기, 바늘비우기, 겉뜨기1, 바늘비우기, 오른코 중심 3코 모아뜨기.
2단 : 안뜨기1, 바늘비우기, 안뜨기3, 바늘비우기, 안뜨기1, [겉뜨기1, 안뜨기로 꼬아뜨기] 4회.
3단 : [겉뜨기로 꼬아뜨기, 안뜨기1] 4회, 겉뜨기7.
4단 : 안뜨기7, [겉뜨기1, 안뜨기로 꼬아뜨기] 4회.
5~16단 : 1~4단을 반복한다.
17단 : 겉뜨기로 3코 모아뜨기, 바늘비우기, 겉뜨기1, 바늘비우기, 오른코 중심 3코 모아뜨기, [안뜨기1, 겉뜨기로 꼬아뜨기] 4회.
18단 : [안뜨기로 꼬아뜨기, 겉뜨기1] 4회, 안뜨기1, 바늘비우기, 안뜨기3, 바늘비우기, 안뜨기1.
19단 : 겉뜨기7, [안뜨기1, 겉뜨기로 꼬아뜨기] 4회.
20단 : [안뜨기로 꼬아뜨기, 겉뜨기1] 4회, 안뜨기7.
21~32단 : 17~20단을 반복한다.
1~32단을 반복해 패턴을 뜬다.

뜨는 법
선호하는 코잡기로 97코를 만든다.
1~8단 : 겉뜨기.
9단(겉면) : 겉뜨기5, *안뜨기1, (겉뜨기로 꼬아뜨기, 안뜨기1) 4회, 겉뜨기로 3코 모아뜨기, 바늘비우기, 겉뜨기1, 바늘비우기, 오른코 중심 3코 모아뜨기*, *-* 1회 더 반복, 안뜨기1, [겉뜨기로 꼬아뜨기, 안뜨기1] 4회, 겉뜨기5, 안뜨기1, 겉뜨기45. (93코).
10단 : 겉뜨기5, [안뜨기12, 겉뜨기2] 2회, 안뜨기12, 겉뜨기6, *(겉뜨기1, 안뜨기로 꼬아뜨기) 4회, 안뜨기1, 안뜨기1, 바늘비우기, 안뜨기3, 바늘비우기, 안뜨기1*, *-* 1회 더 반복, [겉뜨기1, 안뜨기로 꼬아뜨기] 4회, 겉뜨기6. (97코).
11단 : 겉뜨기5, *안뜨기1, (겉뜨기로 꼬아뜨기, 안뜨기1) 4회, 겉뜨기7*, *-* 1회 더 반복, 안뜨기1, [겉뜨기로 꼬아뜨기, 안뜨기1] 4회, 겉뜨기5, 안뜨기1, 겉뜨기45.
12단 : 겉뜨기5, [안뜨기12, 겉뜨기2] 2회, 안뜨기12, 겉뜨기6, *(겉뜨기1, 안뜨기로 꼬아뜨기) 4회, 안뜨기1, 겉뜨기7*, *-* 1회 더 반복, [겉뜨기1, 안뜨기로 꼬아뜨기] 4회, 겉뜨기6.
13~20단 : 9~12단을 2회 반복한다.
21~23단 : 9~11단을 반복한다.
24단 : 겉뜨기51, *(겉뜨기1, 안뜨기로 꼬아뜨기) 4회, 안뜨기1, 안뜨기7*, *-* 1회 더 반복, [겉뜨기1, 안뜨기로 꼬아뜨기] 4회, 겉뜨기6.
25단 : 겉뜨기5, 안뜨기1, *겉뜨기로 3코 모아뜨기, 바늘비우기, 겉뜨기1, 바늘비우기, 오른코 중심 3코 모아뜨기, 안뜨기1, (겉뜨기로 꼬아뜨기, 안뜨기1) 4회*, *-* 1회 더 반복, 겉뜨기로 3코 모아뜨기, 바늘비우기, 겉뜨기1, 바늘비우기, 오른코 중심 3코 모아뜨기, 안뜨기1, 겉뜨기5, 안뜨기1, 겉뜨기45. (91코).

26단 : 겉뜨기51, *겉뜨기1, 안뜨기1, 바늘비우기, 안뜨기3, 바늘비우기, 안뜨기1, (겉뜨기1, 안뜨기로 꼬아뜨기) 4회, *-* 1회 더 반복, 겉뜨기1, 안뜨기1, 바늘비우기, 안뜨기3, 바늘비우기, 안뜨기1, 겉뜨기 6. (97코).

27단 : 겉뜨기5, 안뜨기1, *겉뜨기7, 안뜨기1, (겉뜨기로 꼬아뜨기, 안뜨기1) 4회*, *-* 1회 더 반복, 겉뜨기7, 안뜨기1, 겉뜨기5, 안뜨기1, 겉뜨기45.

28단 : 겉뜨기5, [안뜨기12, 겉뜨기2] 2회, 안뜨기12, 겉뜨기 6, *겉뜨기1, 안뜨기7, (겉뜨기1, 안뜨기로 꼬아뜨기) 4회*, *-* 1회 더 반복, 겉뜨기1, 안뜨기7, 겉뜨기 6.

29단 : 25단을 반복한다.

30단 : 겉뜨기5, [안뜨기12, 겉뜨기2] 2회, 안뜨기12, 겉뜨기 6, *겉뜨기1, 안뜨기1, 바늘비우기, 안뜨기3, 바늘비우기, 안뜨기1, (겉뜨기1, 안뜨기로 꼬아뜨기) 4회*, *-* 1회 더 반복, 겉뜨기1, 안뜨기1, 바늘비우기, 안뜨기3, 바늘비우기, 안뜨기1, 겉뜨기 6. (97코).

31~38단 : 27~30단을 2회 반복한다.

39단 : 27단을 반복한다.

40단 : 겉뜨기51, *겉뜨기1, 안뜨기7, (겉뜨기1, 안뜨기로 꼬아뜨기) 4회*, *-* 1회 더 반복, 겉뜨기1, 안뜨기7, 겉뜨기 6.

41단 : 9단을 반복한다.

42단 : 겉뜨기51, *(겉뜨기1, 안뜨기로 꼬아뜨기) 4회, 겉뜨기1, 안뜨기1, 바늘비우기, 안뜨기3, 바늘비우기, 안뜨기1*, *-* 1회 더 반복, [겉뜨기1, 안뜨기로 꼬아뜨기] 4회, 겉뜨기 6. (97코).

43·44단 : 11·12단을 반복한다.

45~52단 : 9~12단을 2회 반복한다.

53~55단 : 9~11단을 반복한다.

56단 : 24단을 반복한다.

57~280단 : 25~56단을 7회 반복한다.

281~311단 : 25~55단을 반복한다.

312~320단 : 겉뜨기를 한다.

321단 : 겉뜨기45, 안뜨기1, 겉뜨기5, *안뜨기1, (겉뜨기로 꼬아뜨기, 안뜨기1) 4회, 겉뜨기로 3코 모아뜨기, 바늘비우기, 겉뜨기1, 바늘비우기, 오른코 중심 3코 모아뜨기*, *-* 1회 더 반복, 안뜨기1, [겉뜨기로 꼬아뜨기, 안뜨기1] 4회, 겉뜨기5. (93코).

322단 : 겉뜨기5, *(겉뜨기1, 안뜨기로 꼬아뜨기) 4회, 겉뜨기1, 안뜨기1, 바늘비우기, 안뜨기3, 바늘비우기, 안뜨기1*, *-* 1회 더 반복, [겉뜨기1, 안뜨기로 꼬아뜨기] 4회, 겉뜨기7, [안뜨기12, 겉뜨기2] 2회, 안뜨기12, 겉뜨기5. (97코).

323단 : 겉뜨기45, 안뜨기1, 겉뜨기5, *안뜨기1, (겉뜨기로 꼬아뜨기, 안뜨기1) 4회, 겉뜨기7, *-* 1회 더 반복, 안뜨기1, [겉뜨기로 꼬아뜨기, 안뜨기1] 4회, 겉뜨기5.

324단 : 겉뜨기5, *(겉뜨기1, 안뜨기로 꼬아뜨기) 4회, 겉뜨기1, 안뜨기7*, *-* 1회 더 반복, [겉뜨기1, 안뜨기로 꼬아뜨기] 4회, 겉뜨기7, [안뜨기12, 겉뜨기2] 2회, 안뜨기12, 겉뜨기5.

325~332단 : 321~324단을 2회 반복한다.

333~335단 : 321~323단을 반복한다.

336단 : 겉뜨기5, *(겉뜨기1, 안뜨기로 꼬아뜨기) 4회, 겉뜨기1, 안뜨기7*, *-* 1회 더 반복, [겉뜨기1, 안뜨기로 꼬아뜨기] 4회, 겉뜨기52.

337단 : 겉뜨기45, 안뜨기1, 겉뜨기5, 안뜨기1, *겉뜨기로 3코 모아뜨기, 바늘비우기, 겉뜨기1, 바늘비우기, 오른코 중심 3코 모아뜨기, 안뜨기1, (겉뜨기로 꼬아뜨기, 안뜨기1) 4회*, *-* 1회 더 반복, 겉뜨기로 3코 모아뜨기, 바늘비우기, 겉뜨기1, 바늘비우기, 오른코 중심 3코 모아뜨기, 안뜨기1, 겉뜨기5. 91코.

338단 : 겉뜨기5, *겉뜨기1, 안뜨기1, 바늘비우기, 안뜨기3, 바늘비우기, 안뜨기1, (겉뜨기1, 안뜨기로 꼬아뜨기) 4회*, *-* 1회 더 반복, 겉뜨기1, 안뜨기1, 바늘비우기, 안뜨기3, 바늘비우기, 안뜨기1, 겉뜨기52. (97코).

339단 : 겉뜨기45, 안뜨기1, 겉뜨기5, 안뜨기1, *겉뜨기7, 안뜨기1, (겉뜨기로 꼬아뜨기, 안뜨기1) 4회*, *-* 1회 더 반복, 겉뜨기7, 안뜨기1, 겉뜨기5.

340단 : 겉뜨기5, *겉뜨기1, 안뜨기7, (겉뜨기1, 안뜨기로 꼬아뜨기) 4회*, *-* 1회 더 반복, 겉뜨기1, 안뜨기7, [안뜨기12, 겉뜨기2] 2회, 안뜨기12, 겉뜨기5.

341단 : 337단을 반복한다.

342단 : 겉뜨기5, *겉뜨기1, 안뜨기1, 바늘비우기, 안뜨기3, 바늘비우기, 안뜨기1, (겉뜨기1, 안뜨기로 꼬아뜨기) 4회*, *-* 1회 더 반복, 겉뜨기1, 안뜨기1, 바늘비우기, 안뜨기3, 바늘비우기, 안뜨기1, 겉뜨기7, [안뜨기12, 겉뜨기2] 2회, 안뜨기12, 겉뜨기5. (97코).

343~350단 : 339~342단을 2회 반복한다.

351단 : 339단을 반복한다.

352단 : 겉뜨기5, *겉뜨기1, 안뜨기7, (겉뜨기1, 안뜨기로 꼬아뜨기) 4회*, *-* 1회 더 반복, 겉뜨기1, 안뜨기7, 겉뜨기52.

353단 : 321단을 반복한다.

354단 : 겉뜨기5, *(겉뜨기1, 안뜨기로 꼬아뜨기) 4회, 겉뜨기1, 안뜨기1, 바늘비우기, 안뜨기3, 바늘비우기, 안뜨기1*, *-* 1회 더 반복, [겉뜨기1, 안뜨기로 꼬아뜨기] 4회, 겉뜨기52. (97코).

355·356단 : 323·324단을 반복한다.

357~364단 : 321~324단을 2회 반복한다.

365~367단 : 321~323단을 반복한다.

368단 : 336단을 반복한다.

369~592단 : 337~368단을 7회 반복한다.

593~623단 : 337~367단을 반복한다.

624~631단 : 겉뜨기를 한다.

겉뜨기 방향으로 코막음한다.

마무리하기

실 끝을 보이지 않게 정리한 다음 치수에 맞춰 블로킹한다.

43 본질, 두 가지 방법 QUIDDITY-TWO WAYS

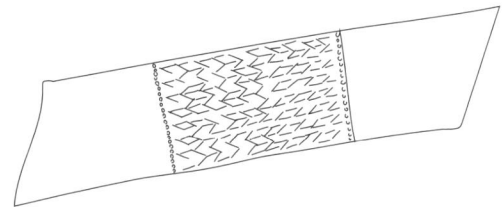

완성 치수
길이 … 165cm
폭 … 41cm

재료
대바늘뜨기 버전
실 … 마노스 델 우루과이 밀로Milo by Manos del Uruguay(메리노 울 65%, 리넨 35%, 350m/100g) i2560 Manchester 2볼(바탕색), 2532 Potosi 2볼(배색)
실(대체) … DK 얀(바탕색) 640m, DK 얀(배색) 640m
바늘 … 3.25mm(US 3) 줄바늘(80cm 이상), 3.5mm(US 4) 줄바늘(80cm 이상)
도구 … 마커

코바늘뜨기 버전
실 … 마노스 델 우루과이 밀로y(메리노 울 65%, 리넨 35%, 350m/100g) i2560 Manchester 3볼(바탕색), 2532 Potosi 3볼(배색)
실(대체) … DK 얀(바탕색) 820m, DK 얀(배색) 820m
바늘 … 2.75mm(US C/2) 코바늘
도구 … 마커

게이지
대바늘뜨기 버전
브로큰 립 턱 스티치Broken rib tuck stitch 22코×58단
가터뜨기 22코×51단
턱트 모스 스티치Tucked moss stitch 22코×27단

코바늘뜨기 버전
태피스트리뜨기Tapestry crochet 21코×24단
오버레이뜨기Overlay crochet 22코×20단
변형 모자이크뜨기Modified mosaic stitch 21코×23단

패턴 뜨기
대바늘뜨기 버전
주로 가터뜨기와 턱 스티치를 사용한다. 모든 턱 스티치 코는 뜨는 단에서 겉뜨기나 안뜨기를 하며, 턱 스티치 코가 만들어지는 아랫단으로 뜨지 않는다. 걸러뜬 코 위로는 바늘비우기를 1~2회 하고, 걸러뜬 코는 다음 단에서 묻힌다. 바늘비우기가 있는 코는 1코로 간주한다. 이런 코는 겉뜨기/안뜨기를 하며, 턱 겉뜨기Tucked knit stitch 또는 턱 안뜨기코Tucked purl stitch가 생길 것이다.

코바늘뜨기 버전
태피스트리뜨기, 오버레이뜨기, 변형 모자이크뜨기를 이용한다. 이 패턴을 뜰 때 다음의 사항을 주의하기 바란다. ① 첫 단은 사슬코의 뒷산에서 뜬다. 사슬코에는 앞뒤 '다리'가 있고 뒤쪽에 산이 있다. ② 겹짧은뜨기는 주로 기둥코 자리에 사용한다. ③ 모든 기둥코(사용할 경우)나 겹짧은뜨기, 짧은뜨기는 콧수 계산에 포함한다. ④ 태피스트리뜨기는 단을 시작할 때 2번째 색실을 연결하고, 단 끝까지 가져가 다음 단까지 끌어올려 패턴대로 뜬다. 태피스트리뜨기에서 색당 뜬 콧수를 콧수 앞에 표기한다. "…(바탕색) 짧은뜨기13, (배색) 짧은뜨기5…"로 되어 있으면, 바탕실로 배색실을 감싸면서 짧은뜨기 13코를 뜨고, 바탕색으로 뜨는 마지막 13번째 코는 배색실로 마무리한다. 그러면 배색실로 바탕실을 감싸면서 5코를 뜬다. ⑤ 변형 모자이크뜨기 섹션의 두 단 아래에서 한길 긴뜨기 2단을 뜰 때, 사슬코 앞에서 한길 긴뜨기를 뜨는 대신 아랫단의 사슬코를 감싼다. ⑥ 코바늘뜨기는 코를 짧고 통통하게 유지한다. 그래야 뜨개바탕이 성기지 않고 게이지에 잘 맞는다.

POINT
대바늘뜨기와 코바늘뜨기 모두 3개의 섹션을 별도로 뜨고 이어 붙입니다. 잇는 작업은 매트리스 스티치(대바늘뜨기)나 빼뜨기(코바늘뜨기), 원하는 방법으로 합니다.

손뜨개 약어

대바늘뜨기 버전

안뜨기로 중심 3코 모아뜨기CDD(P) : 2코를 겉뜨기 방향으로 한 코씩 걸러뜨고, 왼바늘을 걸러뜬 코들에 오른쪽에서 왼쪽으로 넣어 다시 걸러뜬 뒤 3코를 함께 안뜨기한다.

바늘비우기와 겉뜨기로 2코 늘리기KYOK : 1코를 겉뜨기하되 코를 왼바늘에서 떨어뜨리지 말고, 실을 두 바늘 사이 앞으로 가져와 바늘을 감아 뒤로 보내서 바늘비우기한 뒤 같은 코에서 다시 겉뜨기한다. (+2코).

걸러뜨기-바늘비우기SL1YO : 걸러뜨기-바늘비우기를 시작하려면 겉면단이든 안면단이든 실이 뜨개바탕 앞에 있어야 한다. (실이 뜨개바탕 앞에 있지 않다면) 먼저 실을 두 바늘 사이 앞으로 가져와 다음 코를 안뜨기 방향으로 걸러뜨고, 실을 걸러뜬 코 위로 넘겨 뒤로 보낸다. 이제 실은 겉뜨기 위치에 있다. 앞의 실로 안뜨기하는 코의 경우, 걸러뜨기-바늘비우기 후에 안뜨기하도록 되어 있다면 다시 실을 두 바늘 사이 앞으로 가져오면 된다. 이제 실은 걸러뜬 코를 감싸고 있으며, 다음 코를 안뜨기할 위치에 있다. 뒤의 실로 안뜨기하는 코의 경우, 실을 걸러뜬 코 위로 넘기고 패턴에 따라 다음 코를 겉뜨기 또는 안뜨기한다. 2단에 걸쳐 묻힌 코의 경우, 뜨는 법에 2단에 걸쳐 걸러뜬 1코가 있고 또는 실은 2회 걸러뜬 코 위에 있다고 나온다. 이미 바늘비우기의 코를 걸러뜰 경우, 실을 앞에 두고 그 코와 바늘비우기를 안뜨기 방향으로 1코처럼 걸러뜨고 실을 걸러뜬 코와 바늘비우기 위로 1코처럼 감으면 2번째 바늘비우기는 걸러뜬 코 위에 있게 된다.

코바늘뜨기 버전

뒷산BB(S), Back bump : 사슬코 뒤에 튀어나온 곳. 사슬코에는 앞뒤 고리가 있고 뒤에는 튀어나온 곳이 있다.

사슬뜨기CH, Chain : 코바늘에 실을 감아 코 사이로 잡아 뺀다.

한길 긴뜨기DC, Double crochet : 코바늘에 실을 감아 아래의 코에 넣고, 다시 실을 감아 코 사이로 잡아 뺀다. 다시 실을 감아 코바늘의 2개 고리 사이로 잡아 뺀다. 다시 실을 감아 코바늘에 남아 있는 2개의 고리 사이로 잡아 뺀다.

2단 아래로 한길 긴뜨기DC into second row below : 이 패턴의 경우, 2단 아래로 한길 긴뜨기를 뜨는 모자이크뜨기를 할 때, 아래의 사슬코는 한길 긴뜨기 코에 감싸인다. 이 패턴의 모자이크 섹션에서 뜬 한길 긴뜨기 코는 길이가 약간 길다.

앞걸어 한길 긴뜨기FPDC, Front post doule crochet : 코바늘을 아랫단의 코 아래에 오른쪽에서 왼쪽으로 넣어 한길 긴뜨기를 뜬다.

긴뜨기HDC : 코바늘에 실을 감아 아래의 코에 넣고, 다시 실을 감아 코 사이로 잡아 뺀다. 다시 실을 감아 코바늘의 3개 고리 사이로 잡아 뺀다.

긴뜨기 구슬뜨기HDC Bobble : 구슬뜨기는 안면에서 한다. 코바늘에 실을 감아 코에 넣고, 다시 실을 감아 코 사이로 잡아 빼기를 4회 한다. 코바늘에 실을 감아 코바늘에 걸린 8개의 고리 사이로 잡아 뺀다. 구슬을 겉면 쪽으로 눌러서 튀어나오게 한다. 코바늘에 실을 감아 코바늘에 걸린 마지막 2개의 고리 사이로 잡아 뺀다.

짧은뜨기SC, Single crochet : 코바늘을 아래 코에 넣고, 실을 감아 코 사이로 잡아 뺀다. 실을 감아 코바늘에 걸린 2개의 고리 사이로 잡아 뺀다.

건너뛰기SK : 패턴에 제시한 대로 아래 코를 건너뛴다.

빼뜨기Slip stitch : 뜨개바탕이나 코 사이에서 사슬뜨기. 코바늘을 뜨개바탕이나 코에 넣고, 실을 감아 잡아 빼는데 계속 코바늘에 걸린 고리 사이로 잡아 뺀다.

빼뜨기로 잇기SL ST JOIN : 2개의 뜨개바탕을 나란히 펼쳐놓고, 코바늘을 한 뜨개바탕의 코 뒷고리 앞(또는 코의 가장자리)에 넣은 뒤 다른 쪽 뜨개바탕에도 넣어 실을 감아 고리들 사이로 잡아 뺀다. 코바늘을 두 뜨개바탕의 다음 코 앞고리에 넣고 실을 감아 고리들(뜨개바탕 고리들과 코바늘에 걸린 고리) 사이로 잡아 뺀다. 이제 빼뜨기 1코가 만들어졌고, 뜨개바탕 가장자리의 나머지 코들도 같은 방법으로 잇는다. 빼뜨기는 장력이 일정해야 뜨개바탕이 고르다.

겹짧은뜨기STSC, Stacked single crochet : 기둥코 자리에 쓴다. 단을 시작할 때, 사슬뜨기하지 않고 첫 코에서 짧은뜨기한다. 이 짧은뜨기의 왼쪽 다리에서 2번째 짧은뜨기를 한다. 이제 2개의 짧은뜨기가 차례로 쌓여 있다.

POINT

평행사변형의 이 랩은 3개의 큰 섹션과 2개의 작은 섹션으로 이뤄져 있습니다. 대바늘로 뜨는 버전과 코바늘로 뜨는 버전이 있는데, 대바늘뜨기 버전이 코바늘뜨기 버전보다 좀 더 톡톡합니다. 처음에는 1색으로 뜨다가 2색으로 뜨고, 마지막에는 2번째 색으로 뜹니다.

작업자가 대바늘로 뜰지 코바늘로 뜰지 또는 두 가지를 결합해서 나만의 특별한 랩을 만들지 선택하세요. 결합하는 경우 대바늘 섹션 1과 코바늘 섹션 1을 상호 교체할 수 있으며, 섹션 2나 섹션 3도 마찬가지입니다.

대바늘뜨기 버전 뜨는 법

섹션 1 브로큰 립 턱 스티치

배색실과 3.25mm 대바늘을 이용해 롱테일 코잡기로 135코를 느슨하게 만든다.

1단(안면) : 안뜨기 방향으로 걸러뜨기3, 겉뜨기1, 안뜨기1, 겉뜨기1, 1코 남을 때까지 [SL1YO, 겉뜨기1], 안뜨기1.

2단(겉면) : 겉뜨기 방향으로 걸러뜨기1, 4코 남을 때까지 [SL1YO, 겉뜨기1], 겉뜨기4.

1·2단을 1회 더 반복한다.

5단(안면) : 안뜨기 방향으로 걸러뜨기3, SSK, 2코 남을 때까지 [겉뜨기1, SL1YO], 겉뜨기1, 안뜨기1. (-1코).

6단(겉면) : 겉뜨기 방향으로 걸러뜨기1, 5코 남을 때까지 [SL1YO, 겉뜨기1], SL1YO, 겉뜨기4.

7단(안면) : 안뜨기 방향으로 걸러뜨기3, 겉뜨기1, 안뜨기1, 1코 남을 때까지 [SL1YO, 안뜨기1], 안뜨기1.

8단(겉면) : 겉뜨기 방향으로 걸러뜨기1, 5코 남을 때까지 [SL1YO, 안뜨기1], SL1YO, 겉뜨기4.

9단(안면) : 안뜨기 방향으로 걸러뜨기3, 겉뜨기1, 안뜨기1, 1코 남을 때까지 [SL1YO, 안뜨기1], 안뜨기1.

10단(겉면) : 겉뜨기 방향으로 걸러뜨기1, 5코 남을 때까지 [SL1YO, 안뜨기1], 안뜨기1, 겉뜨기4.

11단(안면) : 안뜨기 방향으로 걸러뜨기3, SSK, 1코 남을 때까지 [SL1YO, 안뜨기1], 안뜨기1. (-1코).

12단(겉면) : 겉뜨기 방향으로 걸러뜨기1, 4코 남을 때까지 [SL1YO, 안뜨기1], 겉뜨기4.

1·2단을 2회 반복한다.

17단(안면) : 안뜨기 방향으로 걸러뜨기3, SSK, 2코 남을 때까지 [겉뜨기1, SL1YO], 겉뜨기1, 안뜨기1. (-1코).

18단(겉면) : 겉뜨기 방향으로 걸러뜨기1, 5코 남을 때까지 [SL1YO, 겉뜨기1], SL1YO, 겉뜨기4.

19단(안면) : 안뜨기 방향으로 걸러뜨기3, 겉뜨기1, 2코 남을 때까지 [안뜨기1, SL1YO], 안뜨기2.

20단(겉면) : 겉뜨기 방향으로 걸러뜨기1, 5코 남을 때까지 [SL1YO, 겉뜨기1], SL1YO, 겉뜨기4.

21단(안면) : 안뜨기 방향으로 걸러뜨기3, 겉뜨기1, 2코 남을 때까지 [안뜨기1, SL1YO], 안뜨기2.

22단(겉면) : 겉뜨기 방향으로 걸러뜨기1, 5코 남을 때까지 [SL1YO, 안뜨기1], 안뜨기1, 겉뜨기4.

23단(안면) : 안뜨기 방향으로 걸러뜨기3, SSK, 1코 남을 때까지 [SL1YO, 안뜨기1], 안뜨기1. (-1코).

24단(겉면) : 겉뜨기 방향으로 걸러뜨기1, 4코 남을 때까지 [SL1YO, 안뜨기1], 겉뜨기4.
1~24단을 9회 더 반복한다. 95코.
1~10단을 1회 더 반복한다. 94코.
다음 단(안면) : 안뜨기 방향으로 걸러뜨기3, 1코 남을 때까지 [겉뜨기1, 안뜨기1], 안뜨기1.
코막음*¹하고 배색실을 자른다.
*¹ 왼바늘에 2코 남았을 때. 오른코 2코 모아뜨기. 오른바늘의 1번째 코로 2번째 코 덮어씌우기. 실을 자르고 코 사이에 잡아 빼세요.

섹션 2 2색 걸러뜨기 코 구슬뜨기

겉면이 보이게 놓고, 방금 끝낸 섹션을 반시계 방향으로 90도 돌려서 뜨개바탕 끝이 아래쪽으로 향하게 놓는다. 3.25mm 대바늘과 바탕실로 오른쪽 모서리부터 시작해 셀비지 코의 두 다리 밑에서 고른 간격으로 111코를 줍는다

1단(바탕색, 안면) : 안뜨기 방향으로 걸러뜨기1, 1코 남을 때까지 겉뜨기, 안뜨기1.
2단(바탕색, 겉면) : 겉뜨기 방향으로 걸러뜨기1, 끝까지 겉뜨기.
3단(바탕색) : 1단을 반복한다.
4단(배색) : 2단을 반복한다.
5단(배색) : 안뜨기 방향으로 걸러뜨기1, 끝까지 안뜨기.
6단(바탕색) : 겉뜨기 방향으로 걸러뜨기1, 겉뜨기3(실 뒤), KYOK, 4코 남을 때까지 [걸러뜨기2(실 뒤), KYOK], 걸러뜨기3(실 뒤), 겉뜨기1. (181코).
7단(바탕색) : 안뜨기 방향으로 걸러뜨기1, 걸러뜨기3(실 앞), 7코 남을 때까지 [겉뜨기3, 걸러뜨기2(실 앞)], 겉뜨기3, 걸러뜨기3(실 앞), 안뜨기1.
8단(배색) : 겉뜨기 방향으로 걸러뜨기1, 겉뜨기3, 걸러뜨기3(실 뒤), 4코 남을 때까지 [겉뜨기2, 걸러뜨기3(실 뒤)], 겉뜨기4.
9단(배색) : 안뜨기 방향으로 걸러뜨기1, 안뜨기3, 7코 남을 때까지 [걸러뜨기3(실 앞), 안뜨기2], 걸러뜨기3(실 앞), 안뜨기4.
10단(바탕색) : 겉뜨기 방향으로 걸러뜨기1, 걸러뜨기3(실 뒤), 7코 남을 때까지 [안뜨기3, 걸러뜨기2(실 뒤)], 안뜨기3, 걸러뜨기3(실 뒤), 겉뜨기1.
11단(바탕색) : 안뜨기 방향으로 걸러뜨기1, 걸러뜨기3(실 앞), 안뜨기로 중심 3코 모아뜨기, 4코 남을 때까지 [걸러뜨기2(실 앞), 안뜨기로 중심 3코 모아뜨기], 걸러뜨기3(실 앞), 안뜨기1. (111코).
12단(배색) : 겉뜨기 방향으로 걸러뜨기1, 끝까지 겉뜨기. 배색실을 자른다.
코들을 단의 시작 부분으로 밀어 보낸다.
13단(바탕색, 겉면) : 겉뜨기를 한다.

14단(바탕색, 안면) : 안뜨기 방향으로 걸러뜨기1, 1코 남을 때까지 겉뜨기, 안뜨기1.
15단(바탕색) : 겉뜨기 방향으로 걸러뜨기1, 끝까지 겉뜨기.
16단(바탕색) : 안뜨기 방향으로 걸러뜨기1, 1코 남을 때까지 겉뜨기, 안뜨기1.
코막음하고 바탕실을 자른다.

섹션 3 가터뜨기+턱 스티치 평행사변형

바탕실과 3.25mm 대바늘을 이용해 롱테일 코잡기로 134코를 만든다.
1단(바탕색, 안면) : 안뜨기 방향으로 걸러뜨기1, 1코 남을 때까지 겉뜨기, 안뜨기1.
2단(바탕색, 겉면) : 겉뜨기 방향으로 걸러뜨기1, 겉뜨기1, *겉뜨기12, (SL1YO, 겉뜨기1) 7회*, *-* 4회 더 반복, 겉뜨기2.
3단(바탕색) : 안뜨기 방향으로 걸러뜨기1, 겉뜨기1, *(안뜨기1, SL1YO) 7회, 겉뜨기12*, *-* 4회 더 반복, 겉뜨기1, 안뜨기1.
4단(배색) : 겉뜨기 방향으로 걸러뜨기1, *겉뜨기12, (SL1YO, 겉뜨기1) 7회*, *-* 4회 더 반복, 겉뜨기3.
5단(배색) : 안뜨기 방향으로 걸러뜨기1, 겉뜨기2, *(안뜨기1, SL1YO) 7회, 겉뜨기12*, *-* 4회 더 반복, 안뜨기1.
6단(바탕색) : 겉뜨기 방향으로 걸러뜨기1, 겉뜨기9, *(SL1YO, 겉뜨기1) 7회, 겉뜨기12*, *-* 3회 더 반복, [SL1YO, 겉뜨기1] 7회, 겉뜨기6.
7단(바탕색) : 안뜨기 방향으로 걸러뜨기1, 겉뜨기5, *(안뜨기1, SL1YO) 7회, 겉뜨기12*, *-* 3회 더 반복, [안뜨기1, SL1YO] 7회, 겉뜨기9, 안뜨기1.
8단(배색) : 겉뜨기 방향으로 걸러뜨기1, 겉뜨기8, *(SL1YO, 겉뜨기1) 7회, 겉뜨기12*, *-* 3회 더 반복, [SL1YO, 겉뜨기1] 7회, 겉뜨기7.
9단(배색) : 안뜨기 방향으로 걸러뜨기1, 겉뜨기6, [안뜨기1, SL1YO] 7회, *겉뜨기12, (안뜨기1, SL1YO) 7회*, *-* 3회 더 반복, 겉뜨기8, 안뜨기1.
10단(바탕색) : 겉뜨기 방향으로 걸러뜨기1, 겉뜨기5, *(SL1YO, 겉뜨기1) 7회, 겉뜨기12*, *-* 3회 더 반복, [SL1YO, 겉뜨기1] 7회, 겉뜨기10.
11단(바탕색) : 안뜨기 방향으로 걸러뜨기1, 겉뜨기9, [안뜨기1, SL1YO] 7회, *겉뜨기12, (안뜨기1, SL1YO) 7회*, *-* 3회 더 반복, 겉뜨기5, 안뜨기1.
12단(배색) : 겉뜨기 방향으로 걸러뜨기1, 겉뜨기4, *(SL1YO, 겉뜨기1) 7회, 겉뜨기12*, *-* 3회 더 반복, [SL1YO, 겉뜨기1] 7회, 겉뜨기11.

13단(배색) : 안뜨기 방향으로 걸러뜨기1, 겉뜨기10, [안뜨기1, SL1YO] 7회, *겉뜨기12, (안뜨기1, SL1YO) 7회*, *-* 3회 더 반복, 겉뜨기4, 안뜨기1.
14단(바탕색) : 겉뜨기 방향으로 걸러뜨기1, 겉뜨기1, *(SL1YO, 겉뜨기1) 7회, 겉뜨기12*, *-* 4회 더 반복, 겉뜨기2.
15단(바탕색) : 안뜨기 방향으로 걸러뜨기1, 겉뜨기1, *겉뜨기12, (안뜨기1, SL1YO) 7회*, *-* 4회 더 반복, 겉뜨기1, 안뜨기1.
16단(배색) : 겉뜨기 방향으로 걸러뜨기1, 겉뜨기14, *(SL1YO, 겉뜨기1) 7회, 겉뜨기12*, *-* 3회 더 반복, [SL1YO, 겉뜨기1] 7회, 겉뜨기1.
17단(배색) : 안뜨기 방향으로 걸러뜨기1, SL1YO, [안뜨기1, SL1YO] 6회, *겉뜨기12, (안뜨기1, SL1YO) 7회*, *-* 3회 더 반복, 겉뜨기14, 안뜨기1.
18단(배색) : 겉뜨기 방향으로 걸러뜨기1, SL1YO, 겉뜨기13, *(SL1YO, 겉뜨기1) 7회, 겉뜨기12*, *-* 3회 더 반복, [SL1YO, 겉뜨기1] 6회, 겉뜨기2.
19단(배색) : 안뜨기 방향으로 걸러뜨기1, [안뜨기1, SL1YO] 6회, *겉뜨기12, (안뜨기1, SL1YO) 7회*, *-* 3회 더 반복, 겉뜨기12, 안뜨기1, SL1YO, 겉뜨기1, 안뜨기1.
20단(배색) : 겉뜨기 방향으로 걸러뜨기1, 겉뜨기2, [SL1YO, 겉뜨기1] 2회, *겉뜨기12, (SL1YO, 겉뜨기1) 7회*, *-* 3회 더 반복, 겉뜨기12, [SL1YO, 겉뜨기1] 5회, 겉뜨기1.
21단(배색) : 안뜨기 방향으로 걸러뜨기1, 겉뜨기1, SL1YO, [안뜨기1, SL1YO] 4회, *겉뜨기12, (안뜨기1, SL1YO) 7회*, *-* 3회 더 반복, 겉뜨기12, [안뜨기1, SL1YO] 2회, 안뜨기1, 겉뜨기1, 안뜨기1.
22단(바탕색) : 겉뜨기 방향으로 걸러뜨기1, 겉뜨기1, [SL1YO, 겉뜨기1] 3회, *겉뜨기12, (SL1YO, 겉뜨기1) 7회*, *-* 3회 더 반복, 겉뜨기12, [SL1YO, 겉뜨기1] 4회, 겉뜨기2.
23단(바탕색) : 안뜨기 방향으로 걸러뜨기1, 겉뜨기1, [안뜨기1, SL1YO] 4회, *겉뜨기12, (안뜨기1, SL1YO) 7회*, *-* 3회 더 반복, 겉뜨기12, [안뜨기1, SL1YO] 3회, 겉뜨기1, 안뜨기1.
24단(배색) : 겉뜨기 방향으로 걸러뜨기1, 겉뜨기2, [SL1YO, 겉뜨기1] 4회, *겉뜨기12, (SL1YO, 겉뜨기1) 7회*, *-* 3회 더 반복, 겉뜨기12, [SL1YO, 겉뜨기1] 3회, 겉뜨기1.
25단(배색) : 안뜨기 방향으로 걸러뜨기1, 겉뜨기1, SL1YO, [안뜨기1, SL1YO] 2회, *겉뜨기12, (안뜨기1, SL1YO) 7회*, *-* 3회 더 반복, 겉뜨기

12, [안뜨기1, SL1YO] 4회, 안뜨기1, 겉뜨기1, 안뜨기1.
26단(바탕색) : 겉뜨기 방향으로 걸러뜨기1, 겉뜨기1, [SL1YO, 겉뜨기1] 5회, *겉뜨기12, (SL1YO, 겉뜨기1) 7회*, *-* 3회 더 반복, 겉뜨기12, [SL1YO, 겉뜨기1] 2회, 겉뜨기2.
27단(바탕색) : 안뜨기 방향으로 걸러뜨기1, 겉뜨기1, [안뜨기1, SL1YO] 2회, *겉뜨기12, (안뜨기1, SL1YO) 7회*, *-* 3회 더 반복, 겉뜨기12, [안뜨기1, SL1YO] 5회, 겉뜨기1, 안뜨기1.
28단(배색) : 겉뜨기 방향으로 걸러뜨기1, 겉뜨기2, [SL1YO, 겉뜨기1] 6회, *겉뜨기12, (SL1YO, 겉뜨기1) 7회*, *-* 3회 더 반복, 겉뜨기12, SL1YO, 겉뜨기2.
29단(배색) : 안뜨기 방향으로 걸러뜨기1, 겉뜨기1, SL1YO, *겉뜨기12, (안뜨기1, SL1YO) 7회*, *-* 3회 더 반복, 겉뜨기12, [안뜨기1, SL1YO] 6회, 안뜨기1, 겉뜨기1, 안뜨기1.
2~29단을 6회 더 반복한다.
2~13단을 1회 더 반복한다. 배색실을 자른다.
다음 단(바탕색, 겉면) : 겉뜨기 방향으로 걸러뜨기1, 끝까지 겉뜨기.
다음 단(바탕색, 안면) : 겉뜨기 방향으로 걸러뜨기1, 1코 남을 때까지 겉뜨기, 안뜨기1.
안뜨기 방향으로 코막음한다. 바탕실을 자른다. 이 섹션의 왼쪽을 섹션 2에 매트리스 스티치 또는 선호하는 잇기로 연결한다.

섹션 4
섹션 2를 반복한다.

섹션 5 변형 턱트 모스 스티치
바탕실과 3.5mm 대바늘을 이용해 롱테일 코 잡기로 117코를 만든다.
1단(안면) : 안뜨기5, 끝까지 [겉뜨기1, 안뜨기1].
2단(겉면) : 겉뜨기 방향으로 걸러뜨기1, 4코 남을 때까지 [겉뜨기1, 안뜨기1], 겉뜨기4.
3단 : 안뜨기 방향으로 걸러뜨기3, SSK, 끝까지 [SL1YO, 안뜨기1]. (-1코).
4단 : 겉뜨기 방향으로 걸러뜨기1, 3코 남을 때까지 [안뜨기1, 겉뜨기1], 겉뜨기3.
5단 : 안뜨기 방향으로 걸러뜨기3, 겉뜨기1, 2코 남을 때까지 [안뜨기1, SL1YO], 안뜨기2.
6단 : 겉뜨기 방향으로 걸러뜨기1, 5코 남을 때까지 [겉뜨기1, 안뜨기1], 겉뜨기5.
7단 : 안뜨기 방향으로 걸러뜨기3, SSK, 1코 남을 때까지 [안뜨기1, SL1YO], 안뜨기1. (-1코).
8단 : 겉뜨기 방향으로 걸러뜨기1, 4코 남을 때까지 [안뜨기1, 겉뜨기1], 겉뜨기4.

9단 : 안뜨기 방향으로 걸러뜨기3, 겉뜨기1, 1코 남을 때까지 [SL1YO, 안뜨기1], 안뜨기1.
2~9단을 21회 더 반복한다. 73코
다음 단(겉면) : 2단을 반복한다.
다음 단(안면) : 안뜨기 방향으로 걸러뜨기3, 끝까지 [겉뜨기1, 안뜨기1].
코막음*2을 느슨하게 하고 바탕실을 자른다.
*2 왼바늘에 2코 남았을 때, 오른코 2코 모아뜨기. 오른바늘의 1번째 코로 2번째 코 덮어씌우기. 실을 자르고 코 사이로 잡아 빼세요.
겉면이 보이게 놓고, 뜨개바탕을 180도 돌려서 이 섹션을 섹션 4에 매트리스 스티치나 빼뜨기로 잇기 또는 선호하는 잇기로 연결한다.

마무리하기
실 끝을 보이지 않게 정리한 다음 치수에 맞춰 블로킹한다.

코바늘뜨기 버전 뜨는 법
섹션 1 오버레이뜨기
배색실로 사슬뜨기 85코를 만든다.
1단(겉면) : 코바늘 2번째 코의 뒷산에서 겹짧은뜨기, 같은 코에서 한길 긴뜨기1, 끝까지 각 코의 뒷산에서 한길 긴뜨기1.
2단(안면) : 뜨개바탕 돌리기, 끝까지 짧은뜨기.
3단 : 뜨개바탕 돌리기, 겹짧은뜨기, 같은 코에서 한길 긴뜨기1, 끝까지 [앞걸어 한길 긴뜨기1, 한길 긴뜨기1]. (+1코).
4단 : 뜨개바탕 돌리기, 끝까지 짧은뜨기.
5단 : 뜨개바탕 돌리기, 겹짧은뜨기, 같은 코에서 한길 긴뜨기1, 1코 남을 때까지 [앞걸어 한길 긴뜨기1, 한길 긴뜨기1], 한길 긴뜨기1. (+1코).
2~5단을 21회 더 반복한다. (129코).
2·3단을 1회 더 반복한다. (130코).
이 섹션을 돌려서 뜨개바탕 끝이 아래쪽으로 향하도록 한다. 겉면이 보이게 놓고, 이 섹션의 상단을 따라 고른 간격으로 짧은뜨기 92코를 뜬다. 실을 자르고 고리 사이로 잡아 뺀다. 섹션 2를 계속 뜬다.

섹션 2 태피스트리 구슬뜨기
섹션 1의 상단 오른쪽 모서리에서 빼뜨기로 바탕실을 연결한다.
1단(안면) : 빼뜨기한 코에서 짧은뜨기1, 끝까지 고른 간격으로 짧은뜨기91코. (92코).
2단(겉면) : 뜨개바탕 돌리기, 끝까지 짧은뜨기.
3단 : 뜨개바탕 돌리기, 배색실을 연결한다. (바탕색) 겹짧은뜨기, 한길 긴뜨기1, (배색) 긴뜨기로 구슬뜨기, *(바탕색) 한길 긴뜨기2, (배색) 긴뜨기1, 로 구슬뜨기*, 2코 남을 때까지 *-* 반복, (바탕색) 한길 긴뜨기2. 배색실을 자른다.
2단을 2회 반복한다. 바탕실을 자르고, 고리 사이로 잡아뺀다.

섹션 3 태피스트리 평행사변형
바탕실로 사슬뜨기 132코를 뜬다.
1단(안면) : 코바늘 1번째 사슬코의 뒷산에서 짧은뜨기, 끝까지 각 코의 뒷산에서 짧은뜨기. (132코).
2단(겉면) : 뜨개바탕 돌리기, 배색실을 연결한다. (바탕색) 짧은뜨기1, *(바탕색) 짧은뜨기4, (배색) 짧은뜨기13, (바탕색) 짧은뜨기9*, 1코 남을 때까지 *-* 반복, (바탕색) 짧은뜨기1.
3단 : 뜨개바탕 돌리기, (바탕색) 짧은뜨기1, *(바탕색) 짧은뜨기11, (배색) 짧은뜨기13, (바탕색) 짧은뜨기2*, 1코 남을 때까지 *-* 반복, (바탕색) 짧은뜨기1.
4단 : 뜨개바탕 돌리기, (바탕색) 짧은뜨기1, *(바탕색) 짧은뜨기13, (배색) 짧은뜨기13*, 1코 남을 때까지 *-* 반복, (바탕색) 짧은뜨기1. 겉면을 표시하기 위해 뜨개바탕에 뺄 수 있는 마커를 끼운다.
5단 : 뜨개바탕 돌리기, (바탕색) 짧은뜨기1, *(배색) 짧은뜨기13, (바탕색) 짧은뜨기13*, 1코 남을 때까지 *-* 반복, (바탕색) 짧은뜨기1.
6단 : 뜨개바탕 돌리기, (바탕색) 짧은뜨기1, *(배색) 짧은뜨기2, (바탕색) 짧은뜨기13, (배색) 짧은뜨기11*, 1코 남을 때까지 *-* 반복, (바탕색) 짧은뜨기1.
7단 : 뜨개바탕 돌리기, (바탕색) 짧은뜨기1, *(배색) 짧은뜨기9, (바탕색) 짧은뜨기13, (배색) 짧은뜨기4*, 1코 남을 때까지 *-* 반복, (바탕색) 짧은뜨기1.
8단 : 뜨개바탕 돌리기, (바탕색) 짧은뜨기1, *(배색) 짧은뜨기6, (바탕색) 짧은뜨기13, (배색) 짧은뜨기7*, 1코 남을 때까지 *-* 반복, (바탕색) 짧은뜨기1.
9단 : 뜨개바탕 돌리기, (바탕색) 짧은뜨기1, *(배색) 짧은뜨기5, (바탕색) 짧은뜨기13, (배색) 짧은뜨기8*, 1코 남을 때까지 *-* 반복, (바탕색) 짧은뜨기1.
10단 : 뜨개바탕 돌리기, (바탕색) 짧은뜨기1, *(배색) 짧은뜨기10, (바탕색) 짧은뜨기13, (배색) 짧은뜨기3*, 1코 남을 때까지 *-* 반복, (바탕색) 짧은뜨기1.
11단 : 뜨개바탕 돌리기, (바탕색) 짧은뜨기1, *(바탕색) 짧은뜨기3, (배색) 짧은뜨기13, (바탕색) 짧은뜨기10*, 1코 남을 때까지 *-* 반복, (바탕색) 짧은뜨기1.

12단 : 뜨개바탕 돌리기. (바탕색) 짧은뜨기1. *(바탕색) 짧은뜨기8. (배색) 짧은뜨기13. (바탕색) 짧은뜨기5*. 1코 남을 때까지 *-* 반복. (바탕색) 짧은뜨기1.
13단 : 뜨개바탕 돌리기. (바탕색) 짧은뜨기1. *(바탕색) 짧은뜨기7. (배색) 짧은뜨기13. (바탕색) 짧은뜨기 6*. 1코 남을 때까지 *-* 반복. (바탕색) 짧은뜨기1.
2~13단을 7회 더 반복하고, 2~7단을 1회 더 반복한다. 배색실을 자른다.
다음 단 : (바탕색) 끝까지 짧은뜨기.
바탕실을 자르고 고리 사이로 잡아 뺀다. 빼뜨기로 잇기 또는 선호하는 잇기로 이 섹션을 섹션 2에 연결한다. 뜨개바탕을 뒤집어서 안면이 보이게 놓고, 섹션 1의 끝이 아래쪽으로 향하도록 돌리고 섹션 4를 뜬다.

섹션 4
섹션 2를 반복한다.

섹션 5 변형 모자이크뜨기
바탕실로 사슬뜨기85코를 뜬다.
1단(겉면) : 코바늘 2번째 코의 뒷산에서 겹짧은뜨기. 같은 코에서 긴뜨기. *사슬뜨기. 1코 건너뛰기. 다음 뒷산에서 한길 긴뜨기*. 끝까지 *-* 반복.
2단(안면) : 뜨개바탕 돌리기. 겹짧은뜨기. *2단 아래 코의 뒷산에서 한길 긴뜨기. 사슬뜨기. 1코 건너뛰기*. 1코 남을 때까지 *-* 반복. 긴뜨기.
3단 : 뜨개바탕 돌리기. 겹짧은뜨기. 같은 코에서 긴뜨기. *2단 아래 코에서 한길 긴뜨기. 사슬뜨기. 1코 건너뛰기*. 1코 남을 때까지 *-* 반복. 짧은뜨기. (+1코).
4단 : 뜨개바탕 돌리기. 겹짧은뜨기. *2단 아래 코에서 한길 긴뜨기. 사슬뜨기. 1코 건너뛰기*. 2코 남을 때까지 *-* 반복. 긴뜨기1. 짧은뜨기1.
5단 : 뜨개바탕 돌리기. 겹짧은뜨기. 같은 코에서 긴뜨기. *사슬뜨기. 1코 건너뛰기. 2단 아래 코에서 한길 긴뜨기. 2코 남을 때까지 *-* 반복. 사슬뜨기. 1코 건너뛰기. 짧은뜨기. (+1코).
6단 : 뜨개바탕 돌리기. 겹짧은뜨기. *2단 아래 코에서 한길 긴뜨기. 사슬뜨기. 1코 건너뛰기*. 1코 남을 때까지 *-* 반복. 짧은뜨기.
3~6단을 19회 더 반복한다. 125코.
다음 단(겉면) : 뜨개바탕 돌리기. 겹짧은뜨기. *긴뜨기. 2단 아래 코에서 한길 긴뜨기*. 2코 남을 때까지 *-* 반복. 긴뜨기2.
뜨개바탕 끝이 아래쪽으로 향하도록 이 섹션을 돌린다. 겉면이 보이게 놓고, 섹션 상단을 따라 고른 간격으로 짧은뜨기 92코를 뜬다. 실을 자르고 고리 사이로 잡아 뺀다. 빼뜨기로 잇기 또는 선호하는 잇기로 이 섹션의 상단을 섹션 4에 연결한다.

마무리하기
실 끝을 보이지 않게 정리한 다음 치수에 맞춰 블로킹한다.

랩 뜨개 도안

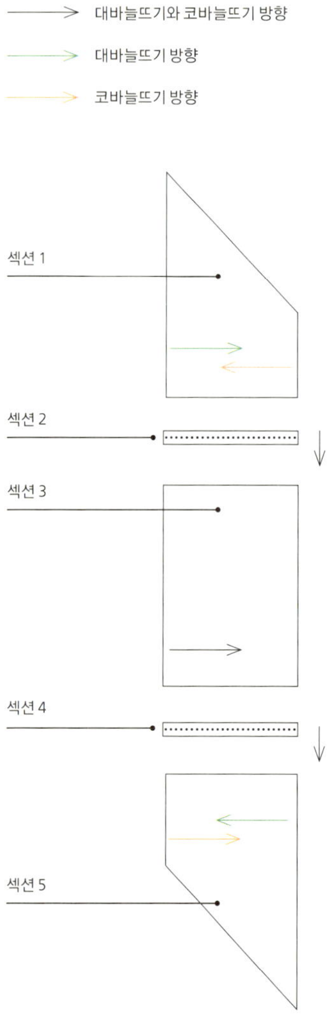

→ 대바늘뜨기와 코바늘뜨기 방향
→ 대바늘뜨기 방향
→ 코바늘뜨기 방향

섹션 1

섹션 2

섹션 3

섹션 4

섹션 5

수잔 친

대바늘뜨기 버전

코바늘뜨기 버전

44 프로스트 FROST

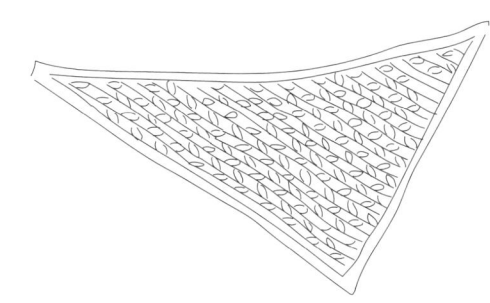

완성 치수
너비 ··· 213cm
깊이 ··· 123cm

재료
실 ··· 라니벤돌리 어 스토미 블렌드 핑거링 A Stormy Blend Fingering by Lanivendole(이탈리아 브로나울 70%, 이탈리아 알파카 30%, 225m/50g) Luce 6볼
실(대체) ··· 핑거링 약 1250m
바늘 ··· 4.5mm(US 7) 줄바늘

게이지
레이스뜨기 16코×25단
※게이지는 중요하지 않아요. 숄의 좁은 끝부터 뜨기 시작하므로 실의 양에 따라 쉽게 길이를 조절할 수 있습니다.

POINT
도안 B의 주황색 선은 16코 레이스 반복 섹션이고, 단 끝의 가장자리 2코는 아이코드 테두리입니다.

뜨는 법
섹션 1 가터뜨기, 늘리기
※섹션 1은 홀수 단(뜨개바탕 겉면)마다 늘리기를 합니다.
롱테일 코잡기로 11코를 만든다.
1단(겉면) : 겉뜨기5, 겉뜨기로 늘리기, 2코 남을 때까지 겉뜨기, 걸러뜨기2(실 앞). (12코).
2단+짝수단(안면) : 2코 남을 때까지 겉뜨기, 걸러뜨기2(실 앞).
3단 : 겉뜨기6, 겉뜨기로 늘리기, 2코 남을 때까지 겉뜨기, 걸러뜨기2(실 앞). (13코).
5단 : 3단을 반복한다. (14코).
7단 : 겉뜨기7, 겉뜨기로 늘리기, 2코 남을 때까지 겉뜨기, 걸러뜨기2(실 앞). (15코).
9단 : 7단을 반복한다. (16코).
11단 : 겉뜨기8, 겉뜨기로 늘리기, 2코 남을 때까지 겉뜨기, 걸러뜨기2(실 앞). (17코).
13단 : 11단을 반복한다. (18코).
15단 : 겉뜨기9, 겉뜨기로 늘리기, 2코 남을 때까지 겉뜨기, 걸러뜨기2(실 앞). (19코).
17단 : 15단을 반복한다. (20코).
18단 : 2단을 반복한다.

섹션 2 레이스, 늘리기
도안 A의 1~32단을 뜬다. (36코).
※홀수단(뜨개바탕 겉면)마다 늘립니다.

섹션 3 레이스, 늘리기
도안 B의 1~32단을 총 12회 뜬다. (228코).
※섹션 3도 홀수단(뜨개바탕 겉면)마다 늘립니다. 반복할 때마다 16코씩 늘어납니다.
선호도나 실의 양에 따라 숄의 크기를 조절할 수 있는데, 1~32단의 반복 횟수를 필요에 따라 줄이거나 늘리면 됩니다. 어떤 경우이든 16단이나 32단으로 끝나야 합니다.

섹션 4 가터뜨기
1단(겉면) : 2코 남을 때까지 겉뜨기, 걸러뜨기2(실 앞).
2단(안면) : 2코 남을 때까지 겉뜨기, 걸러뜨기2(실 앞).
1·2단을 8회 더 반복한다.
모든 코를 느슨하게 코막음한다.

마무리하기
실 끝을 보이지 않게 정리한 다음 치수에 맞춰 블로킹한다. 숄을 원하는 길이로 적당하게 늘리고 레이스가 펼쳐지도록 한다.

발렌티나 코스치아니 티비세이 프로스트

도안 A

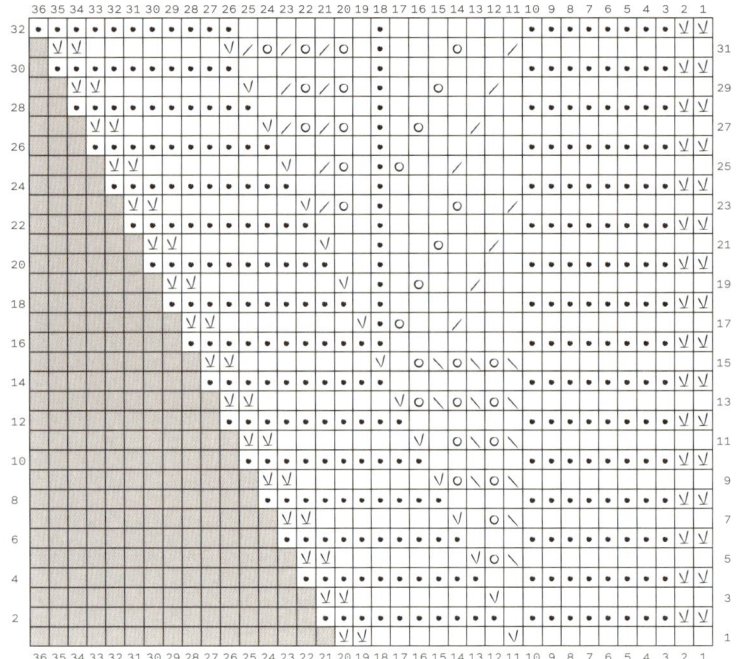

도안 B

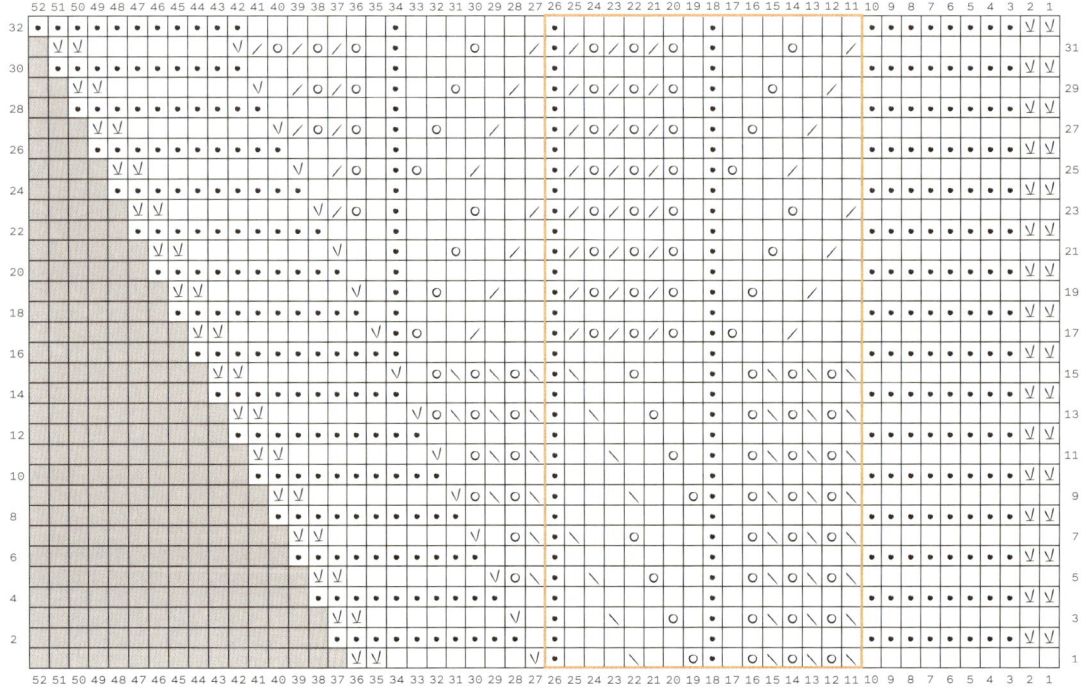

45 무지개길 RAINBOW ROAD

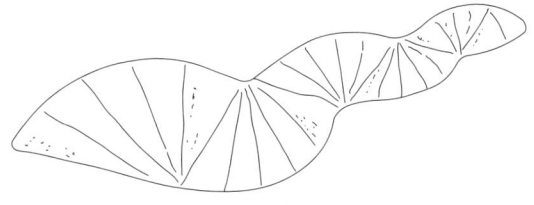

완성 치수
길이 … 198cm
너비(가장 넓은 곳) … 53cm

재료
바탕실 … 라비앙 에메 엘릭스 Helix by La Bien Aimée(포클랜드 울 75%, 고틀란드 울 25%, 650m/100g) Stone 2볼
배색실 … 라비앙 에메 엘릭스(포클랜드 울 75%, 고틀란드 울 25%, 650m/100g) Dawn(배색 1) 1볼, Anemone(배색 2) 1볼, Quartz Fume(배색 3) 1볼, Lannister(배색 4) 1볼, Madeleine(배색 5) 1볼
실(대체) … 헤비 레이스 얀(바탕실) 914m, 헤비 레이스 얀(각 각 배색실) 183m
바늘 … 4.5mm(US 7) 줄바늘
※헤비 레이스 얀은 두 겹으로 뜹니다.
※사진(→P.237~239)에 쓰인 실은 French Grey(바탕색), Kokko(배색 1), Anemone(배색 2), Yellow Brick Road(배색 3), Kitsune(배색 4), Hegelia(배색 5)입니다.

게이지
가터뜨기 22코×32단

손뜨개 약어
1코 만들기 M1, Make 1 : 감아코 만들기로 1코 늘리기.

뜨는 법
바탕실과 배색 1실을 함께 잡고 3코를 만든다.
겉뜨기3, 왼바늘로 걸러뜨기3, *-*을 28회 더 반복해 아이코드를 만든다.
겉뜨기3, 아이코드 가장자리를 따라 28코를 주워 겉뜨기하고 안면을 뜨기 위해 뜨개바탕을 돌린다.
다음 단(안면) : 모서리 코잡기단부터 3코 주워 겉뜨기, 겉뜨기 28, 걸러뜨기3(실 앞). (34코).

섹션 1 오른쪽 쐐기
1단(겉면) : 6코 남을 때까지 겉뜨기, 뜨개바탕 돌리기.
2단(안면) : 겉뜨기3, 마커 끼우기, 3코 남을 때까지 겉뜨기, 걸러뜨기3(실 앞).
3단(겉면) : 마커까지 겉뜨기, 마커 빼기, 뜨개바탕 돌리기.
4단(안면) : 겉뜨기3, 마커 끼우기, 3코 남을 때까지 겉뜨기, 걸러뜨기3(실 앞).
5~16단 : 3·4단을 6회 더 반복한다.
배색실을 자르고 다음 배색실로 바꾼다. 다음 단을 뜨면서 마커를 뺀다.
17단(겉면) : 3코 남을 때까지 겉뜨기하고 경사뜨기에서 생긴 구멍 메우기, 걸러뜨기3(실 앞).
18단(안면) : 3코 남을 때까지 겉뜨기, 걸러뜨기3(실 앞).
1~18단을 3회 더, 1~16단을 1회 더 반복한다. 여기까지 뜨면 쐐기가 5개 있어야 한다.
배색실을 자르고 다음 배색실로 바꾼다. 다음 단을 뜨면서 마커를 뺀다.
다음 단(겉면) : 3코 남을 때까지 겉뜨기하고 경사뜨기에서 생긴 구멍 메우기, 걸러뜨기3(실 앞).
다음 단(안면) : 겉뜨기3, [겉뜨기3, 1코 만들기] 8회, 겉뜨기1, 뜨개바탕 돌리기. (42코).

섹션 2 왼쪽 쐐기
1단(겉면) : 겉뜨기, 마커 끼우기, 3코 남을 때까지 겉뜨기, 걸러뜨기3(실 앞).
2단(안면) : 마커까지 겉뜨기, 마커 빼기, 뜨개바탕 돌리기.
3~20단 : 1·2단을 9회 더 반복한다.
21단(겉면) : 3코 남을 때까지 겉뜨기, 걸러뜨기3(실 앞).
22단(안면) : 3코 남을 때까지 겉뜨기하고 경사뜨기에서 생긴 구멍 메우기, 걸러뜨기3(실 앞).
배색실을 자르고 다음 배색실로 바꾼다.
23단(겉면) : 3코 남을 때까지 겉뜨기, 걸러뜨기3(실 앞).
24단(안면) : 6코 남을 때까지 겉뜨기, 뜨개바탕 돌리기.

1~24단을 3회 더. 1~22단을 1회 더 반복한다. 여기까지 뜨면 쐐기가 10개 있어야 한다.
배색실을 자르고 다음 배색실로 바꾼다.

섹션 3 오른쪽 쐐기

1단(겉면) : 겉뜨기3, [겉뜨기3, 1코 만들기] 11회, 겉뜨기3, 걸러뜨기3(실 앞). (53코).

2단(안면) : 3코 남을 때까지 겉뜨기, 걸러뜨기3(실 앞).

3단(겉면) : 6코 남을 때까지 겉뜨기, 뜨개바탕 돌리기.

4단(안면) : 겉뜨기3, 마커 끼우기. 3코 남을 때까지 겉뜨기, 걸러뜨기3(실 앞).

패턴 반복하기

5단(겉면) : 마커까지 겉뜨기, 마커 빼기, 뜨개바탕 돌리기.

6단(안면) : 겉뜨기3, 마커 끼우기. 3코 남을 때까지 겉뜨기, 걸러뜨기3(실 앞).

7~32단 : 5·6단을 13회 더 반복한다.
배색실을 자르고 다음 배색실로 바꾼다. 다음 단을 뜨면서 마커를 뺀다.

33단(겉면) : 3코 남을 때까지 겉뜨기하고 경사뜨기에서 생긴 구멍 메우기, 걸러뜨기3(실 앞).

34단(안면) : 3코 남을 때까지 겉뜨기, 걸러뜨기3(실 앞).

35단(겉면) : 6코 남을 때까지 겉뜨기, 뜨개바탕 돌리기.

36단(안면) : 겉뜨기3, 마커 끼우기. 3코 남을 때까지 겉뜨기, 걸러뜨기3(실 앞).

5~36단을 3회 더. 5~32단을 1회 더 반복한다. 여기까지 뜨면 쐐기가 15개 있어야 한다.
배색실을 자르고 다음 배색실로 바꾼다. 다음 단을 뜨면서 마커를 뺀다.

다음 단(겉면) : 3코 남을 때까지 겉뜨기하면서 경사뜨기에서 생긴 구멍 메우기, 걸러뜨기3(실 앞).

다음 단(안면) : 겉뜨기3, [겉뜨기3, 1코 만들기] 14회, 겉뜨기2, 뜨개바탕 돌리기. (67코).

섹션 4 왼쪽 쐐기

1단(겉면) : 겉뜨기3, 마커 끼우기. 3코 남을 때까지 겉뜨기, 걸러뜨기3(실 앞).

2단(안면) : 마커까지 겉뜨기, 마커 빼기, 뜨개바탕 돌리기.

3~38단 : 1·2단을 18회 더 반복한다.

39단(겉면) : 3코 남을 때까지 겉뜨기, 걸러뜨기3(실 앞).

40단(안면) : 3코 남을 때까지 겉뜨기하고 경사뜨기에서 생긴 구멍 메우기, 걸러뜨기3(실 앞).

배색실을 자르고 다음 배색실로 바꾼다. 다음 단을 뜨면서 마커를 뺀다.

41단(겉면) : 3코 남을 때까지 겉뜨기, 걸러뜨기3(실 앞).

42단(안면) : 6코 남을 때까지 겉뜨기, 뜨개바탕 돌리기.

1~42단을 3회 더. 1~40단을 1회 더 반복한다. 여기까지 뜨면 쐐기가 20개 있어야 한다.
배색실을 자르고 다음 배색실로 바꾼다.

섹션 5 오른쪽 쐐기

1단(겉면) : 겉뜨기3, [겉뜨기3, 1코 만들기] 20회, 겉뜨기1, 걸러뜨기3(실 앞). (87코).

2단(안면) : 3코 남을 때까지 겉뜨기, 걸러뜨기3(실 앞).

3단(겉면) : 6코 남을 때까지 겉뜨기, 뜨개바탕 돌리기.

4단(안면) : 겉뜨기3, 마커 끼우기. 3코 남을 때까지 겉뜨기, 걸러뜨기3(실 앞).

패턴 반복하기

5단(겉면) : 마커까지 겉뜨기, 마커 빼기, 뜨개바탕 돌리기.

6단(안면) : 겉뜨기3, 마커 끼우기. 3코 남을 때까지 겉뜨기, 걸러뜨기3(실 앞).

5~54단 : 5·6단을 24회 더 반복한다.
배색실을 자르고 다음 배색실로 바꾼다.
다음 단을 뜨면서 마커를 뺀다.

55단(겉면) : 3코 남을 때까지 겉뜨기하고 경사뜨기에서 생긴 구멍 메우기, 걸러뜨기3(실 앞).

56단(안면) : 3코 남을 때까지 겉뜨기, 걸러뜨기3(실 앞).

57단(겉면) : 6코 남을 때까지 겉뜨기, 뜨개바탕 돌리기.

58단(안면) : 겉뜨기3, 마커 끼우기. 3코 남을 때까지 겉뜨기, 걸러뜨기3(실 앞).

5~58단을 3회 더. 5~54단을 1회 더 반복한다. 여기까지 뜨면 쐐기가 25개 있어야 한다.
배색실을 자르고 다음 배색실로 바꾼다. 다음 단을 뜨면서 마커는 뺀다.

다음 단(겉면) : 3코 남을 때까지 겉뜨기하고 경사뜨기에서 생긴 구멍 메우기, 걸러뜨기3(실 앞).

다음 단(안면) : 겉뜨기3, [겉뜨기3, 1코 만들기] 26회, 뜨개바탕 돌리기. (113코).

섹션 6 왼쪽 쐐기

1단(겉면) : 겉뜨기3, 마커 끼우기. 3코 남을 때까지 겉뜨기, 걸러뜨기3(실 앞).

2단(안면) : 마커까지 겉뜨기, 마커 빼기, 뜨개바탕 돌리기.

3~70단 : 1·2단을 34회 더 반복한다.

71단(겉면) : 3코 남을 때까지 겉뜨기, 걸러뜨기3(실 앞).

72단(안면) : 3코 남을 때까지 겉뜨기하고 경사뜨기에서 생긴 구멍 메우기, 걸러뜨기3(실 앞).

배색실을 자르고 다음 배색실로 바꾼다.

73단(겉면) : 3코 남을 때까지 겉뜨기, 걸러뜨기3(실 앞).

74단(안면) : 6코 남을 때까지 겉뜨기, 뜨개바탕 돌리기.

1~74단을 3회 더. 1~72단을 1회 더 반복한다. 여기까지 뜨면 쐐기가 30개 있어야 한다.

마무리하기

다음과 같이 아이코드 코막음으로 모든 코를 코막음한다.

아이코드 코막음 : *겉뜨기2, 겉뜨기로 2코 모아 꼬아뜨기. 왼바늘로 걸러뜨기3*. 3코 남을 때까지 *-*을 반복한다. 남은 코 총 6코.
메리야스 잇기로 남은 6코를 잇는다.
실 끝을 보이지 않게 정리한 다음 치수에 맞춰 블로킹한다.

스타일링하기

※먼저 넓은 쪽 끝을 어깨에 두르고, 가는 쪽 끝을 목에 둘러보세요.

46 루이스카우노키 RUISKAUNOKKI

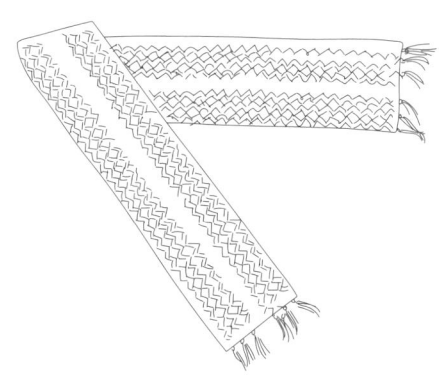

완성 치수
길이 … 180cm
너비 … 20cm

재료
바탕실 … 데 레룸 나투라 울리스Ulysse by De Rerum Natura(프렌치 메리노 울 100%. 185m/50g) Tempête 3볼
배색실 … 데 레룸 나투라 울리스(프렌치 메리노 울 100%. 185m/50g) Doré 1볼
실(대체) … 스포트 얀(바탕색) 555m, 스포트 얀(배색) 185m
바늘 … 3.5mm(US 4) 줄바늘(120cm)
도구 … 마커, 돗바늘

게이지
메리야스뜨기 20코×36단

POINT
전 섹션을 주의해 읽고 도안을 살펴본 다음 시작하세요. 숄에 웨이브를 수놓으려면 끝이 뭉툭한 다닝 니들Darning needle과 배색실이 필요합니다. 실 가닥을 하나하나 엮어 넣는데, 실 1가닥의 길이는 숄 길이의 1.5배 정도여야 합니다. 자수로 엮어 넣고 끝에 작은 태슬을 만들려면 3m 정도로 잘라서 사용하세요. 끝에 실이 길게 남으면 알맞게 자르고 다음에는 좀 더 짧게 자릅니다.
자수는 숄의 안면에서 작업하는데, 뜬 첫 2코는 아이코드 가장자리가 되고 다음 코(3번째 코)가 가장자리 코가 됩니다. 실 가닥을 7개의 안뜨기 산 위에 지그재그 선으로 수놓습니다. 각 코에 마커나 자투리 실을 걸어놓으면 자수 작업을 정확하고 수월하게 할 수 있습니다.

뜨는 법
바탕실을 이용해 롱테일 코잡기로 355코를 만든다. 코를 쉽게 세기 위해 50코 또는 100코마다 마커를 끼운다.
1단(겉면): 걸러뜨기2, 끝까지 겉뜨기.
2단(안면): 걸러뜨기2, 끝까지 안뜨기.
단을 시작할 때마다 걸러뜬 2코는 나중에 아이코드 가장자리가 된다. 실을 다 쓰고 새로 연결할 때. 양 끝의 가닥을 풀어서 꼬아 잇거나 단을 시작할 때 새 볼을 연결해 뜬다. 아이코드 테두리에서 실 끝을 보이지 않게 정리해야 자수 부분이 깔끔하다.
1·2단을 반복해 너비 22cm의 숄을 만든다. 패턴을 따라 코 막음한다.

블로킹하기
숄에 웨이브 자수를 놓기 전에 블로킹을 먼저 한다.

자수 놓기
1번째 웨이브
(1) 2번째 안뜨기 산에 있는 4번째 코에서 자수를 시작한다. 실 끝을 15cm 남기고. 바늘을 코의 오른쪽 아래 고리에 위에서 아래로 통과한 뒤 왼쪽 아래 고리에 아래에서 위로 통과시킨다. 다음 2코를 건너뛰고, 안뜨기 산 6개 위로 올라간다(8번째 안뜨기 산. 7번째 코).
(2) 바늘을 코의 오른쪽 아래 고리에 아래에서 위로 통과시키고, 왼쪽 아래 고리에 위에서 아래로 통과시킨다. 다시 2코를 건너뛰는데. 이번에는 안뜨기 산 6개 아래로 내려간다(2번째 안뜨기 산. 10번째 코).
(3) 바늘을 코의 오른쪽 아래 고리에 위에서 아래로 통과시키고, 왼쪽 아래 고리에 아래에서 위로 통과시킨다. 2코를 건너뛰고, 안뜨기 산 6개 위로 올라간다.
(4) 바늘을 코의 오른쪽 아래 고리에 아래에서 위로 통과시키고, 왼쪽 아래 고리에 위에서 아래로 통과시킨다. 2코를 건너뛰고, 안뜨기 산 6개 아래로 내려간다.
3코(가장자리 코와 아이코드)가 남을 때까지 (3)·(4)를 반복한다. 실 끝을 15cm 남긴다. 추가로 3가닥의 실로 전체 과정을 3회 더 반복하는데, 매번 이전 실 1단 위에 엮어 넣는다. 2번째 실은 3번째 안뜨기 산. 4번째 코에서 시작해 9번째 산. 7번째 코로 올라간다.

웨이브를 4줄 만들었으면 각 실 끝을 2번째 아이코드 코로 통과시켜 겉면으로 가져온 다음 4가닥을 함께 묶어 태슬을 만든다.

2번째 웨이브
다음 4가닥은 1번째 웨이브의 거울 이미지로 수놓는다. 18번째 안뜨기 산, 4번째 코에서 시작한다.
(1) 바늘을 코의 오른쪽 아래 고리에 아래에서 위로 통과시키고, 왼쪽 아래 고리에 위에서 아래로 통과시킨다. 2코를 건너뛰고, 안뜨기 산 6개 아래로 내려간다(12번째 안뜨기 산, 7번째 코).
(2) 바늘을 코의 오른쪽 아래 고리에 위에서 아래로 통과시키고, 왼쪽 아래 고리에 아래에서 위로 통과시킨다. 2코를 건너뛰고, 안뜨기 산 6개 위로 올라간다(18번째 안뜨기 산, 10번째 코).
(3) 바늘을 코의 오른쪽 아래 고리에 아래에서 위로 통과시키고, 코의 왼쪽 아래 고리에 위에서 아래로 통과시킨다. 2코를 건너뛰고 안뜨기 산 6개 아래로 내려간다.
(4) 바늘을 코의 오른쪽 아래 고리에 위에서 아래로 통과시키고, 코의 왼쪽 아래 고리에 아래에서 위로 통과시킨다. 2코를 건너뛰고 안뜨기 산 6개 위로 올라간다.
3코(가장자리 코와 아이코드)가 남을 때까지 (3)·(4)를 반복한다. 실 끝은 15cm 남긴다. 추가로 3가닥의 실로 전체 과정을 3회 더 반복하는데, 매번 이전 실 1단 위에 엮어 넣는다. 2번째 실은 19번째 안뜨기 산, 4번째 코에서 시작해 13번째 산, 7번째 코로 내려간다.
웨이브 4줄을 만들었으면, 각 실 끝을 2번째 아이코드 코로 통과시켜 겉면으로 가져온 다음 4가닥을 함께 묶어 태슬을 만든다.
1번째 웨이브를 수놓은 방식과 똑같이 웨이브를 1개 더 만든다. 웨이브 섹션 3개를 수놓기 위해 안뜨기 산 31개가 필요하다.
숄의 반대쪽 테두리와 가장 가까운 안뜨기 산 31개에 거울 이미지로 패턴을 반복해 수놓는다. 첫 땀은 4번째 코에서 시작하는데, 이때 모든 웨이브는 나란하게 줄을 맞춘 모습이 된다.

마무리하기
태슬 끝을 가지런하게 다듬는다.
자수를 끝내고 웨이브를 똑바로 맞추기 위해 블로킹을 다시 해야 할 수도 있다. 먼저 자수실이 번지는 실인지 확인한다. 확실하지 않다면 스팀 블로킹을 추천한다.

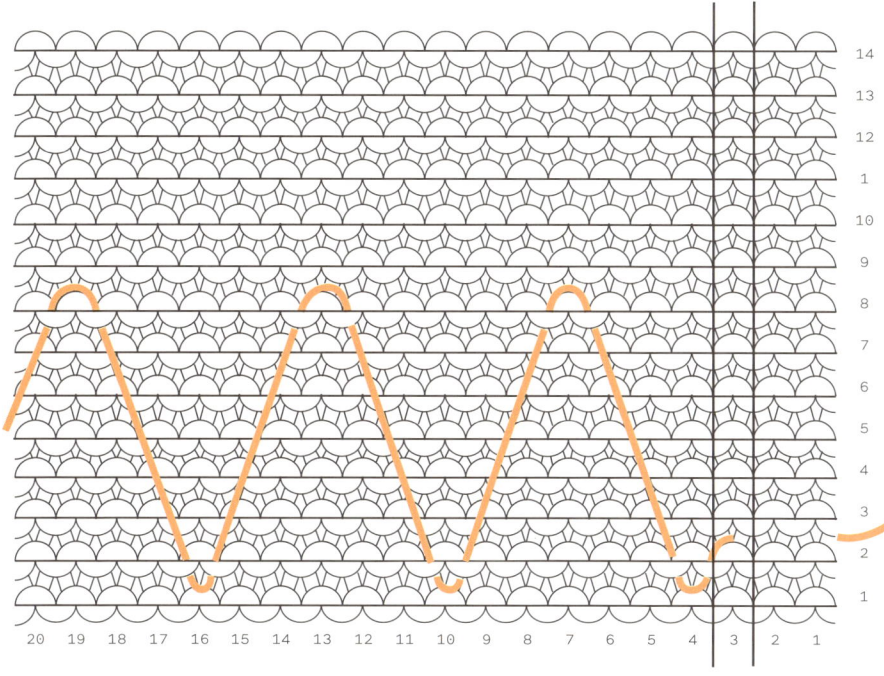

47 스티퍼스톤 STIPERSTONES

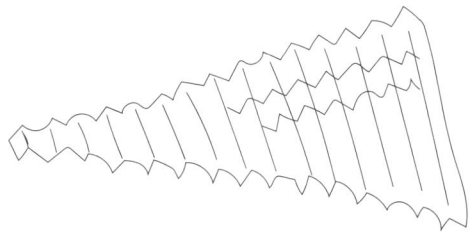

완성 치수
너비 … 172cm
높이 … 65cm

재료
바탕실 … 라비앙 에메 메리노 싱글즈 Merino Singles by La Bien Aimée(슈퍼워시 메리노 100%, 366m/100g) Sandstone(바탕색) 3볼
배색실 … 라비앙 에메 모헤어 실크 Mohair Silk by la Bien Aimée (모헤어 70%, 실크 30%, 500m/50g) Winter(배색 1) 1볼, Loam(배색 2) 1볼, Hegelia(배색 3) 1볼
실(대체) … 핑거링 얀(바탕색) 900m, 레이스 얀(배색 1) 80m, 레이스 얀(배색 2) 100m, 레이스 얀(배색 3) 120m
바늘 … 3.5mm(US 4) 줄바늘
도구 … 마커 40개 이상
※줄무늬의 헤링본 문양을 만들기 위해 배색실 2가닥을 바탕실과 함께 뜹니다.

게이지
헤링본 패턴 32코×40단

러시아식 코막음 Russian bind-off
겉뜨기1. *방금 뜬 코를 왼바늘로 돌려보낸 뒤 오른바늘을 왼바늘의 첫 코(돌려보낸 코)에 안뜨기하는 것처럼 넣고, 2번째 코에 겉뜨기하는 것처럼 넣어 바늘 끝을 두 코 사이로 가져온다. 실을 바늘에 감아 2코 사이로 잡아 빼서 2코를 한 번에 겉뜨기한다.* 끝까지 *-*을 반복한다.

뜨는 법
시작하기
바탕실을 이용해 케이블 코잡기로 31코를 만든다.

본체
다음의 뜨는 법을 따라서 모헤어 배색실을 추가한다.

헤링본 1
1단(안면) : 겉뜨기1, 마커 끼우기, 오른코 2코 모아뜨기, 겉뜨기12, 마커 끼우기, 안뜨기1, 마커 끼우기, 겉뜨기12, 겉뜨기로 2코 모아뜨기, 마커 끼우기, 겉뜨기1. (-2코).
2단(겉면) : 겉뜨기1, 마커 걸러뜨기, 안뜨기13, 왼코 만들기, 마커 걸러뜨기, 걸러뜨기1, 마커 걸러뜨기, 왼코 만들기, 안뜨기13, 마커 걸러뜨기, 겉뜨기1. (+2코).
3단 : 겉뜨기1, 마커 걸러뜨기, 안뜨기14, 마커 걸러뜨기, 안뜨기1, 마커 걸러뜨기, 안뜨기14, 마커 걸러뜨기, 겉뜨기1.
4단 : 겉뜨기1, 마커 걸러뜨기, 오른코 2코 모아뜨기, 겉뜨기12, 왼코 만들기, 마커 걸러뜨기, 걸러뜨기1, 마커 걸러뜨기, 왼코 만들기, 겉뜨기12, 겉뜨기로 2코 모아뜨기, 마커 걸러뜨기, 겉뜨기1.
5~12단 : 1~4단을 2회 반복한다.
13단 : 1단을 반복한다.
14단 : 2단을 반복한다.
15단 : 3단을 반복한다.
16단 : 4단을 반복하고, 케이블 코잡기로 31코를 만든다.

헤링본 2
17단 : *겉뜨기1, 마커 걸러뜨기, 오른코 2코 모아뜨기, 겉뜨기12, 마커 걸러뜨기, 안뜨기1, 마커 걸러뜨기, 겉뜨기12, 겉뜨기로 2코 모아뜨기, 마커 걸러뜨기, 겉뜨기1*, 끝까지 *-* 반복, 이전처럼 새 섹션에서 마커 끼우기. (*-* 반복할 때마다 -2코).
18단 : *겉뜨기1, 마커 걸러뜨기, 안뜨기13, 왼코 만들기, 마커 걸러뜨기, 걸러뜨기1, 마커 걸러뜨기, 왼코 만들기, 안뜨기13, 마커 걸러뜨기, 겉뜨기1*, 끝까지 *-* 반복. (*-* 반복할 때마다 -2코).
19단 : *겉뜨기1, 마커 걸러뜨기, 안뜨기14, 마커 걸러뜨기, 안뜨기1, 마커 걸러뜨기, 안뜨기14, 마커 걸러뜨기, 겉뜨기1*, 끝까지 *-* 반복.
20단 : *겉뜨기1, 마커 걸러뜨기, 오른코 2코 모아뜨기, 겉뜨기12, 왼코 만들기, 마커 걸러뜨기, 걸러뜨기1, 마커 걸러뜨기, 왼코 만들기, 겉뜨기12, 겉뜨기로 2코 모아뜨기, 마커 걸러뜨기, 겉뜨기1*, 끝까지 *-* 반복.
21~28단 : 17~20단을 2회 반복한다.
29단 : 17단을 반복한다.
30단 : 19단을 반복한다.
31단 : 19단을 반복한다.
32단 : 20단 반복, 케이블 코잡기로 31코를 만든다.

헤링본 3~15
17~32단을 12회를 더 반복한다. 총 465코. 헤링본 섹션 15개.
17~20단을 8회를 반복한다.

배색실 추가하기
각 헤링본은 16단으로 이뤄져 있다. 4단 패턴을 4회 반복해 안메리야스뜨기 능선 4개를 만든다. 전체적으로 다음의 위치에서 능선 패턴의 처음 2단에서는 모헤어 배색실 2가닥을 바탕실에 추가해 함께 잡고 뜬다.

헤링본 1 / 능선 2, 배색 1
헤링본 2 / 능선 2, 배색 2.
헤링본 2 / 능선 3, 배색 3.
헤링본 3 / 능선 4, 배색 1.
헤링본 5 / 능선 3, 배색 1.
헤링본 5 / 능선 4, 배색 2.
헤링본 7 / 능선 2, 배색 3.
헤링본 7 / 능선 4, 배색 2.
헤링본 8 / 능선 2, 배색 3.
헤링본 9 / 능선 2, 배색 3.
헤링본 9 / 능선 3, 배색 1.
헤링본 11 / 능선 2, 배색 2.
헤링본 12 / 능선 2, 배색 1.
헤링본 13 / 능선 2, 배색 3.
헤링본 13 / 능선 3, 배색 2.
헤링본 14 / 능선 2, 배색 3.
헤링본 15 / 능선 3, 배색 1.
헤링본 15 / 능선 4, 배색 2.
헤링본 15 / 능선 5, 배색 3.
헤링본 15 / 능선 6, 배색 1.
헤링본 15 / 능선 7, 배색 2.
헤링본 15 / 능선 8, 배색 3.

마무리하기
러시아식 코막음으로 코막음하고 실 끝을 보이지 않게 정리한다. 헤링본의 뾰족한 끝들이 모두 길이가 같도록 핀을 꽂아 블로킹한다.

스텔라 애크로이드

48 크랙사이드 CRAGSIDE

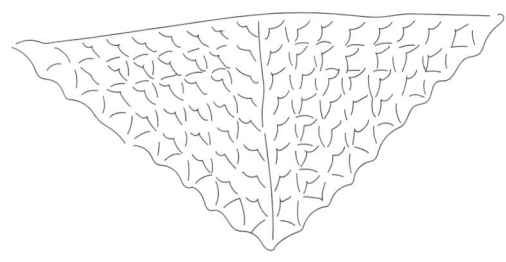

완성 치수
너비 … 172cm
높이 … 86cm

재료
실 … 투쿠울 투쿠울 핑거링Tukuwool Fingering by Tukuwool(핀란드 울 100%, 200m/50g) Runo 4볼
실(대체) … 핑거링 얀 750m
바늘 … 4.5mm(US 7) 줄바늘
도구 … 마커

게이지
레이스 패턴 16코×28단

손뜨개 약어
1코 만들기M1 : 감아코 만들기로 1코 만들기. (+1코).
오른코 겹쳐 3코 모아뜨기SK2PO : 안뜨기하는 것처럼 걸러뜨기1, 겉뜨기로 2코 모아뜨기, 걸러뜬 코로 덮어씌우기. (-2코).

POINT
도안에는 겉면만 표시되어 있으며, 모든 안면단은 겉뜨기하세요.

뜨는 법
가터 탭 코잡기
선호하는 코잡기로 2코를 만든다.
겉뜨기로 여섯 단을 뜬다.
다음 단(겉면) : 겉뜨기2, 90도 돌려서 작은 직사각형의 가장자리를 따라 3코 주워 겉뜨기. 다시 90도 돌리고 코잡기단에서 2코 주워 겉뜨기. 7코.

시작단(안면) : 겉뜨기2(가장자리 2코), 마커 끼우기, 겉뜨기1, 마커 끼우기, 겉뜨기1 (중심선 코), 마커 끼우기, 겉뜨기1, 마커 끼우기, 겉뜨기2(가장자리 2코).
이제 뜨개바탕에는 가장자리 코와 중심선 코의 위치를 표시하는 마커 4개가 있다.

시작 도안 뜨기
1단(겉면) : 겉뜨기2, 마커 걸러뜨기, 다음 마커까지 도안대로 뜨기, 마커 걸러뜨기, 겉뜨기1, 마커 걸러뜨기, 다음 마커까지 도안대로 뜨기, 마커 걸러뜨기, 겉뜨기2.
2단(안면) : 겉뜨기를 한다.
1·2단을 반복하면서 시작 도안의 3~40단을 뜬다. 87코.

레이스 도안 뜨기
1단(겉면) : 겉뜨기2, 마커 걸러뜨기, 다음 마커까지 도안대로 뜨기, 마커 걸러뜨기, 겉뜨기1, 마커 걸러뜨기, 다음 마커까지 도안대로 뜨기, 마커 걸러뜨기, 겉뜨기2.
2단(안면) : 겉뜨기를 한다.
1·2단을 반복하면서 레이스 도안의 3~20단을 뜬다.
1~20단을 5회 더, 1~18단을 1회 더 반복한다(총 138단).
도안 1~20단을 반복할 때마다 총 콧수가 40코씩 증가한다. 따라서 다음과 같은 콧수가 된다.
20단 후 : 127코.
40단 후 : 167코.
60단 후 : 207코.
80단 후 : 247코.
100단 후 : 287코.
120단 후 : 327코.
138단 후 : 363코.

테두리 도안 뜨기
마커들을 모두 뺀다.
1·3·5단(겉면) : 겉뜨기2, *바늘비우기, 겉뜨기8, 걸러뜨기1, 겉뜨기로 2코 모아뜨기, 걸러뜬 코로 덮어씌우기, 겉뜨기8, 바늘비우기, 겉뜨기1*, 21코 남을 때까지 *-* 반복, 바늘비우기, 겉뜨기8, 걸러뜨기1, 겉뜨기로 2코 모아뜨기, 걸러뜬 코로 덮어씌우기, 겉뜨기8, 바늘비우기, 겉뜨기2.
2단+안면단 : 겉뜨기를 한다.
7단 : 겉뜨기2, *1코 만들기, 겉뜨기8, 걸러뜨기1, 겉뜨기로 2코 모아뜨기, 걸러뜬 코로 덮어씌우기, 겉뜨기8, 1코 만들기, 겉뜨기1*, 21코 남을 때까지 *-* 반복, 1코 만들기, 겉뜨기, 걸러뜨기1, 겉뜨기로 2코 모아뜨기, 걸러뜬 코로 덮어씌우기, 겉뜨기8, 1코 만들기, 겉뜨기2.
안면에서 느슨하게 코막음한다.

마무리하기
실 끝을 보이지 않게 정리하고, 레이스를 펼쳐놓고 블로킹한다.

시작 도안

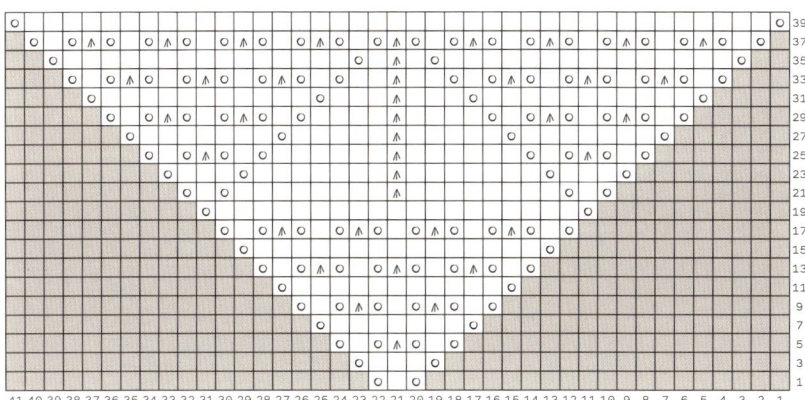

테두리 도안

기호	뜻
⋏	SK2PO
□	겉뜨기
○	바늘비우기
M	1코 만들기
▢	반복
▨	코 없음

레이스 도안

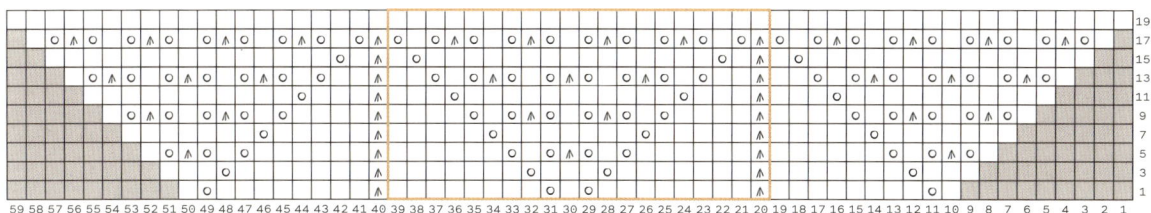

49 세트레리아 CETRELIA

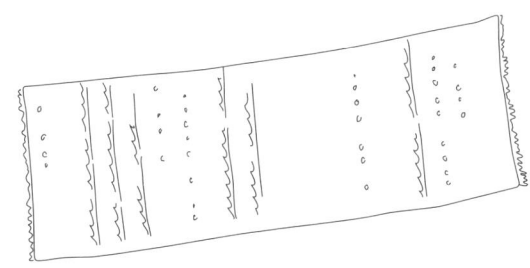

완성 치수
길이 … 152cm
폭 … 53.5cm

재료
바탕실 … 케틀 얀 Co. 바스커빌 2.0 Baskerville 2.0 by Kettle Yarn Co.(BFL/고틀란드, 350m/100g) Dawn 2볼
배색실 … 케틀 얀 Co. 이슬링톤 핑거링 Islington Fingering by Kettle Yarn Co.(BFL/실크, 400m/100g) Julep(배색 1) 1볼, Icicle (배색 2) 1볼, Pewter(배색 3) 1볼
실(대체) … 핑거링 얀(바탕색) 455m, 핑거링 얀(각 배색) 350m
바늘 … 4.5mm(US 7) 줄바늘
도구 … 코바늘, 매끄러운 자투리실 Scrap yarn

게이지
가터뜨기 18코×36단

패턴뜨기

이끼뜨기 Lichen stitch
오른바늘을 왼바늘 3번째 코의 5단 아래 (왼바늘에 있는 코 아래의 3번째 안뜨기 산 아래) 코의 앞면에 넣고 실을 길게 잡아 빼기. 이 실 고리를 오른바늘로 걸러뜬 뒤 왼바늘의 다음 코 겉뜨기. *-* 2회 더 반복하는데, 아래의 같은 코를 통해 고리 3개를 모두 잡아 빼고 왼바늘에 있는 다음 코를 겉뜨기한다. 단, 길게 뺀 고리의 길이가 모두 같아야 한다(약 1.5cm).
※안면에서 안뜨기로 2코 모아 꼬아뜨기를 할 때, 왼바늘에 먼저 긴 고리가 있고 그다음에 안뜨기 코가 있어야 겉면에서 보이는 부채꼴 모양이 매끄럽습니다.

이끼뜨기 간격 1
1단(겉면) : 새로운 색의 실을 연결하고 걸러뜨기2, 겉뜨기4, *이끼뜨기, 겉뜨기5*, 9코 남을 때까지 *-* 반복, 이끼뜨기, 겉뜨기4, 걸러뜨기2.
2단(안면) : 코가 꼬이지 않도록 주의하면서 안뜨기2, 겉뜨기4, *(안뜨기로 2코 모아 꼬아뜨기) 3회, 겉뜨기5*, 9코 남을 때까지 *-* 반복, [안뜨기로 2코 모아 꼬아뜨기] 3회, 겉뜨기4, 안뜨기2.
3단 : 걸러뜨기2, 2코 남을 때까지 겉뜨기, 걸러뜨기2.
4단 : 안뜨기2, 2코 남을 때까지 겉뜨기, 안뜨기2. 실을 자른다.

이끼뜨기 간격 2
1단(겉면) : 새로운 색의 실을 연결하고 걸러뜨기2, *이끼뜨기, 겉뜨기5*, 5코 남을 때까지 *-* 반복, 이끼뜨기, 걸러뜨기2.
2단(안면) : 안뜨기2, *(안뜨기로 2코 모아 꼬아뜨기) 3회, 겉뜨기5*, 5코 남을 때까지 *-* 반복, [안뜨기로 2코 모아 꼬아뜨기] 3회, 안뜨기2.
3단 : 걸러뜨기2, 2코 남을 때까지 겉뜨기, 걸러뜨기2.
4단 : 안뜨기2, 2코 남을 때까지 겉뜨기, 안뜨기2. 실을 자른다.

이끼뜨기 간격 3
1단(겉면) : 새로운 색의 실을 연결하고 걸러뜨기2, 겉뜨기4, *이끼뜨기, 겉뜨기5*, 9코 남을 때까지 *-* 반복, 이끼뜨기, 겉뜨기4, 걸러뜨기2.
2단(안면) : 코가 꼬이지 않도록 주의하면서 안뜨기2, 겉뜨기4, *(안뜨기로 2코 모아 꼬아뜨기) 3회, 겉뜨기5*, 9코 남을 때까지 *-* 반복, [안뜨기로 2코 모아 꼬아뜨기] 3회, 겉뜨기4, 안뜨기2. 실을 자른다.

뜨는 법

매끄러운 자투리실과 코바늘을 이용해 프로비저널 코잡기로 95코를 만든다.
실을 자른다.

바탕실로 다음과 같이 뜬다.
1단(겉면): 걸러뜨기2, 2코 남을 때까지 겉뜨기, 걸러뜨기2.
2단(안면): 안뜨기2, 2코 남을 때까지 겉뜨기, 안뜨기2.
1·2단을 총 10회 뜬다. 20단.
기존의 아이코드 엣징에서 겉면단의 첫 코와 마지막 2코를 계속 걸러뜬다.
다음의 순서에 따라 배색실로 이끼뜨기 간격을 진행한다. 간격 ①~⑱ 사이에서 위 가터뜨기 1·2단을 12회 반복한다.

① 배색 1 / 간격 1.
② 배색 2 / 간격 2.
③ 배색 3 / 간격 1.
④ 배색 3 / 간격 2.
⑤ 배색 3 / 간격 3.
⑥ 배색 1 / 간격 2.
⑦ 배색 2 / 간격 1.
⑧ 배색 2 / 간격 2.
⑨ 배색 3 / 간격 3.
⑩ 배색 3 / 간격 2.
⑪ 배색 2 / 간격 1.
⑫ 배색 1 / 간격 2.
⑬ 배색 1 / 간격 1.
⑭ 배색 1 / 간격 2.
⑮ 배색 2 / 간격 3.
⑯ 배색 3 / 간격 2.
⑰ 배색 2 / 간격 1.
⑱ 배색 1 / 간격 2.
⑲ 배색 1 / 간격 1.

⑲번째 간격을 뜬 후 가터뜨기 1·2단을 총 10회 반복한다. 20단.

코막음하기

이 숄의 마무리는 두 가지 방법으로 할 수 있다. 가장자리를 단순하게 하려면 아이코드 코막음으로 마무리하고, 보다 장식적인 마무리를 하려면 이끼뜨기를 거울 이미지로 반영한 프린지가 있는 피코 레이스 가장자리를 추가로 뜨면 된다

아이코드 엣징

(1) 추가로 3코를 만든다.
(2) 첫 2코는 겉뜨기, 겉뜨기로 2코 모아 꼬아뜨기.
(3) 메인 바늘로 3코를 다시 걸러뜬다.
3코 남을 때까지 2·3단 반복. 겉뜨기로 2코 모아뜨기, 겉뜨기1. 남은 2코를 메인 바늘로 다시 걸러뜨고 겉뜨기로 2코 모아 꼬아뜨기.

피코 레이스 가장자리

배색 1실을 이용해 겉뜨기1. *방금 뜬 코를 다시 왼바늘로 걸러뜨기, 케이블 코잡기로 3코 만들기, 7코 코막음*. 1코 남을 때까지 *-*을 반복한다.
마지막 코에서 3코 잡기. 2코 코막음. 아래의 코에 겉뜨기, 첫 코로 2번째 코 덮어씌우고 실을 코 사이로 잡아 빼서 풀리지 않게 한다.
반대쪽에서 별실을 빼고 코막음을 반복한다.
메리야스 자수로 모든 실 끝을 보이지 않게 정리한다.

마무리하기

가터뜨기 코의 도톰함과 폭신함을 유지하면서 높이를 최대한 높이기 위해 스팀을 가볍게 쐰다. 다리미판에 숄을 펼쳐놓고 그 위에 스팀다리미를 가져다 대는데, 숄에 다리미가 직접 닿으면 안 된다. 섹션마다 스팀을 고루 쐬어주고 중간중간 멈춰서 뜨거울 때 가운데 뜨개바탕을 양방향으로 당기면 코들이 고르게 된다. 마지막으로 블로킹 와이어를 사용해 치수에 맞춰 핀으로 고정하고 물을 살짝 뿌려서 모양을 잡은 다음 그대로 완전히 건조한다.

50 바르데 VARDE

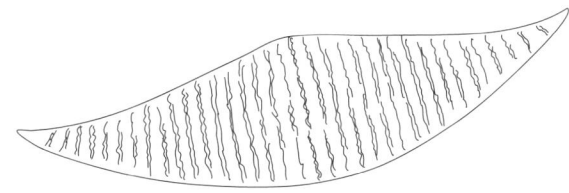

완성 치수
너비 … 210cm
높이 … 52cm

재료
실 … 데 레룸 나투라 질리아트Gilliatt by De Rerum Natura(유로피안 메리노 100%, 250m/100g) Foret 3볼
실(대체) … 우스티드 약 750m
바늘 … 4.5mm(US 7) 줄바늘(100cm), 코막음용 5mm(US 8) 줄바늘(옵션)
도구 … 마커 2개

게이지
시드 스티치 17코×28단

손뜨개 약어
3코 노트 스티치KNOT3 : 왼바늘의 3번째 코로 1번째와 2번째 코 덮어씌우기, 첫 코 겉뜨기, 바늘비우기, 2번째 코 겉뜨기.

패턴 뜨기
시드 스티치 Seed stitch
1단 : 끝까지 [겉뜨기1, 안뜨기1].
2단 : 끝까지 [안뜨기1, 겉뜨기1].
1·2단을 반복한다.

뜨는 법
가터 탭
롱테일 코잡기로 3코를 만들고 가터뜨기(겉면과 안면 모두 겉뜨기만)로 6단을 뜬다(가터 산 3개).
6번째 단에서 뜨개바탕을 시계방향으로 90도 돌리고 왼쪽 가장자리에서 3코를 줍는다. 다시 뜨개바탕을 90도 돌리고 코잡기단에서 3코를 줍는다. 총 9코.

시작하기
1단(안면) : 겉뜨기3, 마커 끼우기, 안뜨기3, 마커 끼우기, 겉뜨기3.
2단(겉면) : 겉뜨기3, 마커 걸러뜨기, 오른코 만들기, 겉뜨기3, 왼코 만들기, 마커 걸러뜨기, 겉뜨기3.
3단 : 겉뜨기3, 마커 걸러뜨기, 오른코 만들기, 겉뜨기1, 안뜨기3, 겉뜨기1, 왼코 만들기, 마커 걸러뜨기, 겉뜨기3.
4단 : 겉뜨기3, 마커 걸러뜨기, 오른코 만들기, 안뜨기1, 겉뜨기1, 3코 노트 스티치, 겉뜨기1, 안뜨기1, 왼코 만들기, 마커 걸러뜨기, 겉뜨기3.
5단 : 겉뜨기3, 마커 걸러뜨기, 오른코 만들기, 겉뜨기1, 안뜨기1, 겉뜨기1, 안뜨기3, 겉뜨기1, 안뜨기1, 겉뜨기1, 왼코 만들기, 마커 걸러뜨기, 겉뜨기3.
6단 : 겉뜨기3, 마커 걸러뜨기, 오른코 만들기, [안뜨기1, 겉뜨기1] 2회, 겉뜨기3, *겉뜨기1, 안뜨기1* 2회, 왼코 만들기, 마커 걸러뜨기, 겉뜨기3.
7단 : 겉뜨기3, 마커 걸러뜨기, 오른코 만들기, 겉뜨기1, [안뜨기1, 겉뜨기1] 2회, 안뜨기3, [겉뜨기1, 안뜨기1*] 2회, 겉뜨기1, 왼코 만들기, 마커 걸러뜨기, 겉뜨기3.

단 반복하기
8단(겉면) : 겉뜨기3, 마커 걸러뜨기, 오른코 만들기, 겉뜨기1, 마커 6코 전까지 [(겉뜨기1, 안뜨기1) 2회, 겉뜨기1, 3코 노트 스티치], [겉뜨기1, 안뜨기1] 2회, 겉뜨기2, 왼코 만들기, 마커 걸러뜨기, 겉뜨기3.
9단(안면) : 겉뜨기3, 마커 걸러뜨기, 오른코 만들기, 안뜨기2, 마커 7코 전까지 [(겉뜨기1, 안뜨기1) 2회, 겉뜨기1, 안뜨기3], [겉뜨기1, 안뜨기1] 2회, 겉뜨기1, 안뜨기2, 왼코 만들기, 마커 걸러뜨기, 겉뜨기3.
10단 : 겉뜨기3, 마커 걸러뜨기, 오른코 만들기, 겉뜨기3, 다음 마커까지 [(겉뜨기1, 안뜨기1) 2회, 겉뜨기4], 왼코 만들기, 마커 걸러뜨기, 겉뜨기3.

11단 : 겉뜨기3, 마커 걸러뜨기, 오른코 만들기, 겉뜨기1, 마커 4코 전까지 [안뜨기3, (겉뜨기1, 안뜨기1) 2회, 겉뜨기1], 안뜨기3, 겉뜨기1, 왼코 만들기, 마커 걸러뜨기, 겉뜨기3.

12단 : 겉뜨기3, 마커 걸러뜨기, 오른코 만들기, 안뜨기1, 겉뜨기1, 마커 5코 전까지 [3코 노트 스티치, (겉뜨기1, 안뜨기1) 2회, 겉뜨기1], 3코 노트 스티치, 겉뜨기1, 안뜨기1, 왼코 만들기, 마커 걸러뜨기, 겉뜨기3.

13단 : 겉뜨기3, 마커 걸러뜨기, 오른코 만들기, 겉뜨기1, 안뜨기1, 겉뜨기1, 마커 6코 전까지 [안뜨기3, (겉뜨기1, 안뜨기1) 2회, 겉뜨기1], 안뜨기3, 겉뜨기1, 안뜨기1, 겉뜨기1, 왼코 만들기, 마커 걸러뜨기, 겉뜨기3.

14단 : 겉뜨기3, 마커 걸러뜨기, 오른코 만들기, [안뜨기1, 겉뜨기1] 2회, 겉뜨기3, 마커 4코 전까지 [(겉뜨기1, 안뜨기1) 2회, 겉뜨기4], [겉뜨기1, 안뜨기1] 2회, 왼코 만들기, 마커 걸러뜨기, 겉뜨기3.

15단 : 겉뜨기3, 마커 걸러뜨기, 오른코 만들기, 마커 5코 전까지 [(겉뜨기1, 안뜨기1) 2회, 겉뜨기1, 안뜨기3, [겉뜨기1, 안뜨기1] 2회, 겉뜨기1, 왼코 만들기, 마커 걸러뜨기, 겉뜨기3.

8~15단을 총 18회 반복한다.

노트 단 : 36+1.

마무리하기

8~14단을 1회 더 반복하고, 가터뜨기의 4단으로 끝낸다.

다음 단(안면) : 겉뜨기3, 마커 걸러뜨기, 오른코 만들기, 다음 마커까지 겉뜨기, 왼코 만들기, 마커 걸러뜨기, 겉뜨기3.

다음 단(겉면) : 겉뜨기3, 마커 걸러뜨기, 오른코 만들기, 다음 마커까지 겉뜨기, 왼코 만들기, 마커 걸러뜨기, 겉뜨기3.

다음 단 : 겉뜨기3, 마커 걸러뜨기, 오른코 만들기, 다음 마커까지 겉뜨기, 왼코 만들기, 마커 걸러뜨기, 겉뜨기3.

다음 단 : 겉뜨기3, 마커 걸러뜨기, 오른코 만들기, 다음 마커까지 겉뜨기, 왼코 만들기, 마커 걸러뜨기, 겉뜨기3.

다음 단(안면)에서 모든 코를 코막음한다. 또는 코막음을 느슨하고 고르게 하기 위해 굵은 바늘로 코막음한다.

실 끝을 보이지 않게 정리한 다음 치수에 맞춰 블로킹한다.

51 퀵샌드 QUICKSAND

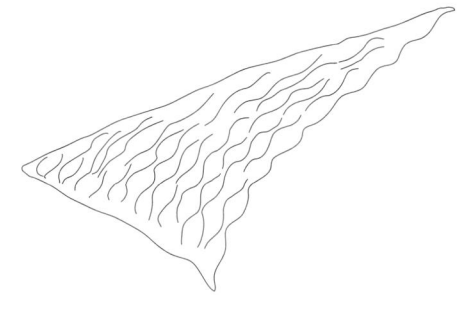

사이즈
1(2)
P.260 → 사이즈 2

완성 치수
너비 … 220cm
높이 … 80cm

재료
실 … 라비앙 에메 메리노 DK Merino DK by La Bien Aimée(SW 메리노 100%, 230m/115g) Peerie Voe 4(5)볼
실(대체) … DK 약 800(990)m
바늘 … 4mm(US 6) 줄바늘(100cm)
도구 … 꽈배기바늘

게이지
패턴 뜨기 21코×33.5단
패턴 뜨기(21코×64단) 1회 : 8.5×18cm(블로킹 전), 10×19cm(블로킹 후)

손뜨개 약어
오른코 위 2코 교차뜨기2/2 LC : 꽈배기바늘로 2코를 걸러떠서 앞에 두고, 겉뜨기2, 걸러뜬 2코 겉뜨기.
2/K1-M1 LC : 꽈배기바늘로 2코를 걸러떠서 앞에 두고, 겉뜨기1, 오른코 만들기, 걸러뜬 2코 겉뜨기. (+1코).
2/M1-K1-M1-K1-M1 LC : 꽈배기바늘로 2코를 걸러떠서 앞에 두고, 오른코 만들기, 겉뜨기1, 오른코 만들기, 겉뜨기1, 오른코 만들기, 걸러뜬 2코 겉뜨기. (+3코).
2/M1P-P1-M1-K1 LC : 꽈배기바늘로 2코를 걸러떠서 앞에 두고, 안뜨기로 오른코 만들기, 안뜨기1, 오른코 만들기, 겉뜨기1, 걸러뜬 2코 겉뜨기. (+2코).
브리오슈 겉뜨기1BRK1 : 이전 단에서 뜬 걸러뜨기-바늘비우기 코를 겉뜨기.
걸러뜨기-바늘비우기SL1YO : 실을 앞에 두고, 안뜨기 방향으로 걸러뜨기1, 걸러뜬 코 위로 실을 감아 다시 앞으로 가져온다.
바늘비우기AYO A : 오른바늘에 실을 뒤에서 앞으로 감기(시계 방향).
바늘비우기YO : 오른바늘에 실을 앞에서 뒤로 감기(반시계 방향).

뜨는 법
롱테일 코잡기로 6코를 만든다.
시작 1단(안면) : 겉뜨기1, 안뜨기4, 겉뜨기1.
시작 2단(겉면) : 안뜨기1, 겉뜨기4, 안뜨기1.
시작 3단 : 시작 1단을 반복한다.

교차뜨기-브리오슈뜨기 패턴
파트 A
1단(겉면) : 안뜨기1, 오른코 위 2코 교차뜨기, 안뜨기1.
2단(안면) : 겉뜨기1, 안뜨기4, 겉뜨기1.
3단 : 안뜨기1, 겉뜨기4, 안뜨기1.
4단 : 겉뜨기1, 안뜨기4, 겉뜨기1.
5단 : 안뜨기1, 2/M1-K1-M1-K1-M1 LC, 안뜨기1. (+3코).
6단 : 겉뜨기1, 안뜨기2, [안뜨기2, 겉뜨기1] 2회.
7단 : [안뜨기1, 겉뜨기2] 2회, 겉뜨기2, 안뜨기1.
8단 : 겉뜨기1, 안뜨기2, [안뜨기2, 겉뜨기1] 2회.
9단 : 안뜨기1, 2/겉뜨기1-M1 LC, 2/M1P-P1-M1-K1 LC, 안뜨기1. (+3코).
10단 : [겉뜨기1, 안뜨기4, 겉뜨기1] 2회.
11단 : [안뜨기1, 겉뜨기4, 안뜨기1] 2회.
12단 : [겉뜨기1, 안뜨기4, 겉뜨기1] 2회.
13단 : [안뜨기1, 오른코 위 2코 교차뜨기, 안뜨기1] 2회.
14단 : [겉뜨기1, 안뜨기4, 겉뜨기1] 2회.
15~18단 : 11~14단을 반복한다.
19단 : [안뜨기1, 겉뜨기4, 안뜨기1] 2회.
20단 : [겉뜨기1, 안뜨기4, 겉뜨기1] 2회.
21단 : 안뜨기1, 오른코 위 2코 교차뜨기, 안뜨기1, 바늘비우기, 안뜨기1, 오른코 위 2코 교차뜨기, 안뜨기1. (+1코).
22단 : 겉뜨기1, 안뜨기4, [겉뜨기1, 안뜨기1] 2회, 안뜨기3, 겉뜨기1.
23단 : 안뜨기1, 겉뜨기4, 안뜨기1, 겉뜨기1, 바늘비우기A, 안뜨기1, 겉뜨기4, 안뜨기1. (+1코).
24단 : 겉뜨기1, 안뜨기4, 겉뜨기2, SL1YO, 겉뜨기1, 안뜨기4, 겉뜨기1.
25단 : 안뜨기1, 오른코 위 2코 교차뜨기, 안뜨기1, BRK1, 안뜨기1, 바늘비우기, 안뜨기1, 오른코 위 2코 교차뜨기, 안뜨기1. (+1코).
26단 : 겉뜨기1, 안뜨기4, 겉뜨기1, 안뜨기1, 겉뜨기1, SL1YO, 겉뜨기1, 안뜨기4, 겉뜨기1.
27단 : 안뜨기1, 겉뜨기4, 안뜨기1, BRK1, SL1YO, 겉뜨기1, 바늘비우기A, 안뜨기1, 겉뜨기4, 안뜨기1. (+1코).
28단 : 겉뜨기1, 안뜨기4, 겉뜨기2, SL1YO, BRK1, SL1YO, 겉뜨기1, 안뜨기4, 겉뜨기1.
29단 : 안뜨기1, 오른코 위 2코 교차뜨기, 안뜨기1, BRK1, SL1YO, BRK1, 안뜨기1, 바늘비우기, 안뜨기1, 오른코 위 2코 교차뜨기, 안뜨기1. (+1코).
30단 : 겉뜨기1, 안뜨기4, 겉뜨기1, 안뜨기1, 겉뜨기1, SL1YO, BRK1, SL1YO, 겉뜨기1, 안뜨기4, 겉뜨기1.
31단 : 안뜨기1, 겉뜨기4, 안뜨기1, [BRK1, SL1YO] 2회, 겉뜨기1, 바늘비우기A, 안뜨기1, 겉뜨기4, 안뜨기1. (+1코).
32단 : 겉뜨기1, 안뜨기4, 겉뜨기2, SL1YO, [BRK1, SL1YO] 2회, 겉뜨기1, 안뜨기4, 겉뜨기1.
33단 : 안뜨기1, 오른코 위 2코 교차뜨기, 안뜨기1, BRK1, [SL1YO, BRK1] 2회, 안뜨기1, 바늘비우기, 안뜨기1, 오른코 위 2코 교차뜨기, 안뜨기1. (+1코).
34단 : 겉뜨기1, 안뜨기4, 겉뜨기1, 안뜨기1, 겉뜨기1, SL1YO, [BRK1, SL1YO] 2회, 겉뜨기1, 안뜨기4, 겉뜨기1.
35단 : 안뜨기1, 겉뜨기4, 안뜨기1, [BRK1, SL1YO] 3회, 겉뜨기1, 바늘비우기A, 안뜨기1, 겉뜨기4, 안뜨기1. (+1코).
36단 : 겉뜨기1, 안뜨기4, 겉뜨기2, SL1YO, [BRK1, SL1YO] 3회, 겉뜨기1, 안뜨기4, 겉뜨기1.
37단 : 안뜨기1, 오른코 위 2코 교차뜨기, 안뜨기1, BRK1, [SL1YO, BRK1] 3회, 안뜨기1, 바늘비우기, 안뜨기1, 오른코 위 2코 교차뜨기, 안뜨기1. (+1코).
38단 : 겉뜨기1, 안뜨기4, 겉뜨기1, 안뜨기1, 겉뜨기1, SL1YO, [BRK1, SL1YO] 3회, 겉뜨기1, 안뜨기4, 겉뜨기1.
39단 : 안뜨기1, 겉뜨기4, 안뜨기1, [BRK1, SL1YO] 4회, 겉뜨기1, 안뜨기1, 겉뜨기4, 안뜨기1.
40단 : 겉뜨기1, 안뜨기4, 겉뜨기1, SL1YO, [BRK1, SL1YO] 4회, 겉뜨기1, 안뜨기1, 겉뜨기4, 겉뜨기1.
41단 : 안뜨기1, 오른코 위 2코 교차뜨기, 안뜨기1, BRK1, [SL1YO, BRK1] 4회, 안뜨기1, 오른코 위 2코 교차뜨기, 안뜨기1.
42단 : 겉뜨기1, 안뜨기4, 겉뜨기1, SL1YO, [BRK1, SL1YO] 4회, 겉뜨기1, 안뜨기1, 겉뜨기4, 겉뜨기1.
43단 : 안뜨기1, 겉뜨기4, 안뜨기1, BRK1, [SL1YO, BRK1] 4회, 안뜨기1, 겉뜨기4, 안뜨기1.
44단 : 겉뜨기1, 안뜨기4, 겉뜨기1, SL1YO, [BRK1, SL1YO] 4회, 겉뜨기1, 안뜨기4, 겉뜨기1.
45단 : 안뜨기1, 2/M1-K1-M1-K1-M1 LC, 안뜨기1, BRK1, [SL1YO, BRK1] 4회, 안뜨기1, 오른코 위 2코 교차뜨기, 안뜨기1. (+3코).
46단 : 겉뜨기1, 안뜨기4, 겉뜨기1, SL1YO, [BRK1, SL1YO] 4회, 겉뜨기1, 안뜨기2, [안뜨기2, 겉뜨기1] 2회.
47단 : [안뜨기1, 겉뜨기2] 2회, 겉뜨기2, 안뜨기1, BRK1, [SL1YO, BRK1] 4회, 안뜨기1, 겉뜨기4, 안뜨기1.

48단 : 겉뜨기1, 안뜨기4, 겉뜨기1, SL1YO, [BRK1, SL1YO] 4회, 겉뜨기1, 안뜨기2, [겉뜨기2, 겉뜨기1] 2회.
49단 : 안뜨기1, 2/K1-M1 LC, 2/M1P-P1-M1-K1 LC, 안뜨기1, BRK1, [SL1YO, BRK1] 4회, 안뜨기1, 오른코 위 2코 교차뜨기, 안뜨기1. (+3코).
50단 : 겉뜨기1, 안뜨기4, 겉뜨기1, SL1YO, [BRK1, SL1YO] 4회, [겉뜨기1, 안뜨기4, 겉뜨기1] 2회.
51단 : [안뜨기1, 겉뜨기4, 안뜨기1] 2회, BRK1, [SL1YO, BRK1] 4회, 안뜨기1, 겉뜨기4, 안뜨기1.
52단 : 겉뜨기1, 안뜨기4, 겉뜨기1, [SL1YO, BRK1] 4회, [겉뜨기2, 안뜨기4] 2회, 겉뜨기1.
53단 : 안뜨기1, 오른코 위 2코 교차뜨기, 안뜨기1, 바늘비우기, 안뜨기1, 오른코 위 2코 교차뜨기, P2TOG, [SL1YO, BRK1] 4회, 안뜨기1, 오른코 위 2코 교차뜨기, 안뜨기1.
54단 : 겉뜨기1, 안뜨기4, 겉뜨기1, [SL1YO, BRK1] 4회, 겉뜨기1, 안뜨기4, [겉뜨기1, 안뜨기1] 2회, 안뜨기3, 겉뜨기1.
55단 : 안뜨기1, 겉뜨기4, 안뜨기1, 바늘비우기A, 겉뜨기1, 안뜨기1, 겉뜨기4, P2TOG, BRK1, [SL1YO, BRK1] 3회, 안뜨기1, 겉뜨기4, 안뜨기1.
56단 : 겉뜨기1, 안뜨기4, 겉뜨기1, [SL1YO, BRK1] 3회, 안뜨기1, 겉뜨기1, 안뜨기4, 겉뜨기1, SL1YO, 겉뜨기2, 안뜨기4, 겉뜨기1.
57단 : 안뜨기1, 오른코 위 2코 교차뜨기, 안뜨기1, 바늘비우기, 안뜨기1, BRK1, 안뜨기1, 오른코 위 2코 교차뜨기, P2TOG, [SL1YO, BRK1] 3회, 안뜨기1, 오른코 위 2코 교차뜨기, 안뜨기1.
58단 : 겉뜨기1, 안뜨기4, 겉뜨기1, [SL1YO, BRK1] 3회, 겉뜨기1, 안뜨기1, 겉뜨기1, SL1YO, 겉뜨기1, 안뜨기1, 겉뜨기1, 안뜨기4, 겉뜨기1.
59단 : 안뜨기1, 겉뜨기4, 안뜨기1, 바늘비우기A, 겉뜨기1, SL1YO, BRK1, 안뜨기1, 겉뜨기4, P2TOG, BRK1, [SL1YO, BRK1] 2회, 안뜨기1, 겉뜨기4, 안뜨기1.
60단 : 겉뜨기1, 안뜨기4, 겉뜨기1, [SL1YO, BRK1] 2회, 안뜨기1, 겉뜨기1, 안뜨기1, 겉뜨기4, 겉뜨기1, SL1YO, BRK1, SL1YO, 겉뜨기2, 안뜨기4, 겉뜨기1.
61단 : 안뜨기1, 오른코 위 2코 교차뜨기, 안뜨기1, 바늘비우기, 안뜨기1, BRK1, SL1YO, BRK1, 안뜨기1, 오른코 위 2코 교차뜨기, P2TOG, [SL1YO, BRK1] 2회, 안뜨기1, 오른코 위 2코 교차뜨기, 안뜨기1.
62단 : 겉뜨기1, 안뜨기4, 겉뜨기1, [SL1YO, BRK1] 2회, 겉뜨기1, 안뜨기4, 겉뜨기1, 안뜨기1, 겉뜨기1, SL1YO, BRK1, SL1YO, 겉뜨기1, 안뜨기1, 겉뜨기1, 안뜨기4, 겉뜨기1.
63단 : 안뜨기1, 겉뜨기4, 안뜨기1, 바늘비우기A, 겉뜨기1, [SL1YO, BRK1] 2회, 안뜨기1, 겉뜨기4, P2TOG, BRK1, SL1YO, BRK1, 안뜨기1, 겉뜨기4, 안뜨기1.
64단 : 겉뜨기1, 안뜨기4, 겉뜨기1, SL1YO, BRK1, 안뜨기1, 겉뜨기1, 안뜨기4, 겉뜨기1, SL1YO, [BRK1, SL1YO] 2회, 겉뜨기2, 안뜨기4, 겉뜨기1.
65단 : 안뜨기1, 오른코 위 2코 교차뜨기, 안뜨기1, 바늘비우기, 안뜨기1, BRK1, [SL1YO, BRK1] 2회, 안뜨기1, 오른코 위 2코 교차뜨기, P2TOG, SL1YO, BRK1, 안뜨기1, 오른코 위 2코 교차뜨기, 안뜨기1.
66단 : [겉뜨기1, 안뜨기4, 겉뜨기1, SL1YO, BRK1] 2회, SL1YO, BRK1, SL1YO, 겉뜨기1, 안뜨기1, 겉뜨기1, 안뜨기4, 겉뜨기1.
67단 : 안뜨기1, 겉뜨기4, 안뜨기1, 바늘비우기A, 겉뜨기1, [SL1YO, BRK1] 3회, 안뜨기1, 겉뜨기4, P2TOG, BRK1, 안뜨기1, 겉뜨기4, 안뜨기1.
68단 : 겉뜨기1, 안뜨기4, [겉뜨기1, 안뜨기1] 2회, 안뜨기3, 겉뜨기1, SL1YO, [BRK1, SL1YO] 3회, 겉뜨기2, 안뜨기4, 겉뜨기1.
69단 : 안뜨기1, 오른코 위 2코 교차뜨기, 안뜨기1, 바늘비우기, 안뜨기1, BRK1, [SL1YO, BRK1] 3회, 안뜨기1, 오른코 위 2코 교차뜨기, P2TOG, 안뜨기1, 오른코 위 2코 교차뜨기, 안뜨기1.
70단 : [겉뜨기1, 안뜨기4, 겉뜨기1] 2회, SL1YO, [BRK1, SL1YO] 3회, 겉뜨기1, 안뜨기1, 겉뜨기1, 안뜨기4, 겉뜨기1.
71단 : 안뜨기1, 겉뜨기4, 안뜨기1, 겉뜨기1, [SL1YO, BRK1] 4회, [안뜨기1, 겉뜨기4, 안뜨기1] 2회.
72단 : [겉뜨기1, 안뜨기4, 겉뜨기1] 2회, SL1YO, [BRK1, SL1YO] 4회, 겉뜨기1, 안뜨기4, 겉뜨기1.
73단 : 안뜨기1, 오른코 위 2코 교차뜨기, 안뜨기1, BRK1, [SL1YO, BRK1] 4회, [안뜨기1, 오른코 위 2코 교차뜨기, 안뜨기1] 2회.
74단 : [겉뜨기1, 안뜨기4, 겉뜨기1] 2회, SL1YO, [BRK1, SL1YO] 4회, 겉뜨기1, 안뜨기4, 겉뜨기1.
75단 : 안뜨기1, 겉뜨기4, 안뜨기1, BRK1, [SL1YO, BRK1] 4회, [안뜨기1, 겉뜨기4, 안뜨기1] 2회.
76단 : [겉뜨기1, 안뜨기4, 겉뜨기1] 2회, SL1YO, [BRK1, SL1YO] 4회, 겉뜨기1, 안뜨기4, 겉뜨기1.
77단 : 안뜨기1, 2/M1-K1-M1-K1-M1 LC, 안뜨기1, BRK1, [SL1YO, BRK1] 4회, [안뜨기1, 오른코 위 2코 교차뜨기, 안뜨기1] 2회. (+3코).
78단 : [겉뜨기1, 안뜨기4, 겉뜨기1] 2회, SL1YO, [BRK1, SL1YO] 4회, 겉뜨기1, 안뜨기2, [안뜨기

2, 겉뜨기1] 2회.

79단 : [안뜨기1, 겉뜨기2] 2회, 겉뜨기2, 안뜨기1, BRK1, [SL1YO, BRK1] 4회, [안뜨기1, 겉뜨기4, 안뜨기1] 2회.

80단 : [겉뜨기1, 안뜨기4, 겉뜨기1] 2회, SL1YO, [BRK1, SL1YO] 4회, 겉뜨기1, 안뜨기2, [안뜨기2, 겉뜨기1] 2회.

81단 : 안뜨기1, 2/K1-M1 LC, 2/M1P-P1-M1-K1 LC, 안뜨기1, BRK1, [SL1YO, BRK1] 4회, [안뜨기1, 오른코 위 2코 교차뜨기, 안뜨기1] 2회. (+3코).

82단 : [겉뜨기1, 안뜨기4, 겉뜨기1] 2회, SL1YO, [BRK1, SL1YO] 4회, [겉뜨기1, 안뜨기4, 겉뜨기1] 2회.

파트 A의 82단을 모두 뜨면 바늘에 33코가 있어야 한다. +27코.

파트 B

1단 : [안뜨기1, 겉뜨기4, 안뜨기1] 2회, *BRK1, [SL1YO, BRK1] 4회, [안뜨기1, 겉뜨기4, 안뜨기1] 2회*, 끝까지 *-* 반복.

2단 : *[겉뜨기1, 안뜨기4, 겉뜨기1] 2회, 안뜨기1, [BRK1, SL1YO] 4회*, 12코 남을 때까지 *-* 반복, [겉뜨기1, 안뜨기4, 겉뜨기1] 2회.

3단 : 안뜨기1, 오른코 위 2코 교차뜨기, 안뜨기1, 바늘비우기, 안뜨기1, 오른코 위 2코 교차뜨기, 안뜨기1, *[BRK1, SL1YO] 4회, P2TOG, 오른코 위 2코 교차뜨기, 안뜨기1, 바늘비우기, 안뜨기1, 오른코 위 2코 교차뜨기, 안뜨기1*, 끝까지 *-* 반복. (+1코).

4단 : *겉뜨기1, 안뜨기4, [겉뜨기1, 안뜨기1] 2회, 안뜨기3, 겉뜨기1, [BRK1, SL1YO] 4회*, 13코 남을 때까지 *-* 반복, 겉뜨기1, 안뜨기4, [겉뜨기1, 안뜨기1] 2회, 안뜨기3, 겉뜨기1.

5단 : 안뜨기1, 겉뜨기4, 안뜨기1, 겉뜨기1, 바늘비우기A, 안뜨기1, 겉뜨기4, 안뜨기1*, *BRK1, [SL1YO, BRK1] 3회, P2TOG, 겉뜨기4, 안뜨기1, 겉뜨기1, 바늘비우기A, 안뜨기1, 겉뜨기4, 안뜨기1*, 끝까지 *-* 반복. (+1코).

6단 : *겉뜨기1, 안뜨기4, 겉뜨기2, SL1YO, 겉뜨기1, 안뜨기4, 겉뜨기1, 안뜨기1, [BRK1, SL1YO] 3회*, 14코 남을 때까지 *-* 반복, 겉뜨기1, 안뜨기4, 겉뜨기2, SL1YO, 겉뜨기1, 안뜨기4, 겉뜨기1.

7단 : 안뜨기1, 오른코 위 2코 교차뜨기, 안뜨기1, BRK1, 안뜨기1, 바늘비우기, 안뜨기1, 오른코 위 2코 교차뜨기, 안뜨기1, *[BRK1, SL1YO] 3회, P2TOG, 오른코 위 2코 교차뜨기, 안뜨기1, BRK1, 안뜨기1, 바늘비우기, 안뜨기1, 오른코 위 2코 교차뜨기, 안뜨기1*, 끝까지 *-* 반복. (+1코).

8단 : *겉뜨기1, 안뜨기4, 겉뜨기1, 겉뜨기1, SL1YO, 겉뜨기1, 안뜨기4, 겉뜨기1, [BRK1, SL1YO] 3회*, 15코 남을 때까지 *-* 반복, 겉뜨기1, 안뜨기4, 겉뜨기1, 안뜨기1, 겉뜨기1, SL1YO, 겉뜨기1, 안뜨기4, 겉뜨기1.

9단 : 안뜨기1, 겉뜨기4, 안뜨기1, BRK1, SL1YO, 겉뜨기1, 바늘비우기A, 안뜨기1, 겉뜨기4, 안뜨기1, *BRK1, [SL1YO, BRK1] 2회, P2TOG, 겉뜨기4, 안뜨기1, BRK1, SL1YO, 겉뜨기1, 바늘비우기A, 안뜨기1, 겉뜨기4, 안뜨기1*, 끝까지 *-* 반복. (+1코).

10단 : *겉뜨기1, 안뜨기4, 겉뜨기2, SL1YO, BRK1, SL1YO, 겉뜨기1, 안뜨기4, 겉뜨기1, 안뜨기1, [BRK1, SL1YO] 2회*, 16코 남을 때까지 *-* 반복, 겉뜨기1, 안뜨기4, 겉뜨기2, SL1YO, BRK1, SL1YO, 겉뜨기1, 안뜨기4, 겉뜨기1.

11단 : 안뜨기1, 오른코 위 2코 교차뜨기, 안뜨기1, BRK1, SL1YO, BRK1, 안뜨기1, 바늘비우기, 안뜨기1, 오른코 위 2코 교차뜨기, 안뜨기1, *[BRK1, SL1YO] 2회, P2TOG, 오른코 위 2코 교차뜨기, 안뜨기1, BRK1, SL1YO, BRK1, 안뜨기1, 바늘비우기, 안뜨기1, 오른코 위 2코 교차뜨기, 안뜨기1*, 끝까지 *-* 반복. (+1코).

12단 : *겉뜨기1, 안뜨기4, 겉뜨기1, 안뜨기1, 겉뜨기1, SL1YO, BRK1, SL1YO, 겉뜨기1, 안뜨기4, 겉뜨기1, [BRK1, SL1YO] 2회*, 17코 남을 때까지 *-* 반복, 겉뜨기1, 안뜨기4, 겉뜨기1, 안뜨기1, 겉뜨기1, SL1YO, BRK1, SL1YO, 겉뜨기1, 안뜨기4, 겉뜨기1.

13단 : 안뜨기1, 겉뜨기4, 안뜨기1, [BRK1, SL1YO] 2회, 겉뜨기1, 바늘비우기A, 안뜨기1, 겉뜨기4, 안뜨기1, *BRK1, SL1YO, BRK1, P2TOG, 겉뜨기4, 안뜨기1, [BRK1, SL1YO] 2회, 겉뜨기1, 바늘비우기A, 안뜨기1, 겉뜨기4, 안뜨기1*, 끝까지 *-* 반복. (+1코).

14단 : *겉뜨기1, 안뜨기4, 겉뜨기2, SL1YO, [BRK1, SL1YO] 2회, 겉뜨기1, 안뜨기4, 겉뜨기1, 안뜨기1, BRK1, SL1YO*, 18코 남을 때까지 *-* 반복, 겉뜨기1, 안뜨기4, 겉뜨기2, SL1YO, [BRK1, SL1YO] 2회, 겉뜨기1, 안뜨기4, 겉뜨기1.

15단 : 안뜨기1, 오른코 위 2코 교차뜨기, 안뜨기1, BRK1, [SL1YO, BRK1] 2회, 바늘비우기, 안뜨기1, 오른코 위 2코 교차뜨기, 안뜨기1, *BRK1, SL1YO, P2TOG, 오른코 위 2코 교차뜨기, 안뜨기1, BRK1, (SL1YO, BRK1) 2회, 안뜨기1, 바늘비우기, 안뜨기1, 오른코 위 2코 교차뜨기, 안뜨기1*, 끝까지 *-* 반복. (+1코).

16단 : *겉뜨기1, 안뜨기4, 겉뜨기1, 안뜨기1, 겉뜨기1, SL1YO, [BRK1, SL1YO] 2회, 겉뜨기1, 안뜨기4, 겉뜨기1, BRK1, SL1YO*, 19코 남을 때까지 *-* 반복, 겉뜨기1, 안뜨기4, 겉뜨기1, 안뜨기1, 겉뜨기1, SL1YO, [BRK1, SL1YO] 2회, 겉뜨기1, 안뜨기4, 겉뜨기1.

17단 : 안뜨기1, 겉뜨기4, 안뜨기1, [BRK1, SL1YO] 3회, 겉뜨기1, 바늘비우기A, 안뜨기1, 겉뜨기4, 안뜨기1, *BRK1, P2TOG, 겉뜨기4, 안뜨기1, [BRK1, SL1YO] 3회, 겉뜨기1, 바늘비우기A, 안뜨기1, 겉뜨기4, 안뜨기1*, 끝까지 *-* 반복. (+1코).

18단 : *겉뜨기1, 안뜨기4, 겉뜨기2, SL1YO, [BRK1, SL1YO] 3회, 겉뜨기1, 안뜨기4, 겉뜨기1, 안뜨기1*, 20코 남을 때까지 *-* 반복, 겉뜨기1, 안뜨기4, 겉뜨기2, SL1YO, [BRK1, SL1YO] 3회, 겉뜨기1, 안뜨기4, 겉뜨기1.

19단 : 안뜨기1, 오른코 위 2코 교차뜨기, 안뜨기1, BRK1, [SL1YO, BRK1] 3회, 안뜨기1, 바늘비우기, 안뜨기1, 오른코 위 2코 교차뜨기, 안뜨기1, *P2TOG, 오른코 위 2코 교차뜨기, 안뜨기1, BRK1, [SL1YO, BRK1] 3회, 안뜨기1, 바늘비우기, 안뜨기1, 오른코 위 2코 교차뜨기, 안뜨기1*, 끝까지 *-* 반복. (+1코).

20단 : *겉뜨기1, 안뜨기4, 겉뜨기1, 안뜨기1, 겉뜨기1, SL1YO, [BRK1, SL1YO] 3회, 겉뜨기1, 안뜨기4, 겉뜨기1*, 끝까지 *-* 반복.

21단 : *안뜨기1, 겉뜨기4, 안뜨기1, [BRK1, SL1YO] 4회, 겉뜨기1, 안뜨기1, 겉뜨기4, 안뜨기1*, 끝까지 *-* 반복.

22단 : *겉뜨기1, 안뜨기4, 겉뜨기1, SL1YO, [BRK1, SL1YO] 4회, 겉뜨기1, 안뜨기4, 겉뜨기1*, 끝까지 *-* 반복.

23단 : *안뜨기1, 오른코 위 2코 교차뜨기, 안뜨기1, BRK1, [SL1YO, BRK1] 4회, 안뜨기1, 오른코 위 2코 교차뜨기, 안뜨기1*, 끝까지 *-* 반복.

24단 : *겉뜨기1, 안뜨기4, 겉뜨기1, SL1YO, [BRK1, SL1YO] 4회, 겉뜨기1, 안뜨기4, 겉뜨기1*, 끝까지 *-* 반복.

25단 : *안뜨기1, 겉뜨기4, 안뜨기1, BRK1, [SL1YO, BRK1] 4회, 안뜨기1, 겉뜨기4, 안뜨기1*, 끝까지 *-* 반복.

26단 : *겉뜨기1, 안뜨기4, 겉뜨기1, SL1YO, [BRK1, SL1YO] 4회, 겉뜨기1, 안뜨기4, 겉뜨기1*, 끝까지 *-* 반복.

27단 : 안뜨기1, 2/M1-K1-M1-K1-M1 LC, 안뜨기1, BRK1, [SL1YO, BRK1] 4회, 안뜨기1, 오른코 위 2코 교차뜨기, 안뜨기1, *안뜨기1, 오른코 위 2코 교차뜨기, 안뜨기1, BRK1, [SL1YO, BRK1] 4회, 안뜨기1, 오른코 위 2코 교차뜨기, 안뜨기1*, 끝까지 *-* 반복. (+3코).

28단 : *겉뜨기1, 안뜨기4, 겉뜨기1, SL1YO, [BRK1, SL1YO] 4회, 겉뜨기1, 안뜨기4, 겉뜨기1*, 3코 남을 때까지 *-* 반복, 안뜨기2, 겉뜨기1.

29단 : 안뜨기1, 겉뜨기2, *안뜨기1, 겉뜨기4, 안뜨기1, BRK1, [SL1YO, BRK1] 4회, 안뜨기1, 겉뜨기4, 안뜨기1*, 끝까지 *-* 반복.

30단: *겉뜨기1, 안뜨기4, 겉뜨기1, SL1YO, [BRK1, SL1YO] 4회, 겉뜨기1, 안뜨기4, 겉뜨기1*, 3코 남을 때까지 *-* 반복, 안뜨기2, 겉뜨기1.

31단: 안뜨기1, 2/K1-M1 LC, 2/M1P-P1-M1-K1 LC, 안뜨기1, BRK1, [SL1YO, BRK1] 4회, 안뜨기1, 오른코 위 2코 교차뜨기, *안뜨기1, 오른코 위 2코 교차뜨기, 안뜨기1, BRK1, [SL1YO, BRK1] 4회, 안뜨기1, 오른코 위 2코 교차뜨기, 안뜨기1*, 끝까지 *-* 반복. (+3코).

32단: *겉뜨기1, 안뜨기4, 겉뜨기1, SL1YO, [BRK1, SL1YO] 4회, 겉뜨기1, 안뜨기4, 겉뜨기1*, 6코 남을 때까지 *-* 반복, 겉뜨기1, 안뜨기4, 겉뜨기1.

33단: 안뜨기1, 겉뜨기4, 안뜨기1, *안뜨기1, 겉뜨기4, 안뜨기1, BRK1, [SL1YO, BRK1] 4회, 안뜨기1, 겉뜨기4, 안뜨기1*, 끝까지 *-* 반복.

34단: *겉뜨기1, 안뜨기4, 겉뜨기1, [SL1YO, BRK1] 4회, 안뜨기1, 겉뜨기1, 안뜨기4, 겉뜨기1*, 6코 남을 때까지 *-* 반복, 겉뜨기1, 안뜨기4, 겉뜨기1.

35단: 안뜨기1, 오른코 위 2코 교차뜨기, *안뜨기1, *바늘비우기, 안뜨기1, 오른코 위 2코 교차뜨기, P2TOG, [SL1YO, BRK1] 4회, 안뜨기1, 오른코 위 2코 교차뜨기, 안뜨기1*, 끝까지 *-* 반복.

36단: *겉뜨기1, 안뜨기4, 겉뜨기1, [SL1YO, BRK1] 4회, 겉뜨기1, 안뜨기4, 겉뜨기1*, 6코 남을 때까지 *-* 반복, 겉뜨기1, 안뜨기4, 겉뜨기1.

37단: 안뜨기1, 겉뜨기4, 안뜨기1, *바늘비우기A, 겉뜨기1, 안뜨기1, 겉뜨기4, P2TOG, BRK1, [SL1YO, BRK1] 3회, 안뜨기1, 겉뜨기4, 안뜨기1*, 끝까지 *-* 반복.

38단: *겉뜨기1, 안뜨기4, 겉뜨기1, [SL1YO, BRK1] 3회, 안뜨기1, 겉뜨기1, 안뜨기4, 겉뜨기1, SL1YO, 겉뜨기1*, 6코 남을 때까지 *-* 반복, 겉뜨기1, 안뜨기4, 겉뜨기1.

39단: 안뜨기1, 오른코 위 2코 교차뜨기, *안뜨기1, *바늘비우기, 안뜨기1, BRK1, 안뜨기1, 오른코 위 2코 교차뜨기, P2TOG, [SL1YO, BRK1] 3회, 안뜨기1, 오른코 위 2코 교차뜨기, 안뜨기1*, 끝까지 *-* 반복.

40단: *겉뜨기1, 안뜨기4, 겉뜨기1, [SL1YO, BRK1] 3회, 안뜨기1, 겉뜨기1, 안뜨기4, 겉뜨기1, SL1YO, 겉뜨기1, 안뜨기1*, 6코 남을 때까지 *-* 반복, 겉뜨기1, 안뜨기4, 겉뜨기1.

41단: 안뜨기1, 겉뜨기4, 안뜨기1, *바늘비우기A, 겉뜨기1, SL1YO, 겉뜨기1, 안뜨기1, 겉뜨기4, P2TOG, BRK1, [SL1YO, BRK1] 2회, 안뜨기1, 겉뜨기4, 안뜨기1*, 끝까지 *-* 반복.

42단: *겉뜨기1, 안뜨기4, 겉뜨기1, [SL1YO, BRK1] 2회, 안뜨기1, 겉뜨기1, 안뜨기4, 겉뜨기1, SL1YO, BRK1, SL1YO, 겉뜨기1*, 6코 남을 때까지 *-* 반복, 겉뜨기1, 안뜨기4, 겉뜨기1.

43단: 안뜨기1, 오른코 위 2코 교차뜨기, *안뜨기1, *바늘비우기, 안뜨기1, BRK1, SL1YO, BRK1, 안뜨기1, 오른코 위 2코 교차뜨기, P2TOG, [SL1YO, BRK1] 2회, 안뜨기1, 오른코 위 2코 교차뜨기, 안뜨기1*, 끝까지 *-* 반복.

44단: *겉뜨기1, 안뜨기4, 겉뜨기1, [SL1YO, BRK1] 2회, 안뜨기1, 겉뜨기1, 안뜨기4, 겉뜨기1, SL1YO, BRK1, SL1YO, 겉뜨기1, 안뜨기1*, 6코 남을 때까지 *-* 반복, 겉뜨기1, 안뜨기4, 겉뜨기1.

45단: 안뜨기1, 겉뜨기4, *바늘비우기A, 겉뜨기1, [SL1YO, BRK1] 2회, 안뜨기1, 겉뜨기4, P2TOG, BRK1, SL1YO, BRK1, 안뜨기1, 겉뜨기4, 안뜨기1*, 끝까지 *-* 반복.

46단: *겉뜨기1, 안뜨기4, 겉뜨기1, SL1YO, BRK1, 안뜨기1, 겉뜨기1, 안뜨기4, 겉뜨기1, SL1YO, [BRK1, SL1YO] 2회, 겉뜨기1*, 6코 남을 때까지 *-* 반복, 겉뜨기1, 안뜨기4, 겉뜨기1.

47단: 안뜨기1, 오른코 위 2코 교차뜨기, *안뜨기1, *바늘비우기, 안뜨기1, BRK1, [SL1YO, BRK1] 2회, 안뜨기1, 오른코 위 2코 교차뜨기, P2TOG, SL1YO, BRK1, 안뜨기1, 오른코 위 2코 교차뜨기, 안뜨기1*, 끝까지 *-* 반복.

48단: *겉뜨기1, 안뜨기4, 겉뜨기1, SL1YO, [BRK1] 2회, SL1YO, BRK1, SL1YO, 겉뜨기1, 안뜨기1*, 6코 남을 때까지 *-* 반복, 겉뜨기1, 안뜨기4, 겉뜨기1.

49단: 안뜨기1, 겉뜨기4, 안뜨기1, *바늘비우기A, 겉뜨기1, [SL1YO, BRK1] 3회, 안뜨기1, 겉뜨기4, P2TOG, 안뜨기1, 겉뜨기4, 안뜨기1*, 끝까지 *-* 반복.

50단: *겉뜨기1, 안뜨기4, [겉뜨기1, 안뜨기1] 2회, 안뜨기3, 겉뜨기1, SL1YO, [BRK1, SL1YO] 3회, 겉뜨기1*, 6코 남을 때까지 *-* 반복, 겉뜨기1, 안뜨기4, 겉뜨기1.

51단: 안뜨기1, 오른코 위 2코 교차뜨기, *안뜨기1, *바늘비우기, 안뜨기1, BRK1, [SL1YO, BRK1] 3회, 안뜨기1, 오른코 위 2코 교차뜨기, P2TOG, 안뜨기1, 오른코 위 2코 교차뜨기, 안뜨기1*, 끝까지 *-* 반복.

52단: *[겉뜨기1, 안뜨기4, 겉뜨기1] 2회, SL1YO, [BRK1, SL1YO] 3회, 겉뜨기1, 안뜨기1*, 6코 남을 때까지 *-* 반복, 겉뜨기1, 안뜨기4, 겉뜨기1.

53단: 안뜨기1, 겉뜨기4, 안뜨기1, *겉뜨기1, [SL1YO, BRK1] 4회, 안뜨기1, 겉뜨기4, 안뜨기1] 2회*, 끝까지 *-* 반복.

54단: *[겉뜨기1, 안뜨기4, 겉뜨기1] 2회, SL1YO, [BRK1, SL1YO] 4회*, 6코 남을 때까지 *-* 반복, 겉뜨기1, 안뜨기4, 겉뜨기1.

55단: 안뜨기1, 오른코 위 2코 교차뜨기, 안뜨기1, *BRK1, [SL1YO, BRK1] 4회, [안뜨기1, 오른코 위 2코 교차뜨기, 안뜨기1] 2회*, 끝까지 *-* 반복.

56단: *[겉뜨기1, 안뜨기4, 겉뜨기1] 2회, SL1YO, [BRK1, SL1YO] 4회*, 6코 남을 때까지 *-* 반복, 겉뜨기1, 안뜨기4, 겉뜨기1.

57단: 안뜨기1, 겉뜨기4, 안뜨기1, *BRK1, [SL1YO, BRK1) 4회, [안뜨기1, 겉뜨기4, 안뜨기1] 2회*, 끝까지 *-* 반복.

58단: *[겉뜨기1, 안뜨기4, 겉뜨기1] 2회, SL1YO, [BRK1, SL1YO] 4회*, 6코 남을 때까지 *-* 반복, 겉뜨기1, 안뜨기4, 겉뜨기1.

59단: 안뜨기1, 2/M1-K1-M1-K1-M1 LC, 안뜨기1, BRK1, [SL1YO, BRK1] 4회, [안뜨기1, 오른코 위 2코 교차뜨기, 안뜨기1] 2회, *BRK1, [SL1YO, BRK1] 4회, [안뜨기1, 오른코 위 2코 교차뜨기, 안뜨기1] 2회*, 끝까지 *-* 반복. (+3코).

60단: *[겉뜨기1, 안뜨기4, 겉뜨기1] 2회, SL1YO, [BRK1, SL1YO] 4회*, 9코 남을 때까지 *-* 반복, 겉뜨기1, 안뜨기4, 겉뜨기1, 안뜨기2, 겉뜨기1.

61단: 안뜨기1, 겉뜨기2, 안뜨기1, 겉뜨기4, 안뜨기1, *BRK1, [SL1YO, BRK1] 4회, [안뜨기1, 겉뜨기4, 안뜨기1] 2회*, 끝까지 *-* 반복.

62단: *[겉뜨기1, 안뜨기4, 겉뜨기1] 2회, SL1YO, [BRK1, SL1YO] 4회*, 9코 남을 때까지 *-* 반복, 겉뜨기1, 안뜨기4, 겉뜨기1, 안뜨기2, 겉뜨기1.

63단: 안뜨기1, 2/K1-M1 LC, 2/M1P-P1-M1-K1 LC, 안뜨기1, *BRK1, [SL1YO, BRK1] 4회, [안뜨기1, 오른코 위 2코 교차뜨기, 안뜨기1] 2회*, 끝까지 *-* 반복. (+3코).

64단: *[겉뜨기1, 안뜨기4, 겉뜨기1] 2회, SL1YO, [BRK1, SL1YO] 4회*, 12코 남을 때까지 *-* 반복, [겉뜨기1, 안뜨기4, 겉뜨기1] 2회.

1~64단을 4(6)회 더, 1~25단을 1회 더 반복한다. 바늘에는 147(189)코가 있다.
+114(156)코.

마무리하기

니티드 코잡기로 3코를 만든다. 다음과 같이 아이코드 코막음을 한다. *겉뜨기2, 겉뜨기로 2코 모아 꼬아뜨기, 왼바늘로 오른바늘에서 3코 걸러뜨기, 뜨개바탕 뒤쪽을 가로질러 실을 단단하게 당기기*, 3코 남을 때까지 *-*를 반복한다. 남은 3코를 코막음한다. 실 끝을 보이지 않게 정리한 다음 치수에 맞춰 블로킹한다.

52 한키 HANKI

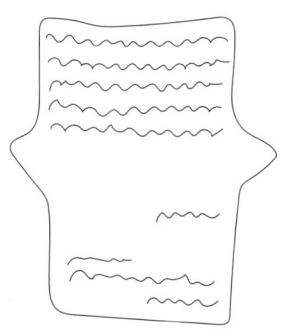

완성 치수
목둘레 … 50cm
높이 … 13cm
목 밑~앞판 … 24cm
목 밑~뒤판 … 9cm

재료
실 … 카티아 러브 울Love Wool by Katia (울 85%, 알파카 15%, 50m/100g) 119번 3볼
실(대체) … 슈퍼 벌키 얀 150m
바늘 … 9mm(US 13) 줄바늘(60cm)
도구 … 마커 5개
※매직 루프로 뜨개를 한다면 바늘 길이는 더 길어야 합니다.
※여러 가지 색 마커를 이용해 원형단 시작을 표시하세요.

게이지
가터뜨기(8mm/US 11 바늘) 8코×13단

뜨는 법
선호하는 코잡기로 40코를 만들고, 원형단 시작 표시용 마커를 끼운 다음 코들을 원형으로 연결한다.
원형 1단 : 안뜨기를 한다.
원형 2단 : 겉뜨기를 한다.
원형 1·2단을 11회 더 반복한다.
원형 3단 : 다음과 같이 마커를 끼운다. 안뜨기7, 마커 끼우기, 안뜨기 6, 마커 끼우기, 안뜨기14, 마커 끼우기, 안뜨기 6, 마커 끼우기, 원형단 시작까지 안뜨기7.
원형 4단 : *마커 1코 전까지 겉뜨기, 오른코 만들기, 겉뜨기1, 마커 걸러뜨기, 겉뜨기1, 왼코 만들기*, *-* 3회 더 반복, 원형단 시작까지 겉뜨기. (+8코).
원형 5단 : 안뜨기, 중간에 있는 마커들은 걸러뜬다.
원형 4~5단을 5회 더 반복한다. (88코).
원형 6단 : *마커 1코 전까지 겉뜨기, 오른코 만들기, 겉뜨기1, 마커 걸러뜨기, 겉뜨기1, 왼코 만들기*, *-* 3회 더 반복, 원형단 시작까지 겉뜨기.
총 96코. 앞뒤에 각각 28코씩, 양 '소매'에 20코씩 있다.
원형 7단 : 다음 34코를 안뜨기하면서 코막음한다. 중간의 마커들은 뺀다.
지금까지 뒤판의 절반과 오른쪽 '소매' 코를 코막음했다. 이제 오른쪽 앞판을 코막음할 차례이다. 다음 마커까지 안뜨기를 하고, 나머지 코들을 코막음한다.
이제 28코가 남아 있다.

앞판
앞판의 오른쪽 가장자리부터 18단을 겉뜨기하고, 코들을 느슨하게 코막음한다.

마무리하기
실 끝을 보이지 않게 정리한 다음 치수에 맞춰 블로킹한다.

52 WEEKS OF SHAWLS by Laine
Copyright ⓒ2021 LAINE PUBLISHING OY
All rights reserved.
Korean translation rights ⓒ [year of Korean publication] Hans Media
Korean Translation Edition published by arrangement with Laine Publishing Ltd.
through Ferly Agency and AMO Agency, Korea.

이 책의 한국어판 저작권은 AMO 에이전시를 통해 저작권자와 독점 계약한 한스미디어에 있습니다.
저작권법에 의해 한국 내에서 보호를 받는 저작물이므로 무단 전재와 무단 복제를 금합니다.

1판 1쇄 발행	2023년 5월 23일
1판 2쇄 발행	2024년 12월 13일
지은이	레인(Laine)
옮긴이	조진경
펴낸이	김기옥
실용본부장	박재성
편집 실용2팀	이나리, 장윤선
마케터	이지수
지원	고광현, 김형식
디자인	푸른나무디자인
인쇄·제본	민언프린텍
펴낸곳	한스미디어(한즈미디어(주))
주소	121-839 서울시 마포구 양화로 11길 13 (서교동, 강원빌딩 5층)
전화	02-707-0337
팩스	02-707-0198
홈페이지	www.hansmedia.com
출판신고번호	제 313-2003-227호
신고일자	2003년 6월 25일
ISBN	979-11-6007-924-1 13590

책값은 뒤표지에 있습니다.
잘못 만들어진 책은 구입하신 서점에서 교환해드립니다.